Recommendations

刑事诉讼法
修改建议稿与论证

—— 以被指控人的权利保护为核心

◆陈泽宪 熊秋红 主编◆

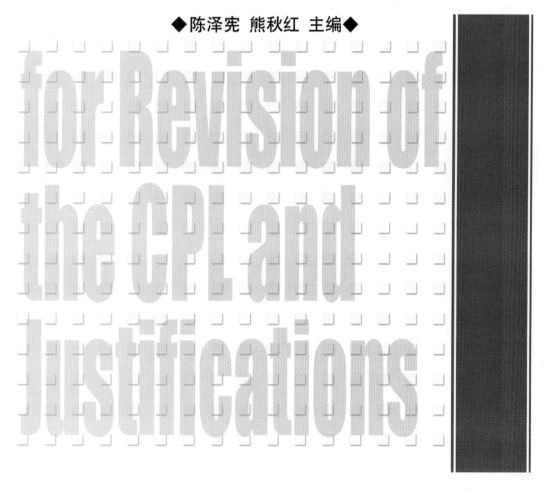

for Revision of
the CPL and
Justifications

中国社会科学出版社

图书在版编目(CIP)数据

刑事诉讼法修改建议稿与论证:以被指控人的权利保护为核心/陈泽宪、
熊秋红主编.—北京:中国社会科学出版社,2009.6
　ISBN 978-7-5004-7944-4

　Ⅰ.刑…　Ⅱ.①陈…②熊…　Ⅲ.刑事诉讼法－研究－中国　Ⅳ.D925.204

　中国版本图书馆 CIP 数据核字(2009)第 103740 号

责任编辑　雁　声
特邀编辑　杨敬文
责任校对　王兰馨
封面设计　大鹏工作室
技术编辑　戴　宽

出版发行　**中国社会科学出版社**
社　　址　北京鼓楼西大街甲 158 号　　邮　编　100720
电　　话　010－84029450(邮购)
网　　址　http://www.csspw.cn
经　　销　新华书店
印　　刷　北京君升印刷有限公司　　装　订　广增装订厂
版　　次　2009 年 6 月第 1 版　　印　次　2009 年 6 月第 1 次印刷
开　　本　710×1000　1/16
印　　张　23.5　　插　页　2
字　　数　440 千字
定　　价　46.00 元

前　言

　　"中国刑事诉讼法修订及中国人权保护"项目是丹麦人权研究所与我国的四家合作单位之间的合作研究项目，旨在对中国刑事诉讼法的修改进行深入研究并促进刑事诉讼领域的人权保护，从而实现刑事诉讼中人权保护的法典化并在执行中得到贯彻。该项目于2006年1月1日开始，为期三年，即从2006年1月至2008年12月。我国参加合作研究的机构包括：中国社会科学院法学研究所、广州大学人权研究中心、北京市海淀区人民检察院、北京市京鼎律师事务所。

　　本项目之目的主要在于向立法部门提交刑事诉讼法修正条款建议稿。建议稿基于法理论证，并辅以相应的调研材料和数据。同时，针对刑事诉讼法及相关法律、内部法规方面的问题，通过举行教育培训课程，以及编辑教育资料进行阐释，并就刑事诉讼法实施中的一些专门问题进行调研。我们认为，目前刑事诉讼法存在的问题很多，这些问题是多样且复杂的。其中，既有较容易解决的问题，也有难以解决的问题。而且，具体的修改方案既有普遍形成共识的，也有存在严重分歧、难以协调的。基于问题的复杂多样性及解决的难易程度差异，不可能指望通过一次刑事诉讼法的修改就能将这些问题全部予以完满解决。而且，将解决难度不同的问题混在一起，容易导致研究力量分散，结果是难解决的问题仍然解决不了，而原本容易解决的问题，由于缺乏充分的思考、论证，也得不到理想的解决。因此，应将目前研究的重点放在相对急迫且较易解决的问题上。在此，我们仅就当前比较迫切的并与人权保障直接相关的权利告知、辩护权保障、禁止刑讯逼供、取保候审与羁押正当性、检察官起诉裁量权、未成年人案件暂缓起诉、证人出庭作证、死刑案件二审程序八个方面的问题进行了专门研究。

　　合作各方围绕上述八个问题进行了基础性的调研和相关研究，在此所展示的，就是合作各方所完成的相关工作：

中国社会科学院法学研究所从联合国刑事司法准则和比较法的角度分析这些问题，并提出了具体条文的修改建议与理由论证，最终形成了《刑事诉讼法修改建议稿与论证》。权利告知部分，就侦查、起诉、审判各个阶段告知的权利内容、方式以及后果等问题进行条文设计与论证。辩护权部分，从辩护律师介入刑事诉讼的时间、阅卷权、指定辩护、会见权、调查取证权、讯问在场权、律师执业豁免权、律师受刑事追诉时的特别保障等方面进行条文设计与论证。禁止刑讯逼供部分，主要从确立不得强迫自证其罪原则，建立讯问时全程录音、录像制度，确立非法证据排除规则等方面进行条文设计与论证。取保候审和羁押正当性部分，主要对取保候审的适用条件与例外，脱保的责任，拘留、逮捕的适用程序等问题进行了条文设计与论证。起诉裁量权部分，主要对酌定不起诉的适用条件、刑事和解等进行了条文设计与论证。未成年人案件暂缓起诉部分，从暂缓起诉的适用条件、决定及救济方面进行了条文设计与论证。证人出庭作证部分，主要对证人应当出庭作证的情形、鉴定人和侦查人员的出庭义务、证人拒绝作证的后果、证人出庭作证的经济补偿、证人保护等问题进行了条文设计与论证。死刑案件二审程序部分，对强制上诉、二审审理范围、审理方式、合议庭的组成、律师辩护等进行了条文设计与论证。

上述建议稿与论证建立在下列实证调研的基础之上：

广州大学人权研究中心围绕上述八个方面的问题发出了 10000 份问卷展开调查，调查对象涉及警察、检察官、法官、律师、服刑人员和普通公民。调查地区包括沿海发达地区（广东省广州市）、中部经济一般地区（湖南省）、内地经济欠发达地区（辽宁省）和西部欠发达地区（新疆维吾尔自治区），并对得出的数据进行分析，最终形成了《问卷调查及分析报告》和一系列公开出版物。① 关于刑讯逼供，围绕调查对象，对于《禁止酷刑和其他残忍、不人道或有辱人格的待遇或处罚公约》中关于禁止刑讯逼供的认识、对于惩罚犯罪与保障人权的关系认识、对于我国刑事诉讼法、刑法禁止刑讯逼供有关规定的评价、刑讯逼供的举证责任进行了调查分析。关于权利

---

① 问卷调查的部分结果和分析报告已被纳入广州大学人权研究中心主持编写或主要参与编写的下列公开出版物：其一是由黄立、杨松才主编的《刑事司法公正与人权保障》（湖南人民出版社2006 年版）；其二是由中国刑事诉讼法修订与人权保护项目课题组编写的《刑事诉讼中若干权利问题立法建议与论证》（中国民主法制出版社 2007 年版）。

告知，针对调查对象，主要就权利告知的形式、程度及对目前法律规定存在的问题进行了调查分析。关于律师作用部分，围绕对律师作用的认识、对律师形象的评价、律师办理刑事案件的意愿、律师伪证罪对律师业务的影响、律师的调查取证权、会见权等展开了问卷调查。关于取保候审与羁押正当性部分，主要就目前的羁押率、取保候审的适用情况等进行了调查分析。起诉裁量权部分，对存疑不起诉的实践、微罪不起诉的实践等进行了问卷调查，并围绕未成年人暂缓起诉制度的合理性、可行性、对于暂缓起诉裁量权的态度及对于被暂缓起诉者的考察机关等问题进行了调查分析。关于证人出庭作证部分，主要就证人出庭率、司法人员与公众对证人作证豁免的态度、特殊证人出庭作证的义务等进行了调查分析。关于死刑案件二审程序，主要对二审的启动、二审的处理结果、辩护等问题进行了调查分析。

北京市海淀区人民检察院根据其司法实践，对暂缓起诉等重点工作领域中的相关内部规则和实施经验进行了整理、总结，并基于检察实务和检察院内部工作规则的角度，对司法实践中存在的问题进行审视，最终形成了《规则与实践探索报告》。关于权利告知问题，海淀区人民检察院提出了具体设计方案，并以其承办的一起案件形象说明其权利告知工作的开展情况。关于保障律师辩护权问题，介绍了《北京市人民检察院第一分院全面保障诉讼参与人合法权益工作规则》中的相关做法，并对辩护律师涉嫌伪证罪的现象作了分析。关于禁止刑讯逼供，介绍了《北京市人民检察院第一分院全面保障诉讼参与人合法权益工作规则》中禁止刑讯逼供的规定及其实施情况。关于取保候审，对海淀区人民检察院适用取保候审的基本情况及存在的问题作了分析，并提出了完善的建议。关于起诉裁量权，主要对相对不起诉的实践把握、刑事和解的实践等作了调研分析。关于暂缓起诉，主要就有关暂缓起诉制度的规则及实践尝试作了介绍。关于证人作证，重点从实务的角度分析了鉴定人出庭作证的可行性问题。

北京市京鼎律师事务所负责搜集了八个有关刑讯逼供的典型案例，其中既有已经引起社会普遍关注的案例，也有其经办的案例。通过对每个案件的受害人、辩护律师、经办检察官以及相关人员的详细探访，并结合大量第一手案件资料，对有关刑讯逼供的方式、发生原因、程序疏漏、体制瑕疵等问题进行了综合记录和分析，最终形成了《刑讯逼供典型案例实录及其分析报告》。这些案例包括李久明案、杜培武案、孙万刚案、朱胜文案、胥敬祥案、佘祥林案、王树红案及靳伟光案等。除此之外，刘焱焱律师还分别就取保候审和证人出庭问题对检察官、法官、警察、律师、普通公众等共计五十余人进行了逐一访谈，并最终完成了两份实证调查报告。

采用这种四方合作模式进行研究，先由各方独立负责完成自己的分工内容，然后共同讨论形成最终成果。这样，一方面能够发挥参与各方的优势，另一方面则可以实现资源与能力互补。四方共同进行项目的运作，形成一个稳定的、密切联系的工作平台，有利于保证预期目标的顺利实现。

本项目由丹麦王国外交部提供资金支持，但并不因此而影响项目组成员在参照刑事诉讼国际准则和若干法治发达国家有借鉴意义的立法规定的基础上，结合我国的刑事诉讼法律制度与实践状况，独立地提出我们的观点，并进行相应的分析和论证。

本课题组成员包括：中国社会科学院国际法研究中心主任陈泽宪研究员、法学研究所李步云研究员、王敏远研究员、熊秋红研究员、肖贤富研究员、徐卉研究员、冀祥德教授、祁建建副研究员、彭海青博士后、郭华博士后、李海炅博士生、高长见博士生、杨柳博士生；广州大学人权研究中心杨松才教授、黄立教授、朱俊强教授、刘志强副教授、陈佑武副教授、张纯副教授、肖世杰副教授、舒账讲师；北京市海淀区人民检察院孙力检察长及张际枫、侯晓焱、徐鹤喃、董常青、刘秀仿、刘中发、张枚、杜琳、王得欣、王戈、徐梅、花林广、李巧芬等工作人员；北京市京鼎律师事务所张星水主任和刘焱焱、周敏、邹杏、屈献庄、金晓光、魏汝久、刘春华、陈雅楠等律师。朱维钧先生担任本项目的翻译。《刑事诉讼法修改建议稿与论证——以被指控人的权利保护为核心》一书的统稿人为熊秋红研究员，全书由陈泽宪研究员审定。

目　录

第一部分 条文设计

问题一 权利告知

（增加）第　条　侦查人员在第一次讯问犯罪嫌疑人时或对犯罪嫌疑人采取强制措施之日起，首先应当告知犯罪嫌疑人享有以下诉讼权利：

（一）知悉所有被指控的罪名；

（二）不得被强迫自证其罪；

（三）自行辩护、委托辩护人或者申请指定辩护人；

（四）在回答侦查人员讯问时要求所委托或者指定的律师在场，请求全程录音、录像；

（五）对侦查人员、书记员、鉴定人和翻译人员申请回避；

（六）使用本民族语言文字进行诉讼；

（七）对侦查人员侵犯其诉讼权利和人身侮辱的行为，向同级人民检察院或者同级人民法院提出申诉、控告；

（八）请求侦查机关调取证据；

（九）犯罪嫌疑人在押的，申请取保候审；

（十）核对讯问笔录。①

---

① 对本条规定的说明：（1）本条所拟规定的"在第一次讯问犯罪嫌疑人时"，意指侦查人员第一次讯问犯罪嫌疑人的开始，首先应当告知犯罪嫌疑人其依法所享有的诉讼权利，然后再进行讯问。（2）"不得强迫自证其罪"既是一般公民的权利，也是被追诉人的权利。在此所指的是被追诉人在刑事诉讼中所享有的权利。"不得强迫自证其罪"，包括两层含义：一是不得强迫犯罪嫌疑人、被告人承认自己有罪；二是不得强迫犯罪嫌疑人、被告人证明自己有罪。（3）本条（七）旨在解决申诉、控告的渠道问题，认为应当依据侦查机关的不同，分别设置救济渠道。对于公安机关侦查人员的侵权行为应当向同级人民检察院提出申诉、控告，对于人民检察院侦查人员的侵权行为应当向同级人民法院提出申诉、控告。

（增加）第　　条　侦查机关自查明被害人身份之日起三日以内，应当告知被害人及其法定代理人或者其近亲属有权委托诉讼代理人。

人民检察院自收到移送审查起诉的案件材料之日起三日内，应当告诉被害人及其法定代理人或者其近亲属、附带民事诉讼的当事人及其法定代理人有权委托诉讼代理人。

人民法院自受理自诉案件之日起三日内，应当告知自诉人及其法定代理人、附带民事诉讼的当事人及其法定代理人有权委托诉讼代理人。

（刑事诉讼法第33条之增补）第　　条　人民检察院自收到移送审查起诉的案件材料之日起三日以内，应当告知犯罪嫌疑人享有下列的权利：

（一）自行辩护、委托辩护人或者要求指定辩护人；

（二）对检察人员、书记员、鉴定人和翻译人员申请回避；

（三）使用本民族语言文字进行诉讼；

（四）对于检察人员侵犯其诉讼权利和人身侮辱的行为，向同级人民法院提出申诉、控告；

（五）请求检察机关调取证据；

（六）犯罪嫌疑人在押的，申请取保候审。

（刑事诉讼法第151条之增补）第　　条　人民法院决定开庭审判后，应当告知被告人享有下列的权利：

（一）自行辩护、委托辩护人或者有权申请指定辩护人；

（二）对合议庭组成人员、书记员、公诉人、鉴定人和翻译人员申请回避；

（三）使用本民族语言文字进行诉讼；

（四）请求审判机关调取证据；

（五）对证人证言进行质证；

（六）对审判人员侵犯其诉讼权利和人身侮辱的行为，向上一级人民法院提出申诉、控告；

（七）被告人在押的，申请取保候审。

（刑事诉讼法第151条之增补）第　　条　人民法院决定开庭审判后，应当告知被害人、附带民事诉讼的当事人享有下列的权利：

（一）委托诉讼代理人或者申请指定诉讼代理人；

（二）对合议庭组成人员、书记员、公诉人、鉴定人和翻译人员申请回避；

（三）使用本民族语言文字进行诉讼；

（四）对审判人员的侵权行为向上一级人民法院提出申诉、控告。

（刑事诉讼法第 151 条之修改）人民法院决定开庭审判后，应当进行下列工作：

（一）确定合议庭的组成人员；

（二）将人民检察院的起诉书副本至迟在开庭十日以前送达被告人；

（三）将开庭的时间、地点在开庭三日以前通知人民检察院；

（四）传唤当事人，通知辩护人、诉讼代理人、证人、鉴定人和翻译人员，传票和通知书至迟在开庭三日以前送达；

（五）公开审判的案件，在开庭三日以前先期公布案由、被告人姓名、开庭时间和地点。

上述活动情形应当写入笔录，由审判人员和书记员签名。

（刑事诉讼法第 33 条之增补）第　　条　人民法院自受理自诉案件之日起三日以内，应当告知被告人享有下列的权利：

（一）自行辩护、委托辩护人或者申请指定辩护人；

（二）对合议庭组成人员、书记员、公诉人、鉴定人和翻译人员申请回避；

（三）使用本民族语言文字进行诉讼；

（四）对审判人员侵犯其诉讼权利和人身侮辱的行为，向上一级人民法院提出申诉、控告。

（增加）第　　条　犯罪嫌疑人、被告人、被害人、附带民事诉讼的当事人的法定代理人应当享有同等的告知权利。

（增加）第　　条　权利告知应当采用书面形式，同时应当口头宣读并解释，使当事人知晓和理解权利的内容。

侦查人员、检察人员、审判人员没有依法履行权利告知义务的，应当根据情况分别作以下处理：

（一）对诉讼进行影响不大的，应当立即补充履行告知义务；

（二）对案件正确处理有严重影响的，已经进行的诉讼行为无效。①

侦查人员、检察人员、审判人员没有依法履行权利告知义务的，当事人及其法定代理人、辩护人、诉讼代理人有权要求诉讼延期进行，以便完成相关的诉讼活动。

---

① 本条（二）所谓的"诉讼行为无效"，包括诉讼行为本身与诉讼结果无效两方面内容。

问题二 辩护权

（刑事诉讼法第96条之修改）第 条 在刑事诉讼中，犯罪嫌疑人、被告人有权委托辩护人。公安机关、人民检察院、人民法院应当保障犯罪嫌疑人、被告人依法行使辩护权。

（刑事诉讼法第36条之修改）第 条 侦查期间，辩护律师有权向侦查机关了解犯罪嫌疑人涉嫌的罪名，除涉及国家秘密外，可以查阅、摘抄和复制犯罪嫌疑人的讯问笔录、技术性鉴定文书以及其他诉讼文书，侦查机关应当为其提供便利。

自案件移送审查起诉后，辩护律师有权查阅、摘抄和复制与案件有关的诉讼文书及案卷材料。其他辩护人经人民检察院许可，也可以查阅、摘抄和复制与案件有关的诉讼文书及案卷材料。

自案件被人民法院受理之日起，辩护律师有权查阅、摘抄和复制与案件有关的所有材料。其他辩护人经人民法院许可，也可以查阅、摘抄和复制与案件有关的所有材料。

（刑事诉讼法第34条之修改）第 条 公安机关、人民检察院、人民法院对于符合下列条件的犯罪嫌疑人、被告人没有委托辩护人的，应当指定承担法律援助义务的律师为其辩护：

（一）盲、聋、哑或者限制行为能力的人；

（二）第一次讯问或者采取强制措施时不满十八周岁的未成年人；

（三）可能被判处无期徒刑、死刑的人。

对于符合下列条件的犯罪嫌疑人、被告人没有委托辩护人的，公安机关、人民检察院、人民法院可以指定承担法律援助义务的律师为其辩护：

（一）经济困难的；

（二）涉嫌或被指控与他人共同犯罪，其他犯罪嫌疑人、被告人已委托辩护人的；

（三）具有外国国籍的或者无国籍的；

（四）司法利益需要时的其他情形。

（增加）第 条 犯罪嫌疑人、被告人有辩护律师的，在接受讯问时，应当通知辩护律师到场；没有辩护律师的，应当通知值班律师到场。

讯问完毕后，讯问人、被讯问人及在场的律师应当在讯问笔录上签字。

拒绝签字的,应当说明理由,并记入笔录。

(刑事诉讼法第 96 条第 2 款之修改)第　条　自犯罪嫌疑人被侦查机关第一次讯问或者采取强制措施之日起,辩护律师有权会见犯罪嫌疑人、被告人并了解有关案件情况。被采取强制措施的犯罪嫌疑人、被告人有权单独会见辩护律师,不受次数限制。律师会见犯罪嫌疑人、被告人,完全保密,不被监听,不经检查。

被采取强制措施的犯罪嫌疑人、被告人及其辩护律师提出会见要求后,应当安排在二十四小时以内会见。重大复杂的共同犯罪案件,犯罪嫌疑人、被告人及其辩护律师提出会见要求的,应当安排在三日以内会见。

其他辩护人经公安机关、人民检察院、人民法院批准也可以会见。(本条内容参见《关于律师作用的基本原则》第 8 条)①

(刑事诉讼法第 37 条之修改)第　条　在刑事诉讼中,辩护律师可以向有关单位或者个人调查与辩护事务有关的情况。

辩护律师有权申请公安机关、人民检察院、人民法院收集、调取证据或者申请人民法院通知证人出庭作证,公安机关、人民检察院、人民法院应当在接到申请后三日以内作出处理决定。情况紧急的,应当毫不迟延地作出处理决定。

同意申请的,公安机关、人民检察院、人民法院收集、调取证据时,应当通知辩护律师到场,辩护律师在必要时有权邀请技术顾问。

(增加)第　条　辩护律师对于其书面或口头辩护时所发表的有关言论或者因担任辩护人在公安机关、人民检察院和人民法院之前所发表的有关言论,应享有民事和刑事豁免权。(与《关于律师作用的基本原则》第 20 条保持一致)

(增加)第　条　辩护律师应当保守在执业活动中知悉的国家秘密、商业秘密,不得泄露当事人的隐私。辩护律师对在辩护活动中知悉的犯罪嫌疑人、被告人不愿泄露的情况和信息,应当予以保密。但是,犯罪嫌疑人、被告人准备或者正在实施的危害国家安全、公共安全以及其他严重危害他人人身、财产安全的犯罪事实和信息除外。(参考《律师法》第 38 条)

(增加)第　条　犯罪嫌疑人、被告人及其辩护人对于侦查人员、检察

---

①　本条第 1 款所拟规定的"单独会见",不但指本案的侦查人员、检察人员、审判人员不能在场,而且看守所人员、驻监所检察人员也不得在场。并且,会见内容应当不被窃听、不经检查和完全保密。

人员、审判人员侵犯其辩护权的行为，有权提出申诉和控告。

问题三 禁止刑讯逼供

（增加）第 条 （不得强迫自证其罪原则）任何人不得被强迫证明自己有罪或者作其他不利于自己的陈述。（参考《公民权利和政治权利国际公约》第 14 条第 3 款（庚）项，根据该原则，应删除刑事诉讼法第 93 条"犯罪嫌疑人对侦查人员的提问，应当如实回答"的规定）

（增加）第 条 讯问犯罪嫌疑人应当在白天进行，紧急情况除外。

侦查人员每次对犯罪嫌疑人的讯问时间不得超过四个小时；两次讯问的间隔时间不得少于四个小时。

每次讯问均应以法定格式记录，由犯罪嫌疑人、在场的辩护律师签字确认。

违反前三款规定取得的犯罪嫌疑人供述，不得作为认定犯罪嫌疑人、被告人有罪的证据。

（增加）第 条 侦查机关认为必要时，或者犯罪嫌疑人提出申请时，可以对每次讯问过程进行全程录音或者录像。

对于以下案件，每次讯问犯罪嫌疑人时，应当全程录音或者录像：

（一）危害国家安全的犯罪案件；

（二）职务犯罪案件；

（三）杀人、抢劫、强奸、放火、爆炸、投毒等严重侵犯公民人身权利或者危害公共安全的犯罪案件；

（四）其他犯罪嫌疑人可能被判处十年以上有期徒刑的案件；

（五）未成年人犯罪案件；

（六）共同犯罪案件。

录音或者录像不完整的，不得作为证明讯问合法性的根据。

犯罪嫌疑人、被告人及其法定代理人、辩护人对录音、录像的完整性提出异议的，应当由人民检察院对录音、录像的完整性承担举证责任。

（增加）第 条 在对犯罪嫌疑人、被告人进行调查时，禁止使用下列方法：①

---

① 参见联合国《禁止酷刑和其他残忍、不人道或有辱人格的待遇或处罚公约》第 1 条。

（一）刑讯或其他蓄意使人在肉体或精神上遭受剧烈疼痛或痛苦的行为；

（二）威胁、诱骗；

（三）禁止睡眠、使人饥渴；

（四）服用药物、催眠；

（五）其他残忍、不人道或有辱人格的待遇或处罚。

以上述非法方法取得的证据不得作为认定有罪的根据。

犯罪嫌疑人、被告人及其法定代理人、辩护人认为证据是通过上述非法方法取得的，检察机关否认的，应当由人民检察院以确实、充分的证据证明。侦查机关否认讯问非法的说明不得作为证据使用。

（增加）第　　条　被告人在人民法院审理时的供述与其在公安机关、人民检察院的供述和辩解不一致的，人民检察院有义务证明审前讯问的合法性。如果检察机关未能证明审前讯问的合法性，不得以审前供述作为认定有罪的根据。

问题四　取保候审与羁押正当性

（刑事诉讼法第51条之修改）第　　条　（取保候审的条件）人民法院、人民检察院和公安机关对于可能判处三年以下有期徒刑，在本辖区内有固定住处或稳定职业，或者属于邻里纠纷、亲属间犯罪且得到被害人谅解的犯罪嫌疑人、被告人，具有下列情形之一的，应当取保候审：

（一）初犯；

（二）过失犯罪；

（三）未满十八周岁或者已满七十周岁的人犯罪的；

（四）患有严重疾病的。

犯罪嫌疑人、被告人为正在怀孕、哺乳自己未满一周岁婴儿的妇女，公安机关、人民检察院、人民法院对其应当取保候审。

犯罪嫌疑人、被告人被拘留、逮捕的案件，不能在法定期限内办结，需要继续查证的，人民法院、人民检察院和公安机关对于犯罪嫌疑人、被告人可以取保候审。

人民法院、人民检察院和公安机关有证据证明犯罪嫌疑人、被告人具有下列情形之一的，不得取保候审：

（一）危害国家安全的犯罪；

（二）可能判处三年以上有期徒刑的暴力犯罪；

（三）累犯；

（四）有组织犯罪的主犯；

（五）在取保候审期间又故意犯罪，或者违反本法第五十六条关于被取保候审人应当遵守的规定的；

（六）有逃避、妨碍侦查、起诉、审判的重大嫌疑。

（刑事诉讼法第 64 条第 2 款之修改）第　条　（通知家属）拘留后，除有碍侦查或者无法通知的情形以外，应当把拘留的原因和羁押的处所，在四小时以内通知被拘留人的家属或者他的所在单位。被拘留人可以自行通知其家属或者所在单位。

（刑事诉讼法第 52 条之修改）第　条　被拘留或者逮捕的犯罪嫌疑人、被告人及其法定代理人、近亲属、辩护人有权申请取保候审。

对于取保候审的申请，人民法院、人民检察院和公安机关应当在七日以内作出是否同意的决定。不同意取保候审的，应当书面告知申请人，并且说明不同意的理由。对于不同意取保候审的决定，申请人可以向人民检察院和人民法院提出申诉。

对于被逮捕的犯罪嫌疑人、被告人，取保候审的决定应当由批准逮捕的人民法院作出。

人民法院、人民检察院和公安机关不同意取保候审的理由消失时，或者有新的情况表明应当取保候审时，犯罪嫌疑人、被告人及其法定代理人、近亲属可以再次申请取保候审。

（刑事诉讼法第 65 条之修改）第　条　（讯问被拘留人）公安机关对于被拘留的人，应当在拘留后四小时以内讯问。在发现不应当拘留的时候，必须立即释放，发给释放证明。对需要逮捕而证据还不充足的，可以取保候审或者监视居住。

（刑事诉讼法第 59 条之修改）第　条　（决定逮捕）逮捕犯罪嫌疑人、被告人，必须经过人民法院决定，由公安机关执行。[①]

（刑事诉讼法第 69 条之修改、增补）第　条　（公安机关提请逮捕程序）公安机关对被拘留的人，认为符合逮捕条件的，应当在拘留后的四十八

---

① 也可考虑另一方案：公安机关立案侦查的案件，逮捕犯罪嫌疑人、被告人应当由人民检察院决定，由公安机关执行；人民检察院自侦案件，逮捕犯罪嫌疑人、被告人应当由人民法院决定，由公安机关执行。对人民检察院所作的逮捕决定不服的，可以向同级人民法院提出异议。

小时以内，提请人民法院审查批准。在特殊情况下，提请审查批准的时间可以延长至七十二小时。

对于流窜作案、多次作案、结伙作案的重大嫌疑分子，提请审查批准的时间可以延长至九十六小时。

人民法院在作出逮捕决定以前，应当通知侦查人员、犯罪嫌疑人、被告人及其辩护人到庭。侦查人员、犯罪嫌疑人、被告人及其辩护人有权提出证据、进行质证、辩论。

人民法院应当自接到公安机关提请批准逮捕书后的四十八小时以内，作出批准逮捕或者不批准逮捕的决定。在特殊情况下，可以延长至九十六小时以内作出决定。每次逮捕所持续的期间一般不超过一个月。

在侦查、起诉、审判过程中，逮捕所持续的最长期限根据案件性质不同，按以下情形分别处理：

（一）普通犯罪案件，逮捕的最长期间为三个月；

（二）流窜作案、集团犯罪案件、犯罪嫌疑人、被告人可能判处无期徒刑的案件，逮捕的最长期间为六个月；

（三）死刑案件，逮捕的最长期间为一年。

公安机关认为需要延长的，应当提请人民法院重新审查。人民法院审查延长逮捕期限申请，按照前款规定的程序进行。人民法院不批准逮捕的，公安机关应当在接到通知后立即释放，并且将执行情况及时通知人民法院。对于需要继续侦查，并且符合取保候审、监视居住条件的，依法取保候审或者监视居住。

（刑事诉讼法第134条之修改、增补）第　　条　（检察机关提请逮捕程序）人民检察院对直接受理的案件中被拘留的人，认为需要逮捕的，应当在拘留后的四十八小时以内提请人民法院审查批准。在特殊情况下，提请逮捕的时间可以延长至七十二小时。

人民法院在作出逮捕决定以前，应当通知检察人员、犯罪嫌疑人、被告人及其辩护人到庭。检察人员、犯罪嫌疑人、被告人及其辩护人有权提出证据、进行质证、辩论。

人民法院应当自接到人民检察院提请批准逮捕书后的二十四小时以内，作出批准逮捕或者不批准逮捕的决定。每次逮捕所持续的期间一般不超过一个月。从立案之日起，逮捕所持续的最长期限根据案件性质不同，按以下情形分别对待：

（一）普通犯罪案件，逮捕的最长期间为三个月；

（二）流窜作案、集团犯罪案件、犯罪嫌疑人、被告人可能判处无期徒刑的案件，逮捕的最长期间为六个月；

（三）死刑案件，逮捕的最长期间为一年。

人民检察院认为需要延长逮捕期限的，应当提请人民法院重新审查。人民法院审查延长逮捕期限申请，按照前款规定的程序进行。人民法院不批准逮捕的，人民检察院应当在接到通知后立即释放，并且将执行情况及时通知人民法院。对于需要继续侦查，并且符合取保候审、监视居住条件的，依法取保候审或者监视居住。

（增加）第　　条　（被逮捕人及其法定代理人或者近亲属对于逮捕的救济措施）被逮捕人及其法定代理人或者近亲属对人民法院逮捕决定不服的，有权向上一级人民法院申诉。上一级人民法院应当听取人民检察院、被逮捕人及其法定代理人、辩护人的意见；必要时，可以通知证人出庭，并在十日以内作出处理决定。

问题五　起诉裁量权

（刑事诉讼法第142条之修改）第　　条　（起诉裁量权）有下列情形之一的，人民检察院可以作出不起诉决定：

（一）依照刑法规定不需要判处刑罚的；

（二）依照刑法规定免除刑罚的；

（三）犯罪嫌疑人犯有数罪，其中一罪或者数罪已经为生效裁判判处十年以上有期徒刑，人民检察院认为对其他可能判处三年以下有期徒刑、拘役、管制或者单处罚金的罪行进行起诉，依照刑法规定进行数罪并罚，对于应当执行的刑罚没有影响的。

人民检察院根据前款规定决定不起诉后，除非发现不符合前款条件，不得撤销不起诉决定、提起公诉。

（增加）第　　条　（刑事和解）对犯罪嫌疑人可能被判处三年以下有期徒刑、拘役、管制或者单处罚金的案件，被害人与犯罪嫌疑人自愿和解的，经人民检察院审查，可以作出不起诉决定。

问题六 未成年人暂缓起诉

（增加）第 条 对可能判处三年以下有期徒刑、拘役、管制或者单处罚金的未成年人犯罪案件，事实清楚，证据确实、充分，犯罪嫌疑人有认罪悔改表现的，人民检察院经过审查，认为不需要立即提起公诉的，可以决定暂缓起诉。（参考《公民权利和政治权利国际公约》第 14 条第 4 款，《关于检察官作用的准则》第 19 条）[1]

（增加）第 条 暂缓起诉的决定，应当经犯罪嫌疑人同意，并听取被害人及其法定代理人、辩护人、诉讼代理人的意见。

（增加）第 条 暂缓起诉的考察期限为三个月以上六个月以下。必要的时候，可以延长三个月。考察期限从暂缓起诉决定作出之日起计算。[2]

（增加）第 条 在考察期间，由专门考察机构负责对被暂缓起诉的犯罪嫌疑人进行帮助、教育，对其履行暂缓起诉决定所规定的义务情况进行考察。

（增加）第 条 被暂缓起诉的犯罪嫌疑人在考察期限内应当履行下列义务：

（一）接受帮助、教育和考察；

（二）按照决定机关的规定，定期报告自己的活动情况；

（三）履行与被害人达成的协议；

（四）离开所居住的市、县或者迁居，应当经考察机构报请决定机关批

---

[1] 本条是关于适用暂缓起诉实体性条件和程序性条件的内容。实体性条件主要包括：（1）未成年犯罪嫌疑人所犯之罪应为我国刑法上规定的轻罪，即可能判处三年以下有期徒刑、拘役、管制或者单处罚金的案件。这些罪在量刑上可以被判处缓刑，且可以作为自诉案件，并易于、便于刑事和解，将其作为暂缓起诉的罪质条件符合我国宽严相济的刑事政策。（2）事实清楚，证据确实、充分。以此作为暂缓起诉的条件主要是避免检察机关将一些事实不清的案件作为暂缓起诉处理，防止暂缓起诉权力的不当使用。（3）犯罪嫌疑人有认罪悔改表现。只有被暂缓起诉的犯罪嫌疑人认罪，才能得到被害人的原谅；只有其悔改才具有在考察期内改过自新的可能。同时，本条还设定了一个程序性条件，即由人民检察院经过审查后裁量决定。对于符合这些条件的，并非强制检察机关一律作出暂缓起诉决定，而是让检察机关根据犯罪嫌疑人具体情况酌情处理，所以，在条文中使用"可以"决定暂缓起诉，而不是"应当"决定暂缓起诉。

[2] 对于暂缓起诉的期限我们采用"考察期限"而没有采用"考验期"，以示与缓刑期限表述上的区别。

准；

（五）暂缓起诉决定所规定履行的其他义务。

（增加）第　条　人民检察院对犯罪嫌疑人决定暂缓起诉的，应当制作暂缓起诉决定书，并于作出决定之日起三日以内送达被暂缓起诉的犯罪嫌疑人、被害人及其法定代理人、辩护人、诉讼代理人和考察机构。

被暂缓起诉的犯罪嫌疑人、被害人对暂缓起诉决定不服的，人民检察院应当重新作出处理决定。

共同犯罪案件中，人民检察院决定对部分犯罪嫌疑人暂缓起诉的，应当经同级人民法院审查批准。

（增加）第　条　考察机构认为被暂缓起诉的犯罪嫌疑人在考察期间履行了暂缓起诉决定书所规定的义务的，应当报请暂缓起诉决定机关审查。决定机关认为撤销暂缓起诉的申请符合法定条件的，应当作出对其不再起诉的决定。

（增加）第　条　在考察期限内，被暂缓起诉的犯罪嫌疑人有下列情形之一的，应当撤销暂缓起诉的决定，提起公诉：

（一）又犯新罪的；

（二）发现在被暂缓起诉以前还有其他犯罪，需要判处刑罚的；

（三）未履行暂缓起诉决定书所规定的义务，情节严重的。

问题七　证人出庭作证

（增加）第　条　（证人出庭义务）证人有出庭作证的义务，以保障法庭审判公正进行。

有下列情形之一的，人民法院应当通知证人出庭作证：

（一）公诉人或者当事人对证言有异议，影响定罪量刑的；

（二）证言对定罪量刑有重要影响的；

（三）证人证言发生重大变化的；

（四）应当出庭作证的其他情形。

通知证人出庭作证，应当采用书面形式，并说明证人拒绝出庭作证的法律后果。

（增加）第　条　（鉴定人出庭义务）对鉴定人意见有异议的，当事人申请或者人民检察院提出或者人民法院认为有必要，经人民法院依法通知的，鉴定人应当按时出庭作证。

对经人民法院依法通知应当出庭作证的鉴定人不得采取拘传等强制性措施。

（增加）第　条　（侦查人员出庭义务）对侦查人员调查取证活动的合法性有异议，经当事人申请或者人民检察院提出，或者人民法院认为有必要的，人民法院应当通知办理案件的侦查人员出庭作证。

侦查人员出庭作证，适用鉴定人出庭作证的规定。

（增加）第　条　（如实作证义务）证人、鉴定人和侦查人员出庭作证的，人民法院应当告知其负有如实作证的义务，并在如实作证的保证书上签名。

前款关于保证书签名的规定，不适用于未成年的证人。

（增加）第　条　（法律后果）证人、鉴定人、侦查人员经人民法院依法通知，无正当理由拒绝出庭作证的，其提供的证人证言、鉴定人意见、案件侦查过程说明等书面材料不得作为证据。

（增加）第　条　（法律制裁）证人经人民法院依法通知，无正当理由不到庭作证的，可以警告或者处以一千元以上一万元以下的罚款；必要的时候，可以拘传。

证人出庭后，无正当理由拒绝陈述或者拒绝回答询问的，可以处以一千元以上二万元以下的罚款或者拘留；情节严重的，依法追究刑事责任。

证人对于前款处罚不服的，可以向上一级人民法院申请复议。上一级人民法院收到复议申请后，应当在三日内作出复议决定。

鉴定人、侦查人员经人民法院依法通知，无正当理由拒绝出庭作证的，由有关部门给予相应的纪律处分。

（增加）第　条　（经济补偿权）证人因出庭作证而支出的交通费、食宿费、误工费等，由人民法院按照国家标准给予补偿。证人补偿费由人民政府财政预算列入人民法院的业务经费，并予以保障。

有工作单位的证人出庭作证期间，所在单位有为其提供便利条件的义务，不得以任何理由进行阻挠，不得克扣或者变相克扣工资、奖金以及其他福利待遇。

（刑事诉讼法第49条之增补）第　条　（证人保护）在办理危害国家安全犯罪、毒品犯罪、黑社会性质的犯罪、恐怖活动犯罪、强奸犯罪、走私犯罪、集团犯罪以及证人、被害人是未成年人的案件或者其他需要特别保护的案件，人民法院、人民检察院、公安机关可以根据需要或者根据证人及其近亲属的申请，决定对证人及其近亲属采取以下保护措施：

（一）不公开证人的真实姓名、住址和工作单位；

（二）派员对证人及其近亲属提供保护；

（三）在证人作证时采取不暴露其外貌、真实声音的措施；

（四）签发书面命令禁止特定人员在一定时期内接触证人及其近亲属；

（五）为证人及其近亲属提供安全的临时住所；

（六）其他必要的保护措施。

保护措施由公安机关负责实施。

对证人采取保护措施，不得妨碍辩护律师依法行使调查取证权。

问题八　死刑案件二审程序

（增加）第　条　（程序启动）判处死刑的案件，第一审人民法院应当在宣判后十日以内将案件移送上一级人民法院审判。

（《开庭规定》第1条之修改）第　条　（审理方式）第二审人民法院审理原审判处死刑的案件，应当开庭审理。

（刑事诉讼法第186条之修改）第　条　（审理范围）第二审人民法院审理死刑案件，应当就原审判决认定的事实和适用法律进行审查，不接受新的事实或者新证据，不接受重新鉴定或者补充鉴定结论。但被告人提出的或者经被告人同意的除外。

第二审人民法院不得依据新的事实或者新证据，或者重新鉴定、补充鉴定的结论，作出不利于被告人的判决。

（增加）第　条　（案卷和证物移送）原审人民法院将案件移送上一级人民法院时，应当同时移送案卷和证物。

（增加）第　条　（受理通知）第二审人民法院受理案件后，应当在三日内通知同级人民检察院和被告人。

被告人已委托辩护人的，应当同时通知辩护人。

（《开庭规定》第6条之修改）第　条　（辩护律师）被告人在第二审程序中委托辩护人的，应当委托律师。

被告人没有委托辩护人的，第二审人民法院应当通知法律援助机构指定承担法律援助义务的律师为其提供辩护。

人民法院指定的辩护人依法拒绝辩护的,[①] 或者被告人拒绝人民法院指定的辩护人为其辩护的,被告人可以委托辩护人。被告人表示不委托的,人民法院应当为其另行指定辩护人。

被告人在符合以下事由时,经人民法院准许,可以再次拒绝指定的辩护人为其辩护:

(一) 辩护人有侮辱、歧视等损害被告人尊严的行为的;

(二) 辩护人的辩护能力受到限制或者丧失的;

(三) 被告人认为辩护人未能充分履行辩护职责的。

更换辩护人的决定应当在法庭辩论结束前作出,同时宣布延期审理。

更换辩护人后,应当给予辩护人不少于二十日的准备时间。

(刑事诉讼法第 36 条第 2 款、《最高人民法院关于执行〈中华人民共和国刑事诉讼法〉若干问题的解释》第 41 条之借鉴) 第　条　(会见和通信) 在押的被告人有权同辩护人会见和通信。

(刑事诉讼法第 36 条第 2 款之借鉴) 第　条　(查阅案卷) 人民检察院和辩护人从接到受理通知之时起,可以到第二审人民法院查阅案卷,摘抄、复制与本案有关的材料,了解案情。

(增加) 第　条　(意见书和答辩书) 自接到受理通知十五日以内,人民检察院应当提出意见书,被告人及其辩护人应当提出答辩书。

第二审人民法院应当在三日以内,将收到的意见书送达被告人及其辩护人,将收到的答辩书送达人民检察院。

人民检察院、被告人及其辩护人没有在以上期间内提出文书的,不影响第二审人民法院的审理。

(增加) 第　条　(证据申请权[②]) 被告人及其辩护人在答辩期满前有以下权利:

(一) 申请第二审人民法院收集、调取证据,应当以书面方式,说明申请的理由,列出需要调查问题的提纲;

(二) 申请第二审人民法院传唤证人作证,应当以书面方式,写明证人的姓名、身份、住址;

---

① 《律师法》第 32 条第 2 款:"律师接受委托后,无正当理由的,不得拒绝辩护或者代理。但是,委托事项违法、委托人利用律师提供的服务从事违法活动或者委托人故意隐瞒与案件有关的重要事实的,律师有权拒绝辩护或者代理。"

② 这一术语借用韩国《刑事诉讼法》第 294 条 (当事人的证据申请权) 的相关概念。

（三）申请重新鉴定或者补充鉴定，应当以书面方式，说明申请的理由。

第二审人民法院接受被告人及其辩护人的申请收集、调取证据或者传唤证人的期间，被告人及其辩护人经第二审人民法院准许重新鉴定或者补充鉴定的期间，不计入审限。

第二审人民法院根据辩护人的申请收集、调取证据后，或者收到被告人及其辩护人提交的重新鉴定或者补充鉴定结论后，应当在三日内通知辩护人和人民检察院阅卷。

（增加）第　条　（控方重新鉴定或者补充鉴定）人民检察院自接到受理通知十五日以内，将被告人同意的书面文件提交第二审人民法院的，可以重新鉴定或者补充鉴定。重新鉴定或者补充鉴定的期间，不计入审限。

第二审人民法院收到人民检察院重新鉴定或者补充鉴定的结论后，应当在三日以内通知辩护人阅卷。

（《开庭规定》第5条之修改）第　条　（开庭前审查）第二审人民法院开庭审理死刑案件，合议庭应当在开庭前对案卷材料进行全面审查，重点审查下列内容：

（一）人民检察院、被告人及其辩护人的理由及是否提出了新的事实和证据；

（二）被告人供述、辩解的情况；

（三）辩护人的意见以及原审人民法院采纳的情况；

（四）原审判决认定的事实是否清楚，证据是否确实、充分；

（五）原审判决适用法律是否正确，量刑是否适当；

（六）在侦查、起诉及审判中，有无违反法律规定的诉讼程序的情形；

（七）原审人民法院合议庭、审判委员会讨论的意见；

（八）其他对定罪量刑有影响的内容。

（《开庭规定》第9条之修改）第　条　（控方出庭）第二审人民法院开庭审理死刑案件，同级人民检察院应当派员出庭。

（《开庭规定》第11条之借鉴）第　条　（合议庭组成）第二审人民法院开庭审理死刑案件，应当由审判员五人组成合议庭，对于疑难、复杂、重大的死刑案件，应当由院长或者庭长担任审判长。

（《开庭规定》第12条之修改）第　条　（审前准备）合议庭应当在开庭前做好以下准备工作：

（一）必要时应当讯问被告人；

（二）拟定庭审提纲，确定需要开庭审理的内容；

（三）将开庭的时间、地点在开庭三日以前通知人民检察院、被告人及其辩护人；

（四）通知人民检察院、被告人及其辩护人在开庭五日以前提供出庭作证的证人、鉴定人名单；

（五）将传唤当事人和通知辩护人、证人、鉴定人和翻译人员的传票和通知书，在开庭三日以前送达；

（六）公开审判的案件，在开庭三日以前先期公布案由、被告人姓名、开庭时间和地点；

（七）其他准备工作。

合议庭应当在开庭前查明以下有关情况：

（一）在第一审判决宣判后，被告人是否有检举、揭发行为需要查证核实的；

（二）是否存在可能导致延期审理的情形。

上述活动情形应当写入笔录，由审判人员和书记员签名。

（刑事诉讼法第154条之修改）第　条　（开庭准备）开庭的时候，审判长查明当事人是否到庭，宣布案由；宣布合议庭的组成人员、书记员、公诉人、辩护人、诉讼代理人、鉴定人和翻译人员的名单；告知当事人有权对合议庭组成人员、书记员、公诉人和翻译人员申请回避；告知被告人享有辩护权利。

（《开庭规定》第14条之修改）第　条　（法庭调查）第二审人民法院在开庭时遵循下列程序：

（一）审判长宣布开庭后，可以宣读原审判决书，也可以只宣读案由、主要事实、证据和判决主文等判决书的主要内容。

（二）法庭调查时，先听取检察人员陈述意见，然后听取被告人或者辩护人答辩。

（三）法庭调查的重点是，双方对原审判决提出异议的事实、证据，原审判决未采纳辩护意见的理由，原审驳回被告人及其辩护人申请调取证据的理由，第二审程序中提出的新事实或提交的新证据。

（四）第二审人民法院开庭审理死刑案件，除以下情形外，应当传唤证人、鉴定人出庭作证：

1. 人民检察院、被告人及其辩护人对证人证言、被害人陈述和鉴定结论没有异议的；

2. 人民检察院、被告人及其辩护人对原审判决采纳的证据没有异议的；

3. 被告人所犯数罪中判处其他刑罚的犯罪，事实清楚且人民检察院、被告人及其辩护人没有异议的；

4. 共同犯罪中没有判处死刑且没有提出上诉的被告人，人民检察院和辩护人在开庭前表示不需要进行讯问和质证；

5. 共同犯罪中没有被判处死刑的其他被告人的罪行，事实清楚；

6. 法律规定的其他可以不出庭作证的情形。

（五）检察人员、被告人和辩护人有权申请传唤证人、鉴定人，经审判长许可，可以对证人、鉴定人发问。

（《开庭规定》第14条之修改）第　条　（法庭辩论、最后陈述）法庭辩论时，由检察人员先发言，然后由被告人、辩护人发言，并依次进行辩论。

审判长在宣布辩论终结后，被告人有最后陈述的权利。

（《开庭规定》第15条之修改）第　条　（因新证据延期审理）在第二审程序中，检察人员或被告人及其辩护人发现证据出现重大变化，可能影响案件定罪量刑的，可以申请延期审理。

（刑事诉讼法第165条之借鉴）第　条　（延期审理的期限）第二审死刑案件每次延期审理的期间不得超过一个月，延期审理的期间不计入审限。

（刑事诉讼法第189条、第191条之修改）第　条　（二审裁定、判决）第二审人民法院对死刑案件经过审理后，合议庭或者审判委员会应当按照下列情形分别处理：

（一）一致认为原判决认定事实和适用法律正确、量刑适当的，应当裁定维持原判；

（二）认为原判决认定的定罪事实没有错误，但适用法律有错误，或者量刑不当的，应当改判；

（三）认为原判决事实不清楚或者证据不足的，应当在查清事实后改判；定罪事实无法查清的，应当作出无罪判决；

（四）认为有下列违反法律规定的诉讼程序的情形之一的，应当裁定撤销原判，发回原审人民法院重新审判：

1. 违反本法有关公开审判的规定的；

2. 违反回避制度的；

3. 剥夺或者限制了当事人法定诉讼权利的；

4. 审判组织的组成不合法的；

5. 其他违反法律规定的诉讼程序，可能影响公正审判的。

发回重审以一次为限，但有利于被告人的除外。

（《开庭规定》第16条之借鉴）第　条　（裁判理由）第二审人民法院应当在裁判文书中写明人民检察院的意见，详细写明对被告人的辩解和辩护人的意见是否采纳的理由。

（《开庭规定》第17条之借鉴）第　条　（宣判和送达）第二审人民法院作出判决、裁定后，当庭宣判的，应当在五日以内将判决书或者裁定书送达当事人、辩护人和同级人民检察院；定期宣判的，应当在宣判后立即送达。

第二审人民法院可以委托第一审人民法院代为宣判，并向当事人及其辩护人送达第二审判决书或者裁定书。

（刑事诉讼法第196条之修改）第　条　（第二审的审限）第二审人民法院受理死刑案件，应当在六个月以内审结。有本法第一百二十六条规定情形之一的，可以延长三个月。但是最高人民法院受理第二审死刑案件的审理期限，由最高人民法院决定。

（刑事诉讼法第192条之修改、第194条之借鉴）第　条　（发回重审的程序）原审人民法院对于上级人民法院发回重审的死刑案件，应当另行组成合议庭，依照第一审程序进行审判。

原审人民法院重新审判上级人民法院发回的死刑案件，人民检察院未主张新的事实或者提出新的证据的，不得再次判处死刑。

对于重新审判后的判决，可以上诉、抗诉。判处死刑的，适用本章的规定。

原审人民法院从收到上级人民法院发回重审的死刑案件之日起，重新计算审理期限。

（增加）第　条　（再审的适用）最高人民法院和高级人民法院依照审判监督程序重新审判的死刑案件，适用本章的规定。

（增加）第　条　（死缓案件的适用）宣告死刑缓期二年执行的案件适用本章规定。

第二部分　条文论证

如何修改刑事诉讼法？中国学术界目前存在着大改、中改、小改三种意见。1. 所谓大改，一是在条款数量上，要大量增加新的条款，同时对相当一部分现行法条款进行修改。二是从修改涉及的法律内容看，要改造刑事诉讼结构，全面调整刑事诉讼的运作机制，实现刑事诉讼法制的现代化要求。2. 所谓中改，是在目前由宪法设定的刑事诉讼框架内，改善刑事诉讼运作机制，建立某些适应诉讼现代化要求的重要原则与制度，对现行制度作局部性的修正，对实践中问题暴露明显、弊端比较突出的，进行重点修改完善。3. 所谓小改，是诉讼结构、重要制度不动，利益机制不作大的调整，只是对有限的某些条款修改，并增补某些亟待建立的规范。实行小改，最有利于法律的稳定性与持续性，同时牵涉面较窄，工作量不太大，阻力较小，易于操作。但惟其如此，不能在较深的层次、较大的范围解决问题，通过改革实现刑事诉讼制度现代化的目标不能实现。① "中改"与"小改"方案一个共同的特点在于保持现行法律的基本框架与重要制度不变，在宪法的框架内修改刑事诉讼法，解决几个目前司法实践中比较突出的问题。"大改"方案则主张着眼长远，对现行刑事诉讼法进行综合性、整体性改造，细化程序规则，大量增加法律条文。

鉴于 1996 年的刑事诉讼法修改并未改变"司法一体化"或者"流水作

---

① 参见龙宗智：《徘徊于传统与现代之间——论中国刑事诉讼法的再修改》，《政法论坛》2004年第 5 期。

业式"的基本诉讼构造，① 一部分学者提出对刑事诉讼法要进行全面修改或者结构性改造，使其能够较长时间不变，以后只是作某些个别调整。② 也有学者认为，目前进行大改的社会条件尚不成熟，技术准备也不足，进行大改缺乏相关制度以及实际条件的支持，而且人们对这种改造的必要性普遍缺乏清醒的认识，因此主张进行温和的渐进式的改革，即以大改为目标，近期实行中改，而后再视情况进行不同程度的改革，最终实现刑事诉讼的现代化变革。③

刑事诉讼法再修改涉及方方面面的问题，其中最为关键的是：如何确立修改刑事诉讼法的指导思想？这里主要涉及对三个方面关系的认识：一是惩罚犯罪与保障人权的关系；二是保障诉讼公正与提高诉讼效率的关系；三是立足本国国情与借鉴外国经验的关系。在 1996 年的刑事诉讼法修改过程中，在这三个方面关系的处理上，基本上采取了"兼顾论"的立场。④ 在关于刑事诉讼法再修改的讨论中，一些学者明确提出：刑事诉讼法的再修改关键在于构筑以保障人权为核心的改革目标体系。⑤

无论采取何种修改方案（大改、中改或者小改），其最终目标都是通过制度改造，实现刑事诉讼现代化的基本要求。一些学者认为，在近期修改宪法尚无现实可能性的情况下，应当在现行宪法的框架内，尽可能地调整诉讼

---

① 该构造的具体表现为：（1）公安机关、检察机关和法院在刑事诉讼中各自独立地实施诉讼行为，它们事实上属于互不隶属的"司法机关"；（2）审判前的诉讼活动既没有法官的参与，也不存在司法授权和司法审查机制，司法机关不能就追诉活动的合法性举行任何形式的程序性裁判活动；（3）在法庭审判中，法院针对追诉行为的合法性而举行的司法审查极为薄弱，难以对审判前的追诉活动进行有效的司法控制；（4）追诉机关的案卷材料对法院的裁判结论具有决定性的影响；（5）公、检、法三机关一旦发现案件事实不清、证据不足，就可以推动程序"逆向运行"；（6）法院在公安机关、检察机关追诉活动完成之后，发挥着继续追诉的作用；（7）侦查、起诉和审判三阶段的划分具有较大的弹性，在外界因素的干预或推动下始终存在相互交叉甚至完全重合的可能。这种"流水作业式"的诉讼构造造成审判前程序中缺少独立的司法裁判机构，审判阶段的司法裁判机能明显弱化，公、检、法三机关之间法定的职能分工在一定程度上流于形式，遭受不公正对待的公民不能获得有效的司法救济，因此，一些学者建议对这种诉讼构造进行改造，建立以司法裁判为中心的刑事诉讼构造。参见陈瑞华：《刑事诉讼的前沿问题》，中国人民大学出版社 2000 年版，第 231 页以下。

② 参见陈卫东：《模范刑事诉讼法典的起草思路、原则和框架》，载陈光中、陈卫东主编：《诉讼法理论与实践》（2005 年卷），中国方正出版社 2005 年版，第 50 页。

③ 参见龙宗智：《徘徊于传统与现代之间——论中国刑事诉讼法的再修改》，《政法论坛》2004年第 5 期。

④ 参见陈光中：《论修改刑事诉讼法的指导思想》，载《陈光中法学文集》，中国法制出版社 2000 年版，第 527 页以下。

⑤ 参见熊秋红：《修改刑诉法要以保障人权为核心》，《法制日报》2005 年 12 月 21 日。

结构，完善制度规范，从而使刑事诉讼法的功能获得一定程度的实质性改善。[①]

从目前的讨论看，修改刑事诉讼法的具体建议主要包括：1. 修改刑事诉讼法第 12 条，明确规定无罪推定原则；2. 确立一事不再理（禁止双重危险）原则，对再次起诉制度和再审制度进行改造；3. 赋予被指控人沉默权，同时可以考虑设立一定的例外；4. 完善律师辩护制度，保障律师会见权、在场权、调查取证权、阅卷权、法庭言论豁免权；5. 改革证据制度，确立非法证据排除规则、强化证人作证制度、强化控诉方的证明责任、完善司法鉴定制度，建立更为科学合理的证明标准；6. 完善侦查程序，解决强制性措施的司法控制、审讯程序的正当化、技术侦查与秘密侦查的法制化等问题；7. 完善不起诉以及变更起诉的法律规范，适当扩大相对不起诉的适用范围，实行比较灵活的量刑建议制度；8. 完善审判程序，调整庭前审查程序，完善庭审质证制度，强化二审开庭审理，改死刑复核制度为死刑案件的三审终审制；9. 强化刑事诉讼法得以严格执行的保障程序。尤其是就违法取证的法律后果、超期羁押的法律后果、律师权利的保障措施等作出明确规定，以增强刑事诉讼法的刚性。[②] 从保障被指控人人权的角度看，强制性侦查措施的法律控制与辩护律师诉讼权利的保障应当成为刑事诉讼法再修改的重点。

在可能的情况下应努力推动一些结构性问题的解决，如通过制度和条件的设置，真正实现审判权的独立行使；改革审判前程序，实现对侦查行为的法律控制，尤其是对强制侦查的司法控制。刑事诉讼模式——当事人主义与职权主义的选择一直是困扰立法界与学术界的一个重大问题。1996年的刑事诉讼法修改在原来的职权主义乃至强职权主义的基础上吸收了英美法当事人主义的一些因素，初步建立了一种混合式的诉讼结构。如何保证该机制协调、合理、有效地运行，是刑事诉讼法再修改过程中需要重点考虑的问题。

目前，关于刑事诉讼法的修改，已有陈光中教授主编的《中华人民共和国刑事诉讼法再修改专家建议稿与论证》、徐静村教授主编的《中国刑事诉讼法（第二修正案）学者拟制稿及立法理由》和陈卫东教授主编的《模范刑

---

① 参见龙宗智：《徘徊于传统与现代之间——论中国刑事诉讼法的再修改》，《政法论坛》2004年第 5 期。

② 同上。

事诉讼法典》等研究成果。与上述成果不同的是，首先，我们的研究将着眼点放在刑事诉讼中被指控人的权利保护问题；其次，我们的研究在注重中外比较研究的同时，采用了实证研究方法，尽可能使所设计的方案贴近中国实际。

惩罚犯罪与保障人权是贯穿刑事诉讼的一条主线，任何国家的刑事诉讼制度总是在协调二者的矛盾中向前发展。在公法领域，从任意司法到程序司法的演进被认为是法制史上的重大变革，而刑事程序本身以保障被追诉者的人权为基本内核。因为，如果刑事诉讼仅仅追求惩罚犯罪，那么，抛弃程序的束缚即为最好的选择。在刑事诉讼的历史上，曾出现过用尽各种惨无人道的手段获取被告人口供，以求发现案件真相的例证。现代刑事诉讼禁止刑讯逼供，禁止不择手段、不问是非、不计代价的真实发现。这一要求为刑事诉讼中实现惩罚犯罪的目的设置了底线。有学者将刑事诉讼法称之为宪法的测震仪，这主要是因为刑事诉讼对于公民的基本权利造成了严重的干预。在刑事诉讼进程中，逮捕、拘留、搜查、扣押等强制性措施的采用，构成了对公民人身权、财产权的巨大威胁；而被告人一旦被判决有罪，将面临被剥夺自由、财产乃至生命的严重后果。在刑事诉讼中，国家专门机关如果滥用权力，将会导致宪法所保障的公民基本权利成为一纸空文。因为，在国家专门机关滥用权力的情况下，任何人都可能成为刑事追诉的对象，都可能成为刑事诉讼的牺牲品。由此，不难理解为什么刑事诉讼法被冠以"应用之宪法"、"宪法之施行法"、"法治国之大宪章"等称谓。

刑事诉讼以追诉犯罪为开端、以实现国家刑罚权为目的，这是不言而喻的要求。现代刑事程序的重点在于建立防止国家刑事追诉权、惩罚权被滥用、防止公民权利被侵害的装置。因此，惩罚犯罪更多地体现为刑事程序的隐性目的，而保障人权则是刑事程序的显性要求。刑事司法国际准则对于刑事诉讼制度在保障被指控人权利方面的基本要求作了说明，它旨在以保障民权为基本尺度对刑事诉讼制度进行评价和认识，避免因惩罚犯罪的需要而减损受刑事指控者获得公正审判的权利，避免以枉罚无辜为代价来实现打击犯罪的目的。

在刑事诉讼中，公诉方与被告方在力量对比上存在着固有的不平衡。受刑事指控者作为被追诉对象，其权益极易受到国家专门机关的侵害。一方面，国家专门机关由于打击犯罪心切，容易侵犯公民个人的权利；另一方面，对被追诉者权利的侵犯容易获得社会公众心理上的默认，因为损害少数人利益的目的是为了保护大多数人。在刑事诉讼中保障被追诉者的诉讼权利，体现了"救济最需要救济者"的原则，体现了对少数人的保护。

长期以来，"重打击、轻保护"，"重实体、轻程序"观念和现象盛行于我国的司法实践。近些年来，惩罚犯罪与保障人权"平衡论"、实体公正与程序公正"并重论"逐渐成为理论界和实务界的主流话语。但是，"有罪推定"的情结并未销声匿迹，要求从重从快打击犯罪的呼声不绝于耳，而这种强烈的呼声以"国情论"作为最有力的依托。诚然，刑事诉讼法的再修改应当立足于本国国情，但是，"国情论"不应成为我们纵容权力滥用、纵容冤假错案的盾牌。杜培武案、佘祥林案、聂树斌案的相继曝光已经向我们敲响了警钟。在刑事诉讼法的再修改中，应当妥善处理惩罚犯罪与保障人权的关系，着重解决司法实践中的突出问题，构建以保障人权为核心的刑事诉讼制度体系。正是基于上述考虑，我们的修改建议稿以被指控人的权利保护为核心进行设计。

由于被指控人权利的落实，除需要将权利本身法定化，更需要相应的保障性规定，因而，我们的立法建议与论证涉及对刑事诉讼权利本身的直接规定和对刑事诉讼权利保障有积极意义的规定两方面内容。基于刑事诉讼权利设置与权利保障规定的基础都是无罪推定原则，虽然修改建议稿中未对无罪推定原则提出立法建议，但我们认为，无罪推定原则应当在此次刑事诉讼法修改时写进刑事诉讼法。[①] 此外，反对被迫自证其罪原则、禁止双重危险原则、权利救济原则作为现代刑事诉讼中的重要原则，也应写入刑事诉讼法的总则部分。

我国 1996 年修改刑事诉讼法时增加了第 12 条"未经人民法院依法判决，对任何人都不得确定有罪"，规定这一内容是一个进步。只有经过法院的裁判，才能确定一个人有罪，其他机关没有这个职权，这体现了无罪推定原则的精神。为了贯彻落实第 12 条规定所反映出的无罪推定的精神，1996年的刑事诉讼法第 162 条第 2 项，还专门规定了对指控证据不足的应当作出无罪判决的要求，也就是疑罪从无。这也是无罪推定原则精神的反映。但第12 条的规定只是有限的进步，因为根据立法机关的解释，该规定是以认为无罪推定与有罪推定都是错误的认识为前提的。无罪推定是资产阶级针对封建专制刑事诉讼的有罪推定提出来的，是对有罪推定简单而明确的反对。无罪推定是程序法原则，而非实体法原则；无罪推定是无罪假定，而非无罪认

---

① 我们认为，参考国际公约的规定，无罪推定原则应当表述为："任何人在未经人民法院依法作出生效裁判确定有罪之前，有权被视为无罪。"

定。无罪推定原则通过假定——在法院判决被告人有罪以前，犯罪嫌疑人、被告人在法律上（而非事实上）拥有无罪地位——为刑事诉讼中针对犯罪嫌疑人、被告人的各项人权保障制度提供了依据。无罪推定原则现已成为世界各国在刑事诉讼中普遍遵循的基本原则，《世界人权宣言》、《公民权利和政治权利国际公约》、《国际刑事法院罗马规约》均规定了这一原则。在我国，由于我们对于无罪推定原则的基本精神缺乏正确而充分的认识，我们的立法和司法实践在很多方面没有真正地、完全地贯彻无罪推定原则。类似于佘祥林的案件是其典型表现。有鉴于此，我们认为，我国刑事诉讼法不仅应当明确规定无罪推定原则，而且在修改刑事诉讼法的其他章节时，应当贯彻无罪推定原则的各项具体要求。

在我国司法实践中刑讯逼供现象时有发生，有时还比较突出，这种做法实际上是强迫犯罪嫌疑人、被告人自己证明自己有罪。《公民权利和政治权利国际公约》明确规定：被指控人"不被强迫作不利于他自己的证言或强迫承认犯罪"。根据这一规定，在刑事诉讼中，不得对犯罪嫌疑人、被告人采用刑讯逼供，法律应当排除使用酷刑以及残忍、不人道等强迫性方法获得的证据。"被迫"涉及各种形式的直接或间接的身体或精神压力，范围从刑讯到欺诈、威胁等非人道的待遇。一般认为，贯彻反对被迫自证其罪原则，应当赋予犯罪嫌疑人、被告人以沉默权，即侦查人员在讯问他们时，他们可以保持沉默，不能因为他们保持沉默而推定他们有罪，并且加重对他们的惩罚。我国现行刑事诉讼法第93条规定："犯罪嫌疑人对侦查人员的提问，应当如实回答"，这一规定与反对被迫自证其罪原则的精神相抵触。我们认为，刑事诉讼法应当明确认可反对被迫自证其罪原则，同时应当取消目前的"如实回答"的规定作为落实该原则的重要步骤。

《公民权利和政治权利国际公约》明确规定：任何人已经依照一个国家的法律和刑事程序被最后定罪或者宣告无罪的，就不得以同一罪名再予审判和惩罚。根据该规定的要求，同一个人因为同一个行为不得遭受两次审判或者惩罚。这就是禁止双重危险原则。从维护生效判决的稳定性出发，这个原则又被称为"一事不再理"原则。我国的刑事诉讼法所强调的是有错必纠，不论这种错误是什么原因造成的（是由于犯罪造成的，还是其他原因造成的），不论这种错误的性质是什么（是有利于被告人的还是不利于被告人的），而禁止双重危险原则要求的却与此并不相同，该原则所强调的是纠正错误只能在特定情况下可以允许；并且，一般说来，纠正的只能是结果有利于被告人的错误，或者，在严格限制的条件下，对某些基于刑事犯罪而导致的错误，才可予以纠正。我们认为，应当在修改刑事诉讼法时确立禁止双重危险原则；同时，也应该根据该原则的精神对我国的刑事再审程序作相应的改造，使其符合禁止双重危险原则所要求的一系列的规范。

刑事诉讼法赋予了犯罪嫌疑人、被告人一系列的程序保障，但在司法实践中，犯罪嫌疑人、被告人诉讼权利被侵犯的现象较为突出，遵循"有权利即有救济"的法谚，刑事诉讼中的权利救济问题应当受到重视。权利救济的方式多种多样，大体包括：1. 刑事诉讼程序内的救济，也就是对刑事诉讼的结局具有直接影响的救济途径，如排除非法证据、撤销起诉、推翻定罪裁决等；2. 民事侵权救济，亦即由被侵权者对违法官员、违法机构及其负责人或者违法机构所属的政府部门提起专门的民事诉讼，以获得适当的经济赔偿；3. 纪律惩戒，也就是在违法官员所属的政府部门内部，提起针对违法官员的纪律惩戒程序；4. 承担刑事责任，亦即针对那些构成犯罪的违法官员而发起刑事起诉活动。[①] 这些救济方式可以交叉适用。我们认为，在修改刑事诉讼法时应当将权利救济作为一项基本的法律原则予以确立，以使刑事诉讼法所规定的当事人和其他诉讼参与人的诉讼权利真正得以实现。

在上述指导思想和基本原则的框架背景之下，《刑事诉讼法修改建议稿与论证》重点就权利告知、辩护权保障、禁止刑讯逼供、取保候审与羁押正当性、检察官起诉裁量权、未成年人案件暂缓起诉、证人出庭作证、死刑案件二审程序等八个方面的问题作了研究。在结构上包括条文设计与论证。条文设计部分以增加、增补、修改三种形式列明，其中"增加"系指该条是全新的规定，现行刑事诉讼法对此没有规定；"增补"系指该条是在现行刑事诉讼法规定基础上的补充规定；"修改"系指该条对现行刑事诉讼法的规定有所改动。对某些条文还在文字含义上进行了说明。论证部分包括三方面内容：

一是国际刑事司法准则中的相关要求。这些国际刑事司法准则在层次上包括国际公约和其他联合国规范性文件。其中有的公约我国政府已经签署，全国人大常委会也已经批准，遵守这些公约中的规定是我们义不容辞的国际义务；有的公约我国政府已经签署，尚待批准，但从发展趋势上看，批准只是个时间问题，因而，我们的立法应当为公约的批准创造条件；还有其他联

---

① 参见陈瑞华：《问题与主义之间——刑事诉讼基本问题研究》，中国人民大学出版社 2003 年版，第 51 页。

合国规范性文件中的内容，其中有的部分已经为世界上大多数国家法律所认可，甚至被认为是国际刑事司法的最低标准，所以，也应当成为我们修改刑事诉讼法的重要参考。

二是若干法治发达国家有借鉴意义的规定。所谓"他山之石，可以攻玉"，借鉴法治发达国家先进的立法经验是推动我国法治现代化进程的重要途径，因而，我们修改刑事诉讼法时也有必要参照法治发达国家法律的相关规定。

三是论证意见。该部分分析现行刑事诉讼法规定的缺陷及其引发的问题，论证修改的必要性，并结合平台各方（广州大学人权研究中心、北京市海淀区人民检察院和北京市京鼎律师事务所等）的实证调研数据对所设计的立法条文进行具体的阐释与说明。

第一节 权利告知

权利告知是现行刑事诉讼法未予详尽规定的问题，鉴于权利告知方面的规定是权利保障体系中的重要组成部分，对于权利保障具有重要意义，我们认为此次修改刑事诉讼法有必要加以完善。

本节在内容上涉及侦查机关在侦查阶段对犯罪嫌疑人、被害人、附带民事诉讼的当事人权利的告知、人民检察院在审查起诉阶段对犯罪嫌疑人、被害人、附带民事诉讼的当事人权利的告知、人民法院在审判阶段对被告人、被害人、附带民事诉讼当事人权利的告知，以及权利告知的方式和侦查人员、检察人员、审判人员没有依法履行权利告知义务的法律后果。考虑到本节条文规定内容的相似性，因而，我们对条文进行统一的论证。

有关权利告知规定的立法目的在于使当事人等了解法律赋予的诉讼权利，从而能够行使这些权利。在我国，司法人员缺乏权利告知意识，在讯问犯罪嫌疑人、被告人时通常首先告知其有供述的义务，然后让其回答为什么被讯问或者被采取强制措施，因而对权利告知进行规定有特别针对性。国际公约及联合国其他规范性文件、若干法治发达国家法律的相关规定可以作为我们修改刑事诉讼法的参考。当然，我们立法的具体内容还应当结合我国的现实情况及法治发展的需要。

1. 国际刑事司法准则的相关要求

《公民权利和政治权利国际公约》（以下简称《公约》）第 14 条第 3 款规

定，在判定对他提出的任何刑事指控时，人人完全平等地有资格享受以下的最低限度的保证：……有相当时间和便利准备他的辩护并与他自己选择的律师联络；如果他没有法律援助，要通知他享有这种权利；如他不懂或不会说法庭上所用的语言，能免费获得译员的援助……

《公约》第 14 条第 3 款规定了被指控人所享有的"最低限度的程序保障"，其中（甲）项规定："迅速以一种他懂得的语言详细地告知对他提出的指控的性质和原因。"该项规定在文字上与《欧洲人权公约》第 6 条第 3 款（甲）项相同，[①] 联合国大会未经修正就通过了人权委员会草案中的这一权利。这一表述可以回溯至 1949 年菲律宾提出的草案，根据英国的倡议，在 1952 年插入了"详细"一词。《公约》第 14 条第 3 款（甲）项规定的义务比第 9 条第 2 款对被逮捕者的规定更为精确和全面。它不仅适用于被逮捕或者拘禁的人，也适用于未被限制人身自由的人；刑事指控的性质和原因所指的不仅是对罪行的精确法律描述，还包括构成这一犯罪的事实。充分的告知权是为了保障被指控人辩护权的行使。"迅速"告知指"在以下情形下"必须加以告知：在提出指控时或紧随其后，在开始最初的司法调查时，或举行某些聆讯，而这一聆讯引起了针对某人的清楚的正式嫌疑。英国建议加上被告必须"以一种他懂得的语言"被告知，即有关机关必须将控告，也许还有逮捕令或内容相同的口头声明翻译成被告懂得的语言。[②]

联合国人权事务委员会关于《公约》的第 32 号一般性意见指出：《公约》第 14 条第 3 款（甲）项保护受刑事起诉者享有被及时、以其能理解的语言详细告知起诉性质、原因的权利，这是第 14 条规定的、刑事诉讼最基本保障中的首要保障。此保障适用于所有的刑事起诉，包括那些未被羁押者，但不适用于起诉前的刑事侦查。在《公约》第 9 条第 2 款中，专门规定保障被告知逮捕原因的权利。"及时"告知被起诉权要求，依据国内法相关人员一经被正式提起刑事起诉或者被公众指认出就应被告知。只要起诉简要说明所依据的法律和指控主要事实，则以口头（之后由书面确认）或书面形式提起的诉讼符合第 3 分段（甲）项具体要求。在缺席审判中，《公约》第 14 条第 3 款（甲）项要求虽然被告人缺席，但是应采取各种应有方式告知受起诉者并通知其诉讼活动。一旦对某人提出刑事指控，就应当立即以规定的

---

① 《美洲人权公约》第 8 条第 2 款第（二）项也有类似规定。

② 参见 [奥] 曼弗雷德·诺瓦克：《民权公约评注——联合国〈公民权利和政治权利国际公约〉》，毕小青、孙世彦主译，生活·读书·新知三联书店 2003 年版，第 252 页以下。

方式告知指控；对犯罪嫌疑人、被告人采取诉讼措施时，必须顾及此项权利；有关当局可以口头或书面方式提出所控罪名，并说明其根据的法律和事实。

《关于律师作用的基本原则》第 5 条规定："各国政府应确保由主管当局迅速告知遭到逮捕或拘留，或者被指控犯有刑事罪的所有的人，他有权得到自行选定的一名律师提供协助。"

《少年司法最低限度标准规则》第 7.1 条规定："在诉讼的各个阶段，应保证基本程序方面的保障措施，诸如，假定无罪、指控罪状通知本人的权利、保持缄默的权利、请律师的权利、要求父母或监护人在场的权利、与证人对质和盘诘证人的权利和向上级机关上诉的权利。"

2. 若干法治发达国家有借鉴意义的规定

《美国联邦刑事诉讼规则》第 58 条 b 款第 2 项规定："在被告人因被控轻罪或其他轻微犯罪初次到庭时，法庭应当将以下事项告知被告人：（A）指控，和法律规定可能判处的最高刑罚，包括根据美国法典第十八编第 3013 条规定的支付特殊罚款和根据美国法典第十八编第 3663 条规定的归还或赔偿；（B）获得律师帮助的权利；（C）如果被告人无力委托律师，请求指定律师的权利，但是因被控的罪行轻微不要求指定律师的除外；（D）保持沉默的权利，和被告人所作任何陈述可以被用作不利于被告的证据；（E）由地区法院的法官进行审理、判决和科刑的权利，但是被告人同意由治安法官审理、判决和科刑的除外；（F）无论由治安法官还是由地区法院法官主持，由陪审团审理的权利，但是被控的罪行轻微的除外；（G）如果被告人被拘押，并且被控犯轻罪而不是轻微的犯罪，按照美国法典第十八编第 3060 条进行预审的权利，以及被告人在一般情况下可以获得审判前释放的权利。"

英国《1984 年警察与刑事证据法》之《守则 E》第 4.2、4.3 条规定了录音时的权利告知，警官对会见的嫌疑人进行录音的，应正式告知嫌疑人关于录音的事项，警官应当告知下列内容：正在对这次会见进行录音；他本人及在场的其他警官的姓名及警衔（在询问涉及恐怖活动的调查时，应说明他的授权令或其他身份的号码而不是姓名），接着，警官应警告嫌疑人"你不必非说什么，但是，如果你对提问不作回答，将会不利于你稍后出庭所依赖的辩护，你所说的任何话都应提供证据"，警官应提醒嫌疑人他有要求自由的权利，获得独立的法律建议的权利，通过电话与事务律师交谈的权利。

《法国刑事诉讼法典》第 2 条规定："司法机关在任何刑事诉讼程序中务

必告知并保障受害人的权利。"第 3 条第 2 款规定："有犯罪嫌疑或者受到追诉的任何人，均有权受告知针对其提出控告的罪名与证据，并有权得到辩护人的救济。"该法第 63 条 1 规定，任何被拘留者均应由一名司法警官或者在一名司法警官的监督下，由司法警察助理将第 63 条 2、第 63 条 4 规定的权利（即通过电话将受拘留的事实，通知一名与其惯常共同生活的人，或者一名直系亲属，一名兄弟姐妹，或者自己的屋主。要求由一名经共和国检察官或司法警官指定的医师进行体格检查。在延长拘留时，可以要求进行第二次检查。该法第 161 条规定，在第一次讯问时，预审法官应告知被审查人有权选定一名律师或者要求法院指定一名律师。该法第 273、274 条规定，（重罪法庭）审判长在证明被告人身份，并确认他已收到送达的移送裁定后，责令其选择一位律师协助其辩护。

《德国刑事诉讼法典》第 115 条规定，根据逮捕令逮捕被指控人后，应当不迟延地向管辖案件的法官解交，解交后，法官讯问时应当向被指控人告知对他不利的情况，告诉他有权对指控作出陈述或者对案件保持缄默。法官要给予被指控人消除嫌疑、逮捕理由以及提出对自己有利的事实的机会。维持逮捕时，要对被指控人告知他有权抗告和其他法律救济。第 136 条第 1 款规定："初次讯问开始时，要告诉被指控人所被指控的行为和可能适用的处罚规定。接着应当告诉他，依法他有就指控进行陈述或者对案件不予陈述的权利，并有权随时地，包括在讯问之前，与由他自己选任的辩护人商议。此外，对他应当告知可以申请收集一些对自己有利的证据。"

《俄罗斯联邦刑事诉讼法典》第 16 条规定，法院、检察长、侦查员和调查人员应向犯罪嫌疑人和刑事被告人说明其权利并保障他们有可能得到本法典不予禁止的一切方式和手段的辩护。

3. 论证意见

权利告知应当是此次刑事诉讼法修改时需要特别关注的问题之一。因为，其一，人们行使权利的基础是知晓权利，人们无法行使其并不知晓的权利。其二，权利告知对于公安司法机关而言是其职责，要求公安司法机关对当事人等进行权利告知也是对公安司法机关的约束。其三，由公安司法机关告知当事人等其所应当享有的权利，也是对当事人等行使权利的鼓励。我国现行刑事诉讼法对于权利告知的规定比较粗疏，虽然我国刑事诉讼法第 14 条规定："人民法院、人民检察院和公安机关应当保障诉讼参与人依法享有的诉讼权利"，而权利告知应当是权利保障不可或缺的组成部分，但是我国现行刑事诉讼法关于权利告知方面的具体规定尚不够系统，有的规定不够明确，直接影响了当事人等法定权利的有效行使。① 正如有学者所指出的：
"控辩双方的平等对抗（武装）作为程序正义其中应有之义已经得到广泛认
同，表现在立法上就是要通过设定权利以平衡权力。而在刑事侦查制度构建
中，之所以强调侦查机关的告知义务，就是为了改变追诉人和犯罪嫌疑人之
间权利配置上的不平衡状态，进而有利于刑事程序公正的实现。"② 由于权
利告知体现了对于犯罪嫌疑人、被告人的人道主义关怀，因而，也是刑事司
法民主化的重要体现。鉴于权利告知的重要性，因而，应当予以完善。

　　在我国，由于受法律知识局限，刑事诉讼中的当事人等不一定了解法律
赋予的权利，这样，就导致这些权利得不到落实。北京市海淀区人民检察院
对其辖区情况调查显示：80％左右的犯罪嫌疑人为外地来京人员，70％左右
的犯罪嫌疑人为初中以下文化程度，这些人的文化知识水平较低，如果公安
司法机关不告诉他们法律赋予的权利，他们根本无从知晓其享有的权利内
容，即使从其他渠道了解一些，往往是不全面、不准确的。③ 广州大学人权
研究中心的问卷调查显示：目前权利告知实践中存在主动性告知少，被动性
告知多，完全告知少，不完全告知多的突出问题。根据调查结果，分别有高
达 44.87％的警察、41.87％的检察官、42.34％的法官表示，实践中的做法
是仅向犯罪嫌疑人简单地告知一部分权利。④ 此外，另有调查显示，实践中
所发生的刑讯逼供案件，在侦查阶段几乎全部缺失告知程序，特别是告知犯
罪嫌疑人有获得律师帮助的权利。⑤

　　我们认为，关于权利告知，具体应从权利告知的时间、内容、方式、不
履行告知义务的法律后果等方面作出规定。关于权利告知的时间，公安机
关、人民检察院、人民法院应当在其主持的诉讼阶段开始时，主动履行其告
知义务。关于权利告知的内容，参考国际刑事司法准则和若干法治发达国家
的法律规定，我们在现有法律规定的基础上有所增加，主要增加了不得强迫

---

　　① 　参见广州大学人权研究中心：《权利告知调查与分析》载中国刑事诉讼法修订及人权保护项
目课题组编：《刑事诉讼中若干权利问题立法建议与论证》，中国民主法制出版社 2007 年版，第 76
页以下。

　　② 　周伟、肖晋：《论侦查机关的告知义务》，《国家检察官学院学报》2006 年第 5 期。

　　③ 　参见北京市海淀区人民检察院：《关于刑事诉讼法再修改的专题报告》。

　　④ 　中国刑事诉讼法修订及人权保护项目课题组编：《刑事诉讼中若干权利问题立法建议与论
证》，中国民主法制出版社 2007 年版，第 79 页。

　　⑤ 　参见北京市京鼎律师事务所刑事诉讼法修改项目组：《个案调查与分析报告》，载中国刑事
诉讼法修订及人权保护项目课题组编：《刑事诉讼中若干权利问题立法建议与论证》，中国民主法制
出版社 2007 年版，第 192 页以下。

自证其罪权、律师在场权、申诉、控告等权利的告知。关于权利告知的方式，应当采用书面的方式，并应向当事人等宣读并解释，以保证当事人等全面了解法律赋予他们的权利，从而真正有效地行使权利，保障其合法权益。需要指出的是，目前一些地方公、检、法机关制作有《权利告知书》，但是，如果权利告知只是让犯罪嫌疑人、被告人在权利告知书上签字以便存档备查，就流于形式了。为了防止权利告知走形式，使犯罪嫌疑人真正理解权利告知内容，北京市海淀区人民检察院要求必须针对权利告知对象的特点，向其耐心解释有关法律问题。对于那些不理解权利告知内容的犯罪嫌疑人，耐心细致地向他们解释法律。为了方便在押的犯罪嫌疑人随时了解有关法律规定，特地将有关权利告知内容张贴在看守所墙壁上，收到了良好的效果。①关于不履行告知义务的法律后果，应当根据情况分别规定。对于没有影响案件正确处理，可以补救的，应当立即履行告知义务，诉讼继续进行；而对于已经影响案件正确处理的，应当规定已经进行的程序无效，以督促执法人员重视并严格履行告知义务。同时，作为权利救济的手段，建议稿规定：司法人员没有依法履行告知义务的，当事人及其法定代理人、辩护人、诉讼代理人有权要求诉讼延期进行，以便完成相关的诉讼活动。这一规定对于保障被指控人辩护权，意义尤为突出。

还应当指出的是，由于考虑到我国具体情况以及基于对我国长期法制经验的反思，我们有关权利告知的立法建议比前述法治发达国家内容更丰富，如由于我国是多民族国家，因而权利告知内容中有"使用本民族语言文字进行诉讼"的权利；又如申诉、控告权是我国宪法赋予公民的基本权利，因而权利告知内容中也包括申诉、控告权。

关于拘留、逮捕和指控，我国是在每个阶段分别进行告知。拘留或者逮捕犯罪嫌疑人，在拘留后或执行逮捕后，公安机关应当在 24 小时内制作《拘留通知书》或者《逮捕通知书》，送达被拘留人或者被逮捕人家属或者他的所在单位，但有下列情形之一的，经县级以上公安机关负责人批准，可以不予通知：(1) 同案的犯罪嫌疑人可能逃跑、隐匿、毁弃或者伪造证据的；(2) 不讲真实姓名、住址，身份不明的；(3) 其他有碍侦查或者无法通知的。上述情形消除后，应当立即通知被拘留人或者被逮捕人的家属或者他的所在单位。人民法院对于按照普通程序审理的公诉案件决定开庭审理的，人民法院应当"将人民检察院的起诉书副本至迟在开庭 10 日前送达当事人"

---

① http://www.bjjc.gov.cn/9080/bjoweb/minfo/view. 2006 年 11 月 6 日。

（刑事诉讼法第 151 条）。基于上述规定，就拘留和逮捕而言，是迅速告知了被拘留或者被逮捕的原因（针对被拘留人或者被逮捕人家属或者单位，而非针对被拘留人或者被逮捕人）。可是，就指控而言，《公约》规定迅速告知，人权事务委员会的意见是"有权被迅速告知对他的指控，要求该信息在合格当局首次做出指控时尽快告知"。当事人至迟在开庭 10 日前收到起诉书副本才详细了解指控的性质和原因，这显然太晚了。为此，我们建议在立法上进一步完善，即人民法院对于按照普通程序审理的公诉案件决定开庭审理的，在决定作出之后、送达起诉书副本之前，应该先行以口头的方式告知指控的性质和原因。

近年来，我国基层检察机关展开了犯罪嫌疑人、被告人权利告知实践与探索，如《北京市人民检察院第一分院全面保障诉讼参与人合法权益工作规则》第 8 条规定，检察人员在办案中，对于犯罪嫌疑人、被告人依法享有的诉讼权利，必须在法律规定期间内告知，并将告知情况记明笔录。对其中文化水平较低、不理解法律术语的，要做好必要的解释。对于犯罪嫌疑人为外国人、无国籍人、不通晓汉语的人或者聋哑人的，应当聘请通晓其本国、本民族语言或者聋哑手势的人员为其进行翻译。上述规定明确了告知的内容、对象、期间、语言等。但是，实践中未将"告知指控的性质和原因"作为告知权的重要内容之一，我们拟定的条文增设了这一内容。北京市海淀区人民检察院制作了详细的《审查起诉阶段犯罪嫌疑人权利义务告知书》，我们认为，该告知书最好能够更名为《审查起诉阶段犯罪嫌疑人权利告知书》，以强调对犯罪嫌疑人诉讼权利的保障；至于犯罪嫌疑人在刑事诉讼中应当履行的义务，司法人员在办理刑事案件的过程中，为了保障诉讼顺利进行，在讯问犯罪嫌疑人时一般会主动告知，不必通过书面文书的形式予以强调。

第二节　辩护权

关于辩护制度在刑事诉讼中的重要性，人们有各种各样的描述。有学者说：如果将刑事司法制度比作一台机器，律师辩护则是该机器中最为重要的组成部分，"没有辩护律师的作用，该机器便无法运转"。还有学者说：辩护律师是刑事司法制度的"看门人"。在谈到刑事诉讼制度的发展时，一般认为，刑事诉讼制度发展的历史，就是被指控人的辩护权不断扩充的历史。上述种种说法，充分反映了人们对辩护制度重要性的认识。可以说，辩护律师的帮助构成了对刑事诉讼中的被指控人最为强有力的保护。正因为如此，在我国刑事诉讼法的修改过程中，辩护权的问题总是受到学术界和实务界的特别关注。

关于我国刑事辩护制度的发展状况，大致可以从两个方面加以考察：

首先，从理念方面看，无论是理论界还是实务界，关于刑事辩护制度的认识，已经发生了诸多的变化。比如说，（1）关于辩护权的存在依据，原来仅仅归结为马克思主义的对立统一规律，即认为辩护制度的建立主要是为了使法官"兼听则明"，现在则普遍将无罪推定、程序主体性理论、人权保障等作为辩护制度的理论基础。由此可以认为，刑事辩护制度的理论基础从一元走向了多元。（2）关于辩护制度的诉讼价值，原来侧重于强调辩护制度对于实体真实的促进作用，即所谓"真理越辩越明"，现在则更为强调辩护制度对于程序公正的保障作用、辩护制度对国家权力的制衡作用。（3）与此相关的，关于辩护律师的角色定位，原来将它与法官、检察官、警察同视为"国家的法律工作者"，构成分工负责、互相配合、互相制约的关系，现在则更为强调它所扮演的"被指控人权利的专门维护者"这一角色。理念方面所发生的上述变化为在我国刑事诉讼法的再修改过程中进一步加强被指控人的辩护权提供了良好的氛围。但是，处于转型时期的中国社会面临着社会治安形势较为严峻的局面，这使得"治乱世用重典"的思维方式仍然会在一定程度上牵制刑事辩护制度的改革力度。

其次，从实践方面看，我国1979年颁布的刑事诉讼法除明确规定"被告人有权获得辩护，人民法院有义务保证被告人获得辩护"原则之外，还对"辩护"作了专章规定。1996年的刑事诉讼法修改在一定程度上扩充了被指控人的辩护权，加强了对被指控人辩护权的保障。主要表现在：修改后的刑事诉讼法将律师介入刑事诉讼的时间从原来的开庭前7天提前至犯罪嫌疑人被采取强制措施或者第一次讯问之后；扩大了指定辩护的范围；刑事审判方式的改革在一定程度上拓展了辩护律师发挥作用的空间等。但与此同时，在辩护权的保障方面出现了"进一步，退两步"的现象，这主要表现在：律师向被害方调查取证，不仅要获得被害方同意　而且需经检察院或法院许可；原来辩护律师可以看到检察院移送至法院的全部案卷，而现在则只能看到"证据目录、证人名单和主要证据复印件或者照片"；刑法第306条所增设的"律师伪证罪"加大了律师的执业风险，导致刑事辩护率"不升反降"。据广州大学人权研究中心的调查，实践中大多数律师都不太愿意办理刑事案件，其原因显示，46.24％的律师因为律师会见、取证和阅卷受到限制、37.01％的律师因对刑事诉讼中的执业风险存在担心、46.84％的律师认为在刑事诉讼中所起的作用有限而影响其办理刑事案件的积极性。[1] 司法实践中，会见难、取证难、阅卷难成为相当突出的问题，辩护律师的作用未得到充分发挥。广州大学人权研究中心的问卷调查表明，在回答"律师在刑事诉讼中的作用"问题时，高达 66.51％的警察、71.44％的检察官和 68.27％的法官认为律师对案件的作用仅为一般；甚至有 10.38％的警察、13.13％的检察官认为律师在刑事诉讼中基本上起不到什么作用。[2]

我国刑事辩护制度的完善、刑事辩护功能的提高需要从多个角度"齐头并进"地加以改造。(1) 在价值论的层面，除了奉行"打击犯罪与保护人权并重"的指导思想之外，更应坚守"最低限度的权利保障"之理念，不能为了追诉惩罚犯罪而使被指控人沦为刑事程序的客体，将辩护权限制在对刑事追诉无害的范围内行使。(2) 在结构论的层面，要着重于对审判前程序加以改造，淡化其纠问色彩，使律师在审判前程序中真正能够发挥作用。1996年的刑事诉讼法修改虽然实现了律师对审判前程序的介入，但是，律师在审判前程序中的参与，其形式意义远远大于其实质意义，以至于产生了律师在审判前程序中是否为辩护人的争议。审判前程序中的律师不仅应当能够为法庭辩护做好准备，而且能够在帮助无辜的犯罪嫌疑人尽早脱离诉讼方面起到积极的作用。(3) 在规范论的层面，应注意推进刑事辩护制度向国际标准靠拢，如律师介入刑事诉讼的时间不得超过"自逮捕或拘留之时起的 48 小时"；废除律师会见在押犯罪嫌疑人时侦查人员可以在场的规定；保障辩护律师的阅卷权；确立律师保守职务秘密原则；律师对于其书面或口头辩护时所发表的有关言论，应当享有民事和刑事豁免权；尽可能提供法律援助等。(4) 在实证论的层面，应对警察讯问犯罪嫌疑人时的律师在场权、庭前证据开示、侵犯辩护权时的证据排除等改革举措进行实证研究，以了解司法实践中的困难和需求，使得加强辩护权保障的改革举措能够落到实处。(5) 在文化论的层面，不仅要了解司法人员对于刑事辩护制度的认知，而且要了解民众对于刑事辩护制度的期待，并通过传媒、培训、普法等方式倡导现代刑事诉讼制度的基本精神，以避免刑事辩护制度的改革对于社会的冲击力过大，

---

[1] 中国刑事诉讼法修订与人权保护项目课题组编：《刑事诉讼中若干权利问题立法建议与论证》，中国民主法制出版社 2007 年版，第 108 页。

[2] 同上书，第 96 页。

造成制度与文化的脱节。

"保障被指控人获得律师帮助的平等、及时和有效"是联合国在制定有关刑事辩护的国际标准时所遵循的指导思想。"平等"要求对所有被指控人一视同仁,"及时"要求律师尽早介入诉讼,"有效"要求律师提供高质量的法律服务。"平等、及时和有效"也应成为我国刑事辩护制度发展和完善的目标。

遵循上述指导思想,本节针对我国刑事司法实践中存在的问题,从辩护人的先悉权、在场权、取证权、豁免权、辩护人与其当事人的相互会见权、保密义务和辩护律师面对刑事追诉时的特别保障等方面对于我国现行刑事诉讼法进行完善。

(刑事诉讼法第 96 条之修改) 第 条 在刑事诉讼中,犯罪嫌疑人、被告人有权委托辩护人。公安机关、人民检察院、人民法院应当保障犯罪嫌疑人、被告人依法行使辩护权。

论证与论据:

1. 国际刑事司法准则的相关要求

《公民权利和政治权利国际公约》第 14 条第 3 款(乙)项规定:"有相当时间和便利准备他的辩护并与他自己选择的律师联络。"《欧洲人权公约》第 6 条第 3 款(乙)项、《美洲人权公约》第 8 条第 2 款第(三)项做了类似规定。联合国大会 1988 年 12 月第 43/173 号决议通过的《保护所有遭受任何形式拘留或监禁的人的原则》(以下简称《原则》)对被拘留人或被监禁人的辩护权作了详细的规定。

1990 年在古巴首都哈瓦那召开的第八届联合国预防犯罪和罪犯待遇大会通过了《关于律师作用的基本原则》(以下简称《基本原则》),其中包含有关于律师辩护制度的若干规定。其中第 1 条规定:"所有的人都有权请求由其选择的一名律师协助保护和确立其权利并在刑事诉讼的各个阶段为其辩护。"第 7 条规定:"各国政府还应确保,被逮捕或拘留的所有的人,不论是否受到刑事指控,均应迅速得到机会与一名律师联系,不管在何种情况下至迟不得超过自逮捕或拘留之时起的 48 小时。"

《少年司法最低限度标准规则》第 7.1 条规定:"在诉讼的各个阶段,应保证基本程序方面的保障措施,诸如假定无罪、指控罪状通知本人的权利、保持缄默的权利、请律师的权利、要求父或母或监护人在场的权利、与证人对质和盘诘证人的权利和向上级机关上诉的权利。"

2. 若干法治发达国家有借鉴意义的规定

英国《〈1984年警察与刑事证据法〉守则C警察拘留、对待及询问当事人执行守则》第3.1条规定，当某人被逮捕进警察署或前来警察署自首而被逮捕，看守官必须明确地告诉他以下权利和这些权利的连续性，即他可在拘留期间的任何时候行使这些权利，这些权利中就包括单独咨询律师及免费取得法律建议的权利。①

美国联邦宪法第6条修正案规定："在所有的刑事诉讼中，被告人享有……接受律师帮助自己辩护的权利。"

《加拿大权利与自由宪章》第10条（b）款规定："人人有权在一旦被捕或被拘留时聘请律师和与律师联络而不应有任何拖延，他还应被告知享有的这项权利。"

《德国刑事诉讼法典》第137条规定："被指控人可以在程序的任何阶段委托辩护人为自己辩护。"第136条规定："初次讯问开始时应告诉他有权随时地，包括在讯问之前，与由他自己选任的辩护人商议。"该法第141条有指定辩护人的规定，而且，特别强调"尚在侦查程序期间也可以指定辩护人"。

《日本刑事诉讼法》第30条规定："被告人或者被疑人，可以随时选任辩护人。"

《俄罗斯联邦刑事诉讼法典》第16条第1款规定："应保障犯罪嫌疑人和刑事被告人享有辩护权，他们可以自己行使辩护权，或者通过辩护人和（或）法定代理人行使辩护权。"该法第49条规定，自以下时刻起，辩护人参加刑事案件：（1）自作出将一个人作为刑事被告人进行追究的决定之时；（2）自对具体人提起刑事案件之时；（3）在实施犯罪时被抓住或在实施犯罪行为之后立即被抓住、被害人或目击证人指认该人实施犯罪、在该人身体上或衣服上、他所在处所或住宅里发现明显的犯罪痕迹，以及被适用羁押处分的，自实际实施拘捕被怀疑实施犯罪的人之时起；（4）自向被怀疑实施犯罪的人宣布关于指定司法精神病学鉴定的决定之时；（5）自开始采取其他诉讼强制措施或实施涉及被怀疑实施犯罪的人的权利和利益的其他诉讼行为之

---

① 在英国，原来法律只规定对被指控犯有轻罪的被告人给予聘请律师的权利，直到1836年才允许律师应聘为被指控犯有轻罪和重罪的被告人进行辩护。但是，现在，英国已经允许被告人在任何阶段获得律师帮助。

时。

《意大利刑事诉讼法典》第96、97条规定，被告人有权自选辩护人或得到一名指派辩护人的帮助。第386条规定："司法警察和警员应当通知被逮捕人或被拘留人有权为自己挑选一名辩护人。"第350条规定："司法警察官从未被羁押的犯罪嫌疑人那里获取有助于侦查工作的概要情况以前，应要求被调查人为自己指定一名辩护人。"

3. 论证意见

本条是对刑事诉讼法第96条第1款的修改。刑事诉讼法第96条第1款规定："犯罪嫌疑人在被侦查机关第一次讯问后或者采取强制措施之日起，可以聘请律师为其提供法律咨询、代理申诉、控告。犯罪嫌疑人被逮捕的，聘请的律师可以为其申请取保候审。"本条与第96条第1款的不同表现在：一是将侦查阶段律师的身份界定为辩护人；二是允许犯罪嫌疑人在被侦查机关第一次讯问的过程中获得律师辩护。

根据刑事诉讼法第96条第1款的规定，在侦查阶段，犯罪嫌疑人虽然有权聘请律师，但此时律师并不具有辩护人身份，不享有辩护人的权利，也不能发挥辩护人的作用。即使犯罪嫌疑人在侦查阶段所享有的可以聘请律师为其提供法律咨询、代理申诉、控告、取保候审的权利在某些地区、某些案件中也难以得到落实，严重影响了对犯罪嫌疑人、被告人合法权益的有效维护。而侦查阶段是控辩双方为以后法庭对抗进行积极准备的阶段，在这个阶段，法律只赋予辩护律师法律咨询、代理申诉、控告、申请取保候审的权利，显然不足以保证其能够与控方相抗衡，不能实现控辩双方在权利义务上的对等。因而，应当赋予律师在侦查阶段辩护人的法律地位，使其享有辩护人的权利，发挥辩护人所应当发挥的作用，以充分保障被追诉人的合法权益。对此学界一直有反对意见，认为没有起诉，何来辩护？我们认为，这种观点貌似有理，但实际上站不住脚。因为，侦查机关、审查起诉机关在审判前所进行的追诉活动都是为控诉做准备，从实质上讲，也是控诉的组成部分，所以，根据控辩平等原理，公民在被起诉到法院以前，也应当享有辩护权，以对抗侦查机关的追诉权。教条地认为被追诉人只有在被正式起诉后才享有辩护权的观点实际上限制了律师在审前阶段作用的发挥。

根据刑事诉讼法第96条第1款的规定，第一次讯问过程中，犯罪嫌疑人无权获得律师帮助。我们认为，从心理学角度，在被侦查人员第一次讯问过程中，犯罪嫌疑人在刚刚被采取了强制措施，人身自由受到限制时，受恐惧、沮丧、绝望等情绪影响，心理极其脆弱，其供述的自愿性极易受到影响。而侦查人员也谙熟犯罪嫌疑人的这种心理，想趁机突破案件，往往采用刑讯逼供或变相刑讯逼供等非法手段逼其作出有罪供述。在此之后，犯罪嫌疑人即使聘请律师，那他所能得到的法律帮助也往往可能为时已晚。可见，第一次讯问实际上是对犯罪嫌疑人权利威胁最大的时刻，因而也正是犯罪嫌疑人最需要律师帮助的时刻。从立法旨意看，将律师介入刑事诉讼的时间提前至侦查阶段是基于对侦查机关权力制约和对犯罪嫌疑人权利保护的考虑。但是现行刑事诉讼法却将犯罪嫌疑人在第一次讯问过程中的律师帮助权排除在法律保护范围之外，不能有效保障犯罪嫌疑人的合法权益，使律师在侦查阶段介入刑事诉讼的制度设计落空。因而，我们认为，第一次讯问过程中，犯罪嫌疑人应当有权获得辩护律师的法律帮助。

所以，我们建议将刑事诉讼法第96条第1款修改为："在刑事诉讼中，犯罪嫌疑人、被告人有权委托辩护人。"并且，由于在刑事诉讼中，当事人等的权利行使的相对方往往是国家专门机关，因而需要专门机关的保障，因而又规定："公安机关、人民检察院、人民法院应当保障犯罪嫌疑人、被告人依法行使辩护权。"这样修改后，刑事诉讼法第33条"公诉案件自案件移送审查起诉之日起，犯罪嫌疑人有权委托辩护人。自诉案件的被告人有权随时委托辩护人"的规定也应当删除。

（刑事诉讼法第36条之修改）第 条 侦查期间，辩护律师有权向侦查机关了解犯罪嫌疑人涉嫌的罪名，除涉及国家秘密外，可以查阅、摘抄和复制犯罪嫌疑人的讯问笔录、技术性鉴定文书以及其他诉讼文书，侦查机关应当为其提供便利。

自案件移送审查起诉后，辩护律师有权查阅、摘抄和复制与案件有关的诉讼文书及案卷材料。其他辩护人经人民检察院许可，也可以查阅、摘抄和复制与案件有关的诉讼文书及案卷材料。

自案件被人民法院受理之日起，辩护律师有权查阅、摘抄和复制与案件有关的所有材料。其他辩护人经人民法院许可，也可以查阅、摘抄和复制与案件有关的所有材料。

论证与论据：

1. 国际刑事司法准则的相关要求

《公民权利和政治权利国际公约》第14条第3款（甲）项规定："迅速

以一种他懂得的语言详细地告知对他提出的指控的性质和原因。"

联合国人权事务委员会的第 32 号一般性意见指出，"充足的便利"必须包括查阅文书和其他证据的权利，包括查阅检察官准备提交法庭的不利于或有利于被告人的所有材料。有利于被告人的证据应当被理解为不仅包括证明无罪的材料也包括可能有利于其辩护的其他材料（例如，表明非自愿的供认）。在主张证据的收集违反《公约》第 7 条时，该证据的相关收集情况必须可供判断该主张是否成立。如果被告人不能使用诉讼中的语言，而由熟悉该语言的律师代理，则要充分保证与案卷有关的材料可供律师查阅。

《关于律师作用的基本原则》第 21 条规定："主管当局有义务确保律师能有充分的时间查阅当局所拥有或管理的有关资料、档案和文件，以便使律师能向其委托人提供有效的法律协助。应该尽早在适当时机提供这种查阅的机会。"

2. 若干法治发达国家有借鉴意义的规定

英国《〈1984 年警察与刑事证据法〉守则 C 警察拘留、对待及询问当事人执行守则》第 2 条有关拘留记录规定，对每一个被逮捕进警察署的人或自愿来警察署被逮捕的人，都必须分别设立拘留记录，看守官对拘留的准确性和完整性负责。律师或适当成年人到警察署后，应被允许查看对被拘留者的记录。并且，根据此条规定，律师可以在讯问前后查阅已经入卷的所有材料，而受审查人无权得到诉讼案卷。①

《日本刑事诉讼法》第 299 条规定："检察官、被告人或者辩护人请求询问证人、鉴定人、口译人或者笔译人时，应当预先向对方提供知悉以上的人的姓名及住居的机会。在请求调查证据文书或者物证时，应当预先向对方提供阅览的机会。但对方没有异议时，不在此限。"

《法国刑事诉讼法典》第 114 条规定，在第一次讯问或第一次听取陈述以后，律师可以以自己的费用要求发给他一切档案文件和证据专供自己用，但不得复制。需要指出的是，在法国，受审查人无权得到诉讼案卷。

《德国刑事诉讼法典》第 147 条专门对辩护人查阅案卷作了规定，原则上允许辩护人在侦查阶段查阅案卷，而且一般依申请应当许可辩护人将除证据之外的案卷带回他的办公地点或者住宅查阅。但是否准许查阅案卷，在侦

---

① 在英美法系国家更为重要的是通过成文法和判例法确立的证据展示制度包括审判前的证据展示及审判中的持续展示为辩护律师了解案件材料提供渠道。

查期间由检察院决定。案卷中还未注明侦查已经终结的时候，如果查阅可能使侦查目的受到影响的，可以拒绝辩护人查阅案卷、个别案卷文件或查看官方保管的证据。拒绝辩护人查阅案卷的理由如果没有先前消除的时候，检察院至迟应当在侦查终结时撤销拒绝查阅的决定，不受限制地查阅案卷权一旦重新产生时，应当通知辩护人。[①]

《意大利刑事诉讼法典》第416—433条规定，在预审程序举行之前允许辩护全面查阅检察官的书面卷宗，在预审结束后和法庭审判开始之前，允许辩护方分别到检察机关和法院特别设立的部门查阅卷宗材料。

《俄罗斯联邦刑事诉讼法典》第215—218条规定，侦查员如果确认刑事案件的所有侦查行为均已实施，而且已经收集到的证据足以制作起诉书，则侦查员应将此情况通知刑事被告人，并向其说明亲自或通过辩护人、法定代理人了解刑事案件材料的权利。侦查人员应将装订成册并编注页码的刑事案件材料提交给刑事被告人及其辩护人，但涉及必须保障被害人、被害人的代理人、证人、他们的近亲属、亲属和亲近的人的安全的情况除外。物证也应一并提交，根据被告人及其辩护人的请求还要提交照片、录音和（或）录像资料、电影胶片以及其他侦查行为笔录的附件。如果刑事被告人的辩护人、法定代理人参加刑事案件的诉讼，则侦查员应将侦查终结的事宜通知刑事被告人的辩护人、法定代理人，还应通知被害人以及民事原告人、民事被告人及其代理人。被害人以及民事原告人、民事被告人及其代理人有权要求了解刑事案件的全部或部分材料。

3. 论证意见

我国刑事诉讼法第36条规定："辩护律师自人民检察院对案件审查起诉之日起，可以查阅、摘抄、复制本案的诉讼文书、技术性鉴定材料，可以同在押的犯罪嫌疑人会见和通信。其他辩护人经人民检察院许可，也可以查阅、摘抄、复制上述材料，同在押的犯罪嫌疑人会见和通信。辩护律师自人民法院受理案件之日起，可以查阅、摘抄、复制本案所指控的犯罪事实的材料，可以同在押的被告人会见和通信。其他辩护人经人民法院许可，也可以

---

① 在德国实践中，"对刑事警察所收集编制的线索档案中包括的上千的指纹、汽车牌照或有关国民的各类数据，只有它们被检察机关编辑收列在调查文件中才可以被检阅，如果这类数据被认定为不重要而仍留置在警察机关或归还警察机关时，则不能被检阅。但若律师认为该线索档案数据对罪责或刑罚的问题有重要关联性时，可以提出证据调查之申请，而不是检阅卷宗的申请，才会获得法院的允准。"参见〔德〕克罗思·罗科信：《刑事诉讼法》，吴丽琪译，法律出版社2003年版，第172页。

查阅、摘抄、复制上述材料，同在押的被告人会见和通信。"我们设计的条文与第 36 条规定的不同体现在：一是增加规定了侦查期间辩护律师对于讯问笔录、技术性鉴定文书以及其他诉讼文书的知悉权；二是将辩护律师和其他辩护人对于与案件有关的诉讼文书和案卷材料的查阅、摘抄、复制时间提前至案件移送审查起诉后；三是规定审判阶段辩护律师有权查阅、摘抄、复制与案件有关的所有材料。上述修改参考了 2007 年 10 月修改后的《律师法》的相关规定。

我们的修改是针对刑事诉讼法第 36 条规定所导致的问题。依据刑事诉讼法第 36 条的规定，辩护律师只有在人民法院才能看到对其辩护具有实质意义的案卷材料。而根据刑事诉讼法第 150 条的规定，人民检察院提起公诉的案件，应当向人民法院移送所有犯罪事实的主要证据的复印件或者照片。根据《最高人民法院、最高人民检察院、公安部、国家安全部、司法部、全国人大常委会法制工作委员会关于刑事诉讼法实施中若干问题的规定》第 36 条的规定，移送起诉时"主要证据"由人民检察院确定。而在实践中，检察机关所提供的"主要证据"大多是证明被告人有罪和罪重的证据，已提供的证据中有些还属于"节选"。这样，辩护律师在庭审前只能看到部分有罪证据。由于辩护是针对指控而言，与指控相对立而存在，在不完全明了指控内容，特别是指控依据的情形下，辩护活动很难有针对性地进行。而在我国由于庭后移送案卷制度的存在，人民检察院往往在庭审后才向人民法院移送无罪、罪轻的证据。所以，对于这部分证据辩护律师也无法在庭审前知晓，在辩护律师对有罪证据、无罪证据都未充分掌握的情况下，辩护权行使效果必然大打折扣。

学界对解决辩护律师了解案卷材料问题大致有两种思路：其一是借鉴大陆法赋予辩护律师阅卷权，其二是借鉴英美法建立证据开示制度。从我国的情况看，这两种做法都存在问题。比如大陆法中阅卷权的确立，其基本法律背景是法官掌握全部案卷材料，我国要效法大陆法的做法显然应恢复卷宗移送制度，那么"先定后审"问题又会凸显出来。而若借鉴证据开示制度，就会产生新的问题，比如在检察院开示，将缺乏中立机关的主持，随意性会很大，证据开示的公正性是否能够得到保障也是个问题；如在法院开示，由庭审法官主持不具可行性，因为庭审法官不了解案卷材料，如设置预审法官，在我国又不具有现实性。

我们认为，针对既需要解决律师了解案情问题，又有现实困难的实际情况，先解决辩护律师及其他辩护人的先悉权问题，这不论在学界还是对各专门部门都可以接受。我们的条文共有三款。第 1 款赋予辩护律师在侦查阶段查阅、摘抄、复制犯罪嫌疑人的讯问笔录、技术性鉴定文书以及诉讼文书的权利，其特点是赋予辩护律师先悉权，但是先悉权的内容受到限制，并不是全部案卷材料。其原因是：一方面，考虑到律师行使辩护权的需要，应当让其了解案情；另一方面，考虑到侦查阶段的保密性及对侦查有效性的保障，所以这种了解应当是有限的。第 2 款赋予辩护律师在审查起诉阶段查阅、摘抄、复制与案件有关的诉讼文书及案卷材料的权利。该规定使辩护律师在审查起诉阶段能够更多地知悉案情。第 3 款规定在审判阶段辩护律师有权查阅、摘抄、复制与案件有关的所有材料。该规定使辩护律师在审判阶段可以接触到案件的全部实质性内容，充分有效地准备辩护。这样既解决了前面提到的问题，又避开了困难。当然，有关证据开示中的其他问题，如非法证据排除问题等，可以留待以后逐步解决。

（刑事诉讼法第 34 条之修改）第　条　公安机关、人民检察院、人民法院对于符合下列条件的犯罪嫌疑人、被告人没有委托辩护人的，应当指定承担法律援助义务的律师为其辩护：

（一）盲、聋、哑或者限制行为能力的人；

（二）第一次讯问或者采取强制措施时不满十八周岁的未成年人；

（三）可能被判处无期徒刑、死刑的人。

对于符合下列条件的犯罪嫌疑人、被告人没有委托辩护人的，可以指定承担法律援助义务的律师为其辩护：

（一）经济困难的；

（二）涉嫌或被指控与他人共同犯罪，其他犯罪嫌疑人、被告人已委托辩护人的；

（三）具有外国国籍的或者无国籍的；

（四）司法利益需要时的其他情形。

论证与论据：

1. 联合国刑事司法准则有相关要求

《公民权利和政治权利国际公约》第 14 条第 3 款（丁）项规定："出席受审并亲自替自己辩护或经由他自己所选择的法律援助进行辩护；如果他没有法律援助，要通知他享有这种权利；在司法利益有此需要的案件中，为他指定法律援助，而在他没有足够能力偿付法律援助的案件中，不要他自己付费。"

联合国人权事务委员会的第 32 号一般性意见认为，无律师的自行辩护权不是绝对的。在特定案件审理中，司法利益要求不依被告人的意志而指定律师，尤其是被告人实质上、不断地干扰正当审判活动，或面对严重指控却不能维护其自身利益，或有必要保护易受伤害的证人若受其提问时不再遭受更多的痛苦或威胁。然而，对被告人自行辩护意志的限制必须客观、慎重，且不能超过维护司法利益的必要。因此，国内法律应当避免对刑事诉讼中没有律师帮助的自行辩护权的绝对限制。在决定是否出于"司法利益的需要"指定律师时，罪行的严重性正如上诉阶段的客观胜诉率一样至关重要。在涉及死刑的案件中，公认的是在诉讼各个阶段律师必须有效地帮助被告人。有管辖权的机构基于此规定指定的律师必须有效地代理被告人事务。与个人聘请律师的情形不同，只要对法官来说指定律师的行为不符合司法利益，显而易见，这些明显不当的或不称职的行为，如死刑案件中未经协商撤销上诉或缺席此类案件的听审会，将使有关缔约国承担违反第 14 条第 3 款（丁）项的责任。如果法庭或其他相关机构阻碍指定律师有效履行其职责，也是对此规定的违反。

《关于律师作用的基本原则》第 6 条规定："任何没有律师的人在司法需要情况下均有权获得按犯罪性质指派给他的一名有经验和能力的律师以便得到有效的法律协助，如果他无足够力量为此种服务支付费用，可不交费。"

《少年司法最低限度标准规则》第 15.1 条规定："在整个诉讼程序中，少年应有权由一名法律顾问代表，或在提供义务法律援助的国家申请这种法律援助。"

《儿童权利公约》第 40 条第 2 款 b 项规定："所有被指称或指控触犯刑法的儿童至少应得到下列保证：……获得准备和提出辩护所需的法律或其他适当协助。"

2. 若干法治发达国家有借鉴意义的规定

《美国律师职业行为示范规则》第 44 条规定："凡不能获得律师的被告人，从最初在联邦治安法官或治安法庭前到案直至上诉每一阶段，都有获得指定律师帮助的权利，除非被告人放弃这种权利。"

英国《1974 年法律援助法案》规定，在合适的法院，为了审判的利益，若法院认为被告的资力不能负担诉讼费用，则必须实施法律援助。

《德国刑事诉讼法典》第 140 条规定，州高级法院或者州法院第一审审判；被指控人被指控犯有重罪；程序可能导致禁止执业；根据法官的命令或者在法官许可下，被指控人在监狱里已经至少度过了 3 个月并且至少是在审判开始的两周前不会被释放；为了对被指控人的精神状态作鉴定准备，可能依第 81 条规定将他移送；进行保安处分程序；迄今为止的辩护人被排除参加程序等 7 种情形中，必须有辩护人参加诉讼。在其他情况中如果案情重大或者因为事实、法律情况复杂认为有辩护人参加之必要，或者发现被指控人无力自行为自己辩护，审判长应当依申请或者依职权指定一名辩护人，对聋、哑被指控人的申请要予以满足。该法第 142 条规定，在第 140 条第 1、2 款情形中，一旦根据第 201 条要求被起诉人就起诉书发表意见后，对尚无辩护人的被诉人要指定辩护人。以后的情况表明有辩护人参加之必要时，应当立即指定辩护人。尚在侦查程序期间也可以指定辩护人。

《法国刑事诉讼法典》第 116 条规定，在第一次讯问开始时，若被审查人没有律师，预审法官应告知被审查人有权选定一名律师或者要求法院指定一名律师。

《日本刑事诉讼法》第 36 条规定："被告人由于贫困或其他事由不能选任辩护人时，法院依据被告人的请求，应当为其选任辩护人。"第 37 条规定："在下列场合，被告人没有辩护人时，法院可以依职权选任辩护人：一、被告人是未成年人时；二、被告人年龄在 70 岁以上时；三、被告人是聋人或者哑人时；四、被告人疑似心神丧失的人或者心神耗弱的人时；五、其他认为有必要时。"[①]

《意大利刑事诉讼法典》第 97、98 条规定，未任命辩护人的被告人或者没有辩护人的被告人有权得到一名指派辩护人的帮助。被告人、被害人、打算作为民事当事人的受损害者以及民事负责人可以要求获得由国家免费提供的救助。

3. 论证意见

我国刑事诉讼法第 34 条规定："公诉人出庭公诉的案件，被告人因经济困难或者其他原因没有委托辩护人的，人民法院可以指定承担法律援助义务的律师为其提供辩护。被告人是盲、聋、哑或者未成年人而没有委托辩护人

[①] 现行日本刑事诉讼法的国选辩护制度只适用于起诉后的被告人，而关于嫌疑人，则没有规定，"只是通过律师会的值班律师制度及法律援助协会的任意性援助组织的努力来填补其空白，而这种任意性援助是不够的，因此 1999 年成立的司法改革审议会所形成的《支撑 21 世纪日本的司法制度——司法制度改革审议会意见书》中建议引进对嫌疑人的公助辩护人制度。"参见最高人民检察院法律政策研究室组织编译：《支撑 21 世纪日本的司法制度——日本司法制度改革审议会意见书》，中国检察出版社 2004 年版，第 40—41 页。

的，人民法院应当指定承担法律援助义务的律师为其提供辩护。被告人可能被判处死刑而没有委托辩护人的，人民法院应当指定承担法律援助义务的律师为其提供辩护。"我们设计的条文和第34条的不同体现在：一是将指定辩护适用的诉讼阶段提前，侦查和审查起诉阶段也可以指定辩护。二是将指定辩护的适用案件范围扩大，指定辩护不仅仅局限于公诉案件，而且适用于所有符合条件的刑事案件。三是扩大"可以指定辩护"的适用对象范围，即增加共同犯罪案件、具有外国国籍或者无国籍、司法利益需要时的其他情形等规定。

刑事诉讼法第34条是我国刑事诉讼法有关刑事法律援助的规定。根据该条规定，我国刑事法律援助的适用范围过窄，仅适用于盲、聋、哑人、未成年人、可能被判处死刑的被告人、经济困难的被告人。适用案件有限，经济困难的被告人或者其他原因没有委托辩护人的，则仅适用于公诉人出庭的公诉案件。适用阶段有限，仅适用于审判阶段。这一规定致使法律援助的作用面有限，限制了其作用的充分发挥。我们认为，刑事法律援助制度是一项重要的国家法律保障制度，旨在通过对符合一定条件而没有委托辩护人的犯罪嫌疑人、被告人指定辩护人，提供法律援助，实现对其进行特殊保护的目的。因而，这种保护从时间上讲，应当是自始至终的。从适用对象上讲应当是没有委托辩护人的所有犯罪嫌疑人、被告人。但是由于国家经济条件所限，各国一般都将这个范围作适合国情的限制。我国现行刑事诉讼法第34条的规定在1996年刑事诉讼法颁行之时还能够满足当时的实践要求，但已不能适应目前司法实践的发展了。2003年《法律援助条例》就适时地扩大了法律援助的适用范围。《法律援助条例》第11条规定："刑事诉讼中有下列情形之一的，公民可以向法律援助机构申请法律援助：（一）犯罪嫌疑人在被侦查机关第一次讯问后或者采取强制措施之日起，因经济困难没有聘请律师的；（二）公诉案件中的被害人及其法定代理人或者近亲属，自案件移送审查起诉之日起，因经济困难没有委托诉讼代理人的；（三）自诉案件的自诉人及其法定代理人，自案件被人民法院受理之日起，因经济困难没有委托诉讼代理人的。"第12条规定："公诉人出庭公诉的案件，被告人因经济困难或者其他原因没有委托辩护人，人民法院为被告人指定辩护时，法律援助机构应当提供法律援助。被告人是盲、聋、哑人或者未成年人而没有委托辩护人的，或者被告人可能被判处死刑而没有委托辩护人的，人民法院为被告人指定辩护时，法律援助机构应当提供法律援助，无须对被告人进行经济状况的审查。"

　　基于上述考虑，我们建议将指定辩护适用于侦查、审查起诉、审判阶段，将指定辩护的适用案件范围扩大，适用于所有符合条件的刑事案件，扩大"可以指定辩护"的适用对象范围，即增加共同犯罪案件、具有外国国籍或者无国籍、司法利益需要时的其他情形等规定。所谓"司法利益"包括实体公正与程序公正的要求，或者因案件特殊，如案件有重大影响，引起社会普遍关注，或者因当事人特殊，如被告人是间歇性精神病人等情形时，也可以根据具体情况为犯罪嫌疑人、被告人指定辩护人。但是，我们对法律援助的适用对象还是根据情况区分"应当"和"可以"指定辩护，即强制性规范和选择性规范，这样规定有两个考虑：一是考虑到我国司法资源有限，不可能满足符合条件的所有犯罪嫌疑人、被告人获得法律援助的要求。二是这样规定可以集中精力解决最需要获得法律援助的盲、聋、哑人、未成年人、可能判处无期徒刑、死刑的犯罪嫌疑人、被告人的需要。待以后随着司法投入的不断加大、法治的不断发展，逐步扩大法律援助的适用面，使更多的人受到法律援助。

　　（增加）第　　条　犯罪嫌疑人、被告人有辩护律师的，在接受讯问时，应当通知辩护律师到场；没有辩护律师的，应当通知值班律师到场。

　　讯问完毕后，讯问人、被讯问人及在场的律师应当在讯问笔录上签字。

　　拒绝签字的，应当说明理由，并记入笔录。

论证与论据：

1. 若干法治发达国家有借鉴意义的规定

　　英国《〈1984年警察与刑事证据法〉守则C 警察拘留对待及询问当事人执行守则》第6.8—6.10条规定，询问开始或进行过程中被拘留者被允许咨询且可能咨询到律师，必须允许律师在询问过程中在场，除非律师的行为使侦查人员无法正常向犯罪嫌疑人提问时，该律师才会被要求离开。而且如果犯罪嫌疑人在询问重新进行之前，又咨询另一律师，新律师将被允许在询问过程中在场。

　　根据《法国刑事诉讼法典》第70条的规定，对于现行重罪案件，共和国检察官可以对任何犯罪嫌疑人发出传票进行讯问，如果被传唤者是由辩护人陪同自动前来，则只能在辩护人在场情况下对他进行讯问。该法第114条规定，除非双方当事人的律师在场或已经合法传唤，不得听取当事人的陈述，（预审法官）讯问当事人或者让其对质，除非当事人公开放弃此项权利。

《德国刑事诉讼法典》第 136 条规定："初次讯问开始时……（应告知被指控人）有权随时地，包括在讯问之前，与由他自己选任的辩护人商议。"并且，该法第 147 条第 3 款规定："在程序的任何一个阶段，都不允许拒绝辩护人查阅对被告人的讯问笔录。"① 该法第 168 条规定，在法官讯问时，准许辩护人在场。

《俄罗斯联邦刑事诉讼法典》第 53 条规定，自准许参加刑事案件时起，辩护人有权参加对犯罪嫌疑人、刑事被告人的询问以及其他有犯罪嫌疑人、刑事被告人参加的或者根据犯罪嫌疑人、刑事被告人的申请或辩护人自己的申请而依照本法典规定的程序实施的诉讼行为。

2. 论证意见

此条是我们新增加的条文。我国现行刑事诉讼法没有规定侦查人员、检察人员、审判人员讯问犯罪嫌疑人、被告人时律师享有在场权。我们认为，应当赋予辩护律师在侦查人员、检察人员、审判人员讯问犯罪嫌疑人、被告人时的在场权。律师的在场权是基于犯罪嫌疑人所享有的辩护权，但这项权利行使的主体不仅是犯罪嫌疑人、被告人，还有辩护律师。并且，律师在场监督能够有效遏制公安司法人员的非法行为，解决非法讯问问题。但是，目前刑事司法实践中，我国刑事辩护率还不到 30%，可见，大多数犯罪嫌疑人、被告人没有获得律师的帮助。对于既没有委托辩护律师也没有指定辩护律师的犯罪嫌疑人，或者委托律师、指定律师接到通知后没有按时到场的，我们认为可以借鉴国外立法经验，建立值班律师制度以保障讯问的合法性。

值班律师制度起源于英国，就是政府承担费用，专门为嫌疑人或者被告人无偿提供法律服务。英国政府每年拿出 10 亿英镑来支付值班律师为嫌疑人和被告人提供法律服务。英国首先在法院建立起了值班律师制度，1970年，值班律师制度就已经具有雏形，直到 1982 年政府开始承担律师的费用。目前，每天 24 小时都有值班律师在法院为相关人员提供法律援助。当天的值班律师只是对当天的案件提供服务，而不是为今后的案件处理提供服务。如果你作有罪答辩，那么这个律师就可以当天为你服务，而其他的以后处理的法律事务则由你来申请另外的法律援助。1982 年之后不久，英国又在警察局建立了 24 小时值班律师制度。不管嫌疑人的收入和涉及罪名，警察都要口头或者书面告知嫌疑人有权得到国家的免费法律援助，得到嫌疑人的允

---

① 但只要是检察机关所进行之侦查，则被告人及其辩护人无在场权。

许后，当天的警察局值班律师就会为嫌疑人提供法律帮助。① 自 20 世纪 90 年代起，日本开始实行值班律师制度，分为"值班制"和"名簿制"两种，前者指由律师会事先根据律师本人的志愿和日期制作值班表，依值班表负责当日值班的律师必须整天在事务所等待，一旦被捕或被羁押的被疑人或其配偶、亲属等向律师会打电话要求律师帮助，值班律师经律师会转告后即速与被疑人会面；后者指事先把志愿做值班律师的律师会员名单独立编制成册，由律师会按名册上的顺序向要求律师帮助的被疑人推荐值班律师。值班律师会见被疑人时的主要任务，是向被疑人说明诉讼的程序、辩护人依赖权和沉默权的内容、接受讯问时的注意事项等，提供必要的建议和咨询。值班律师第一次会见是免费服务，如果由于贫困等经济原因而无力支付辩护费用时，可以由"刑事被疑人辩护人援助"项目给予援助。值班律师的报酬，由所在的律师会发给。②

我国的值班律师制度，是在公安机关、人民检察院、人民法院专设一定数量的律师轮流值班，以等候随时为犯罪嫌疑人、被告人依法提供法律帮助，如依据本条规定在侦查人员讯问犯罪嫌疑人时到场。虽然值班律师制度的作用有限，但至少对于问题的解决有一定的推动作用。

我们认为律师在场的必要性体现在两个方面：一是制约专门机关滥用权力，保障当事人等的合法权益；二是见证讯问的合法性，律师在场的目的是为保护被讯问人的合法权利，并不会也没有权利妨碍侦查人员以合法的方法讯问犯罪嫌疑人。

还应当说明的是，目前有观点认为，驻所检察室的监督都解决不了讯问机关非法讯问的问题，更不能指望值班律师制度能够解决这个问题。我们对此不敢苟同。理由有三个：一是驻所检察人员主要监督的是被羁押的犯罪嫌疑人、被告人。而值班律师提供帮助的对象既包括被羁押的犯罪嫌疑人、被告人，也包括未被羁押的犯罪嫌疑人、被告人。二是驻所检察人员比较固定，流动性差，容易和办案人员形成利益共同体。而值班律师的流动性较强，并且值班律师非国家公职人员，其顾虑也少。三是值班律师对讯问人员权力的制约，在性质上是私权利对公权力的制约，表明刑事诉讼中私权利的加强。

---

① http://www.jcy.yy.gov.cn/UploadFiles/20051219151344653.doc。

② 参见程味秋主编：《外国刑事诉讼法概论》，中国政法大学出版社 1994 年版，第 176—177 页。

（刑事诉讼法第 96 条第 2 款之修改）第　　条　自犯罪嫌疑人被侦查机关第一次讯问或者采取强制措施之日起，辩护律师有权会见犯罪嫌疑人、被告人并了解有关案件情况。被采取强制措施的犯罪嫌疑人、被告人有权单独会见辩护律师，不受次数限制。律师会见犯罪嫌疑人、被告人，完全保密，不被监听，不经检查。

被采取强制措施的犯罪嫌疑人、被告人及其辩护律师提出会见要求后，应当安排在二十四小时以内会见。重大复杂的共同犯罪案件，犯罪嫌疑人或者辩护律师提出会见要求的，应当安排在三日以内会见。

其他辩护人经公安机关、人民检察院、人民法院批准也可以会见。（本条内容参见《关于律师作用的基本原则》第 8 条）①

论证与论据：

1. 国际刑事司法准则的相关要求

《保护所有遭受任何形式拘留或监禁的人的原则》第 18 条规定："1. 被拘留人或被监禁人应有权与其法律顾问联络和磋商。2. 应允许被拘留人或被监禁人有充分的时间和便利与其法律顾问进行磋商。3. 除司法当局或其他当局为维持安全和良好秩序认为必要并在法律或合法条例具体规定的特别情况外，不得中止或限制被拘留人或被监禁人接受其法律顾问来访和在既不被搁延又不受检查以及在充分保密的情形下与其法律顾问联络的权利。4. 被拘留或被监禁人与其法律顾问的会见可在执法人员视线范围内但听力范围外进行。5. 本原则所述的被拘留人或被监禁人与其法律顾问之间的联络不得用作对被拘留人或被监禁人不利的证据，除非这种联络与继续进行或图谋进行的罪行有关。"

《关于律师作用的基本原则》第 7 条规定："各国政府还应确保，被逮捕或拘留的所有的人，不论是否受到刑事指控，均应迅速得到机会与一名律师联系，不管在何种情况下至迟不得超过自逮捕或拘留之时起的 48 小时。"第 8 条规定："遭逮捕、拘留或监禁的所有的人应有充分机会、时间和便利条件，毫无迟延地、在不被窃听、不经检查和完全保密情况下接受律师来访和与律师联系协商。这种协商可在执法人员能看得见但听不见的范围内进行。"

---

① 本条第 1 款所拟规定的"单独会见"，不但指本案的侦查人员、检察人员、审判人员不能在场，而且看守所人员、驻监所检察人员也不得在场。并且，会见内容应当不被窃听、不经检查和完全保密。

联合国人权事务委员会的第 32 号一般性意见认为，与律师沟通权要求被告人有及时会见律师权。律师应能够私下会见委托人并在充分确保通信秘密的情况下与被告人通信。而且，律师应当能够根据公认的、不受任何限制、影响、压力或不当干涉的职业道德标准向受刑事起诉者提供咨询、进行代理。

2. 若干法治发达国家有借鉴意义的规定

英国《〈1984 年警察与刑事证据法〉守则 C 警察拘留、对待及询问当事人执行守则》第 6.1 条规定，除附件 B 所规定的限制之外，所有被警方拘留的人必须被告知他们在任何时候有权以会面、书信或电话的方式与其律师取得单独联系。

《德国刑事诉讼法典》第 148 条规定："被指控人，即使是不能自由行动的，允许与辩护人进行书面、口头往来。但是被告人不能自由行动并且调查事项是《刑法典》第 129 条 a 的犯罪行为时，通信要受到监狱属地地方法院的法官的监视。"

《意大利刑事诉讼法典》第 103、104 条规定，处于预防性羁押状态的被告人有权自该措施执行之时起同辩护人进行会晤。被当场逮捕的人或受到拘留的人有权在逮捕或拘留后立即与辩护人会晤。在初期侦查过程中，当出现特殊的防范理由时，法官可以根据公诉人的要求命令推迟行使与辩护人会晤的权利，推迟的时间不超过 7 日。不允许对辩护人与其受帮助的人员之间的谈话和通讯进行窃听。

《俄罗斯联邦刑事诉讼法典》第 53 条规定，自准许参加刑事案件之日起，辩护人有权单独会见犯罪嫌疑人、刑事被告人，会见内容保密，会见的次数和时间长短不受限制。

3. 论证意见

我国刑事诉讼法第 96 条第 2 款规定："受委托的律师有权向侦查机关了解犯罪嫌疑人涉嫌的罪名，可以会见在押的犯罪嫌疑人，向犯罪嫌疑人了解有关案件情况。律师会见在押的犯罪嫌疑人，侦查机关根据案件情况和需要可以派员在场。涉及国家秘密的案件，律师会见在押的犯罪嫌疑人，应当经侦查机关批准。"我们设计的条文和第 96 条第 2 款的不同体现在：一是对侦查、审查起诉、审判阶段会见权有一个总体规定。二是除律师以外的其他辩护人也享有会见权。三是强调犯罪嫌疑人、被告人与其辩护人的相互会见权。四是明确会见次数不受限制。五是明确会见的时间。六是明确在场的形式。

我国刑事诉讼法第 96 条第 2 款的规定在实践中导致的问题主要有以下几个：一是大量刑事案件的律师会见犯罪嫌疑人时，侦查机关派员在场，有的侦查人员还可直接进行发问，造成犯罪嫌疑人与律师谈话时顾虑重重。更有的地方侦查机关要求律师会见犯罪嫌疑人时要首先提供会见内容提纲，会见时，谈话不得超过提纲范围。二是负责本案的侦查人员不在场，而看守所人员或驻监所检察人员在场，大大妨碍了辩护律师与当事人的自由交流，而这种交流是律师掌握案件情况，有效进行辩护的基础。三是侦查人员限制会见次数，阻碍当事人与其律师会见、交流。四是对于国家秘密作任意解释，将正在侦查的案件也理解为国家秘密，因而，一些地方的做法是当事人与其律师的会见都要经侦查机关批准，为会见权的顺利行使人为地设置障碍。在广州大学人权研究中心针对律师的调查问卷中，无正当理由剥夺律师的会见权与非法限制律师的会见次数、会见方式和会见内容是阻碍律师合法履行辩护职责最为常见的情形。[①]

我们认为，辩护律师会见被采取强制措施的犯罪嫌疑人、被告人，了解案情是为其进行辩护以保护其合法权利的前提，因而律师会见权的保障是关系辩护权行使有效性的重要方面，所以现行刑事诉讼法这方面规定有修改的急迫性。因而，我们建议允许犯罪嫌疑人、被告人与其辩护律师相互会见，不受次数限制。也允许在法律规定的情况下，如涉及国家秘密、犯罪嫌疑人有严重暴力倾向等情形时，侦查人员、检察人员和审判人员以"能够看得见，但听不见的形式"在场，以发挥一定的监督作用，但这种监督只是对犯罪嫌疑人、被告人及其辩护人行为的监督，谈话内容不应当在监控范围内。

还应当说明的是，本条没有列明违反单独会见规定的法律后果，其原因一方面是由于条文设计的困难；另一方面是由于立法的进步是一个渐进的过程，增加的该条规定只是迈出了关于当事人与其辩护人相互会见权保障的第一步。

（刑事诉讼法第 37 条之修改）第　条　在刑事诉讼中，辩护律师可以向有关单位或者个人调查与辩护事务有关的情况。

辩护律师有权申请公安机关、人民检察院、人民法院收集、调取证据或者申请人民法院通知证人出庭作证，公安机关、人民检察院、人民法院应当

---

① 参见中国刑事诉讼法修订与人权保护项目课题组编：《刑事诉讼中若干权利问题立法建议与论证》，中国民主法制出版社 2007 年版，第 116 页。

在接到申请后三日以内作出处理决定。情况紧急的，应当毫不迟延地作出处理决定。

同意申请的，公安机关、人民检察院、人民法院收集、调取证据时，应当通知辩护律师到场，辩护律师在必要时有权邀请技术顾问。

论证与论据：

1. 国际刑事司法准则的相关要求

《公民权利和政治权利国际公约》第 14 条第 3 款（戊）项规定："讯问或业已讯问对他不利的证人，并使对他有利的证人在与对他不利的证人相同的条件下出庭和受讯问。"

联合国人权事务委员会的第 32 号一般性意见认为，作为平等诉讼手段原则的适用，质证权的保障对确保被告人、律师的有效辩护非常重要，从而保证被告人依法享有同等的强迫证人出庭、对检察官所提供的证人进行询问或交叉质证权。但是，此保障并未提供给被告人或其律师请求证人出庭的无限制性的权利，而只是提供在诉讼过程中对不利于其的证人进行质询的机会。在这些限制范围内，以及对使用违反第 7 条获得的自白、口供和其他证据的限制，主要由缔约国国内立法机构确定证据的可采性和法庭对其的评定。

《关于律师作用的基本原则》第 13 条第 2 款规定："律师对其委托人负有的职责应包括：以一切适当的方法帮助委托人，并采取法律行动保护他们的利益。"

2. 若干法治发达国家有借鉴意义的规定

英美法系国家在当事人主义的诉讼理念下，审判前控辩双方都平等地为审判作准备，控辩双方都享有调取证据的权力（利），律师也可以调查收集证据，私人侦探的大量存在保证了这种调查取证权的有效行使。

在大陆法系国家，律师也享有调查取证的权利，但是由于律师自身取证不具备强制性以及取证能力的局限性，这种调查取证权的行使在很大程度上依附于国家机关，依靠与国家机关共享强制资源，弥补自身不足。

《德国刑事诉讼法典》第 163 条 a 第 2 款规定："被指控人请求收集对他有利的证据时，如果它们具有重要性，应当收集。"第 166 条规定："（一）被法官讯问时，被指控人申请收集对他有利的一定证据，如果证据有丧失之虞，或者收集证据能使被指控人得以释放的，法官应当收集他认为重要的证据。（二）如果应在其他辖区域内收集证据，法官可以嘱托该辖区法官收集。"①

《俄罗斯联邦刑事诉讼法典》第53、86条规定，自准许参加刑事案件之时起，辩护人有权依照以下途径收集和提交提供法律帮助所必需的证据：(1) 取得物品、文件和其他信息材料；(2) 经本人同意后对人员进行询问；(3) 要求国家权力机关、地方自治机关、社会团体和组织提供证明书、说明书和其他文件，上述机关和团体有义务提交所要求的文件或其复印件。

3. 论证意见

刑事诉讼法第37条规定："辩护律师经证人或者其他有关单位和个人同意，可以向他们收集与本案有关的材料，也可以申请人民检察院、人民法院收集、调取证据，或者申请人民法院通知证人出庭作证。辩护律师经人民检察院或者人民法院许可，并且经被害人或者其近亲属、被害人提供的证人同意，可以向他们收集与本案有关的材料。"我们设计的条文和第37条的不同体现在：一是明确赋予辩护人在刑事诉讼各个阶段的取证权；二是取消了对辩护律师取证需经证人或者其他有关单位和个人同意，经人民检察院或者人民法院许可，被害人或者其近亲属、被害人提供的证人同意等限制条件；三是赋予辩护律师以外的其他辩护人取证权，但需经公安机关、人民检察院、人民法院批准；四是明确规定公安机关、人民检察院、人民法院处理申请的时间限制；五是在辩护人申请公安机关、人民检察院、人民法院取证的情形下，赋予辩护人在场权，及必要时邀请法律顾问的权利；六是对于辩护人收集、调取证据的申请，公安机关、人民检察院、人民法院未依法作出决定，影响案件正确处理的，明确规定了处理办法；七是在公安机关、人民检察院、人民法院拒绝辩护人申请的情形下，规定了救济渠道。

我国刑事诉讼法第37条的规定所导致的我国有关辩护人调查取证权的问题主要有两个：一是侦查阶段律师没有调查取证权，影响了律师有效进行辩护准备。我国现行刑事诉讼法虽然允许律师在侦查阶段介入刑事诉讼，但是对于其权利进行了限制，比如没有赋予律师在侦查阶段调查取证权。律师在侦查阶段不能调查取证，造成诉讼双方权力（利）不对等，也势必影响到审判程序中"法官中立、控辩对等"理想诉讼格局的架构。虽然，在我国，侦查机关负有"客观义务"，即立法规定侦查机关必须同时收集对犯罪嫌疑

① 在德国，出于照顾的义务，辩护人在事实上有必要时，应主动调查，以帮助当事人，如律师可以调查犯罪现场、寻找有利于被告的证人、为被告利益聘请私人制作鉴定报告、请求被告的亲友使用拒绝证言权等。但法律并未赋予辩护人强制性的取证权。

人有利或不利的证据，但侦查机关在刑事诉讼中揭露犯罪之角色任务决定了其对犯罪嫌疑人有利证据的收集往往是不重视的。二是在审查起诉与审判阶段，律师的调查取证权需要经有关个人、单位、证人、被害人同意，但是实践中，律师取证往往遭到这些人的拒绝，法律赋予其的调查取证权无法实现。三是对于公安机关、人民检察院、人民法院未依法处理辩护人申请的，没有规定程序性后果，导致申请权的法律规定对于司法人员没有强制约束力，影响了辩护人申请取证权的顺利行使。四是对于司法人员拒绝申请取证的，辩护人没有救济途径，影响了对辩护人申请取证权的有效保障。

我们认为，"证据裁判"是现代证据制度中的一项重要原则，辩护人维护犯罪嫌疑人、被告人的合法权益，也必须依靠真实、合法的证据，因而辩护人的调查取证权应当得到充分的保障。所以，我们设计的条文将辩护律师的调查取证权贯穿于整个刑事诉讼过程，取消辩护律师调查、收集证据时需要征得同意、批准等限制条件，加强了对辩护律师申请调查取证权的保障。

由于辩护律师个人收集证据能力的局限性，特别是没有强制力，并且，中外司法实践表明，辩护人向被害人、证人收集证据的风险也是相当大的。因而需要依靠公安司法机关的力量弥补其调查、取证能力的不足。学界也有类似观点。[①] 实际操作时，律师申请调查取证的，应当详细说明取证地点、对象。当该证据由于司法人员的原因没有及时提取而遭毁损、灭失，或者使证据的证明作用受到严重影响时，应当做有利于被告人的决定，以督促司法人员依法对申请进行处理。并且，律师在办案人员调查、收集证据时在场也能够起到对办案人员的监督、督促作用。

由于辩护律师和其他辩护人一般只精通法律知识，其他方面的知识有限，因而，调查取证时，可以邀请有关技术顾问帮助，技术顾问从侦查至审判阶段都可以辅佐辩护律师和其他辩护人准备辩护。

虽然现行刑事诉讼法规定辩护律师也可以申请人民检察院、人民法院收集、调取证据，或者申请人民法院通知证人出庭作证，但这一规定对于人民检察院、人民法院并无实质性约束力，他们往往不予理睬，导致实践中辩护

---

① 参见施杰、江敏：《完善律师的调查取证权，保障控辩平衡的实现》，《中国律师》2003年第2期；王振华：《刑事诉讼中申请查证权的完善》，《律师世界》2000年第3期；以及陈光中主编《中华人民共和国刑事诉讼法再修改专家建议稿与论证》、徐静村主编《中国刑事诉讼法（第二修正案）学者拟制稿及立法理由》、陈卫东主编《模范刑事诉讼法典》等。

律师调查取证权不能实现。因而，应当增加规定申请的处理时间。

（增加）第　条　辩护律师对于其书面或口头辩护时所发表的有关言论或者因担任辩护人在公安机关、人民检察院和人民法院之前所发表的有关言论，应享有民事和刑事豁免权。（与《关于律师作用的基本原则》第20条保持一致）

论证与论据：

1. 国际刑事司法准则的相关要求

《关于律师作用的基本原则》第16条第3款规定："各国政府应确保律师不会由于其按照公认的专业职责、准则和道德规范所采取的任何行动而受到或者被威胁会受到起诉或行政、经济或其他制裁。"第17条规定："律师如因履行其职责而其安全受到威胁时，应得到当局给予充分的保障。"第20条规定："律师对于其书面或口头辩护时所发表的有关言论或作为职责任务出现于某一法院、法庭或其他法律或行政当局之前所发表的有关言论，应享有民事或刑事豁免权。"

2. 法治发达国家有借鉴意义的规定

在英国，律师的豁免权主要表现在两方面：一是律师在履行职务时，对第三者不负诽谤的责任；二是出庭律师在处理诉讼案件时，有不负疏忽责任的权利。

在法国，律师的辩护豁免权表现在以下方面：对律师在法庭上的辩护和当面发言，不得以诽谤、侮辱或藐视法庭提起诉讼；如果律师认为法院执行的法律是过时的、被废除的或引用不当的，律师有不遵守这些法律的权利；在法庭上，如果公众出于感情或政治原因对被告人进行攻击，律师可以有藐视公众舆论的权利。

3. 论证意见

我国刑事诉讼法没有赋予律师执业豁免权。1997年刑法新增的第306条规定："在刑事诉讼中，辩护人、诉讼代理人毁灭、伪造证据，帮助当事人毁灭、伪造证据，威胁、引诱证人违背事实改变证言或者作伪证的，处三年以下有期徒刑或者拘役；情节严重的，处三年以上七年以下有期徒刑。"根据"两高"的《罪名意见》和《罪名规定》，该罪罪名为辩护人、诉讼代理人毁灭证据、伪造证据、妨害作证罪。刑法的规定旨在防止律师干扰刑事诉讼的顺利进行，规范律师的执业行为，但实际上，该规定给律师执业带来了很大的风险，特别使律师介入侦查阶段的法律规定成为"铺满鲜花的陷阱"。律师会见犯罪嫌疑人、被告人后，犯罪嫌疑人、被告人翻供，律师就可能被怀疑帮助犯罪嫌疑人、被告人隐匿、毁灭、伪造证据或串供，被采取强制措施。律师调查取证与侦查机关收集的证据不一致，律师也可能被怀疑威胁、引诱证人改变证言或者作伪证，被采取强制措施。律师刑事辩护面临很大的风险，而又无处说理，这不但影响了案件的有效辩护，也使得律师"谈刑辩色变"，不愿担任刑事辩护人，导致我国刑事案件律师辩护率不到30%。据统计，北京市从 1997 年刑事辩护案件占各类案件的 19% 下降到 2002 年的 12.1%，从平均每位律师承办刑事案件 1.45 件下降到少于 1 件。[①]实践中由于辩护人，特别是辩护律师因合法履行辩护职责而被关押、判刑现象直接导致刑事案件的律师辩护率低下，影响到犯罪嫌疑人、被告人合法权益的保护。广州大学人权研究中心的问卷调查显示：律师出于减少执业风险和提高辩护水平的考虑，强烈希望能够建立这样一种制度，有 86.17% 的受调查律师认为赋予律师执业豁免权有利于律师更好地行使辩护权。[②]学界对此基本达成共识，中国政法大学、中国人民大学、西南政法大学的立法建议稿都有关于律师执业豁免权的规定。

我们认为，应当在刑事诉讼法中赋予辩护律师民事和刑事豁免权。主要是为解决实践中律师依法执业而受到刑事追究这一突出问题，以减轻律师对于办理刑事辩护案件的顾虑，积极参与刑事辩护，维护犯罪嫌疑人、被告人的合法权益。《律师法》第 37 条规定：辩护律师在法庭上发表的辩护意见不受法律追究。但是，发表危害国家安全、恶意诽谤他人、严重扰乱法庭秩序的言论除外。我们所拟定的建议稿在《律师法》的基础上，参照联合国《关于律师作用的基本原则》第 20 条的规定，进一步加强了对辩护律师豁免权的保障，主要表现在两个方面：其一，明确了"辩护意见"包括书面和口头两种形式；其二，保护的对象不限于"法庭言论"，而且包括在侦查阶段和审查起诉阶段所发表的辩护意见。

应当指出的是，律师应当依法享有民事和刑事豁免权，但是对于违法犯罪行为，如伪证罪等不能免责。对于应当豁免的行为与违法犯罪行为，有时

---

① http://www.chineselawyer.com.cn/pages/2006－11－21/p44875.html.

② 参见广州大学人权研究中心：《关于权利告知的问卷调查分析报告》，载中国刑事诉讼法修订与人权保护项目课题组编：《刑事诉讼中若干权利问题立法建议与论证》，中国民主法制出版社 2007 年版，第 76—91 页。

很容易区分，有时则比较模糊，对此法律还应予以明确。

（增加）第　条　辩护律师应当保守在执业活动中知悉的国家秘密、商业秘密，不得泄露当事人的隐私。辩护律师对在辩护活动中知悉的犯罪嫌疑人、被告人不愿泄露的情况和信息，应当予以保密。但是，犯罪嫌疑人、被告人准备或者正在实施的危害国家安全、公共安全以及其他严重危害他人人身、财产安全的犯罪事实和信息除外。（参考《律师法》第 38 条）

论证与论据：

1. 国际刑事司法准则的相关要求

《关于律师作用的基本原则》第 22 条规定："各国政府应确认和尊重律师及其委托人之间在其专业关系内的所有联络和磋商均属保密性的。"

2. 若干法治发达国家有借鉴意义的规定

《德国刑事诉讼法典》第 53 条规定，律师对于在行使职务时被信赖告知或者所知悉的事项有权拒绝作证。

《日本刑事诉讼法》第 149 条规定，辩护人被法院作为证人传讯时，除特别情况外，有拒绝提供证言的权利。

《俄罗斯联邦刑事诉讼法典》第 49 条第 5 款规定，如果辩护人参加的刑事案件的材料内容构成国家机密，而辩护人又无权了解这些材料，则辩护人必须具结保证不泄露这些材料。

3. 论证意见

我国现行刑事诉讼法没有规定律师的保密义务。导致实践中犯罪嫌疑人、被告人对律师不放心，不愿聘请律师；或者即使聘请了律师，也对律师不能完全信任，影响了律师对其权利的有效保护。当前保密义务的缺失是刑事案件委托辩护率低、指定辩护效果差的原因之一。因而，有对此作出规定的必要性与紧迫性。

我们认为，应当增加规定辩护律师的保密义务，主要基于以下两方面考虑：一是基于当事人权利的保障，辩护权是法律赋予当事人的权利，当事人聘请律师的目的是帮助维护其合法权益。二是基于律师职业道德的要求，辩护律师的职责就是帮助当事人维权，而不能站在当事人的对立面。因而，规定辩护律师的保密义务有利于维系当事人和辩护律师之间的信赖关系，也是当事人愿意获得律师辩护的重要保障。学界多数学者对此持肯定态度，① 如陈卫东主编的《模范刑事诉讼法典》第145条规定："证人为神职人员、心理医生、律师或曾任此等职务的人，就其因业务所知悉有关他人秘密事项受询问者，除经本人允许者外，有权拒绝证言。前款事项事关国家安全或他人生命健康的，经人民法院裁定，不得拒绝证言。"其理由是："拒绝作证权所体现的是特定行业利益与司法利益之间的价值权衡，其目的并非为了维护证人本人的利益，而是为了维持特定职业所必需的信赖关系，是为了在国家利益和司法利益之间获得一种制度平衡。"有学者甚至建议从保密义务的角度规定："律师对于其履行职务活动中获悉的有关其委托人的一切个人秘密，均负有保守的义务，刑法应确立一种新的罪名——泄露职业秘密罪，因泄露其所掌握的职业秘密情节严重的，追究其刑事责任。"②

但是，辩护律师保密义务也应当有例外。我们认为，由于当事人的违法犯罪行为，将会使国家、社会利益遭受重大损害的时候，律师应当予以揭发。

（增加）第　条　犯罪嫌疑人、被告人及其辩护人对于侦查人员、检察人员、审判人员侵犯其辩护权的行为，有权提出申诉和控告。

论证与论据：

1. 国际刑事司法准则的相关要求

《公民权利和政治权利国际公约》第14条规定：受刑事控告者有相当时间和便利准备他的辩护并与他自己选择的律师联络。联合国人权事务委员会关于《公约》的第32号一般性意见指出：律师应当能够根据公认的、不受任何限制、影响、压力或不当干涉的职业道德标准向受刑事起诉者提供咨询、进行代理。联合国《关于律师作用的基本原则》第16条规定：各国政府应确保律师能够履行其所有职责而不受到恫吓、妨碍或不适当的干涉。

2. 若干法治发达国家有借鉴意义的规定

在一些法治发达国家，通过设立非法证据排除规则保障辩护权的有效行使。如美国依据先前的供述采证规则，只要认罪供述符合自愿性的要求，均

---

① 参见陈卫东主编：《模范刑事诉讼法典》，中国人民大学出版社2005年版，第248页；章礼明：《律师拒证权制度之建构》，《广州大学学报》2006年第3期。

② 参见陈瑞华：《刑事审判原理论》，北京大学出版社1997年版，第290页。

可采用。自 1964 年以来，联邦最高法院又增补了一项规则，即律师不在场时的认罪供述，由于侵犯了被告人获得律师帮助的宪法权利，不得采用。英国在 1984 年以前对非法证据的排除主要限于以刑讯逼供等方式获得的被告人自白。1984 年之后，出现了与律师在场权有关的排除。在加拿大，对警察侵犯犯罪嫌疑人辩护权所获得证据予以严格地排除。在意大利，如果律师不在场，任何口供或认罪表示，在法庭上都是不可采证据。① 在德国，如果被指控方对检察院拒绝辩护人查阅案卷的决定不服，"可以通过职业监督途径予以解决"。②

3. 论证意见

因为犯罪嫌疑人、被告人行使辩护权与公安司法机关履行相应的义务密不可分，如果缺乏对公安司法机关履行义务的制约性规定，立法所规定的辩护权就有可能因为司法人员不履行相应义务而成为虚设。增加关于司法人员侵犯辩护权时的救济手段，实际上是对辩护权的保障性规定，目的在于防止专门机关由于各种原因为犯罪嫌疑人、被告人及其辩护人行使辩护权设置障碍，保障法律赋予他们的辩护权能够真正得到落实。现行刑事诉讼法第 14 条规定："诉讼参与人对于审判人员、检察人员和侦查人员侵犯公民诉讼权利和人身侮辱的行为，有权提出控告"，参照这一规定，建议稿除了保留原有的"控告"外，增加了"申诉"作为权利救济的方式，即对于公安机关侦查人员的侵权行为应当向同级人民检察院提出申诉、控告，对于人民检察院侦查人员和检察人员的侵权行为应当向同级人民法院提出申诉、控告，对于人民法院审判人员的侵权行为应当向上级人民法院提出申诉、控告。规定对于司法人员侵犯辩护权的行为，犯罪嫌疑人、被告人及其辩护人有权提出申诉和控告，明确了司法人员违反法律规定将会引起的法律后果，这种制约性措施是对犯罪嫌疑人、被告人辩护权的有力保障。

广州大学人权研究中心的问卷调查表明，在司法实践中，阻碍律师履行合法刑事辩护权的最常见情形包括：无正当理由剥夺律师的会见权、非法限制律师的会见次数、方式和内容、拒绝或者有选择地提供与案件相关的卷宗、证据等信息。53.76％ 的律师指出律师会见权无正当理由被剥夺，

---

① 参见熊秋红：《刑事辩护论》，法律出版社 1998 年版，第 222 页以下。

② 参见［德］埃伦·施吕希特尔：《德意志联邦共和国辩护人的权利》，载《国外律师研究》，陕西人民教育出版社 1986 年版，第 68 页。

58.62%的律师指出律师的会见权被通过限制会见次数、会见方式和内容的形式被限制，62.38%的律师经历了被拒绝或者有选择地提供与案件相关的卷宗、证据等信息的情形。对律师会见权、阅卷权、调查取证权等缺乏保障性规定，是导致实践中律师辩护难的重要原因。因此，增设保障性条款是从立法上解决辩护难问题的有效方式。

第三节　禁止刑讯逼供

本节所指称的"刑讯逼供"的含义，与联合国《禁止酷刑和其他残忍、不人道或有辱人格的待遇或处罚公约》第1条关于"酷刑"含义的解释相一致，即指"为了向某人或第三者取得情报或供状，为了他或第三者所作或涉嫌的行为对他加以处罚，或为了恐吓或威胁他或第三者，或为了基于任何一种歧视的任何理由，蓄意使某人在肉体或精神上遭受剧烈疼痛或痛苦的任何行为，而这种疼痛或痛苦是由公职人员或以官方身份行使职权的其他人所造成或在其唆使、同意或默许下造成的。纯因法律制裁而引起或法律制裁所固有或附带的疼痛或痛苦不包括在内"。

禁止刑讯逼供是现代社会人权保护的重要组成部分，也是法制文明的重要体现。《世界人权宣言》第5条和《公民权利和政治权利国际公约》第7条均规定，对任何人都不得施以酷刑，或给予残忍、不人道或有辱人格的待遇或处罚。世界范围内的反酷刑活动，其主要意旨在于：防止国家公职人员实施对公民的肉体或精神进行折磨和虐待的行为，以维护公民的人格尊严。酷刑现象可能出现于社会生活的诸多领域，但尤以刑事司法领域为甚。在刑事诉讼过程中，为了追究犯罪、惩罚犯罪，维护社会秩序，司法人员可能不惜以酷刑为手段，来获取犯罪嫌疑人、被告人有罪的证据。在现代刑事司法中，被追诉者的人格尊严不受侵犯原则在国家实现刑事诉讼目的方面是一条不可逾越的底线。因此，以摧残被追诉者肉体或精神的方式取证的行为为各国立法明令禁止。此外，各国立法还赋予受刑事追诉者一系列的程序保障，如无罪推定、获得律师帮助、反对被迫自我归罪等，这些举措对于防止刑讯逼供，有着十分重要的意义。但是，在司法实践中，刑讯逼供现象仍然时常发生，至于连续疲劳审讯、诱供、骗供、强迫在预先写好的供词上签字等变相的逼供现象则更为普遍。近年来媒体报道了不少刑讯逼供的典型案件，如云南民警杜培武因遭到其他警察的野蛮刑讯，不得不违心地供认自己是杀人凶手，险被冤杀；河北省 4 名民警以涉嫌卖淫为由，先后将吴小玲等 3 名女青年带至派出所刑讯逼供，持续非法关押达 60 小时以上，而后来吴小玲的妇科检查结果却是"处女膜完整，未发现撕伤痕迹"，这就是所谓"处女卖淫案"；山西省岚县公安局割掉了青年农民李绿松的一截舌头并对其刑讯逼供，酿成了轰动一时的"割舌事件"。凡此种种，说明禁止刑讯逼供在我国法治进程中仍是一个值得关注的话题。

尽管刑讯逼供已在我国法律中被彻底禁止，但是，司法实践中刑讯逼供却成为久治不愈的顽症。一般来说，"破案的需要"是司法人员实施刑讯逼供的主要原因。刑事犯罪通常具有复杂性、隐蔽性，加之犯罪分子在实施犯罪后极力逃避法律制裁，破坏、毁灭、伪造证据，在这种情况下，司法人员要通过侦查掌握案情，收集足够的证据，其难度可想而知。随着经济的发展，社会的多元化和科学技术的日新月异，犯罪呈现智能化的趋势，从而使司法人员在侦破案件方面面临着更大的挑战。而刑讯逼供是一种简单并且成本低廉的破案手段，所谓"棍棒之下，何求不得"。从社会原因分析，司法人员的刑讯逼供行为在一定程度上、一定范围内能够获得社会公众的认同。犯罪是一种社会公害，在一定区域内，只要出一起杀人案，整个区域的人都将惊恐不安；只要出一个盗窃犯，所有的住户都可能会装上防盗门，所有的人都会感觉到真实的威胁。但刑讯逼供则不然，它一般在羁押场所实施，针对的是犯罪嫌疑人，真正受到刑讯逼供威胁的，只是极少数人。在这种情况下，如果少数人的利益服从多数人的利益，为了整个社会的安全感，而以简单的方法如刑讯逼供识别罪犯，最终惩罚罪犯，就可能成为一个社会所共同认可的适当的方法。刑讯逼供在迄今为止的人类历史的大部分时间里被视为"合法"，刑讯逼供在当今的司法实践中仍被"放任"，正是因为其中有某些为善良的人们所相信并宽宥的道德逻辑。这个逻辑的核心，就是为了维护多数人的利益，可以牺牲少数人的利益。这是一种功利主义的伦理观。

反对刑讯逼供，首先需要反对功利主义的伦理观。现代刑事司法制度的逻辑基础是：对犯罪的追究，必须采用正当的方式、遵循正当的程序。刑讯逼供是对个人权利和尊严的践踏，即使刑讯逼供有时是为了公共利益，它也不应成为一种追究犯罪的合法手段。刑讯逼供是以造成人极度痛苦的方式显示权威的力量，它使受刑者因胆怯、崩溃而服从，而这种服从将给受刑者带来心灵上的长久痛苦；同时，由于刑讯逼供是以"集体的名义"施暴，尽管实施刑讯逼供的司法人员自以为代表国家和社会公共利益，但是，它违背了人对其同类应有的恻隐之心，将会导致施虐者品德的败坏与恶劣，并将损害观虐者尊重人、怜悯人的道德自觉，从而毒害整个社会的道德风气。在倡导法制文明的今天，刑讯逼供现象已经成为侵犯人权、破坏司法公正、影响依法治国大局的严重障碍。

遏制与根除刑讯逼供是世界各国刑事司法实践中共同面临的任务。国外的相关经验表明，遏制刑讯逼供，可以采取以下举措：其一是赋予犯罪嫌疑人、被告人以沉默权，犯罪嫌疑人、被告人对司法人员的讯问可以拒绝回答，这样做是为了消除司法人员刑讯逼供的制度动因；其二是加强侦查程序的公开性，如允许在押犯罪嫌疑人会见律师、会见家人、会见医生，从而使刑讯逼供现象能够及时得到发现，并在法庭上容易举证证明；其三是讯问犯罪嫌疑人时，允许律师在场，并进行全程录音、录像，以防止讯问过程中的逼供行为；其四是建立非法证据排除规则，明确规定刑讯逼供所取得的证据，在法庭上不得作为定案的根据使用；其五是建立司法人员违法责任追究制度，对实施刑讯逼供的人员，根据其情节轻重和危害大小，分别追究行政、民事和刑事责任。

刑讯逼供作为一种国家执法人员违法野蛮侵犯人权现象，为世界各国法律所普遍禁止，而在我国司法实践中，刑讯逼供现象也屡见不鲜。据广州大学人权研究中心的问卷调查显示，分别有 6.64％的法官、4.18％的检察官和 16.87％的律师认为在司法实践中刑讯逼供达到 70％以上；分别有 17.80％的法官、15.46％的检察官和 37.01％的律师认为在司法实践中刑讯逼供达到 30％—50％。[①] 本课题组成员北京市京鼎律师事务所重点调查的几个案例中，每个案例都存在刑讯逼供，每起案件的错误认定都与刑讯逼供有关联。但是，遏制刑讯逼供的法律规定有欠缺，因而有完善的必要。由于刑事诉讼中被刑讯逼供的对象主要是犯罪嫌疑人和被告人，所以我们在此所指称的刑讯逼供对象比公约要小，仅限于犯罪嫌疑人和被告人。

本节参考国际刑事司法准则的要求和若干法治发达国家有借鉴意义的法律规定，结合我国司法实践中存在的问题，主要从不得强迫自证其罪原则的确立、讯问时间的限制、全程录音、录像制度的建立、刑讯逼供取得的证据的排除、法庭供述与审前供述不一致时的处理等几个方面对于现行刑事诉讼法提出完善建议。

---

① 中国刑事诉讼法修订与人权保护项目课题组编：《刑事诉讼中若干权利问题立法建议与论证》，中国民主法制出版社 2007 年版，第 140 页。

（增加）第　条　（不得强迫自证其罪原则）任何人不得被强迫证明自己有罪或者作其他不利于自己的陈述。（参考《公民权利和政治权利国际公约》第 14 条第 3 款（庚）项，根据该原则，应删除刑事诉讼法第 93 条"犯罪嫌疑人对侦查人员的提问，应当如实回答"的规定）

论证与论据：

1. 国际刑事司法准则的相关要求

《公民权利和政治权利国际公约》第 14 条第 3 款（庚）项规定："在判定对他提出的任何刑事指控时，人人完全平等地有资格享受以下最低限度的保证：……不被强迫作不利于他自己的证言或强迫承认犯罪。"《美洲人权公约》对此作了规定，但《欧洲人权公约》至今未作明确规定。

联合国人权事务委员会的一般性意见认为，《公约》第 14 条第 3 款（庚）项保证不得强迫自证其罪或认罪的权利。对此保障的理解应是，被告人在没有任何来自侦查机关为获得有罪口供而施加的直接或间接的、生理的或不当心理的压力。更有理由的是，不能允许为逼取口供而违反《公约》第 7 条规定对待被告人的情形。国内法必须保证违反《公约》第 7 条获得的坦白或口供被排除于证据之外，除非此类材料被用来证明存在该条禁止的酷刑或其他待遇，并且在这种情况下，缔约国承担证明被告人出于自由意志供述的责任。

《联合国少年司法最低限度标准规则》（《北京规则》）第 7 条规定："在诉讼的各个阶段，应保证基本程序方面的保障措施，诸如假定无罪、指控罪状通知本人的权利、保持缄默的权利、请律师的权利、要求父或母或监护人在场的权利、与证人对质和盘诘证人的权利和向上级机关上诉的权利。"世界刑法学协会第十五届代表大会《关于刑事诉讼法中的人权问题的决议》第 17 条也对被指控人的沉默权予以确认，规定："被告人有权保持沉默并且从警察或司法机关进行首次侦讯开始即有权知悉受控的内容。"

《儿童权利公约》第 40 条第 2 款 b 项规定："所有被指控或指控触犯刑法的儿童至少应得到下列保证：……（四）不得被迫作口供或认罪；……"

《保护所有遭受任何形式拘留或监禁的人的原则》第 21 条规定："应禁止不当利用被拘留人或被监禁人的处境而进行逼供，或迫其以其他方式认罪，或作出不利于他人的证词。"

2. 若干法治发达国家有借鉴意义的规定

不得强迫自证其罪原则最早于 1688 年英国李尔本案确立。法治发达国家一般将其作为一项宪法原则而确立。

美国联邦宪法第 5 条修正案规定："任何人不得被迫自证其罪。"

日本宪法第 38 条规定："不得强制任何人作不利于本人的供述。"

3. 论证意见

我国现行刑事诉讼法没有规定不得强迫自证其罪原则，而是在第 93 条规定："犯罪嫌疑人对侦查人员的提问，应当如实回答。但是对与本案无关的问题，有拒绝回答的权利。"该条规定带来的问题主要有以下几个：一是犯罪嫌疑人因此不能享有不被强迫自证其罪权利，仅对与案件无关的问题有权拒绝回答；二是侦查人员通过讯问犯罪嫌疑人达到破案目的，因为审讯破案的成本比通过收集实物证据或其他言词证据破案要低得多；三是被讯问人是否"如实回答"由侦查人员判断，侦查人员往往认为供述没有和其有罪预期一致，就是没有"如实回答"，因而导致刑讯逼供的发生。

目前学界对于确立不得强迫自证其罪原则普遍持赞成态度。陈光中主编的《中华人民共和国刑事诉讼法再修改专家建议稿》第 12 条规定："不得强迫任何人证明自己有罪或作其他不利于自己的陈述。"陈卫东主编的《模范刑事诉讼法典》第 5 条也规定："在刑事诉讼中，任何人不受强迫作不利于自己的陈述。"徐静村主编的《中国刑事诉讼法（第二修正案）学者拟制稿及立法理由》第 5 条规定："在刑事诉讼中，任何人不得被强迫作出不利于自己的证言或被强迫承认犯罪。"

我们认为，应当确立不得强迫自证其罪原则，赋予犯罪嫌疑人、被告人不得强迫自证其罪的权利，同时删除刑事诉讼法第 93 条的规定。理由是司法实践中出现的问题表明有确立该原则的必要，该原则明确反对强迫被追诉人证明自己有罪或作不利于自己的陈述，矛头直指执法人员的非法取证行为。既然不得强迫自证其罪是公民的一项基本权利，那么犯罪嫌疑人和被告人也应当享有这项权利，将其在刑事诉讼法中确立下来，对于遏制我国实践中的刑讯逼供现象将会起到积极的作用。事实上，废除"如实回答"也不应该对侦查人员办案有影响，因为刑事诉讼法第 96 条并没有规定不如实回答的法律后果，其实也是没有意义的。若说有影响，那就是对"审讯破案"侦查模式的影响，但我们的目的就是要改变这种最易导致刑讯逼供的办案模式。当然，通过刑讯逼供破获的案件不见得都是冤假错案，但仍应被遏制，这是因为，通过刑讯逼供侦破案件实际上是以一起犯罪来揭露、证实另一起犯罪，就社会范围而言，犯罪总量是增加的，这显然与刑事诉讼法目的、宗旨背道而驰。

（增加）第 条 讯问犯罪嫌疑人应当在白天进行，紧急情况除外。

侦查人员每次对犯罪嫌疑人的讯问时间不得超过四个小时；两次讯问的间隔时间不得少于四个小时。

每次讯问均应以法定格式记录，由犯罪嫌疑人、在场的辩护律师签字确认。

违反前三款规定取得的犯罪嫌疑人供述，不得作为认定犯罪嫌疑人、被告人有罪的证据。

论证与论据：

1. 国际刑事司法准则的相关要求

《保护所有遭受任何形式拘留或监禁的人的原则》第 23 条有类似规定，即"1. 被拘留人或被监禁人的任何审问的持续时间和两次审问的间隔时间以及进行审问的官员和其他在场人员的身份，均应以法定格式加以记录和核证。2. 被拘留人或被监禁人或在法律有此规定的情形下，其律师应可查阅本原则第 1 段所指的资料"。

2. 若干法治发达国家有借鉴意义的规定

英国《〈1984 年警察与刑事证据法〉守则 C 警察拘留、对待及询问当事人执行守则》第 11 条规定，决定逮捕某一嫌疑人后，只能在警察署或其他被授权拘留他的地方对他进行询问，除非因此带来的迟延可能会：导致对与犯罪有关的证据的干扰或破坏，或导致对他人的干扰或人身伤害；导致引起其他被怀疑犯罪但未被逮捕的人的警觉；或者导致妨碍在犯罪中损失的财物被归还原主。但一旦这些危险消除，这些例外情形下的询问必须停止。在警察署进行的询问，在任何 24 小时期间内，必须允许被拘留者享有连续 8 小时的休息时间，不应受询问，在可能的范围内，讯问应在暖和的、有充足的光线和通风的讯问室进行，不应让被询问的人处于站立状态，询问的休息时间应为普通进餐时间，用茶点的短休息时间应每隔 2 小时一次，但询问人员可以酌情延迟用茶点休息时间。但是，《1984 年警察与刑事证据法》第 41 条规定，针对此罪对该人的合法拘留期间尚未开始时，警方将他从某一地区移交给另一地区警方的过程中，不得就该罪向他提任何问题，除非是为了澄清他主动做的陈述而提问。

《美国联邦刑事诉讼规则》第 5 条规定，持根据控告签发的逮捕令执行逮捕的官员，或者未持逮捕令执行逮捕的其他人员，应当无必要延误地将被捕人解送至最近的联邦治安法官处聆讯。若被告人放弃预审，治安法官应立即将被告人押至地区法院接受讯问。在实践中，该"无必要延误"一般指 6 小时以内。

《法国刑事诉讼法典》第 61、62 条赋予司法警官在侦查现行轻罪与重罪时，对他认为可能就事实或扣押的物品和文件提供情况的任何人，包括嫌疑人有在犯罪现场进行讯问的权力。根据第 70 条规定，对于现行重罪案件，如果预审法官尚未受理，共和国检察官可以对任何犯罪嫌疑人发出传票，应当立即讯问依此方式被传唤的人。第 116 条规定，当事人第一次到案，预审法官就应当讯问被审查人，查明其身份，告知其被控而受审查的行为等。

《德国刑事诉讼法典》第 133 条规定："对被指控人要以书面传唤到场就讯。"第 115 条前两款规定："根据逮捕令逮捕被指控人后，应当不迟延地向管辖案件的法官解交。解交后，法官应不迟延地，至迟是在第二天对被指控人就指控事项予以讯问。"第 135 条规定："拘传时，应当将被指控人立即解送法官予以讯问。不允许依据拘传令将被指控人扣留超过拘传后的第二日结束。"第 163 条 a 规定："除非程序导致撤销案件，对被指控人至迟应当在侦查终结前予以讯问。对简单的案情，给予被指控人书面陈述的机会即可。"

《日本刑事诉讼法》第 198 条第 1 款规定："检察官、检察事务官或者司法警察职员，为实施犯罪侦查而有必要时，可以要求被疑人到场对他进行调查。"对未被羁押的犯罪嫌疑人可以要求其任意到案，关于任意讯问的一般标准，判例认为应根据案件的性质、犯罪嫌疑人的嫌疑程度、态度等各种情况，在社会一般观念承认适当的方法、状态以及限度内讯问，并且应将犯罪嫌疑人有否退出意思这种主观倾向与其是否真的处在可以表示自由意思的客观状态这一客观要素结合起来综合判断讯问的适当性。如有判例认为，连续 4 夜在饭店讯问犯罪嫌疑人不妥，但未违法或者彻夜讯问合法。有的判例认为留宿讯问违法等等。[①]

3. 论证意见

现行刑事诉讼法对于讯问的时间没有规定，本条是我们新增设的条文。

---

① 参见［日］田口守一：《刑事诉讼法》，刘迪、张凌、穆津译，法律出版社 2000 年版，第 79 页。

我们认为，在侦查过程中，每次讯问持续时间和两次讯问的间隔时间对于保障被讯问者的权利具有重要意义。

我们关于该条的立法建议目的在于改变目前侦查实践中通过审讯破案的侦查模式，即先捕人获取口供，再以口供为线索获取物证、书证等其他证据的办案方式的刑侦现状。在通过审讯破案的侦查模式下，以取得口供为获取其他证据之线索，办案往往以口供为突破口，常常导致刑讯以逼取口供等侵犯犯罪嫌疑人合法权利现象发生。目前，实践中所谓"车轮战"就是超长时间讯问的形象描述，是一种变相刑讯逼供。如果立法不对讯问的持续时间和每次讯问的时间作出规定，这种变相刑讯逼供就不能避免。当然，尽管较长时间的审讯有可能会使案件获得突破，即使结果正确，也因侵犯了犯罪嫌疑人的合法权利而不具有正当性。有观点认为现行刑事诉讼法规定的拘传12小时时间太短，应当延长，就是受"审讯破案"思想的影响。我们认为，必须逐渐使得办案人员认识到讯问犯罪嫌疑人、被告人主要是为了听取其辩解，而不是获得有罪供述。应当在侦查物质投入不断加大、侦查技术水平不断提高的过程中，使得我国刑侦模式逐步实现从审讯破案向科学、合理、文明、规范方向的转变。

该条的设计中包含了允许辩护律师在场的规定。讯问时允许辩护律师在场，可以有效地遏制刑讯逼供和威胁、引诱、欺骗等违法获取证据的行为，有助于加强对犯罪嫌疑人、被告人权利的保障。中国政法大学诉讼法学研究中心的实证研究表明，绝大部分犯罪嫌疑人希望在讯问时有律师在场；对犯罪嫌疑人进行讯问时安排律师全程在场参加对办案工作基本上没有负面影响。[1]

（增加）第　条　侦查机关认为必要时，或者犯罪嫌疑人提出申请时，可以对每次讯问过程进行全程录音或者录像。

对于以下案件，每次讯问犯罪嫌疑人时，应当全程录音或者录像：

（一）危害国家安全的犯罪案件；

（二）职务犯罪案件；

（三）杀人、抢劫、强奸、放火、爆炸、投毒等严重侵犯公民人身权利或者危害公共安全的犯罪案件；

---

① 参见樊崇义主编：《刑事审前程序改革实证研究》，中国人民公安大学出版社2006年版，第5页。

（四）其他犯罪嫌疑人可能被判处十年以上有期徒刑的案件；

（五）未成年人犯罪案件；

（六）共同犯罪案件。

录音或者录像不完整的，不得作为证明讯问合法性的根据。

犯罪嫌疑人、被告人及其法定代理人、辩护人对录音、录像的完整性提出异议的，应当由人民检察院对录音、录像的完整性承担举证责任。

论证与论据：

1. 法治发达国家有借鉴意义的规定

英国《录音实施法》规定，警察讯问犯罪嫌疑人必须同时制作两盘录音带。后来的《录音实施法修正案》又进一步规定在讯问时，除了必须同时制作两盘录音带外，有条件的还要同时制作两盘录像带。

《俄罗斯联邦刑事诉讼法典》第 189 条第 4 项规定，在询问过程中，由侦查人员主动提出或根据被询问人的请求可以进行拍照、录音和（或）摄像、电影拍摄，照片、录音和（或）录像、电影胶片等材料应归入案卷并在侦查终结后封存。

2. 论证意见

现行刑事诉讼法没有规定录音、录像制度，本条是我们新增加的规定，建议对于讯问全过程进行录音、录像。我们认为，讯问时的全程录音、录像制度的规定有两方面的积极意义：一方面，全程录音、录像能够规范职权机关的行为，是防止刑讯逼供发生的重要措施之一，特别是在当事人没有聘请律师的情况下，录音、录像成为约束公安司法机关权力，防止其滥用权力，保障犯罪嫌疑人合法权利不受侵犯，特别是防止刑讯逼供的有效手段。另一方面，录音、录像制度对于确认供述辩解的合法性有积极作用。

我国《人民检察院刑事诉讼规则》第 144 条规定："讯问犯罪嫌疑人，可以同时采用录音、录像的记录方式。"2006 年，为加强执法规范化建设，贯彻尊重和保障人权的宪法精神，最高人民检察院在全国检察机关推行讯问职务犯罪嫌疑人全程同步录音、录像。这项工作分"三步走"：第一步，从 2006 年 3 月 1 日起先普遍实行讯问职务犯罪嫌疑人全程同步录音，最高人民检察院、省级人民检察院、省会（首府）市人民检察院和东部地区州市人民检察院办理贿赂案件和职务犯罪要案实行全程同步录像。第二步，把办理贿赂案件和职务犯罪要案实行全程同步录音录像的范围扩大到中西部地区州市人民检察院和东部地区县区级人民检察院。第三步，从 2007 年 10 月 1 日起，全面实行讯问职务犯罪嫌疑人全程同步录音录像。在总结各地经验的基础上，最高人民检察院就实行这项工作提出四条原则：全程同步原则，必须坚持同步、全程录音录像，不能任意选择取舍；程序规范原则，办案干警必须严格按规定程序操作，切实防止程序违法和疏漏；客观真实原则，任何人不得对原始资料擅自进行剪辑或技术处理；严格保密原则，必须切实加强各个环节的保密工作，严防录音录像资料泄露、流失。① 可见，在我国全程录音录像制度已具备基础。2005 年，联合国酷刑问题特别报告员诺瓦克应邀对我国进行了访问，在报告中，他建议我国政府应当将录音录像措施推广到全国。

但我们认为，由于我国司法资源投入有限，各地发展不平衡，保证所有案件都能够全程录音录像是不现实的，所以，我们设计的条文中规定"侦查机关认为必要时，或者犯罪嫌疑人提出申请时，可以对讯问过程进行全程录音或者录像"。其中"必要时"主要包括两种情形：一是案情重大时；二是审讯的合法性在以后庭审中会受到质疑时。

（增加）第 条 在对犯罪嫌疑人、被告人进行调查时，禁止使用下列方法：

（一）刑讯或其他蓄意使人在肉体或精神上遭受剧烈疼痛或痛苦的行为；

（二）威胁、诱骗；

（三）禁止睡眠、使人饥渴；

（四）服用药物、催眠；

（五）其他残忍、不人道或有辱人格的待遇或处罚。

以上述非法方法取得的证据不得作为认定有罪的根据。

犯罪嫌疑人、被告人及其法定代理人、辩护人认为证据是通过上述非法方法取得的，检察机关否认的，应当由人民检察院以确实、充分的证据证明。侦查机关否认讯问非法的说明不得作为证据使用。

论证与论据：

1. 国际刑事司法准则的相关要求

《世界人权宣言》第 5 条和《公民权利和政治权利国际公约》第 7 条规定，对任何人都不得施以酷刑，或给予残忍、不人道或有辱人格的待遇或处

---

① http：//news.xinhuanet.com/misc/2006—03/11/content_4289692.htm.

罚。《禁止酷刑和其他残忍、不人道或有辱人格的待遇或处罚公约》第 15 条规定："每一缔约国应确保在任何诉讼程序中，不得援引任何业经确定系以酷刑取得的口供为证据，但这类口供可用作被控施用酷刑者刑讯逼供的证据。"

2. 法治发达国家有借鉴意义的规定

英国《1984 年警察与刑事证据法》第 76 条第 2 款规定："在任何公诉方计划将被告人供述作为本方证据提出的诉讼中，如果有证据证明供述是或者可能是通过以下方式取得的——（a）对被告人采取压迫的手段；或者（b）实施在当时情况下可能导致被告人的供述不可靠的任何语言或行为，则法庭应当不得将该供述作为对被告人不利的证据被提出，除非检察官能向法庭证明该供述（尽管它可能是真实的）并非以上述方式取得，并且要将此证明到排除任何合理怀疑的程度。但被告人供述被排除，不影响根据被告人供述所发现的事实作为证据的可采性。"

美国宪法第四修正案规定："人民的人身、住宅、文件和财产不受无理搜查和扣押的权利，不得侵犯。除依据可能成立的理由，以宣誓或代誓宣言保证，并详细说明搜查地点和扣押的人或物，不得发出搜查和扣押状。"宪法第五修正案规定："任何人……不得在任何刑事案件中被迫自证其罪，不经过正当法律程序，不得剥夺生命、自由或财产。"

《德国刑事诉讼法》第 136 条 a 第 3 款指出，违反该条第 1、2 款关于取证方法的禁止规定（即对被指控人决定和确认自己意志的自由，不允许用虐待、疲劳战术、伤害身体、服用药物、折磨、欺诈或者催眠等方法予以侵犯；有损被指控人记忆力、理解力的措施，禁止使用）取得的供述，即使被指控人同意，也不允许使用。

《法国刑事诉讼法典》第 171 条规定："违背本法典的任何规定或有任何其他有关刑事诉讼程序规定的实质性诉讼行为，如果侵害了有利害关系的一方当事人的利益，均使其行为无效。"

日本宪法第 38 条第 2 款规定，出于强制、拷问或胁迫的自白，在经过不适当的长期扣留或拘禁后的自白，不得作为证据。《日本刑事诉讼法》第 319 条第 1 款规定，其他可以怀疑为并非出自自由意志的自白也不得作为证据。

《意大利刑事诉讼法典》第 64 条第 2 款规定："不得使用足以影响被讯问者自主回答能力或者改变其记忆和评价事实的能力的方法或技术进行讯问，即便被讯问者表示同意。"

《俄罗斯联邦刑事诉讼法典》第164条第4项规定："在实施侦察行为时不允许使用暴力、威胁和其他的非法措施，以及不允许对参加侦查行为的人构成生命和健康危险的行为。"

3. 论证意见

我国现行刑事诉讼法虽然在第43条规定："审判人员、检察人员、侦查人员必须依照法定程序，收集能够证实犯罪嫌疑人、被告人有罪或者无罪、犯罪情节轻重的各种证据。严禁刑讯逼供和以威胁、引诱、欺骗以及其他非法的方法收集证据。"但是并没有规定违反该条规定收集证据的法律后果。

我们设计的条文有两款，第1款："刑讯逼供取得的证据不得作为认定有罪的根据。"并非想解决对于所有非法取得的证据的排除问题，目的是想首先排除刑讯逼供的口供作为有罪证据使用。因为刑讯逼供自封建社会产生、蔓延以来，严重侵犯犯罪嫌疑人、被告人的合法权利，侵蚀着国家的司法制度，因而应当坚决遏制。刑讯逼供产生的直接原因是因为刑事诉讼法规定犯罪嫌疑人、被告人的供述是法定证据种类之一，而口供的取得相对于其他实物证据而言，成本较低。因而，侦查人员往往从口供入手侦破案件。要想遏制刑讯逼供必须从"源头"，即从动机上入手，否定以刑讯逼供获得的证据作为有罪证据的证据效力。而且，我们主张，不但通过刑讯逼供获得的口供应当排除，而且，以刑讯逼供获得的口供为线索而得到的二级证据也不得作为有罪证据使用。第2款："被告人及其辩护人认为证据是通过刑讯逼供取得的，检察机关否认的，应当以确实、充分的证据证明。"该款想要解决两个问题：一是刑讯逼供取得的证据的举证责任归属问题，该款将举证责任加给了检察机关；二是检察机关证明证据非刑讯逼供取得的证明标准问题，该款规定的证明标准是"确实、充分"。以此切实解决对于刑讯逼供获得的证据的排除问题，规范公安司法机关权力，实现对犯罪嫌疑人、被告人合法权益的维护。

（增加）第　条　被告人在公安机关、人民检察院的供述和辩解与人民法院审理时的供述和辩解不一致的，控方有义务证明审前讯问的合法性。如果检察机关未能证明审前讯问的合法性，不得以审前供述作为认定有罪的根据。

论证与论据：

现行刑事诉讼法没有对审前供述与庭审供述不一致时的处理作出规定。

根据北京市海淀区人民检察院的调查，其公诉实践中90％的案件，犯罪嫌疑人在审前认罪了，但是，在法庭上又翻供。其理由是：声称其在侦查、审查起诉阶段受到刑讯逼供，因而做了虚假供述。而控方又没有其他证据证明被告人有罪，法官也很难判断审前供述与法庭供述的真伪，就简单否定，或者根本置之不理，导致的结果是庭前程序成为诉讼的中心或重心，尤其是以侦查为中心，侦查过程中形成的供述成为定案的根据，而这里面确实有刑讯逼供的可能性存在，侵犯犯罪嫌疑人、被告人的合法权利，导致冤假错案。但是由于法律规定的欠缺，实践中一直没有符合公正要求的解决方案。致使在法院这个最能够"说理"的地方也解决不了问题。因此，我们认为，此次修改刑事诉讼法应当增加规定"被告人在公安机关、人民检察院的供述和辩解与人民法院审理时的供述不一致的，不得以审前供述作为认定有罪的根据"。

此外，基于对国家机关行使职权合法性的要求，应当让控方承担其讯问合法性的证明责任。但这种证明责任的承担方式不能像目前司法实践中的做法，由机关负责人出具一纸证明文书了事，而应当按照证明责任理论的基本要求，严格证明讯问的合法性。这样，一方面可以在一定程度上规范职权机关的行为，遏制刑讯逼供；另一方面也可以保证公安机关和检察机关在侦查、审查起诉阶段将证据收集得扎实一些，使其认识到审讯的重点是倾听辩解，而不是获取有罪供述，以保证案件的正确处理。

第四节　取保候审与羁押正当性

本节是关于审前羁押正当性的立法修改建议与论证。审前羁押是剥夺未决犯人身自由权的强制措施，与刑罚不同，审前羁押所针对的对象是犯罪嫌疑人与被告人，其适用目的主要是为保障刑事诉讼的顺利进行，而不具有惩罚性质，因而，对于审前羁押进行严格的限制尤为必要。1996年刑事诉讼法的修改对于这方面规定作了修改，但尚存在缺陷，因而，有必要参考国际刑事司法准则和若干法治发达国家的相关法律规定进一步完善。

我国刑事诉讼法所规定的强制措施体系中，取保候审、拘留、逮捕都与审前羁押的正当性有关。本部分以减少适用羁押措施，促进审前羁押的正当性为目标，主要对取保候审的适用条件与例外，拘留、逮捕的适用程序等法律规定进行分析，指出其缺陷，提出立法修改意见，并进行论证。

（刑事诉讼法第51条之修改）第 条 （取保候审的条件）人民法院、人民检察院和公安机关对于可能判处三年以下有期徒刑，在本辖区内有固定住处或稳定职业，或者属于邻里纠纷、亲属间犯罪且得到被害人谅解的犯罪嫌疑人、被告人，具有下列情形之一的，应当取保候审：

（一）初犯；

（二）过失犯罪；

（三）未满十八周岁或者已满七十周岁的人犯罪的；

（四）患有严重疾病的。

犯罪嫌疑人、被告人为正在怀孕、哺乳自己未满一周岁婴儿的妇女，公安机关、人民检察院、人民法院对其应当取保候审。

犯罪嫌疑人、被告人被拘留、逮捕的案件，不能在法定期限内办结，需要继续查证的，人民法院、人民检察院和公安机关对于犯罪嫌疑人、被告人可以取保候审。

人民法院、人民检察院和公安机关有证据证明犯罪嫌疑人、被告人具有下列情形之一的，不得取保候审：

（一）危害国家安全的犯罪；

（二）可能判处三年以上有期徒刑的暴力犯罪；

（三）累犯；

（四）有组织犯罪的主犯；

（五）在取保候审期间又故意犯罪，或者违反本法第五十六条关于被取保候审人应当遵守的规定的；

（六）有逃避、妨碍侦查、起诉、审判的重大嫌疑。

条文意旨：

本条是关于取保候审适用条件的规定。本条在三个层次上对取保候审的条件做了规定，其中，前两款是关于人民法院、人民检察院、公安机关应当或者可以适用取保候审情形的规定；第三款是关于人民法院、人民检察院、公安机关不得适用取保候审的规定。

本条关于取保候审条件的立法建议，目的在于减少羁押，提高取保候审的适用率。同时，也不至于因扩大取保候审的适用范围而现实地影响刑事诉讼的顺利进行，逐步实现"取保候审为原则，羁押为例外"的理想目标。

论证与论据：

1. 国际刑事司法准则的相关要求

《公民权利和政治权利国际公约》第 9 条第 3 款规定："等候审判的人受监禁不应作为一般规则，但可规定释放时应保证在司法程序的任何其他阶段出席审判，并在必要时报到听候执行判决。"联合国人权事务委员会在关于该条规定的"一般性评论"中明确指出："审前羁押应是一种例外，并尽可能的短暂。"①

《非拘禁措施最低限度标准规则》第 6.1 条规定："审前拘留应作为刑事诉讼程序的最后手段加以使用，并适当考虑对被指控犯法行为的调查和对社会及受害者的保护。"

《保护所有遭受任何形式拘留或监禁的人的原则》第 36、39 条规定："在调查和审判期间，只有在执法上确有必要时，才能根据法律具体规定的理由及其条件和程序对这种人进行逮捕和拘留。除法律规定的特别情形外，以刑事罪名被拘留的人有权利在审判期间按照法律规定的条件获释。除非司法当局或其他当局为了执法的利益而另有决定，这种当局应对拘留的必要性进行复审。"

《少年司法最低限度标准规则》第 13.1 条规定："审前拘留应仅作为万不得已的手段使用，而且时间应尽可能缩短。"

《保护被剥夺自由少年规则》第 2 条规定："只应根据本《规则》和《联合国少年司法最低限度标准规则》（《北京规则》）所规定原则和程序来剥夺少年的自由。剥夺少年的自由应作为最后的一种处置手段，时间应尽可能短，并只限于特殊情况。制裁的期限应由司法当局确定，同时不排除早日释放的可能性。"

《儿童权利公约》第 37 条第 2 款规定："不得非法或任意剥夺任何儿童自由。对儿童逮捕、拘留或监禁应符合法律规定并仅应作为最后手段，期限应为最短的适当时间。"

2005 年，联合国酷刑问题特别报告员诺瓦克应邀对我国进行了访问。在他的报告中，建议我国政府对非暴力犯罪、未成年人犯罪或不严重的罪行，扩大非羁押性措施的使用。

---

① CCPR General Comment No. 08：Right to liberty and security of persons (Art. 9)，30/06/82. http：//www. unhchr. ch/tbs/doc. nsf（2004－7－19）.

2. 若干法治发达国家有借鉴意义的规定

1976 年英国《保释法》第 4 条规定："（1）适用本条的人应被准予保释，但本法附件 1 规定的例外。（2）本条适用被指控有犯罪行为的人当其——（a）因犯罪行为被提起诉讼或相关诉讼的过程中，他在治安法院或刑事法院出庭或被带到庭，或（b）因相关诉讼他向法院申请保释。本款不适用于正在定罪或定罪之后的程序和对因犯罪而脱逃的潜逃犯提起的诉讼。（3）本条也适用于已被定罪，并根据《1973 年刑事法院权力法》第 6 条或第 16 条（违反缓刑或社区服务令的规定）在治安法院出庭接受处罚的人。（4）本条也适用于已被定罪，经法院决定延期审判，以协助法院处理其犯罪行为而进行可行调查或作出汇报的人。（5）适用本条的人，本法附件 1 中关于保释的规定对他同样有效。（6）本法附件 1 中的'被告人'，是指适用本条的人和根据上述第（4）款因调查或汇报其案件被延期审理的适用本条的人。（7）本条受《1952 年治安法院法》第 8 条（叛国罪案件由治安法院作保释限制）的限制。"该法附件 1《有权获得保释的人：补充规定》第 I 部分"被指控或被判决监禁罪的被告人"第 2 条规定："以下情况被告人无须被准予保释，如果法院确信有充足证据认定如果被告人被保释（无论是附条件或无条件），可能——（a）不自动归案，或干扰证人或其他妨碍司法的行为，无论涉及他自己或其他人。"第 3 条规定："被告人无须被准予保释，如果法院确信羁押被告人是为他自身的安全，或被告人是为儿童或青少年，羁押是为其自身利益。"第 4 条规定："被告人无须被准予保释，如果将被告人羁押是执行法院判决或是执行当局根据服役法作出的规定。"第 5 条规定："被告人无须被准予保释，如果法院确信自对被告人提起诉讼起，不可能在需要时间里为根据本附件本部分的规定作出的决定获取充足信息。"第 6 条规定："被告人无须被准予保释，如果被告人因犯罪行为已在被提起诉讼或与之相关程序的保释中具结释放，根据本法第 7 条他已被逮捕。"第 7 条规定："因调查或汇报案件被延期审理，法院认为如果被告人不羁押，则不可能完成调查或汇报，法院无须准予被告人保释。"第 II 部分"被指控或被判决非监禁罪的被告人"第 2 条规定："被告人无须被准予保释，如果——（a）法院认为，在刑事诉讼中曾被准予保释的被告人未履行自动归案义务；和（b）因被告人原先未自动归案，法院相信，如果被告人具结释放（无论是附条件或无条件）将不自动归案。"第 3 条规定："被告人无须被准予保释，如果法院确信羁押被告人是为他自身的安全，或被告人为儿童或青少年，羁押是为其自身利益。"第 4 条规定："被告人无须被准予保释，如果将被告人羁押是执行法院判决或是执行当局根据服役法作出的规定。"第 5 条规定："不必对该被告人准予保释，如果（a）被告人已经在该犯罪的诉讼或者相关诉讼中被保释，又根据本法第 7 条被逮捕；并且（b）法院确认有相当的理由相信，如果该被告人被保释（无论是否附带条件），他将不会自动到案，或者会在保释期内犯罪，或者会干扰证人，或者会以其他方式妨碍司法（无论是涉及他本人还是任何其他人）。"①

英国《1994 年刑事审判与公共秩序法》第 25 条规定："被告在被判定犯有杀人或强奸罪行后，又被指控或判定犯有该罪时，不得保释。"第 26 条规定："在保释期间被指控或判定犯罪的无权获得保释。"

《美国法典》第 3142 条第 5 款规定："法官在认定没有什么条件能够合理地保证被捕人按照要求出庭以及危及任何其他人和社会的安全时，应当命令在审判前将他羁押。"该法典第 3242 条 a 项规定："在审判前，当被指控犯罪的被告人被带到司法官员面前时，司法官员应当签发命令——基于被告人个人具结保证、或根据本条（b）项规定的无担保的付款保证书而释放；基于某项条件或者本条（c）项规定的组合条件而释放；允许撤销附条件的释放、驱逐出境，或拒绝根据本条（d）项的规定，而临时羁押；根据本条（e）项规定而羁押。"本条 b、c、d 项规定的释放的一般条件是："取决于被告人在审判前被释放将不会犯联邦或本地法律规定的罪行，除非司法官员不能合理地确信被告人不会按要求出庭，或者可能危及其他人或社区的安全。"具体条件包括："在指定人的监管之下、有工作或在积极寻找工作；正在参加一项教育项目；遵守个人团体、住所、旅行的具体规定；避免和指明的被害人、可能证明罪行的潜在证人的所有联系；定期向指定的法律执行机构、审前服务机构，或者其他机构报告；遵守规定的宵禁时间；没有拥有枪支、破坏性工具，或者其他危险武器；没有过度饮酒、在没有有证医疗机构所开具的处方时，不使用任何麻醉药物，或者其他受控物质；进行身体、心理、精神，包括毒品或酒精依赖，如果需要，可以待在指定机构，接受检查与治疗；如果没有出庭，则执行没收协议，没收充足的没有抵押的财产；执行有偿还能力的担保人的保释金；被释放后，在受雇、上学或者为其他有限目的，能够恢复被监管状态；符合其他合理必要确信被告人能够按照要求出庭

---

① 《2003 年刑事司法法》对《1976 年保释法》第 II 部分"被指控或被判决非监禁罪的被告人"第 5 条做了修改。这是修改后的条文。

以及不会危及其他人或社区安全的条件。"

《法国刑事诉讼法典》第 144 条规定："只有在先行拘押构成以下所指的惟一手段时，始得命令先行拘押或延长先行拘押期间。（1）为了保存证据或犯罪痕迹、线索，或者为了防止对证人或受害人施加压力，或者防止受审查人与共犯进行伪诈串供；（2）为了保护受审查人，确保有关的人能够随时听从法院的安排，终止犯罪或防止重新犯罪。除属于重罪案件或者当处之轻罪刑罚高于或等于 10 年监禁刑之情况外，这些理由不能作为延长先行拘押的证明。"

《德国刑事诉讼法典》第 112 条规定："（一）如果构成逮捕理由，对具有重大行为嫌疑的被指控人允许命令待审羁押。若与案件的重大程度和可能的刑罚、矫正及保安处分不相称的，不允许命令待审羁押。（二）根据一定的事实，（1）可以确定被指控人逃跑或者隐藏，分析案件情节，认为存在被指控人逃避刑事诉讼程序的危险（逃亡之虞），或者（2）被指控人的行为，使他具有下列行为重大嫌疑：（a）毁灭、变造、隐匿、压制或者伪造证据，或者（b）以不正当方式向共同被指控人、证人或者鉴定人施加影响，或者（c）让其他人去实施这类行为，并且由此将产生难以侦查事实真相的危险（调查真相困难之虞）时，即构成羁押理由。（三）对有《刑法典》第一百二十九条 a 第一款、第二百一十一、二百一十二条、第二百二十条 a 第一款第一项、第二百二十五条或者第三百零七条的犯罪行为重大嫌疑，或者在以行为伤害了他人身体或者生命的情况中有《刑法典》第三百一十一条第一至三款的犯罪行为重大嫌疑的被指控人，即使未构成第二款的逮捕理由，也允许命令待审羁押。"

《日本刑事诉讼法》第 89 条规定："经请求保释时，除下列情形外，应当准许：一、被告人所犯系相当于死刑、无期惩役或无期监禁以及最低刑期为 1 年以上的惩役或监禁的罪时；二、被告人曾因犯有相当于死刑、无期惩役或无期监禁以及最高刑期超过 10 年的惩役或监禁的罪而受到过有罪宣告时；三、被告人为惯犯而犯有相当于最高刑期为 3 年以上的惩役或监禁的罪时；四、有相当的理由足以怀疑被告人将隐灭罪证时；五、有相当的理由足以怀疑被告人将加害于被害人，或者他被认为于审理案件有必要知识的人，或以上的人的亲属的人身或财产，或者对以上的人实施威吓行为时；六、被告人的姓名或者住居不明时。"

《意大利刑事诉讼法典》第 273 条第 1 款规定："只有当存在重大的犯罪嫌疑时，才能对嫌疑人适用防范措施。"第 274 条规定："在下列情况下决定适用防范措施：① （1）必须进行有关的侦查活动，同时又存在可能妨碍调取证据或者有损于证据的真实性的具体危险；（2）被告人曾试图逃跑或者存在着逃跑的危险，同时法官认为他可能被判处两年以上有期徒刑；（3）根据犯罪的具体方式和情节以及被告人的人格，有理由认为被告人将使用武器、其他施加人身暴力的手段或者旨在侵犯宪制秩序的手段实施严重的犯罪，或者实施有组织犯罪或与被追究的犯罪相同的犯罪。"

《俄罗斯联邦刑事诉讼法典》第 97 条规定："1. 调查人员、侦查员、检察长及法院在其职权范围内有权对刑事被告人、犯罪嫌疑人选择本法典规定的一种强制处分，② 如果有足够的根据认为：（1）刑事被告人、犯罪嫌疑人躲避调查、侦查或审判。（2）刑事被告人、犯罪嫌疑人可能继续从事犯罪活动。（3）刑事被告人、犯罪嫌疑人可能威胁证人或刑事诉讼的其他参加人，毁灭证据或以其他方式妨碍刑事案件的进行。2. 为了保证刑事判决的执行也可以选择强制处分。"第 108 条第 1 项规定："羁押这一强制处分根据法院的决定对实施刑事法律规定的刑罚超过 2 年剥夺自由的犯罪，而且又不可能适用其他更宽缓的强制处分时对犯罪嫌疑人、刑事被告人适用。"

在现代各国刑事诉讼中，都存在剥夺人身自由和限制人身自由两种强制措施。然而，单就等候审讯或审判的强制措施而言，剥夺人身自由只是一种例外，即使是已经被逮捕的犯罪嫌疑人，也往往能够附条件地被释放，在基本自由的状态下等候审判和准备辩护。如在德国的前西德各州，2000 年全年只有 36000 人受到审前羁押，大约占刑事法院判决人数的 4％，如果不考虑违警罪，被审前羁押的嫌疑人比例大约是 6％。③ 英国自《1976 年保释法》实施以后，羁押候审的比例即大幅度下降，1990 年降至 10％，其后虽有一定程度的回升，但最高年份 2000 年也只有 14％。④ 日本法务省《平成十五年犯罪白皮书》显示，在 2003 年，日本各地检察机关处理的刑事案件（不含与交通有关的过失罪和违反道路交通规则的犯罪）中，犯罪嫌疑人的

---

① 根据《意大利刑事诉讼法典》第四编的规定，防范措施包括人身防范措施和对物的防范措施，其中人身防范措施包括预防性羁押。

② 根据《俄罗斯联邦刑事诉讼法典》第十三章的规定，强制处分包括羁押。

③ 参见［德］魏根特：《德国刑事诉讼程序》，岳礼玲、温小洁译，中国政法大学出版社 2004 年版，第 95 页。

④ 参见［英］麦高伟、威尔逊主编：《英国刑事司法程序》，姚永吉等译，法律出版社 2003 年版，第 110 页以下。

逮捕率仅占 32.3％，全体犯罪嫌疑人的羁押率则更低，不足 30.4％，[①] 与前一年度的逮捕率和羁押率基本相同。[②] 在美国，根据联邦司法部的统计，1996 年，在警察逮捕后被指控犯有联邦法上的罪行的 56982 人中，经法院批准羁押的仅占 34％，其他多数被告人均以个人具结或保释的形式被释放。[③]

3. 论证意见

本条规定是对刑事诉讼法第 51 条第 1 款的修改与补充。刑事诉讼法第 51 条第 1 款规定："人民法院、人民检察院和公安机关对于有下列情形之一的犯罪嫌疑人、被告人，可以取保候审或者监视居住：（一）可能判处管制、拘役或者独立适用附加刑的；（二）可能判处有期徒刑以上刑罚，采取取保候审、监视居住不致发生社会危险性的。"本条规定所存在的问题主要表现在以下两点：

其一，该条第一项所规定的取保候审的适用范围过窄，将取保候审仅限于轻微犯罪，成为导致取保候审适用率低的重要原因之一。实际上，根据广州大学人权研究中心的调查，实践中所出现的取保候审，很大程度上是在证据不足的情况下而不是因为其他原因而作出的。

其二，该条第二项规定所存在的问题主要有两个：一是"社会危险"的内涵太泛，导致适用取保候审的选择空间过大；二是如此从反面规定取保候审的适用条件，羁押当然不能成为不得已而采用的措施。这两个问题都影响了取保候审的适用。因为，一方面，在实践中，办案人员由于担心被取保候审人脱保，自己被追究责任，因而，其一般在没有风险（即不打算追究）的情况下，才采用取保候审，导致取保候审率低。另一方面，也存在对于某些严重犯罪，由于某些人情关系原因对不应当适用取保候审的犯罪嫌疑人、被告人适用了取保候审，导致脱保现象的发生。我国刑事诉讼法明确了取保候审的执行机关，也规定了执行机关的职责，相关司法解释和规范性文件也对取保候审的执行和监管问题作了一些规定，但从实际运作来看，对被取保候审的犯罪嫌疑人的监管流于形式，由于保证责任没有落到实处，同时缺乏相应的追究机制，被取保候审人脱保现象在一定程度上存在。据统计，2004—

---

① 参见日本法务省《平成十五年犯罪白皮书》，http：//www. moj. go. jp（2004－7－19）。

② 同上。

③ 参见 Federal Bureau of Statistics, Federal Pre-trial Release and Detention 1996，http：//www. usdoj. gov（2004－7－19）。

2005 年海淀区公安分局决定取保候审的案件中，17.9％的案件没有移送检察机关起诉，除去海淀分局自行撤销案件外，有 15％的案件系嫌疑人脱保导致案件无法起诉。2004—2006 年，海淀区检察院公诉一处受理的案件中，脱保的犯罪嫌疑人人数分别为 72 人、88 人和 69 人，各占该处本年取保候审人数的 8.1％、11.6％和 8.6％。但是，取保候审适用率低是我国刑事司法实践中的突出问题。根据江苏省有关的调研结果，"江苏省 2003、2004 年苏南、苏北、苏中三市两级法院的适用情况来看，两年间适用率最高的基层法院是苏北 B 县法院，其 2004 年取保候审的适用率为 46％。适用率最低的基层法院是苏南 C 市法院，其 2004 年取保候审的适用率为 7％。从取保候审案件的类型分析，基本上都是可能判处管制、拘役或者独立适用附加刑的轻罪案件，以及一审判决有期徒刑而羁押期已满刑期的二审在审案件。"①据统计，2004—2006 年，海淀区检察院公诉部门共受理侦查机关移送审查起诉的案件 12396 件 17414 人，取保候审 3550 人。其中，2004 年收案 3823件 5387 人，取保候审 1261 人，占全年收案人数的 23.4％，2005 年收案4423 件 6139 人，取保候审 1230 人，占全年收案人数的 20.0％，2006 年收案 4150 件 5888 人，取保候审 1059 人，占全年收案人数的 18.0％。根据统计数据可以看出，2004—2006 年，在海淀区检察院公诉部门受理的各类案件中，犯罪嫌疑人取保候审措施的适用率保持在 20％左右，并呈现逐年下降的趋势。这在一定程度上反映了我国刑事诉讼过程中取保候审适用率偏低的现实。

对此，学界已经存在不同的解决方案。其中比较有代表性的是有关刑事诉讼法修改的三个"一揽子"方案——陈光中：《中国刑事诉讼法修改专家建议稿》、陈卫东：《模范刑事诉讼法典》、徐静村：《中国刑事诉讼法（第二修正案）学者拟制稿及立法理由》中的观点。以下分别列举：

（1）《中国刑事诉讼法修改专家建议稿》中所拟刑事诉讼法第 98 条规定："人民法院、人民检察院和公安机关对于有下列情形之一的犯罪嫌疑人、被告人，可以取保候审：（一）可能判处管制、拘役或者独立适用附加刑的；（二）可能判处有期徒刑以上的刑罚，但采取取保候审不致发生社会危险的；（三）罪该逮捕但患有严重疾病的，或者是在怀孕、哺乳自己未满一岁的婴儿的妇女；（四）对被拘留的犯罪嫌疑人，经讯问审查，认为需要逮捕，但

---

① 参见茅仲华：《取保候审适用的困境与出路——以审判阶段取保候审适用为视角》，《法律适用》2006 年第 6 期。

因证据不足而未达到逮捕条件的；（五）不满十八周岁或者已满七十周岁的，但涉嫌罪行特别严重的除外；（六）已经一审判处管制或者拘役，或者宣告缓刑，或者独立适用附加刑的；（七）在二审期间，对被告人的羁押时间已经达到一审所判刑期的；（八）犯罪嫌疑人、被告人被拘留、逮捕的案件，不能在法定期限内办结，需要继续查证或者审理的。"第 99 条规定："人民法院、人民检察院和公安机关对于有下列情形之一的犯罪嫌疑人、被告人，不得取保候审：（一）可能判处死刑、无期徒刑的；（二）累犯、有组织犯罪的主犯；（三）以自伤、自残办法逃避侦查、起诉或者审判的；（四）在先前的取保候审期间实施故意犯罪，并且可能判处五年有期徒刑以上刑罚的；（五）已经被一审法院判处三年有期徒刑以上刑罚的。"

《模范刑事诉讼法典》第六章冠以"保释"，作者认为："保释制度是英美法国家长期实践形成的较为成功的羁押替代措施和权利保障制度……这一制度与我国现行的取保候审制度有许多相似之处，但两者在性质上却存在着根本的不同。保释的本质是一项权利，而我国取保候审是作为强制措施而存在的……降低羁押率的出路除了完善羁押制度之外，引进保释制度以建立各种羁押替代措施显然也是一条必经之路。引进保释制度对强化刑事诉讼制度保障人权的功能，贯彻无罪推定原则，实现保释为原则羁押为例外的目标，有积极的意义。"① 对于实践中出现的上述问题也提出了一些解决办法。《模范刑事诉讼法典》中所拟刑事诉讼法第 76 条规定："被拘捕或羁押的犯罪嫌疑人、被告人及其法定代理人、近亲属有权申请保释，拘捕或羁押的决定机关应当给予保释，但下列情形除外：犯罪嫌疑人、被告人可能逃避审判与追诉的；犯罪嫌疑人、被告人可能妨碍追诉的；犯罪嫌疑人、被告人可能再犯的。"

《中国刑事诉讼法（第二修正案）学者拟制稿及立法理由》中所拟刑事诉讼法第 59 条规定："公安机关、人民检察院、人民法院对于有下列情形之一的犯罪嫌疑人、被告人，可以决定取保候审：（一）可能判处管制、拘役或者独立适用附加刑的；（二）可能判处有期徒刑以上刑罚，采取取保候审不致发生社会危险性的；（三）患有严重疾病，不宜羁押的；（四）是正在怀孕、哺乳自己婴儿的妇女的；（五）具有本法规定的其他可以取保候审的情形的。"第 60 条规定："对涉嫌构成累犯，犯罪集团的主犯，涉嫌危害国家

---

① 陈卫东：《刑事诉讼法修改的航标——写在〈模范刑事诉讼法典〉之前》，载陈卫东主编：《模范刑事诉讼法典》，中国人民大学出版社 2005 年版，第 13 页。

安全的犯罪，涉嫌实施暴力犯罪的，以自伤、自残的方式逃避侦查、起诉、审判的犯罪嫌疑人、被告人以及涉嫌其他法定最低刑为三年以上有期徒刑的故意犯罪的犯罪嫌疑人、被告人，不得取保候审。"

针对学界上述观点，我们认为，其一，为实现"非羁押为原则，羁押为例外"的目标，通过完善取保候审制度也可以实现，而不一定要重建一种新的保释制度。并且，有关保释及其配套制度问题，目前学界的理论准备尚不充分，因而，我们不主张匆忙地引进保释制度，取代取保候审，而仍建议采用通过完善现有取保候审制度的方法解决实践中的问题。

其二，在立法方式上，法律只规定人民法院、人民检察院、公安机关"可以"取保候审与"不得"取保候审这两种情形还嫌不够。为扩大取保候审的适用率，还需要规定人民法院、人民检察院"应当"取保候审的情形。并且，对于人民法院、人民检察院、公安机关"不得"适用取保候审的情形，还应当有证据方面的要求，以约束人民法院、人民检察院、公安机关取保候审的权力。

我们所拟条文与刑事诉讼法第 51 条第 1 款的差异主要表现在以下两个方面：

一是立法方式的差异。本条第 3 款的规定在三个层次上分别明确规定了人民法院、人民检察院、公安机关"应当"取保候审、"可以"取保候审和"不得"取保候审的条件。而刑事诉讼法第 51 条在两个层次上，对于"可以"适用取保候审和"不得"适用取保候审的条件作出规定。

二是立法内容的差异。立法内容的差异主要表现在三个方面：其一，本条明确列举了人民法院、人民检察院、公安机关"应当"取保候审的五种情形，而刑事诉讼法第 51 条对此未有规定。其二，本条明确列举了人民法院、人民检察院和公安机关"可以"取保候审的情形，即犯罪嫌疑人、被告人被拘留、逮捕的案件，不能在法定期限内办结，需要继续查证的。而刑事诉讼法第 51 条第 1 款只明确列举了"可能判处管制、拘役或者独立适用附加刑的"情形。其三，本条规定对于人民法院、人民检察院和公安机关不适用取保候审的，要求"有证据证明"。而刑事诉讼法第 51 条对于不适用取保候审的"发生社会危险"的情形，并未对人民法院、人民检察院、公安机关有证据方面的要求。加之"社会危险"的内涵不甚明确，导致该项规定的模糊性。

我们认为，为了保证犯罪嫌疑人、被告人不逃避侦查、起诉、审判，保障刑事诉讼的顺利进行，审前羁押是必要的措施。但是，审前羁押作为一种剥夺犯罪嫌疑人、被告人人身自由权的强制措施，其所适用的对象是尚未被法院定罪的犯罪嫌疑人、被告人，因而，应当尽量减少其适用。所以，我们的立法建议从三个层次规定了取保候审的适用条件，既赋予人民法院、人民检察院、公安机关在适用取保候审方面一定的自由裁量权，明确规定"可以"适用取保候审的情形，又对于应当适用取保候审的情形作出明确规定。这样，从法律层面，将有助于提高取保候审在实践中的适用比率，改善目前"羁押为原则，取保为例外"的现状，从而有利于维护犯罪嫌疑人、被告人的合法权益。

当然，扩大取保候审的适用率，降低羁押率是个渐进的过程。我国目前尚处于社会转型时期，在城市化进程尚未完成，流动人口所占比重还比较大，暴力犯罪等严重犯罪的犯罪率还比较高的情况下，"取保为原则，羁押为例外"的理想目标不可能一蹴而就。取保候审的扩大适用不仅是个法律问题，也与社会形势息息相关。随着社会的发展，适用取保候审的实际比例才会逐渐提高。

（刑事诉讼法第 64 条第 2 款之修改）第　条　（通知家属）拘留后，除有碍侦查或者无法通知的情形以外，应当把拘留的原因和羁押的处所，在四小时以内通知被拘留人的家属或者他的所在单位。被拘留人可以自行通知其家属或者所在单位。

（刑事诉讼法第 65 条之修改）第　条　（讯问被拘留人）公安机关对于被拘留的人，应当在拘留后四小时以内讯问。在发现不应当拘留的时候，必须立即释放，发给释放证明。对需要逮捕而证据还不充足的，可以取保候审或者监视居住。

条文意旨：

这两个条文是关于公安机关、人民检察院拘留犯罪嫌疑人后通知其家属及讯问犯罪嫌疑人时间的修改。本条规定将这两个时间都大大提前。

这两条立法建议的目的在于使拘留机关拘留犯罪嫌疑人后，尽快通知其家属并讯问被拘留人，从而保障被拘留人及时与外界取得联系与及时行使辩解权，以尽量减少错误拘留给被拘留人及其家庭所造成的消极影响，有效维护其合法权益。

论证与论据：

1. 若干法治发达国家有借鉴意义的规定[①]

《法国刑事诉讼法典》第63—1条规定："受到拘留的人，应立即由一名司法警察警官，或者在该警官的监督下，由一名司法警察员告知他可以选择：作出声明、回答向其提出的问题，或者保持沉默。……除存在不可克服的情形外，调查人员最迟应当在当事人受到拘留后3小时向其告知。"第63—2条规定："任何人受到拘留，应其请求，均可在第63—1条规定的期限内用电话将其受到拘留之事由通知日常与其在一起生活的人，或者通知一位直系亲属或兄弟姐妹中的一人，或者通知其雇主。"

英国《1984年警察与刑事证据法》第56条规定："（1）如果某人已经被逮捕且正被羁押于警察局或其他场所，该人如果提出要求，他有权使他的一个朋友或亲属或其他认识的人或可能关注他权益的人尽快地被告知他已经被捕且被羁押在那里，除本条允许迟延外。"《〈1984年警察与刑事证据法〉守则C警察拘留、对待及询问当事人执行守则》第5.1条规定："被逮捕拘留在警察署或其他地点的人，一旦情况允许，可以（由政府开支）立即通知一位他认识的人或可能关心他利益的人的下落。如联系不到，可选择另外两人，如仍联系不到，则由负责拘留或调查的人员斟酌决定与谁联系直到他的消息被转达为止。"

2. 论证意见

本条是对刑事诉讼法第64条第2款和第65条的修改。刑事诉讼法第64条第2款规定："拘留后，除有碍侦查或者无法通知的情形以外，应当把拘留的原因和羁押的处所，在二十四小时以内，通知被拘留人的家属或者他的所在单位。"第64条第2款所导致的问题是，被拘留人的家属或者他的所在单位得知其拘留的时间过晚，影响了被拘留人及时与外界联系。

刑事诉讼法第65条规定："公安机关对于被拘留的人，应当在拘留后的二十四小时以内进行讯问。在发现不应当拘留的时候，必须立即释放，发给释放证明。对需要逮捕而证据还不充足的，可以取保候审或者监视居住。"

---

① 各国刑事诉讼法中有关强制措施的称谓有所不同。我国的拘留，作为公安机关、人民检察院在紧急情况下采取的一种剥夺被追诉人人身自由的强制措施，大致相当于国外的无证逮捕、暂时逮捕。因此，我们在此列举的若干法治发达国家有借鉴意义的规定，是关于无证逮捕、暂时逮捕方面的。

第 65 条规定所导致的问题是，被拘留人在被拘留后，被讯问的时间过晚，影响了其辩解权的及时行使。

这两个条文规定的缺陷都将不利于对被拘留人合法权益的及时保障。

此问题已经引起有些学者的注意，如陈卫东主编《模范刑事诉讼法典》中所拟刑事诉讼法修改建议条文第 55 条第 2 款规定："拘捕后应立即讯问，发现拘捕不当的，应立即释放。"① 我们认为，"立即讯问"的规定在期间上比较模糊，在实践中难以把握，应当规定一个准确的时间限制，以便于规范公安司法机关的拘留权，保障被拘留人的合法权益。

我们所拟条文与刑事诉讼法第 64 条第 2 款的差异在于，将通知被拘留人的家属或者他的所在单位的时间由 24 小时以内提前至 4 小时以内。我们所拟条文与刑事诉讼法第 65 条的差异在于，将拘留机关讯问被拘留人的时间由 24 小时以内提前至 4 小时以内。我们将这个时间规定为 4 小时的原因是，在我国各地目前普遍实行 8 小时工作制，而 4 小时恰好是半个工作日的时间。这样，我们所拟条文的规定大大缩短了拘留机关通知被拘留人家属及其单位的时间和讯问被拘留人的时间，从而将保障被拘留人及时与外界取得联系与及时行使辩护权，能够有效维护其合法权益。为防止拘留机关随意以"有碍侦查或者无法通知"为由不履行通知义务，建议稿增加了允许被拘留人自行通知其家属或者所在单位的规定。

（刑事诉讼法第 59 条之修改）第　　条　（决定逮捕）逮捕犯罪嫌疑人、被告人，必须经过人民法院决定，由公安机关执行。②

（刑事诉讼法第 69 条之修改、增补）第　　条　（公安机关提请逮捕程序）公安机关对被拘留的人，认为需要逮捕的，应当在拘留后的四十八小时以内，提请人民法院审查批准。在特殊情况下，提请审查批准的时间可以延长至七十二小时。

对于流窜作案、多次作案、结伙作案的重大嫌疑分子，提请审查批准的时间可以延长至九十六小时。

人民法院在作出逮捕决定以前，应当通知侦查人员、犯罪嫌疑人、被告

---

① 陈卫东主编：《模范刑事诉讼法典》，中国人民大学出版社 2005 年版，第 174 页。

② 也可考虑另一方案：公安机关立案侦查的案件，逮捕犯罪嫌疑人、被告人应当由人民检察院决定，由公安机关执行；人民检察院自侦案件，逮捕犯罪嫌疑人、被告人应当由人民法院决定，由公安机关执行。对人民检察院所作的逮捕决定不服的，可以向同级人民法院提出异议。

人及其辩护人到庭。侦查人员、犯罪嫌疑人、被告人及其辩护人有权提出证据、进行质证、辩论。

人民法院应当自接到公安机关提请批准逮捕书后的四十八小时以内，作出批准逮捕或者不批准逮捕的决定。在特殊情况下，可以延长至九十六小时以内作出决定。每次逮捕所持续的期间一般不超过一个月。

在侦查、起诉、审判过程中，逮捕所持续的最长期限根据案件性质不同，按以下情形分别处理：

（一）普通犯罪案件，逮捕的最长期间为三个月；

（二）流窜作案、集团犯罪案件、犯罪嫌疑人、被告人可能判处无期徒刑的案件，逮捕的最长期间为六个月；

（三）死刑案件，逮捕的最长期间为一年。

公安机关认为需要延长的，应当提请人民法院重新审查。人民法院审查延长逮捕期限申请，按照前款规定的程序进行。人民法院不批准逮捕的，公安机关应当在接到通知后立即释放，并且将执行情况及时通知人民法院。对于需要继续侦查，并且符合取保候审、监视居住条件的，依法取保候审或者监视居住。

（刑事诉讼法第 134 条之修改、增补）第　　条　　（检察机关提请逮捕程序）人民检察院对直接受理的案件中被拘留的人，认为需要逮捕的，应当在拘留后的四十八小时以内提请人民法院审查批准。在特殊情况下，提请逮捕的时间可以延长至七十二小时。

人民法院在作出逮捕决定以前，应当通知检察人员、犯罪嫌疑人、被告人及其辩护人到庭。检察人员、犯罪嫌疑人、被告人及其辩护人有权提出证据、进行质证、辩论。

人民法院应当自接到人民检察院提请批准逮捕书后的二十四小时以内，作出批准逮捕或者不批准逮捕的决定。每次逮捕所持续的期间一般不超过一个月。从立案之日起，逮捕所持续的最长期限根据案件性质不同，按以下情形分别对待：

（一）普通犯罪案件，逮捕的最长期间为三个月；

（二）流窜作案、集团犯罪案件、犯罪嫌疑人、被告人可能判处无期徒刑的案件，逮捕的最长期间为六个月；

（三）死刑案件，逮捕的最长期间为一年。

人民检察院认为需要延长逮捕期限的，应当提请人民法院重新审查。人民法院审查延长逮捕期限申请，按照前款规定的程序进行。人民法院不批准逮捕的，人民检察院应当在接到通知后立即释放，并且将执行情况及时通知人民法院。对于需要继续侦查，并且符合取保候审、监视居住条件的，依法取保候审或者监视居住。

条文意旨：

这三条是关于公安机关、人民检察院决定拘留犯罪嫌疑人和人民法院决定逮捕犯罪嫌疑人时的程序规定。在拘留方面，将拘留所持续的时间大大缩短。在逮捕方面，将逮捕权统一赋予人民法院，增设了逮捕前的听证程序，并根据各种不同犯罪案件的严重程度，分为普通犯罪案件，流窜作案、集团犯罪案件、犯罪嫌疑人、被告人可能判处无期徒刑的案件，死刑案件等三种情形，分别规定了逮捕所能够持续的总的期限。

这三条立法建议的目的在于通过缩短羁押被拘留人的时间、将逮捕决定权统一赋予人民法院（或者至少将人民检察院自侦案件的逮捕决定权转移至人民法院）、设立逮捕听证程序、规范逮捕所持续的时间等规定，保障对于被拘留人、被逮捕人人身自由权剥夺的正当性，维护其合法权益。

论证与论据：

1. 国际刑事司法准则的相关要求

《公民权利和政治权利国际公约》第9条第3款规定："任何因刑事指控被逮捕或拘禁的人，应被迅速带见审判官或其他经法律授权行使司法权力的官员，并有权在合理时间内受审判或释放。"

《保护所有遭受任何形式拘留或监禁的人的原则》第4条规定："任何形式的拘留或监禁以及影响到在任何形式拘留或监禁下的人的人权的一切措施，均应由司法当局或其他当局以命令为之，或受其有效控制。"①

2005年，联合国酷刑问题特别报告员诺瓦克应邀对我国进行了访问。在他的报告中，建议检察官批准逮捕的权力应当移交给法院。

2. 若干法治发达国家有借鉴意义的规定

《美国联邦刑事诉讼规则》第5条a规定："持根据控告签发的逮捕令执行逮捕的官员，或者未持逮捕令执行逮捕的其他人员，应当无必要延误地将被捕人解送至最近的联邦治安法官处。在联邦治安法官因正当理由不在的情

---

① 根据《保护所有遭受任何形式拘留或监禁的人的原则》中用语的解释，"司法当局或其他当局"一语是指根据法律其地位及任期能够最有力地保证其称职、公正和独立的司法当局或其他当局。

况下，解送至美国法典第十八编第 3041 条所授权的州和地方司法官员处。当被无证逮捕的人被解送至治安法官处时，应即刻向他提出控告，并同时说明第 4 条 a 规则所要求的合理根据。当被逮捕的人，不管是有证逮捕还是无证逮捕，或者是被送达传票的人，初次在治安法官前聆讯时，治安法官应按照本规则的有关规定进行诉讼。"

英国《1984 年警察与刑事证据法》第 43 条规定，如果警察经宣誓向法院提出将某人继续羁押的申请且该申请为一份犯罪报告书所支持，并且治安法院认为有合理的理由相信将他继续羁押是合适的，治安法院可以签发令状授权将他继续羁押在警察局，继续羁押申请涉及的人有权在听审时获得律师的帮助。第 43 条至 46 条规定，逮捕后、指控前，警察有权将嫌疑人羁押 36 小时，如果需要延长的，必须经过治安法院批准；提出指控后，由治安法院决定羁押或保释；已经决定交付刑事法院审判或者判刑的案件，由刑事法院决定羁押或保释。

《法国刑事诉讼法典》第 77 条规定："因调查之必要，司法警察警官得对存在一项或数项合乎情理的理由可以怀疑其实施了犯罪或犯罪未遂的任何人实行看管，以听处置，并且，自拘留一开始将此事由报告共和国检察官；受到拘留的人被扣留时间不得超过 24 小时。共和国检察官得在 24 小时未满之前将拘留期间最多延长 24 小时；只有事先已经将受拘留人解送与共和国检察官见面的情况下，才能延长拘留期间；但是，作为例外，在事先未解送受拘留人与共和国检察官见面的情况下，也可以说明理由的书面决定延长拘留时间，如随后的调查是在受理案件的共和国检察官管辖区以外进行，拘留期间得由此种措施执行地的共和国检察官同意延长之。依据受理案件的共和国检察官的指令，按照已经收集到的各种材料，有理由对其提起追诉的人经拘留后，或者予以释放，或者解送该检察官。"该法第 145 条第 1 款规定："预审法官做出裁定，旨在向负责处理释放与拘押事务的法官提出对受审查人实行拘押时，负责处理释放与拘押事务的法官应当传唤当事人到其面前，并按照本条之规定处理。当事人如已有律师，则由律师协助。"

《德国刑事诉讼法典》第 115 条规定："（一）根据逮捕令逮捕被指控人后，应当不迟延地向管辖案件的法官解交。（二）解交后，法官应不迟延地，至迟是在第二天对被指控人就指控事项予以讯问。（三）讯问时，法官应向被指控人告知对他不利的情况，告诉他有权对指控作出陈述或者对案件保持缄默。法官要给予被指控人消除嫌疑、逮捕理由以及提出对自己有利的事实的机会。"第 114 条第 1 款规定："决定待审羁押时，法官签发书面逮捕令。"

《日本刑事诉讼法》第 210 条规定："检察官、检察事务官或者司法警察职员，在有充分理由足以怀疑被疑人已犯有相当于死刑、无期惩役或无期监禁以及最高刑期为 3 年以上的惩役或监禁之罪的场合，由于情况紧急而来不及请求法官签发逮捕证时，可以在告知理由后逮捕被疑人。在此场合，应当立即办理请求法官签发逮捕证的手续。在不能签发逮捕证时，应当立即释放被疑人。"第 204 条规定："检察官依据逮捕证逮捕被疑人后，在告知其犯罪事实的要旨和可以选任辩护人的意旨，并给予辩解的机会后，如果认为有留置的必要时，应当在被疑人身体受到拘束后的 48 小时以内请求法院羁押被疑人，而且羁押请求的实施对象必须是已被逮捕的犯罪嫌疑人。"第 60 条规定，法院有相当的理由足以怀疑被告人有犯罪行为并符合法定情形时，可以羁押被告人。羁押期间，是自提起公诉之日起两个月。特别有必要继续羁押时，可以以附有具体理由的裁定，每隔一个月延长一次。但除符合于第 89 条第 1 项、第 3 项、第 4 项或者第 6 项规定的情形以外，延长以一次为限。第 208 条规定："依照前条的规定而羁押被疑人的案件，自提出羁押请求之日起 10 日以内没有提起公诉时，检察官应当立即释放嫌疑人。法官认为有不得已的事由时，依据检察官的请求，可以延长前款的期间。该期间的延长，总计不得超过 10 日。"

《意大利刑事诉讼法典》第 294 条规定："在初期侦查过程中，法官立即对处于预防性羁押状态的人进行讯问，在任何情况下应当在羁押开始执行时起的 5 日之内，除非执行遇到严重障碍。如果有关人员受到住地逮捕，讯问应当在 15 日内进行。在遇到严重障碍的情况下，法官可以发出附理由的命令，讯问期限自法官接到障碍消除的通知或者查明该障碍已消除之日起重新计算。"第 285 条第 1 款规定："在决定实行预防性羁押时，法官命令司法警官和警员对被告人实行拘捕并立即解送到看守所，使其处于司法机关的控制之下。"

《俄罗斯联邦刑事诉讼法典》第 94 条第 2 款规定："如果在拘捕犯罪嫌疑人之时起的 48 小时内未对他选择羁押作为强制处分，或者法院没有依照本法典第 108 条第 7 款第 3 项推迟作出延长拘留期的决定，则应释放犯罪嫌疑人。"第 92 条规定，在将犯罪嫌疑人押送到调查机关或送交侦查员、检察长以后，对犯罪嫌疑人应该依照本法典第 46 条第 2 款、第 189 条和第 190 条的要求进行询问。第 108 条第 4 款规定："要求选择羁押作为强制处分的申请，由审前调查地或犯罪嫌疑人拘捕地的区法院或同级军事法院的法官在收到材料后的 8 小时内独任审理，犯罪嫌疑人或刑事被告人、检察长应出庭，有辩护人参加刑事案件时，辩护人也应出庭。依照本法典第 91 条和第 92 条规定的程序拘捕的犯罪嫌疑人应押解到审判庭。未成年犯罪嫌疑人或刑事被告人的法定代理人、侦查员、调查人员也有权出庭。控辩双方当事人已经收到关于开庭时间的通知而无正当理由不到庭的，不妨碍羁押申请的审理，但刑事被告人不到庭的情况除外。"

3. 论证意见

我们所拟的这两个条文是对刑事诉讼法第 69 条和第 134 条规定的修改和增补。

刑事诉讼法第 69 条和第 134 条是关于公安机关、人民检察院拘留期间以及提请逮捕方面的规定。刑事诉讼法第 69 条规定："公安机关对被拘留的人，认为需要逮捕的，应当在拘留后的三日以内，提请人民检察院审查批准。在特殊情况下，提请审查批准的时间可以延长一日至四日。对于流窜作案、多次作案、结伙作案的重大嫌疑分子，提请审查批准的时间可以延长至三十日。人民检察院应当自接到公安机关提请批准逮捕书后的七日以内，作出批准逮捕或者不批准逮捕的决定。人民检察院不批准逮捕的，公安机关应当在接到通知后立即释放，并且将执行情况及时通知人民检察院。对于需要继续侦查，并且符合取保候审、监视居住条件的，依法取保候审或者监视居住。"刑事诉讼法第 134 条是关于人民检察院侦查的案件的拘留期间规定。刑事诉讼法第 134 条规定："人民检察院对直接受理的案件中被拘留的人，认为需要逮捕的，应当在十日以内作出决定。在特殊情况下，决定逮捕的时间可以延长一日至四日。对不需要逮捕的，应当立即释放；对于需要继续侦查，并且符合取保候审、监视居住条件的，依法取保候审或者监视居住。"

这三条规定所导致的问题主要体现在以下方面：

（1）拘留的期间过长。依据刑事诉讼法第 61 条的规定，在我国，拘留是一种在紧急情况下适用的强制措施，而拘留的期间持续至十几日、甚至几十日，显然不合理。

（2）拘留时间被非法延长现象屡见不鲜。刑事诉讼法对于公安机关、人民检察院作出延长拘留时间决定以前，并未规定应当听取犯罪嫌疑人及其辩护人的意见。在实践中引发的问题是，拘留时间被非法延长现象屡见不鲜。刑事诉讼法第 69 条规定："公安机关对被拘留的人，认为需要逮捕的，应当在拘留后的三日以内，提请人民检察院审查批准。在特殊情况下，提请审查批准的时间可以延长一日至四日。对于流窜作案、多次作案、结伙作案的重大嫌疑分子，提请审查批准的时间可以延长至三十日。"但实践中 30 日的拘留期限被广泛适用。有的地方对本地、偶然、单个犯罪嫌疑人延长至 30 日，将户口不在本地的外地人作案都不加区分地视为"流窜作案"的情况。据对某直辖市某城区看守所 2005 年 5 月间羁押场所 337 名离所人员档案进行调查分析，从延长拘留期限的具体理由看，以"流窜作案"为延长理由者占 46.9%，而外省籍犯罪嫌疑人拘留期限延长比例为 99.3%，其中 57.1%都援引"流窜作案"作为延长理由，可见户籍对拘留期限延长有较大影响。但最终被法院认定为犯罪者的占 13%，其余均为实施一起犯罪，可见警方认定的"流窜作案"嫌疑最终被查实的比例很低。但其中以"多次作案"为理由者 18 人，占 5.3%，但其中至少有 5 人作案次数为两次或者一次，并不属于法律解释中所指的"多次作案"。这里有的案件可能是侦查人员根据刑事或行政处罚记录（如其中有行政或刑事处罚记录者 1 人）或者此次查获的犯罪性质（如收购赃物或者贩卖毒品）推测犯罪嫌疑人曾多次作案。即便如此，根据有的案件事实，适用"多次作案"为延长拘留期限理由的依据也很难成立。以"结伙作案"为理由者 119 人，占 35.3%，但其中至少 10 人属于单独作案，并非结伙作案。另外，在有些情况下，"结伙作案"的含义需要进一步界定，如在一起窝赃案件中，犯罪嫌疑人单独实施的窝赃行为，却被认定为"结伙作案"。以"案情复杂"为由，拘留期限延长至 7 天者为 6.5%，"案情复杂"是公安机关"制造"的刑事诉讼法第 69 条"特殊情况"的演绎品，成为本市籍嫌疑人延长拘留期限的出口。其余人员延长理由不详。[①] 据另外调查，"有的检察人员在审查批捕工作中发现，侦查机关在 7 日内提请批准逮捕的一例都没有"。[②]

　　（3）逮捕决定的公正性难以保证。由于犯罪嫌疑人、被告人在逮捕决定作出前没有发言权，逮捕仅由司法机关决定，导致实践中逮捕率高、错捕率高。历年最高人民检察院工作报告显示我国逮捕率很高。1998—2002 年五年间，全国检察机关共批准逮捕各类刑事犯罪嫌疑人 3601357 人，比前五年上升 24.5%，逮捕率为 98.23%。其中，2001 年，全国检察机关批准逮捕犯罪嫌疑人 82 万名，逮捕率约为 100.61%。2003 年，全国检察机关共批准逮捕各类刑事犯罪嫌疑人 764776 人，逮捕率约为 93.35%。2004 年全国检

---

　　① 侯晓焱、刘秀仿：《关于刑事拘留期限延长的实证分析——兼谈刑事诉讼法第六十九条的适用与完善》，《人民检察》2005 年第 11 期。

　　② 陈永生：《我国未决羁押的困境和出路》，载樊崇义主编：《刑事审前程序改革与展望》，中国人民公安大学出版社 2005 年版，第 96 页。

察机关共对公安、国家安全等机关侦查的犯罪嫌疑人批准逮捕 811102 人，逮捕率约为 93.53％。2005 年上半年，全国检察机关共批准逮捕刑事犯罪嫌疑人 404115 人，逮捕率约为 99.08％。从近年的情况来看，逮捕率均在 93.35％ 以上，2001 年的逮捕率竟超过 100％。而从近三年的数字来看，提起公诉的犯罪嫌疑人中逮捕率仍然呈现出不断上升的趋势。同时，错捕率也很高，每年被逮捕的犯罪嫌疑人人数都大大超过了判处徒刑刑罚人数。如 2003 年全国法院审理刑事案件被告人判决生效 747096 人，判处徒刑以上刑罚共计 516553 人，而同年检察机关批准逮捕的仅刑事犯罪嫌疑人即达 764776 人，由此，超过 25 万人被逮捕而未判处徒刑以上刑罚。而有的检察机关将逮捕变更为取保候审，不了了之，规避了国家赔偿责任，导致这些被逮捕的犯罪嫌疑人、被告人不能依法提起国家赔偿之诉，获得赔偿。

（4）"以捕代侦"、超期羁押现象严重。逮捕是剥夺犯罪嫌疑人、被告人人身自由的强制措施，而目前逮捕由作为侦控机关的人民检察院决定，缺少中立机关的审查，侦控机关往往将逮捕作为进一步侦查的手段，出现"以捕代侦"现象，侦控权膨胀，刑讯逼供、超期羁押等侵犯被追诉人人权现象屡禁不绝，严重侵犯犯罪嫌疑人、被告人合法权利。超期羁押的普遍性与严重性，使得近几年来人民检察院、人民法院的工作重心之一都是关于清理超期羁押。如 2003 年，最高人民法院、最高人民检察院、公安部再次发文开展专项清理"超期羁押"活动，11 月 12 日，最高人民法院、最高人民检察院、公安部联合发布了《关于严格执行刑事诉讼法，切实纠防超期羁押的通知》。最高人民检察院 11 月 25 日推出预防和纠正超期羁押的八项规定，以防止、纠正检察工作中存在的超期羁押现象反弹。最高人民法院 12 月 1 日发布《关于推行十项制度，切实防止产生新的超期羁押的通知》。

有些学者已经注意到上述问题。

例如，对于拘留时间过长问题，《中国刑事诉讼法修改专家建议稿》[①]中所拟刑事诉讼法第 124 条第 2 款规定："对于流窜作案、多次作案、结伙作案的重大嫌疑分子，经同级人民检察院许可，公安机关提请审查批准逮捕的时间可以延长至十四日。"

关于逮捕前犯罪嫌疑人的参与权与逮捕公正性的保障方面，《中国刑事诉讼法修改专家建议稿》[②]中所拟刑事诉讼法第 125 条规定："人民检察院

---

① 陈光中：《中国刑事诉讼法修改专家建议稿》，中国法制出版社 2006 年版。
② 同上。

在审查批准逮捕过程中，必须讯问犯罪嫌疑人，听取其法定代理人的意见；如果犯罪嫌疑人已经聘请了辩护律师，应当听取其辩护律师的意见。"因为"这是保护被拘留人合法权益、防止错误批准逮捕的现实需要。最近几年各地检察机关已经根据最高人民检察院的要求，在审查批准逮捕未成年人的案件中试行了'听审'程序，实践证明这一做法对于办案机关和犯罪嫌疑人都有利，有必要通过法律加以确认，并且扩大到所有的审查批捕程序中"。①

关于逮捕的权属问题，目前学界主要有以下几种观点：

第一种观点认为，逮捕由人民检察院批准或者决定，被逮捕人及其法定代理人或者近亲属不服人民检察院逮捕决定的，可以向决定或者批准逮捕的人民检察院同级的人民法院提出申诉。如《中国刑事诉讼法修改专家建议稿》所拟刑事诉讼法第 129 条规定："被逮捕人及其法定代理人或者近亲属不服人民检察院逮捕决定的，可以向决定或者批准逮捕的人民检察院同级的人民法院提出申诉。"②

第二种观点认为，公安机关要求逮捕犯罪嫌疑人的时候，应当写出提请批准逮捕书，连同案卷材料、证据，一并移送同级人民检察院审查批准。人民检察院要求逮捕犯罪嫌疑人的时候，应当写出提请批准逮捕书，连同案卷材料、证据，一并移送同级人民法院审查批准。③

第三种观点认为，应当取消人民检察院的逮捕批准决定权，改由人民法院行使。其理由是："这种改革方案能比较有效地根除逮捕实践中的各种弊端，符合国际刑事诉讼立法趋势。"④

我们所拟的这两个条文，前一条是对刑事诉讼法第 69 条规定的修改与增补。其与刑事诉讼法第 69 条规定的差异主要体现在以下几点：

其一，缩短了拘留时间。将公安机关对被拘留的人提请人民检察院逮捕的时间由拘留后的 3 日以内缩短至 48 小时以内。将在特殊情况下，提请审查批准可以延长的时间由 1—4 日缩短至 72 小时以内。将对于流窜作案、多次作案、结伙作案的重大嫌疑分子，提请审查批捕可以延长的时间由 30 日缩短至 96 小时。将人民检察院直接受理的案件中，对被拘留作出逮捕决定的时间由 10 日缩短至 48 小时。将特殊情况下，决定逮捕的时间由可以延长

---

①　陈光中：《中国刑事诉讼法修改专家建议稿》，中国法制出版社 2006 年版，第 384 页。

②　同上。

③　参见谢佑平：《论刑事诉讼中的强制措施》，《政法学刊》1996 年第 1 期。

④　郝银钟：《论批捕权与司法公正》，《中国人民大学学报》1998 年第 6 期。

1—4 日缩短至 72 小时以内。

其二，取消人民检察院的批捕权，将逮捕的决定权统一赋予人民法院行使。同时，考虑到现行宪法第 37 条规定"任何公民，非经人民检察院批准或者决定或者人民法院决定，并由公安机关执行，不受逮捕。"取消人民检察院的批捕权，意味着要对宪法进行修改，其难度较大，因此，我们设计了第二方案，即至少将人民检察院自侦案件的批捕权转移至人民法院，改变目前人民检察院自侦自捕、缺乏外部制约的现状。

其三，缩短了对提请批准逮捕做出决定需要的审查时限。刑事诉讼法第 69 条第 3 款规定，人民检察院应当自接到公安机关提请批准逮捕书后的七日以内，作出批准逮捕或者不批准逮捕的决定。比照有关刑事司法的国际标准，作出批准逮捕与否的决定用时偏长，我们设计了一个较短的审查时限，即："人民法院应当自接到公安机关提请批准逮捕书后的 48 小时以内，作出批准逮捕或者不批准逮捕的决定，特殊情况下可以延长至 96 小时以内作出决定。"这一建议也有一定的现实可行性。2006 年 12 月 28 日最高人民检察院根据刑事诉讼法的有关规定，结合检察工作实际，出台了《关于依法快速办理轻微刑事案件的意见》。2007 年 12 月，北京市人民检察院、北京市高级人民法院、北京市公安局联合出台了《关于快速办理犯罪嫌疑人、被告人认罪的轻微刑事案件的意见》。据此，对于符合特定条件的案件，检察机关应该在 3 日内作出是否批准逮捕的决定。从北京市海淀区检察院实施上述文件的情况看，相当比例的案件能够达到快速审查批捕的要求，有的案件使用了比 3 天还短的时间就完成了批准逮捕工作。

其四，增加了逮捕听证程序的规定。人民法院在作出逮捕决定以前，应当通知侦查人员、犯罪嫌疑人、被告人及其辩护人到庭。侦查人员、犯罪嫌疑人、被告人及其辩护人有权提出证据、进行质证、辩论。

其五，增加了对于人民法院每次决定逮捕的期限规定以及延长逮捕期限延长的重新申请、审查的规定。每次逮捕持续的期间一般不超过 1 个月，并根据案件性质的差异，分三个层次规定了逮捕所能够持续的最长期限。公安机关认为需要延长的，应当提请人民法院重新审查。人民法院审查延长逮捕期限申请，按照前款规定的程序进行。

我们所拟条文的理由主要包括以下几个方面：

其一，我们建议将拘留的时间大幅度缩短，符合拘留的紧急性特征，也与拘留的诉讼保障之性质相适应，有利于维护被拘留人的合法权益。

其二，我们将逮捕的决定权统一赋予人民法院，是因为按照联合国刑事司法准则的要求，羁押应当由"根据法律其地位及任期能够最有力地保证其称职、公正和独立的司法当局或其他当局"决定，并且，现代法治发达国家的立法经验也表明由法院决定羁押，才能保证羁押的公正性。而在我国，人民检察院是公诉机关，作为控诉一方，由其承担批准逮捕的职责，显然难以保证逮捕的公正性。部分转移人民检察院批捕权的第二方案，主要是考虑到修宪难度较大的现实情况。

其三，虽然刑事诉讼法第72条规定："人民法院、人民检察院对于各自决定逮捕的人，公安机关对于经人民检察院批准逮捕的人，都必须在逮捕后的二十四小时以内进行讯问。在发现不应当逮捕的时候，必须立即释放，发给释放证明。"但是，毕竟"预防胜于救济"。为了防止错捕的发生，避免给犯罪嫌疑人、被告人造成不应有的损失，我们认为，人民法院作出逮捕决定前应当有一个由法官主持，侦查人员、检察人员、犯罪嫌疑人、被告人及其辩护人参加的听证程序，以保证逮捕适用的公正性。

当然，在我国，人民检察院是宪法所规定的法律监督机关。宪法第37条明确规定："中华人民共和国公民的人身自由不受侵犯。任何公民，非经人民检察院批准或者决定或者人民法院决定，并由公安机关执行，不受逮捕。"可见，批捕权是人民检察院所享有的一项宪法性权力。因而，我们关于取消人民检察院的批捕权，将逮捕的决定权统一赋予人民法院行使的修改方案，目前看来是具有一定理想色彩的，其可行性还有待于将来宪法相关内容的修改。

（增加）第　条　（被逮捕人及其法定代理人或者近亲属对于逮捕的救济措施）被逮捕人及其法定代理人或者近亲属对人民法院逮捕决定不服的，有权向上一级人民法院申诉。上一级人民法院应当听取人民检察院、被逮捕人及其法定代理人、辩护人的意见；必要时，可以通知证人出庭，并在十日以内作出处理决定。

条文意旨：

本条是关于逮捕的事后救济措施的规定，赋予被逮捕人及其法定代理人或者近亲属对人民法院逮捕决定不服，向上一级人民法院申诉的权利。同时，对于上一级人民法院处理申诉的期间作了限制。

本条立法建议的目的在于保障被逮捕人的人身自由权在受到非法剥夺后，能够得到及时纠正。

论证与论据：

1. 国际刑事司法准则的相关要求

《公民权利和政治权利国际公约》第 9 条第 4 款规定："任何因逮捕或拘禁被剥夺自由的人，有资格向法庭提起诉讼，以便法庭能不拖延地决定拘禁他是否合法以及如果拘禁不合法时命令予以释放。"

《保护所有遭受任何形式拘留或监禁的人的原则》第 30 条规定："1. 被拘留人或被监禁人在拘留或监禁期间构成违纪行为的类型，可以施加的惩戒方式和期限，以及有权施加惩罚的当局，应以法律或合法条例加以规定，并正式公布。2. 在采取惩戒行动以前，被拘留或被监禁人应有权陈述意见，并有权就该行动向上级当局提出复审。"第 33 条第 4 款规定："每一项请求或指控应得到迅速处理和答复，不得有不当稽延。如果请求或指控被驳回，或有不当稽延情事，指控人应有权提交司法当局或其他当局。无论被拘留人或被监禁人还是本原则第 1 段所指的任何指控人都不得因提出请求或指控而受到不利影响。"

2. 若干法治发达国家有借鉴意义的规定

《法国刑事诉讼法典》第 186 条规定，对于关于预审法官或负责处理释放与拘押事务的法官的裁定与决定向上诉法院提起上诉的权利属于受审查人。

《德国刑事诉讼法典》第 304 条第 1 款规定："对法院在第一审或者上告审程序中作出的所有裁定、裁判，对审判长、法官在侦查程序中作出的决定、命令，以及对受命、受托法官作出的决定、命令，不服时准许提起抗告，以法律未明确规定对这些裁定、裁判、决定和命令不得要求撤销、变更为限。"

《日本刑事诉讼法》第 429 条规定："在法官作出下列裁判时，对裁判不服的人，简易法院法官所作出的裁判可以向管辖地方法院，对其他法官所作出的裁判可以向该法官所属的法院，请求撤销或者变更该项裁定：一、驳回申请回避的裁判；二、关于羁押、保释、扣押或者返还扣押物的裁判……"

《意大利刑事诉讼法典》第 309 条规定："1. 自执行或送达有关决定之时起的 10 日以内，被告人可以要求对决定某一强制措施的裁定进行复查，除非上述裁定是在公诉人上诉后发布的。2. 对于在逃的被告人，上述期限自根据第 165 条的规定执行送达之日起算。但是，如果后来有关措施得到执行，在被告人证明自己未及时了解该决定的情况下，上述期限自执行之时起计算。3. 自送达有关裁定的储存通知之时起的 10 日以内，被告人的辩护人可以提出复查的要求。4. 复查的要求向第 7 款提到的法院的文书室提出，并遵循第 582 条的程序。5. 上诉法院的院长负责立即向主管司法机关实行通知，该机关在第二天之内将依照第 291 条第 1 款提出的文书转递给法院。……8. 该法院依照第 127 条规定的程序在合议室进行复查。确定的讨论日期应当至少提前 3 日通知公诉人并向被告人及其辩护人送达通知。有关文书储存在法院的文书室，直至讨论之日。9. 自接到有关文书后的 10 日内，如果法院不应当宣布复查要求不可接受，则撤销、修改或者确认受到复查的裁定，它在作出决定时也可以采纳当事人在讨论期间提交的材料。法院也可以因其他未在要求中列举的原因撤销受到复查的决定，作出有利于被告人的修改，可以根据在有关决定中未列举的理由确认受到复查的决定。10. 如果在规定的期限内未就复查要求作出决定，决定适用有关强制措施的裁定立即丧失效力。"第 310 条第 1、4 款规定，除第 309 条第 1 款规定的情况外，公诉人、被告人及其辩护人可以针对关于人身强制措施问题的裁定提出上诉，并说明相关的理由。法院自收到有关文书之日起 20 日内作出裁定。第 311 条第 1、2 款规定，针对根据第 309 条和第 310 条的规定而作出的决定，自通知之时起或者自送达储存通知之日起的 10 日内，公诉人、被告人及其辩护人可以向最高法院提出上诉。最高法院在收到有关文书后的 30 日内作出决定。

《俄罗斯联邦刑事诉讼法典》第 381 条第 1 款规定："第二上诉审法院撤销或变更法院裁判的根据是发生违反刑事诉讼法的行为，通过剥夺或限制本法典规定的刑事诉讼参加人的权利、不遵守诉讼程序或其他途径影响了或可能影响作出合法的、根据充分的和公正的刑事判决。"

3. 论证意见

本条是我们新增加的条文。刑事诉讼法并未明确规定逮捕的事后司法救济途径，这也是导致逮捕率高、错捕率高、以捕代侦现象严重的重要原因之一。

有的学者也已经注意到这一问题的严重性，并提出了解决方案。如陈卫东主编的《模范刑事诉讼法典》所拟刑事诉讼法修改建议条文第 70 条规定："被羁押人及其家属、律师或者其他法定代表人，如对羁押决定不服，可向上一级人民法院申诉。受理申诉的人民法院应当立即复查，并在三日内作出复查裁定。"

我们认为，在我国，逮捕是一种剥夺犯罪嫌疑人、被告人人身自由权的最严厉的未决羁押措施，其适用是否具有正当性直接影响被逮捕人的基本权利。因而，应当赋予被逮捕人及其法定代理人、近亲属不服人民法院逮捕决定时向上一级人民法院提起申诉，要求重新处理的权利。同时，我们也对申诉处理的程序要求作出规定，即上一级人民法院应当听取人民检察院、被逮捕人及其法定代理人、辩护人的意见；必要时，可以通知证人出庭。可见，上一级人民法院对于申诉的处理实际上也是一种听证方式，而不能实行书面审理。并且，为使这种救济途径能够切实、及时发挥作用，我们还明确规定了上一级人民法院应当在 10 日以内作出处理决定。

第五节　起诉裁量权

起诉裁量权是指检察机关在审查起诉时根据案件的具体情况依法裁量对犯罪嫌疑人是否起诉的决定权。它主要包括对犯罪嫌疑人提起公诉、不起诉、暂缓起诉以及组织刑事和解的权力。

我国现行刑事诉讼法在规定检察机关起诉裁量权时仅仅规定了"酌定不起诉"和"存疑不起诉"两种形式，没有像法治发达国家那样规定"暂缓起诉"、"控辩协商"等相关内容，且"酌定不起诉"的适用范围也过于狭窄，诉讼效率原则和"宽严相济"的刑事政策没有得到很好的体现。因此，基于公共利益的需要和提高诉讼效率的考虑，我们认为，对我国现行刑事诉讼法规定的起诉裁量权有必要进行修改，以期使检察机关起诉裁量权应有的功能得到充分发挥，并能达到恢复法治秩序和构建和谐社会的目的。

设立暂缓起诉制度，在我国有较为坚实的民意基础。根据广州大学人权研究中心针对司法实务人员和普通民众的问卷调查，赞成该制度的警察有 53.46%，检察官有 67.94%，法官有 55.22%，律师有 66.82%，普通公民有 67.36%。[1]

本部分内容在现行刑事诉讼法规定的基础上适当扩大了人民检察院起诉裁量权，增设了暂缓起诉制度、刑事和解制度，旨在充分尊重当事人的诉讼主体地位的基础上，使轻罪和重罪案件得以合理分流，充分体现"宽严相

---

[1]　中国刑事诉讼法修订与人权保护项目课题组编：《刑事诉讼中若干权利问题立法建议与论证》，中国民主法制出版社 2007 年版，第 162 页。

济"的刑事政策，提高诉讼效率，维护社会的和谐。

（刑事诉讼法第 142 条之修改）第　条　（起诉裁量权）有下列情形之一的，人民检察院可以作出不起诉决定：

（一）依照刑法规定不需要判处刑罚的；

（二）依照刑法规定免除刑罚的；

（三）犯罪嫌疑人犯有数罪，其中一罪或者数罪已经为生效裁判判处十年以上有期徒刑，人民检察院认为对其他可能判处三年以下有期徒刑、拘役、管制或者单处罚金的罪行进行起诉，依照刑法规定进行数罪并罚，对于应当执行的刑罚没有影响的。

人民检察院根据前款规定决定不起诉后，除非发现不符合前款条件，不得撤销不起诉决定、提起公诉。

条文意旨：

本条是对人民检察院起诉裁量权的规定。该建议删除了裁量不起诉原规定中的"犯罪情节轻微"，增加了裁量不起诉的第三种情形，同时规定了裁量不起诉的效力，即"在没有新的事实或者新的证据时，不得撤销不起诉决定、提起公诉"。人民检察院从公共利益的立场出发，或者从"宽严相济"的刑事政策考虑，认为对犯罪嫌疑人不起诉更符合公共利益的，或者无追诉必要的，有权裁量作出不起诉的决定，对一些涉嫌轻罪的犯罪嫌疑人采取除罪化的处理。

本条规定的人民检察院不起诉裁量权不同于存在起诉必要而适用暂缓起诉，也不同于提起公诉后而被判决的缓刑。不起诉裁量权作出的不起诉属于检察机关的公权力，无需像暂缓起诉决定程序那样应当征得被害人的同意，听取被害人及其法定代理人、辩护人、诉讼代理人的意见符合程序公正的基本要求。同时，不起诉裁量权属于一种程序性权利，与缓刑的实体判决性质不同。

论证与论据：

1. 国际刑事司法准则的相关要求

《关于检察官作用的准则》第 17 条规定："有些国家规定检察官拥有酌处职能，在这些国家中，法律或已公布的法规或条例应规定一些准则，增进在检控过程中作出裁决，包括起诉或免于起诉的裁决的公正和连贯性。"

2. 法治发达国家有借鉴意义的规定

《德国刑事诉讼法典》第153条规定："（一）程序处理轻罪的时候，如果行为人责任轻微，不存在追究责任的公共利益的，经负责开始审判程序的法院同意，检察院可以不予追究。对于尚未受到最低刑罚威胁，行为所造成后果显著轻微的罪决定不予起诉时，无需法院同意。（二）已经提起公诉时，在前款先决条件下，经检察院、被诉人同意法院可以在程序的任何一个阶段停止程序。"

《俄罗斯联邦刑事诉讼法典》第25条规定："对涉嫌实施或被指控实施轻罪或中等严重犯罪的人，在《俄罗斯联邦刑法典》第76条规定的情况下，如果该人与被害人和解并弥补对被害人造成的损害，法院、检察长以及侦查员和调查人员经检察长同意，有权根据被害人或其法定代理人的申请终止对之提起的刑事案件。"

《日本刑事诉讼法》第248条规定："根据犯人的性格、年龄及境遇、犯罪的轻重及情节和犯罪后的状况，没有必要追诉的，可以不提起公诉。"

3. 论证意见

自21世纪以来，刑罚目的重心逐渐从一般预防向特殊预防转移，"有罪必罚"的观念不断更新，检察机关在审查起诉期间对犯罪嫌疑人的起诉裁量权也随之扩大，起诉裁量权分流案件和提高诉讼效率的功能日趋明显，对轻罪的处理不断地向非犯罪化的方向发展。刑事诉讼法如何很好地发挥起诉裁量权分流案件的功能，并通过消极的起诉裁量权（不起诉权）的行使得以实现这一目标已经成为我国刑事诉讼法修改面临的重要课题之一。

在英美法国家，由于奉行当事人主义，坚持起诉便宜主义原则，检察官对案件享有广泛的起诉裁量权，其不起诉权与起诉权相比限制较少。在大陆法国家，由于实行起诉法定主义，坚持诉讼职权主义原则，检察官对案件的起诉权与不起诉权与英美法国家相比，其待遇不同，起诉裁量权受到约束，特别是不起诉权受到的限制更多。近年来，大陆法国家改变了传统的做法，特别是20世纪以来，不断扩大检察官对案件的起诉裁量权，特别是不起诉权，"今天的检察机构似乎更是一个'不起诉'机构，而非一个起诉机构"。[①]"随着时代的发展，刑事诉讼法中的起诉法定原则被大量判例所突破……就是将原则—例外关系反转过来，因为当前出于权衡原因而终止程序

---

① 陈光中、[德] 阿尔布莱希特主编：《中德不起诉制度比较研究》，中国检察出版社2002年版，第174页。

的占绝大部分，检察院也因而在刑事诉讼程序中起着决定作用"。① 但是，我国现行刑事诉讼法没有完全顺应这一潮流，不仅在适用范围上对检察机关的不起诉裁量权予以严格限制，而且在司法实践中检察机关自身对其不起诉的适用数量也作出严格控制，致使检察机关的不起诉权名存实亡，造成全部审查起诉案件的不起诉率不到 5％。② 其结果是检察机关的起诉裁量权几乎演变成"有罪必诉"的提起公诉权，这与法治发达国家的经验和我国构建和谐社会的目标不一致。2006 年 12 月 28 日，最高人民检察院发布《关于在检察工作中贯彻宽严相济刑事司法政策的若干意见》，要求在办理刑事案件时，检察机关要充分考虑起诉的必要性，可诉可不诉的不诉。因此，有必要对我国刑事诉讼法相关的规定进行修改，适当扩大检察机关的不起诉裁量权。北京市海淀区人民检察院的调研报告显示，61％的被访者支持扩大酌定不起诉的范围。

检察机关不起诉裁量权的适用应当坚持两个标准：一是坚持公共利益的政策标准。所谓公共利益的政策标准是指追诉犯罪在存在各种利益的紧张关系时，检察机关应当优先考虑公共利益。特别是对严重犯罪的追诉与轻微犯罪的追诉有关司法资源的考虑以及特殊预防的斟酌，以公共利益作为判断标准更为重要。因为从重罪到轻罪，一般来说起诉的必要性是递减的，对于犯罪嫌疑人是否能够减到不起诉应当考虑涉及案件的多种因素，其公共利益则应当是主要的考虑指标。因素的考虑可以参照美国华盛顿州的法律规定检察官决定是否起诉时应当考虑以下因素：（1）违反的法律是技术性的而非实质性的；（2）起诉不体现公共利益，无助于遏制犯罪，特别是一些初次的过失犯罪；（3）起诉花费太大，同起诉的罪行的重要性不成比例。③ 二是以起诉是否具有必要作为标准。这一标准主要从犯罪嫌疑人个人情况、犯罪事实情况以及犯罪后的表现等方面考虑。如日本在起诉犹豫中赋予了检察官根据犯人的性格、年龄及境遇、犯罪的轻重及情节和犯罪后的状况，认为没有必要追诉的，可以不提起公诉的权力。如德国学者认为，"德国司法机关对此类犯行认为甚少有追诉之必要性。在行为人只有极少的罪责，而其犯行一般而言并无重要性的绝对轻微案件中，对其要进行一繁琐的诉讼程序，实不妥

---

① 陈光中、[德] 阿尔布莱希特主编：《中德不起诉制度比较研究》，中国检察出版社 2002 年版，第 70 页。

② 同上书，第 29 页。

③ [德] 克劳思·罗科信：《德国刑事诉讼法》，吴丽琪译，法律出版社 2003 年版，第 103 页。

当"。

　　我们的立法建议基于以下考虑：

　　1. 建议删除裁量不起诉原规定中的"犯罪情节轻微"，是因为"犯罪情节轻微"范围过窄，犯罪情节较轻的，亦应允许人民检察院自由裁量作出不起诉决定。刑事诉讼法第142条第2款规定的"犯罪情节"应理解为"量刑情节"，即对犯罪行为人裁量决定刑罚时，据以处刑轻重或者免除处罚的各种事实情节。量刑情节又可分为四种情形，即情节轻微、情节较轻、情节严重或者情节恶劣、情节特别严重或者情节特别恶劣。检察机关可以裁量不起诉的案件有两种情形：一是不需要判处刑罚的；二是可以免除刑罚的案件。我国刑法中"'免除刑罚'的根据是法定的免除刑罚的情节，其犯罪本身可能不是轻微的，如刑法第67条关于自首的规定指出：'犯罪较轻的（不是轻微），可以免除刑罚。'"① 既然可以免除刑罚，当然亦可作不起诉决定。

　　2. 犯罪嫌疑人涉嫌多项犯罪事实，其中有的属于犯罪情节轻微、对于量刑没有影响的案件，也应赋予人民检察院作出不起诉决定的自由裁量权。德国的立法例，将犯罪嫌疑人涉嫌多项犯罪事实，其中有的属于犯罪情节轻微、对于量刑没有影响的案件，也列入不起诉范围。我国现行刑事诉讼法没有将这种情形列入不起诉范围，从诉讼经济原则出发，实有必要作出这样的规定。

　　3. 人民检察院决定不起诉的，不起诉决定应具有稳定性，人民检察院应尊重自身决定，不应朝令夕改，反复无常，但作出不起诉决定后发现原本不符合裁量不起诉条件的，表明原不起诉不妥，亦应有权作出撤销原不起诉决定，提起公诉。

　　（增加）第　条　（刑事和解）对犯罪嫌疑人可能被判处三年以下有期徒刑、拘役、管制或者单处罚金的案件，被害人与犯罪嫌疑人自愿和解的，经人民检察院审查，可以作出不起诉决定。

　　条文意旨：

　　本条确立了刑事和解制度，其目的是通过犯罪嫌疑人与被害人及其辩护人、诉讼代理人的协商，双方对于轻罪达成协议，在被害人主动放弃追诉意

---

　　① 何秉松主编：《刑法教科书》，中国法制出版社1997年版，第505页。

愿的条件下，人民检察院根据被害人及其诉讼代理人的申请，可以作出不起诉的决定。这种规定与我国自诉案件的处理程序能够相互衔接，从而保持刑事诉讼法对轻罪的处理具有基本相同的程序待遇。无论是公诉案件还是自诉案件，即使对犯罪嫌疑人涉嫌数罪中存在轻罪情形的，可以予以裁量决定，以便能充分发挥诉讼程序吸收当事人不满情绪的功能，使之符合保护被害人利益的现代诉讼趋势和我国构建和谐社会的基本要求。

本条的规定不同于英美法国家的"辩诉交易"和大陆法国家的"认罪协商"，因为它们主要着眼于控辩双方的协商，而不完全是被害人与被告人的和解。我们的规定着重强调了被害人与被告人之间的协商和解，对被害人利益的弥补和恢复。但是，公诉案件毕竟不同于自诉案件，为了避免公权力被私权利"伤害"，影响司法公正，我们将刑事和解限定在犯罪嫌疑人可能被判处3年以下有期徒刑、拘役、管制或者单处罚金的案件范围内，同时，当事人双方同意也应当经过公权力的审查，对于不符合公共利益或者损害他人利益的，人民检察院应当依法作出其他处理。

论证与论据：

1. 国际刑事司法准则的相关要求

《为罪行和滥用权力行为受害者取得公理的基本原则宣言》第7条规定："应当斟酌情况尽可能利用非正规的解决办法，包括调解、仲裁……以协助调解和向受害者提供补救。"

《少年司法最低限度标准规则》第11.2条规定："应授权处理少年犯案件的警察、检察机关或其他机构按照各法律系统为此目的规定的标准以及本规则所载的原则自行决定处置这种案件，无需依靠正式审讯。"

《关于检察官作用的准则》第13条（b）、第17条规定："保证公众利益，按照客观标准行事，适当考虑到嫌疑犯和被害人的立场……""有关国家规定检察官拥有酌处职能，在这些国家中法律或已公布的法规或条例应规定一些准则，增进在检控过程中作出裁决，包括起诉和免予起诉的裁决的公正和连贯性。"

2. 法治发达国家有借鉴意义的规定

《美国联邦刑事诉讼规则》第11条（e）规定：（1）检察官与辩护律师之间，或者与被告之间（当被告自行辩护时）可以进行讨论以达成协议……检察官与辩护律师之间，或者与被告之间（当被告自行辩护时）可以进行讨论以达成协议……检察官应做下列事项：（A）提议撤销其他指控；或（B）

建议法庭判处被告人一定刑罚，或者同意不反对被告人请求判处一定刑罚，并使被告人理解检察官的建议或被告人的请求对法庭均没有约束力；或（C）同意对本案判处一定刑罚是适当的处理。

《德国刑事诉讼法典》第 154 条 a 规定："行为之可以分割的个别部分，或者以行为所实施的数个违法情况中的个别情况，如果 1. 对于可能的刑罚、矫正及保安处分，或者 2. 作为因为其他行为对被指控人已经被发生法律效力的判处或者可能被判处的刑罚、矫正及保安处分的附加刑，并非十分重要的时候，对追诉可以限制在行为的其余部分或者其余的违法情况上。"

《俄罗斯联邦刑事诉讼法典》第 25 条规定："对涉嫌实施或被指控实施轻罪或中等严重犯罪的人，在《俄罗斯联邦刑法典》第 76 条规定的情况下，如果该人与被害人和解并弥补对被害人造成的损害，法院、检察长以及侦查员和调查人员经检察长同意，有权根据被害人或其法定代理人的申请终止对之提起的刑事案件。"

3. 论证意见

二战以后，犯罪被害人的诉讼地位在刑事诉讼中越来越受重视，逐渐从传统的边缘化移向刑事司法中心化。因为一个进步而完善的刑事司法制度，对被告与犯罪被害人诉讼权利的保障，应等同视之，不可偏废。我国刑事诉讼法赋予刑事被害人较高的诉讼地位，将其定位为"当事人"。然而，在刑事程序中刑事被害人的当事人地位没有得到充分体现，特别是在轻罪案件中其诉讼地位和"待遇"远远不如自诉人，出现诉讼权利不平等的现象。法治发达国家对此问题的规定为我们提供了可供参考的经验。如德国提出了检察官有权根据被害人与被告人协商和复原情况来决定是否提起公诉的"刑罚三元"的"损害复原"制度。这种由检察官衡量被害人的利益，将被害人与被告人之间的和解以及被害人所受损害的修复程度作为是否提起公诉条件的追诉理念与我国构建和谐社会的目标具有同向性，刑事诉讼法的修改应当引入这一理念，对于轻罪被害人与被告人和解，且被害人的损害也得到弥补而自愿放弃追诉要求的，人民检察院应当作为是否提起公诉的重要因素予以考虑。因此，我们规定当事人自愿和解而由检察院斟酌决定是否起诉的制度是必要的。

具体理由为：（1）刑事和解制度符合国际刑事司法准则的基本要求，也符合刑事司法发展的方向，顺应了国际社会的恢复性司法的世界潮流。如联合国经济及社会理事会《关于在刑事事项中使用恢复性司法方案的基本原则》(E/CN. 15. /2000/L. 2/Rev. 1) 将恢复性司法界定为犯罪人、受害人或犯罪案件的当事人共同参与解决由该犯罪所引发的事项在代理人的协助下进行。我国的刑事和解制度的构想符合这一原则的基本要求。

　　(2) 刑事和解制度与法治发达国家司法改革的目标具有同向性。如美国华盛顿州的法律允许检察官不对被告人的全部罪状提出控告，而只需要提出足以反映被告人行为性质的基本事实的指控。再如 2002 年英国在《所有人的正义——英国司法改革报告》中指出，"要以被害人和证人的需要作为诉讼活动的中心"。

　　(3) 刑事和解制度符合我国传统的"和为贵"的习惯，有利于修复犯罪嫌疑人与被害人原来具有的和睦关系。据有关调查材料统计，社会上发生的刑事案件，有 30％左右是私了的。[①] 我们认为，对于轻罪的公诉案件与其让当事人自行私了，还不如通过刑事和解的方式来解决问题，因为纠纷在和谐的气氛中得到彻底的解决，避免因没有公权力的介入私了后再度引发纠纷。

　　(4) 刑事和解制度体现了对犯罪嫌疑人和被害人诉讼主体地位的尊重，特别是长期被忽略的被害人权利保障。如果在诉讼中一概排斥被害人的意愿，将犯罪仅仅界定为对国家利益的侵害而剥夺被害人的处置权利，最终有可能在损害被害人利益的基础上对社会利益产生无益的结果，并引发被害人的上访，影响社会的稳定，最终社会秩序也没有得到维护。

　　我国学者对刑事和解基本上持赞成的观点，但对此制度的设计存在不同的方案。第一种方案为，可能被判处 3 年以下有期徒刑、拘役、管制或者单处罚金的案件，被害人与犯罪嫌疑人自愿和解的，人民检察院可以根据案件不同情况分别作出附条件的不起诉或者不起诉的决定。[②] 第二种方案为，对于初次涉嫌犯罪、未成年人涉嫌犯罪或过失犯罪，可能被判处 5 年以下有期徒刑、拘役、管制或者单处罚金的案件，如果犯罪嫌疑弥补了对被害人造成的损害，人民检察院根据被害人或其法定代理人的申请，可以作出不起诉的决定。[③] 我们认为，对于被害人与犯罪嫌疑人自愿协商和解的案件应当限制在轻罪的范围内，使刑事和解与不起诉、暂缓起诉以及缓刑制度相一致，

---

　　① 陈玉范、屈广臣：《"私了"问题的思考》，《当代法学》1995 年第 1 期。

　　② 陈光中主编：《中华人民共和国刑事诉讼法再修改专家建议稿与论证》，中国法制出版社 2006 年版，第 138 页。

　　③ 陈卫东主编：《模范刑事诉讼法典》，中国人民大学出版社 2005 年版，第 441 页。

不宜扩大范围，以免伤害公正或者侵犯法院的审判权；同时，当事人之间的和解应当充分体现自愿的原则，以被害人明确放弃追诉为前提，并增加检察机关审查的内容，避免增设的刑事和解与我国其他自诉程序不相兼容，或者因当事人和解而损害国家利益、公共利益或者他人利益，经过检察机关的审查是必要的。

另外，我们对起诉裁量权没有规定控辩协商制度或者辩诉交易制度，并非该制度不符合刑事诉讼的发展方向，而是因为我国现在的状况还不具有适宜其生长的环境条件，且这种制度在其生长的国度也颇有争议，"撇开宪法上与法理上的异议，辩诉交易严重损害了有效惩罚犯罪和准确区分有罪无罪的公共利益"。"辩诉交易是一场灾难，它能够也应当被废除"。[①] 鉴于此，我们认为，我国刑事诉讼法修改暂时不宜移植该制度，可在刑事和解中吸收其合理的因素。

近年来，北京市海淀区人民检察院开展了刑事和解工作。2006 年与 2007 年两年间刑事和解的案件共计 98 件 134 人，其中 2006 年全年刑事和解案件 39 件 56 人，占全年总收案数的 1.37%；2007 年刑事和解案件 59 件 78 人，占同期总收案数的 2.36%，比 2006 年全年和解总数增加 20 件 22 人，增加 51.3%，体现出较大的增幅和良好的效果。2006 年 10 月，湖南省人民检察院检察委员会讨论通过《关于检察机关适用刑事和解办理刑事案件的规定（试行）》，作为指导全省检察机关试用刑事和解办理轻微刑事案件的规定，这是全国检察机关第一个关于刑事和解的规范性文件。根据规定，适用刑事和解办理的案件主要是轻微刑事案件和未成年人刑事案件。此后，在半年多时间内，全省检察机关在办理轻微刑事案件中慎重地探索刑事和解机制，适用刑事和解办理轻微刑事案件 317 件 373 人，占全省公诉部门受理案件总数的 2.1%，其中对达成刑事和解的案件依法作出相对不起诉 296 件 348 人，占办案总数的 93%；决定提起公诉 21 件 25 人，占办案总数的 7%，并依法建议法院从轻判决，均被法院采纳，取得了积极的社会效果。[②] 2006 年 9 月至 2007 年 4 月，北京师范大学宋英辉教授主持的"恢复性司法与中国刑事诉讼法改革实证研究"课题组就我国司法实践中以刑事和解的方式处理刑事案件的情况进行了调研。调研结果表明，从犯罪人的角度而言，

---

① ［美］J. 斯卡勒·胡弗尔：《灾难性的辩诉交易》，邓荣杰译，载江礼华、杨成主编：《外国刑事诉讼制度探微》，法律出版社 2000 年版，第 255—271 页。

② 参见龚佳禾主编：《刑事和解制度研究》，中国检察出版社 2007 年版，第 3 页。

刑事和解主要适用于承认犯罪、有悔罪表现的初犯，对于主观恶性较大的惯犯、累犯，以及不认罪、不悔改或者认罪态度差、没有社区矫正可能性的犯罪人不适用刑事和解；刑事和解的原则主要包括合法性原则、平等自愿原则、公共利益原则、和解不成不能加重处罚原则等。根据各地区的有关规定和实践，进入刑事和解程序，一般都必须具备以下几个条件：（1）犯罪嫌疑人主动承认犯罪事实，且未作无罪辩解；（2）犯罪嫌疑人在当地有固定居所或者稳定的社会关系；（3）有明确的被害人或者被害单位、组织；（4）双方或者一方有和解意向。[①]

第六节　未成年人暂缓起诉

暂缓起诉是指检察机关在审查起诉阶段对犯罪嫌疑人，根据其犯罪性质、犯罪危害程度、犯罪情节、犯罪后的表现以及其年龄、家庭及生活情况等进行判断，认为没有立即追究其刑事责任的必要暂不提起公诉，而为其设定考察期限，在考察期内根据被不起诉的犯罪嫌疑人履行规定的义务情况决定是否提起公诉的一种制度。被不起诉的犯罪嫌疑人如果在考察期内，没有违反规定的义务，检察机关就不再对其提起公诉，而作出不起诉的决定，从而终止诉讼程序；被不起诉的犯罪嫌疑人在考察期内如果违反法律规定的义务，检察机关则提起公诉，要求法院追究其刑事责任。这种制度是起诉便宜主义的一种表现形式，它对于体现宽严相济的刑事政策，督促被暂缓起诉的犯罪嫌疑人改过自新、回归社会具有重要的意义。

我国学术界和司法实务部门对于我国是否实行暂缓起诉制度一直存在着争议，给出了"缓予起诉"、"暂缓不起诉"、"附条件不起诉"以及"诉前考察"等不同名称，并形成了不同的观点。第一种观点认为，暂缓起诉制度体现了先进的司法理念，有利于犯罪嫌疑人回归社会，是积极可行的，我国刑事诉讼法的修改应当增加该制度。[②]第二种观点认为，暂缓起诉制度的试行在我国于法无据，应当予以禁止，甚至认为其尝试也是一种滥

---

① 参见宋英辉等主编：《我国刑事和解的理论与实践》，北京大学出版社 2009 年版，第 35—38 页。

② 参见孙力、刘中发：《暂缓起诉制度再研究》，《法学杂志》2004 年第 5 期；李如山、张书征：《暂缓起诉制度可能性初探》，《检察实践》2004 年第 6 期，等等。

用职权的违法行为。① 第三种观点认为，暂缓起诉是以认定犯罪嫌疑人有罪为前提，存在检察官滥用的风险，应当慎重对待，暂缓起诉应该缓行。② 但是，我国关于暂缓起诉制度的理论研究和司法实践并未因观点的争议而终止探索，法学界不断地将暂缓起诉的理论研究成果作为刑事诉讼法增加内容提出专家建议；③ 司法实务部门仍在不断地尝试，如上海市长宁区人民检察院、北京市海淀区人民检察院、江苏省南京市人民检察院等。④ 从广州大学人权研究中心的"我国目前是否可以设立暂缓起诉制度"问卷调查中显示，在问卷调查的"各类群体均超过半数认为可以设立暂缓起诉制度"，赞同我国设立暂缓起诉制度的人数中"法官占 57.1%；检察官占 68.5%；警察占56.75%；律师占 72.09%；普通公民占 66.49%"，说明设立此种制度具有一定的社会认同度。

我们认为，我国对暂缓起诉制度的态度不宜再采用尝试的方式，应当在刑事诉讼法的修改中增加该项制度。其理由为：（1）我国刑事诉讼法增加暂缓起诉制度符合我国刑事诉讼的发展方向。从社会制度的层面来说，暂缓起诉制度与我国构建和谐社会相一致；从司法改革的方向上看，暂缓起诉制度顺应了"恢复性司法"的改革思路；从实际操作的层面来分析，暂缓起诉制度与我国提倡的刑事和解制度相吻合，可以说，在我国确立暂缓起诉制度具有一定的社会和制度基础。（2）我国刑事诉讼法增加暂缓起诉制度符合国际司法准则规定的精神，如《公民权利和政治权利国际公约》、《关于检察官作用的准则》、《少年司法最低限度标准规则》（《北京规则》）、《保护被剥夺自由少年规则》等有关对未成年人保护的规定。这些国际性文件我国已经签署

---

① 参见刘桃荣：《对暂缓起诉制度的质疑》，《中国刑事法杂志》2001 年第 1 期。由于受这种观点的影响，致使一些检察院对暂缓起诉的尝试被上级人民检察院叫停，以至称之为《"暂缓起诉"捅了法律的娄子》，参见《南方周末》2004 年第 8 期。

② 参见沈春梅：《暂缓起诉不宜推行》，《人民检察》2003 年第 4 期；周金辉：《刑事案件暂缓起诉制度慎行》，《检察实践》2003 年第 3 期，等等。

③ 参见徐静村主持：《中国刑事诉讼法（第二修正案）学者拟制稿及立法理由》"第四编公诉'第三章暂缓起诉'"，法律出版社 2005 年版；陈卫东主编：《模范刑事诉讼法典》"第二章公诉程序'第四节暂缓起诉'"，中国人民大学出版社 2005 年版；陈光中主编：《中华人民共和国刑事诉讼法再修改专家建议稿与论证》"第三章审查起诉的'附条件不起诉'"，中国法制出版社 2006 年版。

④ 上海市长宁区人民检察院是我国首例尝试暂缓起诉（当时称之为"诉前考察"）的检察机关，该机关自 1992 年至 2003 年共对 20 名未成年人犯罪案件作出暂缓起诉处理，除其中 4 名被提起公诉外，其余均获得不起诉处理，被不起诉的未成年人均顺利升入大学或走上工作岗位。河南省桐柏县人民检察院 2005 年对南阳市中学生贾晨波因防卫过当伤害致死案设立了一年的考验，最后作出不起诉的决定，被新闻媒体称之为"中国暂缓起诉首例命案"。

或批准，从国际法与国内法关系的角度来看，我国有必要通过国内立法确立此项制度来履行国际义务。（3）暂缓起诉制度被一些法治发达国家的立法与司法实践所践行，如德国、日本、荷兰等，我国在完善刑事诉讼制度时应当参考并对成功的规定予以借鉴。然而，暂缓起诉制度在我国作为一项新的诉讼制度，在实施之初可能存在检察官适用不当的危险，鉴于此，我国刑事诉讼法的修改应当在增加暂缓起诉制度的基础上对其适当主体作出限制，即仅适用于未成年人犯罪案件，以后待制度运作成熟再考虑适当扩大范围。在我国目前以一般预防为重心、检察官独立受限、社区司法缺失等背景下，对暂缓起诉制度的法律移植应当慎之又慎。首先，从适用范围来看，日本式的检察官起诉犹豫制度（对所有罪名、罪行都可裁量适用）①难以为我国所接受，我国未来的暂缓起诉宜适用于可能判处三年以下有期徒刑、拘役、管制、单处罚金的轻罪案件，应当将重罪案件排除在暂缓起诉范围之外；其次，与德国法将暂缓起诉处分适用所有的轻罪刑事被告不同，我国暂缓起诉处分的适用主体不宜过度扩张，在社区司法与受害人国家补偿制度建立之前，应当限制在未成年人犯罪案件；再次，检察官在作出暂缓起诉处分时，应当以个案认知来权衡一般预防与特殊预防之轻重，以公共利益来认真考察未成年人犯罪再社会化之可能性；最后，暂缓起诉处分之"保护观察"及"附加义务"需由社会团体或公安机关进行有效监控。②

本节是针对我国刑事诉讼法修改增加未成年人犯罪案件暂缓起诉制度的立法建议条文与论证，其内容主要从暂缓起诉适用的条件、范围，暂缓起诉的考察期限以及在考察期限内应遵守的义务，暂缓起诉的决定，撤销暂缓起诉决定的实体性条件、程序性条件以及被暂缓起诉的犯罪嫌疑人、被害人的权利救济等方面作出规定与论证说明，旨在发挥诉讼程序对未成年犯罪嫌疑人的教育功能，最大限度地挽救未成年犯罪嫌疑人，使其尽早地重返社会。

本节的条文设计在参照国际刑事司法准则的规定和法治发达国家可借鉴的立法经验的基础上，更加注重了我国诉讼制度的特点，主要表现为以下两个方面：一是我国刑事程序的横向结构属于诉讼阶段模式，法院对审判前的诉讼程序基本上不予介入，如果借鉴法治发达国家暂缓起诉制度的法院介入

---

① 日本在赋予检察官起诉便宜权的同时，还规定了司法警察的微罪处分权，所以严格而论在检察官起诉犹豫时的案件已被司法警察分流。参见郑昆山：《日本法制上警察之行政质问权与司法侦查权之纠葛》，载《法与义——Heinrich Scholler 教授七十寿祝贺论文集》，台湾五南图书出版公司2000年版，第474页。

② 参见刘磊：《慎行缓起诉制度》，《法学研究》2006年第3期。

模式，无法得到我国现有诉讼制度的支持，因为我国不存在法治发达国家（大陆法系）的司法控制或者司法审查制度，条文设计没有征得法院同意的内容。二是我国刑事诉讼中的被害人被规定为当事人，在诉讼中具有较高的诉讼地位，他不仅可以与检察机关作为共同的控方指控犯罪，而且当公安机关、检察机关对犯罪嫌疑人不追究刑事责任时，有权向法院直接自诉。鉴于此，对于暂缓起诉制度的条款的设计特别尊重被害人的意愿，规定了征得被害人同意的内容，以使我们所设计的暂缓起诉制度具有不同于法治发达国家的暂缓起诉制度的特色。

（增加）第　条 对可能判处三年以下有期徒刑、拘役、管制或者单处罚金的未成年人犯罪案件，事实清楚，证据确实、充分，犯罪嫌疑人有认罪悔改表现的，人民检察院经过审查，认为不需要立即提起公诉的，可以决定暂缓起诉。（参考《公民权利和政治权利国际公约》第 14 条第 4 款，《关于检察官作用的准则》第 19 条）①

论证与论据：

1. 国际刑事司法准则的相关要求

《公民权利和政治权利国际公约》第 14 条第 4 款规定："对少年的案件，在程序上应考虑他们的年龄和帮助他们重新做人的需要。"

《关于检察官作用的准则》第 19 条规定："在检察官拥有决定应否对少年起诉酌处职能的国家，应对犯罪的性质和严重程度、保护社会和少年的性格和出身经历给予特别保护。在作这种决定时，检察官应根据有关少年审判法和程序特别考虑可行的起诉之外的办法。检察官应尽量在十分必要时才对少年采取起诉行动。"

---

① 本条是关于适用暂缓起诉实体性条件和程序性条件的内容。实体性条件主要包括：（1）未成年犯罪嫌疑人所犯之罪应为我国刑法上规定的轻罪，即可能判处三年以下有期徒刑、拘役、管制或者单处罚金的案件。这些罪在量刑上可以被判处缓刑，且可以作为自诉案件，并易于、便于刑事和解，将其作为暂缓起诉的罪质条件符合我国宽严相济的刑事政策。（2）事实清楚，证据确实、充分。以此作为暂缓起诉的条件主要是避免检察机关将一些事实不清的案件作为暂缓起诉处理，防止暂缓起诉权力的不当使用。（3）犯罪嫌疑人有认罪悔改表现。只有被暂缓起诉的犯罪嫌疑人认罪，才能得到被害人的原谅；只有其悔改才具有在考察期内改过自新的可能。同时，本条还设定了一个程序性条件，即由人民检察院经过审查后裁量决定。对于符合这些条件的，并非强制检察机关一律作出暂缓起诉决定，而是让检察机关根据犯罪嫌疑人具体情况酌情处理，所以，在条文中使用"可以"决定暂缓起诉，而不是"应当"决定暂缓起诉。

《保护被剥夺自由少年规则》第 17.1、18 条规定："只有经过认真考虑之后才能对少年的人身自由加以限制并尽可能把限制保持在最低限度。除非判决少年犯有涉及对他人行使暴力的严重行为；或屡犯其他严重罪行，并且不能对其采取其他合适的对策，否则不得剥夺人身自由。""应使主管当局可以采用各种各样的处理措施，使其具有灵活性从而最大限度地避免监禁。"

2. 法治发达国家有借鉴意义的规定①

《日本刑事诉讼法》第 248 条规定："根据犯人的性格、年龄及境遇、犯罪轻重、情节以及犯罪后的状况，认为没有追诉刑事犯罪之必要时，可以不提起公诉。"

《德国刑事诉讼法典》第 153 条 a 规定："（一）经负责开始审理程序的法院和被指控人同意，检察院可以对轻罪暂时不予提起公诉……"

3. 论证意见

暂缓起诉作为一项诉讼制度，科学地确定其适用对象，合理把握其适用范围是立法应当研究而不得回避的问题，即何种行为主体及何种性质的案件可以适用暂缓起诉的问题。对此问题，我们从国际刑事司法准则、法治发达国家的立法规定以及司法实践尝试的经验等方面提供论据并进行论证。

自 20 世纪以来，随着刑罚的目的刑、教育刑理论的出现与兴起，刑事诉讼中的起诉法定主义在向起诉便宜主义发展，起诉便宜主义的合理性也日益被社会所认可，一些国家和地区便通过立法规定暂缓起诉制度，赋予检察机关一定范围内的起诉裁量权。② 然而，我国刑事诉讼法在提起公诉程序中

---

① 美国在法律上虽然没有明文规定暂缓起诉制度，但因其实行起诉裁量主义，这就决定了检察官在起诉阶段对犯罪嫌疑人是否起诉享有几乎不受限制的裁量权，他可以根据案件情节的轻重、犯罪嫌疑人的恶性程度、司法资源的配置情况以及刑事政策的调整向度等因素来斟酌选择起诉、暂缓处理或者不予受理。美国一些州的检察院的检察官在犯罪嫌疑人是初犯且同意参加一些积极活动的前提条件下，有权作出暂缓起诉的决定。

② 《日本刑事诉讼法》对犯罪类型未作限制，即使是重罪仍可能获得暂缓起诉。"早些年，检察官运用暂缓起诉的主要目的是为了减轻监狱人满为患的压力，因而可以减轻过重的财政负担。到了 20 世纪早期，暂缓起诉官方的正当理由转向强调改造罪犯和使他们重返社会，直到今天仍坚持着这一理由。此外，检察官在考虑是否暂缓起诉时的一个重要因素就是罪犯重返社会的可能性。"参见［意］戴维·耐尔肯编：《比较刑事司法论》，张明楷等译，清华大学出版社 2004 年版，第 263—264 页。在日本实行暂缓起诉带来了刑事政策上的积极效果，对控制犯罪、降低重新犯罪率也起了积极的作用。1980 年暂缓起诉的人员在 3 年内重新犯罪率为 11.5%，分别比同期被判缓刑及刑满释放人员重新犯罪率降低了 10% 和 45.7%。1994 年日本检察厅办理案件 2126988 件，其中不起诉案件为 658163 件，占全部案件的 30.9%；暂缓起诉的案件 621463 件，占全部案件的 29.2%，占全部不起诉案件的 94.4%。

没有规定该制度，仅仅规定了起诉和不起诉两种处理方式。这两种处理方式因没有一个中间的过渡环节而无法满足司法实践的需要。特别是对一些罪行，检察机关认为提起公诉偏重，而作出不起诉又有些偏宽，因程序缺乏缓冲的处理方式使公正地对待犯罪嫌疑人出现困难。鉴于此，我们认为，我国刑事诉讼法的修改除扩大不起诉范围外，还应当增加暂缓起诉制度，以使检察机关在公正执法上走出困境。

从国际刑事司法准则、法治发达国家对暂缓起诉规定的精神以及我国检察机关尝试的经验来看，修改刑事诉讼法增加暂缓起诉制度应当对其适用的对象范围作出限制性的规定。根据《公民权利和政治权利国际公约》第14条第4款《关于检察官作用的准则》、第19条《少年司法最低限度标准规则》的规定，基于我国刑事政策的考虑以及检察机关尝试的实践，暂缓起诉的主体限定为未成年犯罪嫌疑人最为适宜。其主要理由为：

（1）未成年人由于心智未发育成熟，社会意识形态未定型，辨别是非和自我控制能力较差，容易受到外界不良因素的诱惑以及不良风气的影响，加上莽撞、冲动的个性，遇到特定的环境很容易犯罪。同时，由于未成年人处在成长阶段，其生理和心理具有较强的可塑性，很容易进行教育挽救，对其实行暂缓起诉，能够调动其自我改造的积极性，也有利于尽早地帮助他们重新做人和回归社会。从另外一个层面考虑，未成年人的叛逆心理十分严重，如果对犯罪轻微、主观恶性不深且初次作案的未成年被告人定罪科刑，不仅不利于未成年人的人格矫正，而且很有可能加大对其教育改造的难度，最终导致刑罚目的的落空。对于未成年犯罪嫌疑人适用暂缓起诉制度既有利于未成年犯罪嫌疑人教育改造，也有利于刑罚目的的实现。

（2）对未成年犯罪嫌疑人实行暂缓起诉制度符合国际刑事司法准则对未成年人司法保护的基本要求。无论是《公民权利和政治权利国际公约》规定的"对少年的案件在程序上应考虑他们的年龄和帮助他们重新做人的需要"，还是《关于检察官作用的准则》、《少年司法最低限度标准规则》规定的"检察官应根据有关少年审判法和程序特别考虑可行的起诉之外的办法"，"应酌情考虑在处理少年犯时尽可能不提交当局正式审判"。这些都意味着对于未成年人犯罪案件"可诉可不诉的"首先要考虑到的是不予起诉；即使对于应当起诉的，也要考虑其社会背景和犯罪的复杂原因，采用"变通"的方式处理，只有这样才符合国际刑事司法准则对未成年人保护的要求，实现《儿童公约》第40条第1款规定的"促进儿童重返社会在社会中发挥建设性作用"的目标，我国刑事诉讼法的修改增加对未成年人案件的暂缓起诉，正是顺应了这一国际潮流，也是对我国签署而批准或即将批准的公约义务的践行。

（3）对未成年犯罪嫌疑人实行暂缓起诉制度符合党的一贯主张和宽严相济刑事政策的要求。我们党和政府历来重视未成年人的健康成长，曾在1981年召开的第八次全国劳改工作会议《纪要》中专门针对青少年罪犯提出了"三个像"和"六个字"的方针，即"对青少年罪犯要像父母对待患了传染病的孩子、医生对待病人、老师对待犯了错误的学生那样，做耐心细致的教育、感化、挽救工作"。1991年通过的我国未成年人保护法设立专章规定了对未成年人的"司法保护"，并明文规定"对违法犯罪的未成年人，实行教育、感化、挽救的方针，坚持教育为主、惩罚为辅"的原则。对于未成年犯罪嫌疑人实行暂缓起诉也是这一主张在刑事司法中的具体体现。

被暂缓起诉的主体被限定在未成年人犯罪案件后，还存在其他适用条件问题。我国学者对此有不同的观点，尝试的检察机关也有不同的做法。有观点认为，对于可能判处三年以下有期徒刑、拘役、管制、单处罚金的未成年人犯罪案件，事实清楚，证据确实、充分，犯罪嫌疑人承认指控的罪行，人民检察院经过审查，认为不需要立即提起公诉的，可以决定暂缓起诉。[1] 有观点认为，作出暂缓起诉决定的案件，必须具备和遵循以下条件：（1）案件的犯罪事实清楚，证据确实、充分；（2）犯罪情节较轻，可能判处三年以下有期徒刑；（3）犯罪嫌疑人犯罪后有悔改表现，不致再继续危害社会；（4）犯罪嫌疑人系初犯、偶犯或者是共同犯罪中的从犯、胁从犯；（5）具备较好的帮教条件。[2] 有观点认为，对于可能判处三年以下有期徒刑、拘役、管制、单处罚金的案件，人民检察院经过审查，认为虽有追诉必要，但根据犯罪嫌疑人的性格、年龄及境遇、犯罪的轻重及犯罪后的情况，利用非刑罚的方法有利于维护社会公共利益和被追诉人的利益，经犯罪嫌疑人同意，在要求犯罪嫌疑人履行一定的义务的同时，可以作出暂缓起诉的决定。[3] 我们认为，对于未成年犯罪嫌疑人适用暂缓起诉的案件性质，应当借鉴德国刑事诉讼法规定的"轻罪"范围内，以"三年以下有期徒刑"作为最高刑的界限，

---

[1]　徐静村主持：《中国刑事诉讼法（第二修正案）学者拟制稿及立法理由》，法律出版社2005年版，第189页。

[2]　参见《北京市海淀区人民检察院实施暂缓起诉制度细则》。

[3]　陈卫东主编：《模范刑事诉讼法典》，中国人民大学出版社2005年版，第430页。

这也符合我国多数学者设计方案和检察机关尝试暂缓起诉的实践。因此，我们对未成年人案件暂缓起诉的条件规定为"可能判处三年以下有期徒刑、拘役、管制、单处罚金"的案件，暂缓起诉案件刑期的上限应当控制在"可能判处三年以下有期徒刑"的基点上，以使其与缓刑的适用条件相似，也与目前我国提倡的刑事和解的范围相统一。同时，将"事实清楚，证据确实、充分"和"犯罪嫌疑人有认罪悔改表现"作为暂缓起诉的实体性条件予以规定，避免将一些事实不清的案件以暂缓起诉的方式处理，使之异化为案件事实不清的处理方式，并由保护未成年人的制度演变为侵害未成年人的措施。从未成年犯罪嫌疑人的角度考虑，犯罪嫌疑人有无认罪悔改表现是其能否得到矫正的前提，也是能否得到被害人谅解的基础，因此，"犯罪嫌疑人有认罪悔改表现"也作为暂缓起诉的实体性条件之一。但是，暂缓起诉毕竟属于检察机关裁量权的范围，对于符合暂缓起诉条件是否暂缓起诉仍然应经检察机关审查决定，由检察机关综合全案的情况予以斟酌，从有利于社会公共利益和保护未成年人权利等方面衡量决定。

（增加）第　条　暂缓起诉的决定，应当经犯罪嫌疑人和被害人同意，并听取被害人及其法定代理人、辩护人、诉讼代理人的意见。

论证与论据：

1. 国际刑事司法准则的相关要求

《公民权利和政治权利国际公约》第 2 条第 3 款规定："保证任何一个公约所承认的权利或自由被侵犯的人，能得到有效的救济。"

《世界人权宣言》第 10 条规定："人人完全平等地有权由一个独立而无偏倚的法庭进行公正的和公开的审判，以确定他的权利和义务并判定对他提出的任何刑事指控。"

《少年司法最低限度标准规则》第 14.2 条规定："诉讼程序应按照最有利于少年的方式和在谅解的气氛下进行，应允许少年参与诉讼程序，并且自由地表达自己的意见。"

2. 法治发达国家有借鉴意义的规定

《德国刑事诉讼法典》第 153 条 a 和 171 条规定："经负责开始审理程序的法院和被指控人同意，检察院可以对轻罪暂时不予提起公诉。""检察院不支持要求提起公诉的申请或者侦查终结后决定停止程序时，应当通知告诉人，同时阐明理由。告诉人如果同时又是被害人的时候，在通知中要他告知可以声明不服的可能性和对此所规定的期限。"

3. 论证意见

暂缓起诉虽然是对于符合法定条件的犯罪嫌疑人在诉讼程序中暂时作出的"无罪"认定，但是在某种意义上却具有在实体上认定犯罪嫌疑人有罪的性质，涉及对犯罪嫌疑人行为的否定性法律评价；同时，检察机关对犯罪嫌疑人作出暂缓起诉，在程序上中止了对犯罪嫌疑人刑事责任的追究，这种"公共利益"的目的与刑事被害人的"个人利益"并不完全一致。因此，对于适用该制度是否需要取得被暂缓起诉的犯罪嫌疑人和刑事被害人同意问题，有必要从国际刑事司法准则、法治发达国家的立法经验和我国实践进行论证。

检察机关作出暂缓起诉决定并不必然导致其提起公诉权的消灭，仍然保留起诉的可能性，同时，又对被暂缓起诉的犯罪嫌疑人在考察期限内科处一定的义务，实质上已经影响到犯罪嫌疑人的实体权益，实质上，被暂缓起诉的犯罪嫌疑人在考察期内仍处在不利的境遇之中。因为暂缓起诉不同于真正意义上的不起诉，它还存在着起诉的可能性，并且在实体上涉及事实上的有罪问题，这种决定必然影响到犯罪嫌疑人的权益，检察机关对于犯罪嫌疑人作出暂缓起诉的决定应当征得犯罪嫌疑人的同意。其理由为：（1）《世界人权宣言》第 10 条规定："人人完全平等地有权由一个独立而无偏倚的法庭进行公正的和公开的审判，以确定他的权利和义务并判定对他提出的任何刑事指控。"被暂缓起诉的犯罪嫌疑人在接受检察机关暂缓起诉的决定时，实质上放弃了要求法庭公正审判的权利。然而，这种要求法庭公正审判的权利属于犯罪嫌疑人的宪法性权利，检察机关不得未经犯罪嫌疑人同意而任意剥夺，否则，是对宪法性权利的一种蔑视。因此，在暂缓起诉决定作出之前，对于犯罪嫌疑人是否放弃该宪法性的权利，应当征得他的同意。这种规定符合国际刑事司法准则的基本精神，也符合任何被追诉人有权接受公正审判的刑事司法国际标准。（2）作为法治发达国家的德国在遵循国际刑事司法公正的最低标准的同时，对检察官适用暂缓起诉也规定了经过犯罪嫌疑人同意的内容。《德国刑事诉讼法典》第 153 条 a 规定："经负责开始审理程序的法院和被指控人同意，检察院可以对轻罪暂时不予提起公诉。"因此，我们规定检察机关对于犯罪嫌疑人作出暂缓起诉的决定时应当经犯罪嫌疑人同意，与法治发达国家的规定是一致的。但是，我们在规定这一内容时没有完全采纳德国刑事诉讼法的规定，没有将应当经过法院同意的内容吸收到规定的条款中来。我们认为，我国的诉讼制度与德国的诉讼制度存在一定的差异，且暂

缓起诉权属于检察机关的权力，一般不涉及审判问题，同时，对于涉及审判
共同犯罪问题的暂缓起诉，我们也做了例外的规定，对于一般案件不宜征得
法院同意。

对于被害人来说，暂缓起诉具有终结诉讼程序的可能，一旦被暂缓起诉
的犯罪嫌疑人在考察期内履行了规定的义务，则意味着检察机关对被暂缓起
诉的犯罪嫌疑人放弃追诉，这必然会影响到被害人的利益，因为被害人是遭
受犯罪行为侵害的人；同时，被害人作为追诉的一方，因检察机关作出暂缓
起诉的决定而使自己要求国家追诉的愿望成为不可能，这与被害人追究被暂
缓起诉的犯罪嫌疑人的刑事责任的内在要求不相一致。因此，对犯罪嫌疑人
作出暂缓起诉应当经过被害人的同意。其主要理由为：

（1）根据《世界人权宣言》第8条"任何人当宪法或法律所赋予他的基
本权利遭受侵害时，有权由合格的国家法庭对这种侵害行为做有效的补救"
的规定，这种"补救"当然包括对被害人的补救，所以，对犯罪嫌疑人作出
暂缓起诉，也应当经过被害人的同意。

（2）《德国刑事诉讼法典》第171条规定："检察院不支持要求提起公诉
的申请或者侦查终结后决定停止程序时，应当通知告诉人，同时阐明理由。
告诉人如果同时又是被害人的时候，在通知中要他告知可以声明不服的可能
性和对此所规定的期限。"德国刑事诉讼法没有规定应当征得被害人的同意，
但是它规定了检察官应当将理由通知被害人，被害人有申请检察官复议的权
利；如果复议维持原来的暂缓起诉决定的，被害人可以在一个月内向有管辖
权的高等法院申请裁判，该申请应当由律师签名并交纳诉讼费用，采用了向
法院申请裁判的方式来给被害人提供救济。

另外，检察机关作出暂缓起诉的决定时，除应当经犯罪嫌疑人同意外，
我们认为也应当听取被害人，犯罪嫌疑人、被害人的法定代理人、辩护人、
诉讼代理人的意见。我国现行刑事诉讼法第14条第2款规定，对于不满十
八周岁的未成年人的案件，在讯问和审判时，可以通知犯罪嫌疑人、被告人
的法定代理人到场。被暂缓起诉的犯罪嫌疑人属于未成年人，其法定代理人
和辩护人是他们利益的维护者，通过听取他们的意见也更能充分保护未成年
人的利益。因此，对于未成年的犯罪嫌疑人作出暂缓起诉，检察机关有义务
听取其法定代理人、其他监护人和辩护人的意见，以便充分保障犯罪嫌疑人
在诉讼过程享有的辩护权利。同时，检察机关也应当听取被害人的法定代理
人和诉讼代理人的意见。

检察机关对被暂缓起诉的犯罪嫌疑人，被害人的法定代理人和辩护人、

诉讼代理人只是听取他们的意见，无须征得他们的同意，因为他们与被暂缓起诉的犯罪嫌疑人在刑事诉讼中的诉讼地位不同，其权利的内容应当存在差别，不应同日而语。

（增加）第　条　暂缓起诉的考察期限为三个月以上六个月以下。必要的时候，可以延长三个月。考察期限从暂缓起诉决定作出之日起计算。[①]

论证与论据：

1. 法治发达国家有借鉴意义的规定

《德国刑事诉讼法典》第 153 条 a 规定："……检察院可以对轻罪暂时不予提起公诉，同时要求被告人：1. 作出一定给付，弥补行为造成的损失，2. 向某公益设施或者国库交付一笔款额，3. 作出其他公益给付，4. 承担一定数额的赡养义务。以这些要求、责令适合消除追究责任的公共利益，并且责任程度与此相称为限。对于要求、责令的履行，检察院要求对被指控人规定期限，在第一款第一项至第三项情形中期限至多为期六个月，在第四项情形中至多为期一个月。对要求、责令，检察院可以嗣后撤销或对期限延长一次，为期三个月；经被告人同意，检察院也可以嗣后附予、变更要求与责令。"

2. 论证意见

对暂缓起诉规定一定的考察期限符合暂缓起诉的"附期限"的性质，也是"暂缓"的应有之义。究竟规定多长时间为宜，应当根据暂缓起诉设立的目的和性质，并借鉴法治发达国家的立法经验，综合考虑确定。我国学者以及尝试的检察机关对考察期限应当规定多长时间存在不同观点。第一种观点认为，对于犯罪嫌疑人可能判处 3 年以下有期徒刑、拘役、管制或者单处罚金的案件，人民检察院根据犯罪嫌疑人的年龄、品格、境况、犯罪性质和情节、犯罪原因以及犯罪后的悔罪表现、赔偿情况等，认为不起诉更符合社会公共利益的，可以确定 1 年以上、3 年以下的考察期。[②] 第二种观点认为，

---

① 对于暂缓起诉的期限，我们采用"考察期限"而没有采用"考验期"，以示与缓刑期限表述上的区别。

② 参见陈光中主编：《中华人民共和国刑事诉讼法再修改专家建议稿与论证》，中国法制出版社 2006 年版，第 136 页；徐静村主持：《中国刑事诉讼法（第二修正案）学者拟制稿及立法理由》，法律出版社 2005 年版，第 190 页；陈卫东主编：《模范刑事诉讼法典》，中国人民大学出版社 2005 年版，第 64 页。

暂缓不起诉自决定之日起至作出最终处理之日止，最长不得超过 12 个月，如南京市人民检察院《检察机关暂缓不起诉试行办法》。第三种观点认为，暂缓起诉的考验期为 1 个月以上 6 个月以下，如《北京市海淀区人民检察院实施暂缓起诉制度细则》。

对于暂缓起诉的考察期限无论学者的建议，还是实践中的尝试性规定，暂缓起诉的考察期限的最低限为 3 个月以上，其上限则有 6 个月、12 个月和 3 年不等，但最高的考察期限为 3 年。我们认为，对于暂缓起诉的考察期限不宜规定得过长，否则被暂缓起诉的未成年犯罪嫌疑人在考察期内心理承受的负担过重，会给其心理增加许多新的阴影，影响其身心健康发展。同时，暂缓起诉的考察期限也不宜过短，否则达不到考察的目的。从《德国刑事诉讼法典》的规定来看，暂缓起诉的考察期限因不同情形应规定不同的期限，最长的期限为 9 个月（规定的期限最长为 6 个月加上延长的 3 个月）。鉴于此，暂缓起诉的考察期限规定为"1 年以上、3 年以下"有点过长，特别是对可能判处"拘役、管制或者单处罚金的案件"，考察期限的起点比判处缓刑的起点还高，基本与判处缓刑没有什么区别，这种方案存在变相惩罚的嫌疑；而规定为"1 个月以上 6 个月以下"又过于短暂，最高期限为 6 个月，在实践中往往难以达到考察的目的。根据尝试暂缓起诉的检察机关的经验、成效以及未成年人的特点，规定为"三个月以上、六个月以下，必要的时候，可以延长三个月"是较为适宜的。

（增加）第　条　在考察期间，由专门考察机构负责对被暂缓起诉的犯罪嫌疑人进行帮助、教育，对其履行暂缓起诉决定所规定的义务情况进行考察。

论证意见：

对被暂缓起诉的犯罪嫌疑人在考察期限的帮助、教育等应当由哪个机构承担，存在不同观点和做法。第一种观点认为，由案件承办人和被暂缓起诉的犯罪嫌疑人工作、学习或劳动所在单位以及居住地的居民委员会或村民委员会、公安机关的有关人员担当。第二种观点认为，由案件承办人、被暂缓起诉的犯罪嫌疑人的担保人或者法定监护人和其工作、学习或劳动所在单位以及居住地的居民委员会或村民委员会、公安机关的有关人员承担。第三种观点认为，检察机关实施"诉讼前考察"、公安机关实施"缓处考察"和法院实施"社会服务令"。第四种观点认为，暂缓起诉的考察由司法行政机关执行。① 我们认为，这种所谓的"两级考察"或"三级考察"的帮助、教育主体，难以形成对暂缓起诉的未成年犯罪嫌疑人进行全面地考察，也不利于督促其改过自新，应当设立单一的考察机构。同时，暂缓起诉的决定机关应当与执行机构相分离，检察机关是作出暂缓起诉的决定机关，对被暂缓起诉的犯罪嫌疑人的考察不宜再由其承担。

对于考察机构应当由何种机构承担，应当由其他法律另行作出规定，所以，我们在条款设计中没有作出明确的规定。目前，鉴于司法行政机关承担着社区矫正的任务，法律另行规定由其作为单独的考察机构，负责对被暂缓起诉的犯罪嫌疑人进行帮助、教育，对其履行暂缓起诉决定所规定的义务情况进行考察较为适宜。

（增加）第　条　被暂缓起诉的犯罪嫌疑人在考察期限内应当履行下列义务：

（一）接受帮助、教育和考察；

（二）按照决定机关的规定，定期报告自己的活动情况；

（三）履行与被害人达成的协议；

（四）离开所居住的市、县或者迁居，应当经考察机构报请决定机关批准；

（五）暂缓起诉决定所规定履行的其他义务。

论证与论据：

1. 法治发达国家有借鉴意义的规定

《德国刑事诉讼法典》第 153 条 a 规定："……检察院可以对轻罪暂时不予提起公诉，同时要求被告人：1. 作出一定给付，弥补行为造成的损失，2. 向某公益设施或者国库交付一笔款额，3. 作出其他公益给付，4. 承担一定数额的赡养义务。以这些要求、责令适合消除追究责任的公共利益，并且责任程度与此相称为限。"

2. 论证意见

在暂缓起诉的考察期限内，对被暂缓起诉的犯罪嫌疑人应当规定相应的义务，通过履行义务来督促其改过自新，对其义务规定多少为宜，应当根据暂缓起诉设立的性质以及法治发达国家的立法经验全面衡量。

---

① 徐静村主持：《中国刑事诉讼法（第二修正案）学者拟制稿及立法理由》，法律出版社 2005 年版，第 193 页。

暂缓起诉是对被暂缓起诉的犯罪嫌疑人作出的附一定条件的不起诉，也被称之为附条件的不起诉。从实行暂缓起诉制度的国家的刑事诉讼法规定的内容来看，对被暂缓起诉的犯罪嫌疑人均规定一定的义务。被暂缓起诉的犯罪嫌疑人在检察机关作出暂缓起诉的时候，应当有悔过的情节，特别是对被害人应当主动赔礼道歉或者赔偿损失，取得被害人的谅解；同时，也应当遵纪守法，履行一定的义务，通过义务的履行来促使其悔改。但是，对被暂缓起诉的犯罪嫌疑人应当履行义务的内容规定不同。如《德国刑事诉讼法典》第153条a规定："……检察院可以……要求被告人：1. 作出一定给付，弥补行为造成的损失，2. 向某公益设施或者国库交付一笔款额，3. 作出其他公益给付，4. 承担一定数额的赡养义务。"我国台湾地区对此也作出了规定。我国台湾地区刑事诉讼法第253之2条规定："检察官为缓起诉处分者，得命令被告于一定期间内遵守或履行下列各款事项：（一）向被害人道歉；（二）立悔过书；（三）向被害人支付相当数额之财产或非财产上之损害赔偿；（四）向公库或指定之公益团体、地方自治团体支付一定之金额；（五）向指定之公益团体、地方自治团体或社区提供四十小时以上二百四十小时以下之义务劳动；（六）完成戒瘾治疗、精神治疗、心理辅导或其他适当之处遇措施；（七）保护被害人安全之必要命令；（八）预防再犯罪所为之必要命令。"我们认为，对被暂缓起诉的犯罪嫌疑人决定暂缓起诉应当规定一定的义务，这种义务的规定不能直接移植国外或我国台湾地区的规定，因为适用暂缓起诉的对象范围不同，特别是"向某公益设施或者国库交付一笔款额"或"作出其他公益给付"，或"向公库或指定之公益团体、地方自治团体支付一定之金额"，因未成年人一般没有独立的经济来源，规定这种义务不符合未成年犯罪嫌疑人的实际。我们认为，义务的规定应当适合未成年犯罪嫌疑人的特点，主要从被暂缓起诉的犯罪嫌疑人与被害人的和谐关系的角度和有利于促进未成年人复归社会的层面考虑。

被暂缓起诉的犯罪嫌疑人在考察期限内应当履行的义务为：接受帮助、教育和考察；按照决定机关的规定定期报告自己的活动情况；履行与被害人达成的赔偿损失或谅解协议；离开所居住的市、县或者迁居，应当经考察机构报请决定机关批准；暂缓起诉决定所规定履行的其他义务。我们所设计被暂缓起诉的犯罪嫌疑人在考察期限内应当履行的义务遵循了从轻到重的义务排列方式，也体现义务的轻重程度。接受帮助、教育和考察是对被暂缓起诉的犯罪嫌疑人的最低要求。同时，决定机关认为被暂缓起诉的犯罪嫌疑人应当遵守的其他义务，是作为一个开放性条款来规定的：一是考虑借鉴德国刑事诉讼法规定的对暂缓起诉人"以这些要求、责令适合消除追究责任的公共利益，并且责任程度与此相称为限"，使检察机关在暂缓起诉决定中规定的义务以被暂缓起诉的犯罪嫌疑人的犯罪性质、犯罪情节、危害社会程度以及个人的其他情况综合考虑，体现"相称原则"；二是避免规定的内容过于机械，出现规定不全的问题。

我们设计的被暂缓起诉的犯罪嫌疑人在考察期限中的义务是以故意违反作为判断衡量的标准，采用法定义务与决定机关自设义务相结合的方式，以便有利于决定机关针对不同的被暂缓起诉的犯罪嫌疑人规定不同的义务，使暂缓起诉书规定的义务的内容体现个别化和更具有针对性。

（增加）第　条　人民检察院对犯罪嫌疑人决定暂缓起诉的，应当制作暂缓起诉决定书，并于作出决定之日起三日以内送达被暂缓起诉的犯罪嫌疑人、被害人及其法定代理人、辩护人、诉讼代理人和考察机构。

被暂缓起诉的犯罪嫌疑人、被害人对暂缓起诉决定不服的，人民检察院应当重新作出处理决定。

共同犯罪案件中，人民检察院决定对部分犯罪嫌疑人暂缓起诉的，应当经同级人民法院审查批准。

论证与论据：

1. 国际刑事司法准则的相关要求

《公民权利和政治权利国际公约》第 14 条第 1 款规定："在判定对任何人的任何刑事指控或确定他在一件诉讼案中的权利和义务时，人人有资格由一个依法设立的合格的、独立的和无偏倚的法庭进行公正的和公开的审判。"

《世界人权宣言》第 8 条规定："任何人当宪法或法律所赋予他的基本权利遭受侵害时，有权由合格的国家法庭对这种侵害行为作有效的补救。"

2. 法治发达国家有借鉴意义的规定

《德国刑事诉讼法典》第 153 条 a 规定："经负责开始审理程序的法院和被指控人同意，检察院可以对轻罪暂时不予提起公诉。"①

---

① 德国刑事诉讼法对可以暂缓起诉的犯罪分为四类：（1）当犯罪嫌疑轻微且无追诉的必要；（2）当对犯罪追诉必要性可经由其他方式达成时；（3）当国家利益优于对犯罪追诉的必要者；（4）当被害人可自行对犯罪追诉的。对于检察机关所作出的不起诉决定，被害人可以根据"强制起诉程序"向检察长申诉直至向法院提起自诉。

3. 论证意见

检察机关决定对犯罪嫌疑人作出暂缓起诉决定属于一种诉讼行为，这并非意味着诉讼程序的绝对终结，然而这种暂缓起诉的决定涉及被暂缓起诉的犯罪嫌疑人、被害人的利益以及影响到共同犯罪中的公正处理问题，有必要从国际刑事司法准则、法治发达国家立法经验以及根据我国的国情进行论证。根据《公民权利和政治权利国际公约》第14条第1款规定的"……人人有资格由一个依法设立的合格的、独立的和无偏倚的法庭进行公正的和公开的审判。"接受合格的、独立的和无偏倚的法庭进行公正和公开审判的权利是每个公民的基本权利，犯罪嫌疑人、被害人对检察机关暂缓起诉决定不服的，应当有权要求检察机关提起公诉，有权要求接受审判。检察机关决定暂缓起诉的，应当采用决定书的形式，并作为一种司法文书在法定期限内送达，同时履行相应的告知义务。暂缓起诉决定书除送达被暂缓起诉的犯罪嫌疑人、被害人外，还应当送达他们的法定代理人及其辩护人、诉讼代理人，实行暂缓起诉决定的公开化，这样有利于被暂缓起诉的犯罪嫌疑人、被害人及其法定代理人、辩护人、诉讼代理人知晓其内容，予以外部监督，以免暂缓起诉被滥用。

我们规定检察机关决定暂缓起诉应经犯罪嫌疑人和被害人同意，对于犯罪嫌疑人或被害人任何一方不同意的，检察机关应当重新作出处理决定。如果检察机关强行暂缓起诉，则会剥夺犯罪嫌疑人希望不起诉或通过法院审判宣告无罪的机会；对被害人来说，因犯罪已经承受了极大的不安和痛苦，检察机关本应当起诉而作出暂缓起诉则会使犯罪嫌疑人得不到应有的惩罚，其正义也难以得到伸张，如果检察机关作出暂缓起诉忽略被害人的意见，被害人则有第二次被害的可能。有人认为我国的暂缓起诉应当借鉴德国的规定，对于有被害人的案件，决定暂缓起诉的，人民检察院应当将暂缓起诉决定书送达被害人，被害人如果不服，有权在法定期限内向上一级人民检察院申诉，对复查结果仍不服时，可以自诉人的身份将案件起诉到人民法院。被害人也可以不经申诉，直接向人民法院起诉。[①] 我们认为，对暂缓起诉决定受影响的利害关系人设立一定的救济程序和制约机制是应当的，但是不宜采用"公诉转自诉"立法例。被害人对暂缓起诉决定不服的，有权在法定期限内要求人民检察院提起公诉，人民检察院应当提起公诉，无须另设其他救济途径。

---

① 参见《北京市海淀区人民检察院实施暂缓起诉制度细则》第六、七和八项的规定。

对于共同犯罪案件，检察机关决定对部分犯罪嫌疑人暂缓起诉的，而其他犯罪嫌疑人则会因检察机关的起诉受到法院的审判，由于案件审判涉及被告人与被暂缓起诉的犯罪嫌疑人在共同犯罪中的地位、作用等影响定罪量刑的问题，检察机关对共同犯罪案件的部分犯罪嫌疑人作出暂缓起诉的，我们认为应当经法院审查批准，以便法院在审判时妥善处理。其具体理由有二：一是由于我国法院没有设立预审法官，检察机关作出暂缓起诉处在独立的提起公诉阶段，法院对暂缓起诉案件不介入，共同犯罪案件部分犯罪嫌疑人被暂缓起诉会影响到审判问题，有必要借鉴德国刑事诉讼法的规定，在共同犯罪案件中检察机关决定对部分犯罪嫌疑人暂缓起诉的，应当经过法院同意，但仅限制在共同犯罪案件范围内；二是共同犯罪涉及不同的犯罪嫌疑人，对有的犯罪嫌疑人作出暂缓起诉决定而对其他犯罪嫌疑人作出起诉决定也涉及司法公正问题，一旦被滥用（如主犯被暂缓起诉而从犯被起诉等其他情形），不仅违反法律面前人人平等的宪法原则，而且也有失刑事诉讼追求公平正义的目的。为了预防检察机关滥用暂缓起诉权力造成对当事人不公正的待遇，对共同犯罪案件部分犯罪嫌疑人决定暂缓起诉须经过同级人民法院审查批准是适当的。

（增加）第　条　考察机构认为被暂缓起诉的犯罪嫌疑人在考察期间履行了暂缓起诉决定书所规定的义务的，应当报请暂缓起诉决定机关审查。决定机关认为撤销暂缓起诉的申请符合法定条件的，应当作出对其不再起诉的决定。

论证意见：

暂缓起诉属于一种附条件的不起诉，是检察机关对具备一定追诉要件的犯罪嫌疑人，在一定条件下责令其遵守一定义务并因其承诺履行而作出的决定。被暂缓起诉的犯罪嫌疑人在暂缓起诉考察期限内没有违背暂缓起诉决定书规定的义务，或认真履行或遵守了规定的义务，则表明暂缓起诉的作用已经得到发挥，被暂缓起诉的犯罪嫌疑人也得到了矫正，并达到了决定暂缓起诉的目的。因此，检察机关应当作出不起诉的决定。对此，无论是理论界还是实践中均不存在争议，这也是我国应当设立暂缓起诉制度的目的之所在。

对暂缓起诉决定的撤销应当由决定暂缓起诉机关作出，考察机构不得自行宣布撤销，即使被暂缓起诉的犯罪嫌疑人履行了规定的义务或符合撤销暂缓起诉的条件。对考察机构报请决定暂缓起诉机关撤销暂缓起诉的，决定机关对于符合撤销条件的，应当及时作出撤销暂缓起诉的决定；对于不符合撤销条件，可以不予撤销，但应当说明理由。一旦暂缓起诉的决定被撤销，应当宣布不再起诉，诉讼程序即告终结，即使撤销后原被暂缓起诉的犯罪嫌疑人再犯罪，也不得将原来宣布不起诉的罪行与新的犯罪数罪并罚。

（增加）第   条 在考察期限内，被暂缓起诉的犯罪嫌疑人有下列情形之一的，应当撤销暂缓起诉的决定，提起公诉：

（一）又犯新罪的；

（二）发现在被暂缓起诉以前还有其他犯罪，需要判处刑罚的；

（三）未履行暂缓起诉决定书所规定的义务，情节严重的。

论证与论据：

1. 法治发达国家有借鉴意义的规定

《德国刑事诉讼法典》第153条a规定："……检察院可以对轻罪暂时不予提起公诉，同时要求被告人：1. 作出一定给付，弥补行为造成的损失，2. 向某公益设施或者国库交付一笔款额，3. 作出其他公益给付，4. 承担一定数额的赡养义务。……被告人不履行要求、责令时，对行为不能再作为轻罪予以追究。被告人不履行要求、责令者，不退还他已经为履行作出的给付。"

2. 论证意见

暂缓起诉与不起诉存在一定的区别，它属于附条件的不起诉，仍存在被起诉的可能，检察机关保留了一定期限内起诉的权力，一旦暂缓起诉的条件不成立，即被暂缓起诉的犯罪嫌疑人在规定的期限内没有履行规定的义务，则会被提起诉讼。暂缓起诉存在的功能是最大限度地促使不起诉的发生，撤销暂缓起诉决定则意味着检察机关决定暂缓起诉的失败，因此，实行暂缓起诉的国家一般对于撤销暂缓起诉的决定采用比决定暂缓起诉较为严格的条件和较为严密的程序，以期维护该制度的正确运行。如在日本司法实践中，被暂缓起诉人还可以申请为期六个月的更生保护。期满后，如果表现良好，暂缓起诉就成为终局的不起诉处分；反之，如果表现不好，仍有可能再犯新罪时，检察机关决定提起公诉。[1] 被暂缓起诉的犯罪嫌疑人在暂缓起诉期限内不珍惜因暂缓起诉而获得的"优越待遇"，则表明其不存在悔过和被矫正的可能，暂缓起诉的条件也归于消灭，作出决定的检察机关应当撤销暂缓起诉的决定，对其提起公诉。如何规定撤销暂缓起诉的法定条件，存在不同的观点：第一种观点认为，在考察期限内，如果严重违反有关暂缓起诉的监督管理规定，应当撤销暂缓起诉的决定，提起公诉；如果再犯新罪或发现有漏罪的，应将新罪、旧罪一并起诉到法院，提请审判机关按数罪并罚原则处理。[2] 第二种观点认为，在暂缓起诉期间内，有下列情形之一的，检察官依职权或依告诉人的申请撤销暂缓起诉：（一）故意犯罪，经检察机关提起公诉的；（二）发现被暂缓起诉人在暂缓起诉前，还犯有其他罪行，有可能判处有期徒刑以上刑罚的；（三）违反本法暂缓起诉的各项应当遵守或履行的义务，情节严重的。[3] 第三种观点认为，被暂缓起诉人在暂缓起诉期间，有下列情形之一的，人民检察院应当依职权或者依被害人的申请撤销暂缓起诉决定，提起公诉：（一）故意实施了新的犯罪行为或者其他严重的违法行为的；（二）暂缓起诉之前因故意犯有其他罪行，而在暂缓起诉期间内被判处刑罚的；（三）违反了暂缓起诉期间应当遵守的义务的。[4] 我们认为，暂缓起诉的条件消失或者被暂缓起诉的犯罪嫌疑人在暂缓起诉期限内违背自己的诺言，表明其没有悔改的诚意，也说明检察机关对被暂缓起诉的犯罪嫌疑人的暂缓起诉的目的落空，检察机关应当作出撤销暂缓起诉的决定，根据情况对被暂缓起诉人提起公诉。撤销暂缓起诉情形的规定与被暂缓起诉的犯罪嫌疑人在考察期限履行的义务既存在联系也应当存在区别，撤销暂缓起诉情形的规定应主要限定在被暂缓起诉的犯罪嫌疑人在暂缓起诉期间的故意行为上，从主观恶性上来考虑，并非违反规定的义务就必然导致暂缓起诉决定的撤销，只有情节严重的，才能被作为撤销的情形。为此，我们将撤销暂缓起诉的情形规定为又犯新罪的；在暂缓起诉前犯有其他罪行需要被判处刑罚的；违反暂缓起诉决定书所规定的义务，情节严重的，并采用了由重到轻的排列方式。

　　我们在条文设计中没有像德国或我国其他学者规定的撤销暂缓起诉决定

---

[1]　孙长永：《日本刑事诉讼法导论》，重庆大学出版社 1993 年版，第 200 页。

[2]　参见《北京市海淀区人民检察院实施暂缓起诉制度细则》第十四项的规定。

[3]　陈卫东主编：《模范刑事诉讼法典》，中国人民大学出版社 2005 年版，第 433 页。

[4]　徐静村主持：《中国刑事诉讼法（第二修正案）学者拟制稿及立法理由》，法律出版社 2005 年版，第 195 页。

后，被暂缓起诉的犯罪嫌疑人已经支付的赔偿金或履行的义务不得要求返还或赔偿的问题，是因为这是必然的事情，也是情理法理的应有之义。撤销暂缓起诉决定是基于被暂缓起诉的犯罪嫌疑人出现的新情形，原来支付的赔偿金或履行的义务已经获得了暂缓起诉决定，与撤销暂缓起诉决定的依据不存在因果关系，所以我们在条文设计中没有作出明确的规定。

第七节　证人出庭作证

证人是法庭查明案件事实的一种重要证据方法，"所有的人作为证人作证是一个普遍的规则，尽管我们不能从任何书本上找到这个规则，但是它早已由上帝写在每个人的心里"。[①] 为此，我国刑事诉讼法第 49 条规定："凡是知道案件情况的人，都有作证的义务。"然而法律对有作证资格和能力的证人没有规定强制出庭作证以及不出庭作证的法律后果，致使证人不出庭作证在我国刑事诉讼中成为常态，刑事案件中证人出庭作证，并经当庭质证的案件不足 10％，[②] 上海刑事案件证人出庭率为 5％左右。[③] 此外，根据广州大学人权研究中心的调查，证人出庭率不足 5％。[④] 这不仅影响了刑事诉讼直接言词原则的落实，严重侵害了当事人对证人质证的权利，也损害了程序公正，影响了实体真实的发现。为此，本部分针对现行刑事诉讼法的规定增加了出庭作证的情形、强制出庭作证的程序以及不出庭作证的法律后果，旨在促进证人积极地向国家履行作证的义务。实际上，让证人出庭作证并不像许多学者所想象的那样困难。根据广州大学人权研究中心的问卷调查，在城市居民中，即便对于其社区邻居的犯罪行为，85.3％的人选择愿意出庭作证；在农村居民中，对于此类犯罪，63.2％的人选择愿意出庭作证。[⑤]

证人出庭作证作为每一个证人应当履行的国家义务，不得消极地履行或

---

① United States v. Nixon，418 US. 683，709（1974）. See also United States v. Smith，27 F. Case. 1192，1197（C. C. D. N. Y 1806）（No. 16. 3421）.

② 吴运立：《对完善我国刑事证人证言制度的法律思考》，《政法论坛》1997 年第 1 期。

③ 陈光中：《关于刑事证据立法的若干问题》，《南京大学法学评论》2000 年春季号。

④ 参见黄立、杨松才主编：《刑事司法公正与人权保障》，湖南人民出版社 2006 年版，第373—374 页。

⑤ 同上书，第 380 页。

者不履行，但是，他们在履行相应义务的同时，也应当享有因作证造成损失的经济补偿权以及获得有效保护的人身、财产的安全权。因此，我们在规定证人出庭作证义务的同时，对证人因作证应当享有的权利，如经济补偿权和特殊证人的特别保护权等作为一项国家责任予以规定，以此来保证证人在安全环境下能够如实提供证言，消除一些后顾之忧，达到协助法庭发现事实的诉讼目标。

本部分所指的证人包括两个方面：一是一般的证人，即知道案件情况向司法机关作证的除当事人以外的第三人；二是特殊的"证人"，即我国刑事诉讼法所规定的鉴定人和办理案件的侦查人员。因鉴定人和办理案件的侦查人员不同于一般的证人，在条款中作了一些特殊的规定。

（增加）第　条　（证人出庭义务）证人有出庭作证的义务，以保障法庭审判公正进行。

有下列情形之一的，人民法院应当通知证人出庭作证：

（一）公诉人或者当事人对证言有异议，影响定罪量刑的；

（二）证言对定罪量刑有重要影响的；

（三）证人证言发生重大变化的；

（四）应当出庭作证的其他情形。

通知证人出庭作证，应当采用书面形式，并说明证人拒绝出庭作证的法律后果。

条文意旨：

本条规定了证人出庭作证的义务。证人出庭作证是刑事诉讼直接言词审判原则的必然要求，也是控辩双方交叉询问权利能够真正实现的程序要求，特别是针对我国刑事诉讼证人出庭作证较少的情况，应当对证人出庭作证作出义务性规定。然而，刑事案件的情况各不相同，每个案件所提供给法庭的证言与案件本身关系存在差异，以及证人对案件事实证明的程度也有不同，在立法上有必要对出庭作证的证人与一般的证人予以区分，明确哪种情形证人应当出庭作证。对于此问题，我们从两个方面予以规定：一是明确了证人应当出庭的情形，对于符合法定情形的证人，应当出庭作证；二是对于证人来说，自己是否应当出庭自我无法判断，这就需要一个程序性的标准来衡量，所以我们在规定了证人出庭作证的情形的基础上，增设了以人民法院的通知作为证人出庭作证的程序性标准，即经人民法院依法通知，证人应当按时出庭作证。

论证与论据：

1. 国际刑事司法准则的相关要求

《公民权利和政治权利国际公约》第 14 条第 3 款（戊）项规定：被指控人有权"讯问或业已讯问对他不利的证人，并使对他有利的证人在与对他不利的证人相同的条件下出庭和受讯问"。《欧洲人权公约》第 6 条第 3 款（丙）项和《美洲人权公约》第 8 条第 2 款第（五）项作了类似规定。

联合国人权事务委员会的一般性意见认为：《公约》第 14 条第 3 款（戊）项保证被告人对其不利证人的询问权，或业已询问权，享有对其有利的证人在与对其不利的证人同等的条件下出庭和受询问权。作为平等诉讼手段原则的适用，此保障对确保被告人、律师的有效辩护非常重要，从而保证被告人依法享有同等的强迫证人出庭、对检察官可提供的证人进行询问或交叉质证权。但是，此保障并未提供给被告人或其律师请求证人出庭的无限制性权利，而只是提供在诉讼过程中对不利于其的证人进行质询的机会。在这些限制范围内，以及对使用违反第 7 条获得的坦白、口供和其他证据的限制，主要由缔约国国内立法机构确定证据的可采性和法庭对其的评定。

《少年司法最低限度标准规则》第 14 条规定："根据正当法律程序，'公平合理审判'应包括如下基本保障：假定无罪、证人出庭和受询问、公共的法律辩护、保持沉默的权利、在审讯中最后发言的权利、上诉的权利等。"

2. 法治发达国家有借鉴意义的规定

《英国 1965 年刑事诉讼程序（证人出庭）法》第 69 章规定："（1）治安法庭担任预审法官，对每个由法庭调查的证人，除被告人和他的任何一个品格证人，应当制作命令要求他出庭并向（刑事法院）提供证据。（2）在法庭考虑被告人或起诉人的任何陈述之后，认为证人的证据可能不需要或不可能引起争辩，证人不必要在庭审中出庭……"

《美国联邦刑事诉讼规则》第 26 条规定："在所有审判中，证人应当在公开法庭以言词方式作证。"

《德国刑事诉讼法典》第 161 条 a 规定："证人、鉴定人负有应传唤前往检察院，就案件作出陈述或者鉴定的义务。""鉴定人无正当理由缺席或者拒绝时，检察院有权采取第 51 条、第 70 条和第 77 条的处分措施。"

《法国刑事诉讼法典》第 109 条规定："为听取其证言，作为证人受到传唤的任何人必须到庭……"

《日本刑事诉讼法》第 233 条第 1 款规定："检察官、检察事务官或者司法警察职员，为实施侦查犯罪而有必要时，可以要求被疑人以外的人到场，对他进行调查……"

《意大利刑事诉讼法》第 198 条第 1 款规定："证人有义务应法官的传唤出庭，遵守法官根据诉讼要求而作出的规定，并且有义务如实回答法官的发问。"

《澳大利亚 1995 年证据法》第 12 条规定："……对于某事实具有作证适格性的人可以强迫作证。"

3. 论证意见

我国刑事诉讼法第 49 条、第 47 条规定："凡是知道案件情况的人，都有作证的义务。""证人证言必须在法庭上经过公诉人、被害人和被告人、辩护人双方询问、质证，听取各方证人的证言，经过查实以后，才能作为定案的依据。"法律对知道案件情况的任何人设定了作证的义务，并作为强制性规范，强调证人必须出庭作证，接受控辩双方的询问、质证。然而，该规定对有作证资格和能力的证人没有规定强制出庭作证程序以及不出庭作证的法律后果，却又在刑事诉讼法第 157 条规定了"对未到庭的证人的证言，应当当庭宣读"。导致同一法典出现规定证人必须出庭又允许证人可以不出庭的冲突规定，造成实践中出现下列问题：（1）由于法律并未对不出庭的证人作出条件限制，证人是否出庭作证随意性太大，既可以出庭，也可以不出庭。证人在可以出庭也可以不出庭的选择中，一般从自身利益考虑，选择不出庭。不出庭不仅风险小，而且也不会产生一些必须投入的成本。如上海刑事案件证人出庭率为 5％左右。[①]（2）刑事诉讼法第 157 条规定允许在法庭上宣读未到庭的证人的证言笔录，但并未规定在什么条件下才允许这样做，致使证人不出庭作证在我国刑事诉讼中成为常态，刑事案件中证人出庭作证，并经当庭质证的案件不足 10％，[②] 这种证人作证而不出庭的奇怪现象，不仅影响了刑事诉讼直接言词原则的实现，严重侵害了当事人对证人质证的权利，也损害了程序应有的公正性，并且成为司法不公正的重要原因。

我们认为，刑事诉讼法的再修改应当规定强制证人的特定情形，但是法

[①]　陈光中：《关于刑事证据立法的若干问题》，《南京大学法学评论》2000 年春季号。

[②]　吴运立：《对完善我国刑事人证证言制度的法律思考》，《政法论坛》1997 年第 1 期。

律为什么需要强制证人出庭作证以及强制出庭作证有无正当性的问题呢？甚至刑事诉讼法如何修改才不至于产生"强制证人出庭作证这一制度本身的非合理性"问题。① 我们认为，证人出庭作证是证人对国家的义务，是为了查明案件事实和防止无辜的人受刑事追究的重要保证，证人作为案件不可替代的人，他们是法庭的证人，而不是控方或辩方的证人或者当事人的证人，无论证人是控方提供或者辩方申请提供的，均属于法庭的证人，在理论上明确这一问题尤其必要。在实践中由于证人证言与案件事实的紧密程度不同，且证人因客观原因也有可能无法出庭，强调证人一律出庭作证既不现实也不客观，对于一些与案件主要事实联系不大，只是证明案件的一些枝节的证人证言，无须证人出庭作证。根据广州大学人权研究中心的调查，强制证人出庭作证在我国尚不具备成熟的社会条件。在问卷调查中，仅分别有 12.3% 的法官和 1.9% 的检察官认为我国具备了强制证人出庭作证的条件；即便是在主观上对于证人出庭作证持极力赞成态度的执业律师，认为我国具备了该条件的比率也不过为 40.7%。② 书面证言有争议的证人出庭是查清案件事实、裁判案件所必须的，而鉴定人和办案人员都是公职人员，其行为容易规范，是可以实现的。

我们设计条款规定证人出庭作证义务的时候，仅仅对证人应当出庭作证的几种情形作了规定，即证人的证言对定罪量刑有影响，公诉人或者当事人有异议的，或者在重大案件中其证言对定罪量刑有重要的影响，或者应当出庭作证的其他情形，而没有一概规定证人应当出庭。另外，证人作为一个实体性的概念，只要知道案件情况就应当属于证人，但是，实践中无法排除有些证人没有被纳入诉讼的视野，如果立法上一概规定凡是知道案件情况的证人都应出庭作证，不具有现实性。即使上述规定的情形在实践中强求无一例外，也是不可能的。因此，我们对证人出庭作证的规定增加了程序性内容，以人民法院通知作为证人出庭履行义务的标准之一。

另外，在实践中存在证人无法出庭作证的客观情况，立法应当保持理性，不能一概强人所难，应当通过例外情形的规定予以解决。如证人开庭期间身患严重疾病等情形。如《德国刑事诉讼法典》第 251 条规定，有下列情形之一的，允许以宣读笔录代替询问证人、鉴定人或共同被指控人：（1）证

---

① 胡夏冰：《为什么强制证人到庭作证》，《法学评论》2002 年第 3 期。

② 参见黄立、杨松才主编：《刑事司法公正与人权保障》，湖南人民出版社 2006 年版，第 376 页。

人、鉴定人或共同被指控人已经死亡、发生精神病或者居所不能查明；（2）因患病、虚弱或者其他不能排除的障碍，证人、鉴定人或者共同被指控人在较长时间或者是不定时间内不能参加法庭审判；（3）因路途十分遥远，考虑到其证词意义，认为不能要求证人、鉴定人到庭；（4）检察官、辩护人和被告人同意宣读。《日本刑事诉讼法》第321条规定，只有在下列几种情形下证人才可以不出庭作证：（1）证人死亡；（2）精神或身体的障碍；（3）所在不明；（4）在国外。我国最高人民法院《关于民事诉讼证据的若干规定》对"证人确有困难不能出庭"的情形做出具体界定：年迈体弱或者行动不便无法出庭的；特殊岗位确实无法离开的；路途特别遥远，交通不便难以出庭的；因自然灾害等不可抗力的原因无法出庭的；其他无法出庭的特殊情况。这些情形属于不出庭作证的正当理由，强制其出庭则不具有正当性。但是，我们的规定主要是对证人出庭作证情形的规定，且我国证人不出庭成为常态，我们认为，刑事诉讼法修改在这种背景下不宜正面对不出庭情形予以规定。实质上除了应当出庭的情形，则属于不出庭的情形，规定证人出庭的情形在一定程度上涵盖了不出庭的情形，通过立法规定应当出庭作证的情形，在一定意义上起到了殊途同归的效果。

（增加）第　条　（鉴定人出庭义务）对鉴定人意见有异议的，当事人申请或者人民检察院提出或者人民法院认为有必要，经人民法院依法通知的，鉴定人应当按时出庭作证。

对经人民法院依法通知应当出庭作证的鉴定人不得采取拘传等强制性措施。

条文意旨：

本条是对鉴定人出庭作证问题的规定。我国刑事诉讼法对鉴定人应当出庭作了相应的规定，同时，又规定对未到庭的鉴定人的鉴定结论应当当庭宣读，以至于法庭经常直接对鉴定结论的效力进行书面审查，甚至不加限制性条件地作为证据使用。鉴定人意见属于言词证据的范围，适用证人的规则通过法庭质证，否则，适用传闻证据规则。然而我国的鉴定人是经过司法行政部门授予资格的"专家"，对于控辩双方没有争议或者争议本身无意义的，也没有必要一概要求鉴定人出庭作证，所以，我们规定鉴定人出庭作证经过法院通知的程序性规定。鉴定人意见虽然与证人证言均为言词证据，鉴定人作为一种特殊的"证人"，他具有可替代性，对于无正当理由拒绝出庭作证的，法庭可以另行聘请或者指定其他鉴定人进行鉴定予以替代，并通过不采纳鉴定意见来处理，所以规定了鉴定人不同证人的强制性例外。

论证与论据：

1. 法治发达国家有借鉴意义的规定

《美国联邦证据规则》第721条规定："法庭或任何一方当事人均可传唤专家证人出庭作证。该专家证人应当接受包括传唤其作证的一方当事人在内的每一方当事人的交叉询问。"

《德国刑事诉讼法典》第72条规定："除以下条款中有不同规定外，对鉴定人适用第6章中对证人的规定。"

《法国刑事诉讼法典》第169条、第168条规定："如在审判法院庭审中某一作为证人或者为提供情况而听取其陈述的人对鉴定人的鉴定结论持不同意见，或者从技术的角度提供了新的线索，审判长得要求鉴定人、检察院、辩护人，以及必要时，要求民事当事人提出自己的意见。""如有必要，鉴定人在法庭上先进行宣誓，本着自己的良心与名誉为司法提供协助之后，介绍其进行的技术性鉴定活动的结果。"

《日本刑事诉讼法》第171条规定："前章（询问证人）的规定，除拘传的规定以外，准用于鉴定。"

《俄罗斯联邦刑事诉讼法典》第282条第1、2款规定："法庭有权根据控辩双方的申请或主动地传唤在审前调查过程中提出鉴定结论的鉴定人进行询问，要求他对他所做的鉴定结论进行说明或补充。""在宣读鉴定结论后，控辩双方可以向鉴定人提问。在这种情况下，首先提问的是要求进行司法鉴定的一方。"

2. 论证意见

鉴定也称为司法鉴定，是指在诉讼活动中鉴定人运用科学技术或者专门知识对诉讼涉及的专门性问题进行鉴别和判断并提供意见的活动。鉴定人是以其专业知识就案件的专门性问题提出意见的人。鉴定人在英美法系国家被称为特殊的证人——专家证人，对其提供的意见应当出庭接受质证，并说明鉴定过程以及提供意见的合理性、科学性和可靠性，旨在协助法庭对案件涉及的专门性问题作出认定，这种意见适用证人意见证据的例外。我国刑事诉讼法将鉴定人意见作为法定证据的种类之一，并在第156条规定了"公诉人、当事人和辩护人、诉讼代理人经审判长许可，可以对证人、鉴定人发问"。然而，在第157条又规定："公诉人、辩护人……对未到庭的……鉴定人的鉴定结论……应当当庭宣读"，甚至被司法实践诠释为鉴定人经法院传唤或通知未到庭，"不影响开庭审理"，法院可以通过开庭宣读未到庭的鉴定人的鉴定结论，直接对鉴定结论的证据效力进行书面审查。这些规定和做法与法治发达国家不相一致，也不符合鉴定人意见作为言词证据的特性。因为不论是英美法系国家还是大陆法系国家，普遍对应当出庭而不出庭的鉴定人所提供鉴定意见作为传闻证据，适用传闻证据的排除规则。

由于我国刑事诉讼法对鉴定人出庭与不出庭没有法定的标准，鉴定人可以出庭也可以不出庭，导致实际情况是鉴定人通常不出庭，仅仅出具鉴定结论书。据不完全统计，鉴定人的出庭率不到5%。最高人民法院《关于执行〈中华人民共和国刑事诉讼法〉若干问题的解释》第140条规定："被告人、辩护人、法定代理人经审判长准许，可以在起诉一方举证提供证据后，分别提请证人、鉴定人出庭作证，或者出示证据、宣读未到庭的证人的书面证言、鉴定人的鉴定结论。"鉴定结论一旦采用了书面形式，实际上本质意义上的质证活动就无法进行，鉴定人在某种程度上演变为承担了法庭认定事实的职责，真正成为"穿着白衣的法官"。因为作为书面形式的鉴定结论实际上是一种书证，它们本身无法直接回答有关的质问和答疑，也不产生应有的质证效果，本质意义上的言词证据起着"书证"的作用，必然导致多头鉴定和重复鉴定，诉讼之争演变为鉴定之战。因此，刑事诉讼法的修改应当增加鉴定人出庭作证的义务性规定。

我们认为，鉴定人一般应当出庭作证，通过出庭说明、解释、答复鉴定结论的有关内容，使专门性问题得以澄清。只有在特殊的情况下，才允许通过宣读书面鉴定结论的方式代替鉴定人出庭。对鉴定人是否出庭进行实证考察，大致存在三种情形：一是鉴定人出庭作证存在"必要性"和"可能性"的情况，鉴定人应当出庭；二是鉴定人出庭作证没有"必要性"，如控辩双方对鉴定人意见认可，鉴定人出庭作证成为多余，则无须出庭；三是鉴定人出庭作证虽然存在"必要性"，但没有"可能性"，如鉴定人因客观原因无法出庭作证，鉴定人出庭作证成为不可能。

同时，鉴定人出庭作证不同于证人出庭作证，因鉴定人回避制度等使鉴定人具有中立性，且需要鉴定人与否也是由法庭来决定，因此，鉴定人的出庭问题不应当仅仅由公诉人、被告人及辩护人的意愿决定，应当经法庭同意，在一定程度上应当有法庭的意志，法庭有权根据案件情况自行决定鉴定人出庭。如《俄罗斯联邦刑事诉讼法典》第 282 条第 1 款规定："法庭有权根据控辩双方的申请或主动地传唤在审前调查过程中提出鉴定结论的鉴定人进行询问，要求他对他所做的鉴定结论进行说明或补充。"一般的情况下，法庭对于公诉人或者被告人及其辩护人传唤鉴定人出庭的申请，应当审查，对于认为无需要传唤出庭作证的，应当说明理由，申请人有复议的权利。所以，我们仅仅规定对鉴定人意见有异议的，当事人申请或者人民检察院提出或者人民法院认为有必要，经人民法院依法通知，鉴定人应当按时出庭作证，并未规定鉴定人一律出庭。

我们的方案包含以下几个方面的意义：

一是控辩双方或者当事人对作为证据的鉴定人意见存在争议，如鉴定人意见错误、鉴定方法不科学、鉴定程序或者鉴定人存在问题影响鉴定人意见准确性、客观性等等。对于仅仅对鉴定人意见不服而无任何理由的，不属于存在争议。如司法解释规定，"人民法院应当通知下列情形的……鉴定人出庭作证：（一）人民检察院、被告人及其辩护人对……鉴定结论有异议，该……鉴定结论对定罪量刑有重大影响的……"[①]

二是当事人申请或人民检察院提出要求鉴定人出庭的，即使当事人没有申请或人民检察院没有提出，人民法院根据案件情况认为鉴定人有必要出庭的，特别是存在多个不同的鉴定人意见时，法庭应当通过鉴定人在法庭对鉴定的科学依据、鉴定步骤、鉴定方法、鉴定程序等方面进行说明解释。对多个鉴定人意见进行分析比较，从中作出适当的选择。

三是鉴定人出庭作证属于一项法定义务，经人民法院通知出庭，就应当出庭作证。对于无正当理由拒绝出庭作证的鉴定人，法庭可以通过不采纳所提供的鉴定意见的方式处理，无须像普通证人那样采用强制措施强制鉴定人出庭。因为鉴定人作为特殊的证人不同于普通的证人，他具有可替代性，即使不出庭作证，法庭可以通过其他鉴定人实施鉴定并出庭提供鉴定意见来达到目的。为此，我们规定对经人民法院依法通知出庭作证无正当理由未出庭作证的鉴定人不得采取拘传等强制性措施。人民法院应当将有关情况移送鉴定人管理部门，由其依法作出处理。如按照《全国人民代表大会常委会关于司法鉴定管理问题的决定》第 13 条的规定，经人民法院依法通知，拒绝出庭作证的，由省级人民政府司法行政部门给予停止从事司法鉴定业务三个月

---

① 参见 2007 年 3 月 9 日最高人民法院、最高人民检察院、公安部、司法部：《关于进一步严格依法办案确保死刑案件质量的意见》第 32 条。

以上一年以下的处罚；情节严重的，撤销登记。对于情节特别严重的，可以依法追究刑事责任。

另外，在实践中鉴定人存在无法出庭作证的情况，刑事诉讼法的修改也应当对此予以规定。如《德国刑事诉讼法典》对鉴定人不到庭的例外情形作出了如下规定：（1）鉴定人已经死亡、发生精神病或者居所不明的；（2）因患病、虚弱或者其他不能排除的障碍，鉴定人在较长时间或者不定时间内不能参加法庭审判的；（3）因路途十分遥远，考虑到其证词意义，认为不能要求鉴定人到庭的；（4）检察官、辩护人和被告人同意宣读的。但是，我们在刑事诉讼法的修改中之所以没有对鉴定人不出庭的情形作出明确的规定，是因为我国存在鉴定人不出庭作证的常态状况，立法首先急需解决的是鉴定人出庭问题，基于此，没有对鉴定人不出庭作证的情形作出规定。

（增加）第　条　（侦查人员出庭义务）对侦查人员调查取证活动的合法性有异议，经当事人申请或者人民检察院提出，或者人民法院认为有必要的，人民法院应当通知办理案件的侦查人员出庭作证。

侦查人员出庭作证，适用鉴定人出庭作证的规定。

条文意旨：

本条是对侦查人员出庭作证义务的规定。本规定包含三层含义：一是控辩双方或者一方认为侦查人员调查取证的活动违反法律的规定，对其收集证据行为的合法性有异议向人民法院提出的，人民法院认为侦查人员调查取证活动的合法性可能影响程序公正的，应当通知实施调查取证活动的侦查人员出庭证明其活动合法。二是人民法院不主动对侦查人员调查取证活动的合法性进行审查。三是侦查人员出庭作证适用鉴定人的程序规则，不同于证人。

论证与论据：

1. 法治发达国家有借鉴意义的规定

《美国联邦证据规则》第803条规定，关于传闻证据的例外的规定，不包括在刑事案件中由警察或其他执法人员观察的事项。

《德国刑事诉讼法典》第222条规定，被告人要求传唤鉴定人参加法庭审判或者收集其他证据时，应当向法庭审判长提出申请。法庭准予被告人的申请时，应当通知检察人员；如果审判长拒绝传唤申请的，被告人可以直接传唤；被告人也可以未经申请直接传唤。

《意大利刑事诉讼法典》第 514 条规定："除第 511 条规定的情况外，禁止宣读记载司法警察活动的笔录和其他文书。在对司法警官或警员作为证人加以询问时，可以依照第 499 条第 5 款的规定使用上述文书。"

《澳大利亚 1995 年证据法》第 33 条规定，在刑事诉讼中，除特殊情况外，承办案件的警察可通过宣读证词或者根据其先前撰写的证词引导作证，为控方提供直接证据。

2. 论证意见

在英美法系国家的刑事诉讼中，证人是一个非常宽泛的概念，诉讼当事人都可以成为自己案件的证人，在刑事诉讼程序仅存在普通证人（lay witness）和专家证人（expert witness）之别，并将证人界定为在诉讼过程中向法院提供口头证词的人。证人的范围不仅包括普通证人和专家证人，而且还包括放弃沉默权经过宣誓程序的被告人和司法警察。因此，英美法系国家的警察经常作为控方的证人出庭作证，辩方也可以依据案件的实际情况和具体需要传唤某个警察出庭作证。在英国，警察被视为法庭的公仆，在出庭作证问题上，警察与其他普通证人负有同样的义务和责任。在美国，只要案情需要，警察就必须出庭作证，经过宣誓程序后，接受辩护方的讯问和质证，所以警察出庭作证非常普遍。

我国属于大陆法系国家，大陆法系传统理论认为，证人是指诉讼当事人以外的向司法机关陈述自己所观察或知晓过去事实的第三人。实质上专指向司法机关陈述所知案件情况且又不具有其他诉讼身份的人员，因而规定主办案件的法官、检察官及侦查人员不得同时为证人。近年来，侦查人员（主要指警察）的法庭作证似乎得到了学界和司法实践的认同。[1]《人民检察院刑事诉讼规则》第 343 条规定："公诉人对于搜查、勘验、检查等侦查活动中形成的笔录存在争议，需要负责侦查的人员以及搜查、勘验、检查等活动的见证人出庭陈述有关情况的，可以建议合议庭通知其出庭。"最高人民法院《关于执行〈中华人民共和国刑事诉讼法〉若干问题的解释》第 138 条规定："对指控的每一起案件事实，经审判长准许，公诉人可以提请审判长传唤证人、鉴定人和勘验、检查笔录制作人出庭作证……""两高"的司法解释为侦查人员出庭作证提供了一定的依据。但是，由于"两高"的司法解释仅仅能够约束检察机关和审判机关，对于公安机关来说则没有当然的约束力，实

---

[1]　如《侦查人员出庭作证，翻供内鬼低头认罪》，载《南方都市报》2002 年 10 月 12 日；《民警出庭作证，毒贩低头认罪》，载《检察日报》2002 年 3 月 31 日，等。

质上许多情况下侦查人员基本上还是不出庭作证。因此，我国刑事诉讼法的修改应当吸收这一司法实践中的做法，将其作为一项强制性的法律规定。

我们认为，侦查人员以证人身份出庭作证，又因其行使过侦查权，其作证不同于一般的证人，作证范围应当受到一定的限制，无须就其在侦查活动中了解的所有情况都向法庭作证。将侦查人员非法取证仅限定在勘验、检查，过于狭窄，排除非法证据规则难以发挥优势；将侦查人员非法取证无须侦查人员出庭，而由法庭调查和处理有暗箱操作的嫌疑。我们认为，对于侦查人员来说，一般可就以下情形出庭作证：

（1）侦查人员实施现场勘验、检查、搜查、扣押、辨认等活动时，辩方对其制作的笔录的真实性、合法性有疑问，侦查人员应当出庭就勘验、检查、搜查、扣押、辨认等活动的进行过程提供证词，以便当庭核实这些笔录的真实性与合法性。如侦查人员在现场勘验、检查、搜查、扣押活动中获取的某种实物证据的提取过程、保管过程，如果辩方对该实物证据是否是原物存在异议，或者提出该实物遭到人为的破坏，或者要求控方提供其在犯罪现场遗留下来的对己有利的实物证据时，侦查人员应当出庭证明整个实物证据的提取过程和保管过程是否合法。

（2）当辩方对证据及其侦查行为的合法性提出异议时，特别是对侦查人员获得的犯罪嫌疑人供述，侦查人员应当出庭陈述，以证实没有实施刑讯逼供、威胁、引诱、欺骗等其他非法方法。

（3）辩方提出犯罪嫌疑人的有罪供述是侦查人员通过刑讯逼供等非法手段获取的，或律师取得的证人证言同侦查人员获取的证人证言有较大出入且难以判断孰是孰非，而且上述情况引起法庭合理怀疑时，侦查人员应当出庭与被告人以及相关证人进行对质，以判断被告人口供与证人证言的真实性。

我们认为，对于侦查人员出庭作证不能规定得过于宽泛，以免出现矫枉过正的泛化现象。因为侦查人员出庭作证毕竟不同于传统的普通证人，刑事诉讼法的修改应当对目前亟待解决而且应当解决的问题作出规定，以抑制违法侦查为主要目标，以确立非法证据排除规则为主轴，将"侦查人员调查取证活动的合法性"的证明责任分配给控方，对于"经当事人申请或者人民检察院提出"作为程序性条件，针对侦查行为合法性存在异议问题，要求侦查人员出庭作证，以体现程序正义价值。

（增加）第 条 （如实作证义务）证人、鉴定人和侦查人员出庭作证

的，人民法院应当告知其负有如实作证的义务，并在如实作证的保证书上签名。

前款关于保证书签名的规定，不适用于未成年的证人。

条文意旨：

本条是对证人、鉴定人和侦查人员出庭如实作证义务的规定。我们对于证人、鉴定人和侦查人员出庭如实作证问题没有采用国外的宣誓制度，而是采用了作证前的法院告知和证人、鉴定人、侦查人员签订保证书相结合的制度。法院告知证人、鉴定人和侦查人员如实作证起到警示作用，可以唤起其良知，而证人、鉴定人和侦查人员签署保证书为其出庭作伪证承担责任提供法律依据，可以防止其作伪证。因未成年的证人不具有承担虚假陈述的责任能力，对保证书签名问题作了例外的规定，但不能免除如实作证的义务，人民法院仍应当告知其如实作证。

论证与论据：

1. 法治发达国家有借鉴意义的规定

《美国联邦证据规则》第 603 条规定："作证前要求每个证人声明如实提供证词，通过宣誓或虽不宣誓但以某种旨在唤醒证人良知和加深证人责任感的方式来进行。"

《德国刑事诉讼法典》第 57、59、60 条规定："询问前应当提醒证人要如实提供证言，并且言明如无法律规定、准许的例外，他们必须对自己的证言宣誓。""证人宣誓应当是个别的和在询问后进行。除另有不同规定外，应当在审判程序中宣誓。""对下列人员，不要求宣誓：1. 接受询问时还未年满 16 周岁或者由于理解力欠成熟或者因患精神病或者因智能上或者心理上的障碍不能充分认识到宣誓的本质与意义的人员……"

《日本刑事诉讼法》第 154、155 条规定："除本法有特别规定的以外，应当令证人宣誓。""对不能理解宣誓意义的人，应当不使其宣誓而直接询问。"

《意大利刑事诉讼法》第 492 条第 2 款规定："在询问之前，庭长告诫证人有义务说实话。除涉及不满 16 岁的未成年人外，庭长还告诫证人承担哪些刑事法律为虚假证明和沉默行为规定的责任。并要求证人发表以下声明：'我意识到作证的道德责任和法律责任，保证全部讲实话并且不隐瞒任何我所知晓的情况。'随后，要求他提供自己的一般情况。"

《法国刑事诉讼法典》第 331 条第 3 款规定："证人在开始作证前应当宣誓：'不怀仇恨、无所畏惧，说出全部真相，所说内容全部属实。'此后，证人即开始口头作证。"

《俄罗斯联邦刑事诉讼法典》第 278 条第 2 款规定："在询问前，审判长应确认证人的身份，查明他与受审人和被害人的关系，向他说明本法典第 56 条规定的权利、义务和责任，对此证人应具结保证，其保证书应归入审判庭笔录。"

《澳大利亚 1995 年证据法》第 21 条规定，在诉讼中，证人在作证前必须进行宣誓或者郑重陈述。

2. 论证意见

证人、鉴定人和侦查人员出庭如实作证是法庭发现案件事实真相的基础，也是对他们出庭作证的基本要求。证人、鉴定人和侦查人员对自己知道的案件情况既不可有所隐瞒或者保留，也不应当作虚假陈述或者捏造事实，应当实事求是地向法庭陈述自己的客观感知，为法庭准确地发现案件事实提供客观真实的依据。证人、鉴定人和侦查人员作为生活在社会的一员和所处的社会环境，使得他们存在提供虚假陈述的可能，为了预防其作伪证或者隐瞒事实，在其作证前应当采用一定的约束手段和相关的制度促使其如实作证。我国台湾地区学者翟宗泉认为，方法有三：一是事前宣誓或具结，使证人在良心上受约束，不愿伪证；二是事中诘问，揭露证言之虚伪部分，使证人不能伪证；三是事后科以伪证之处罚，使证人惧于刑事责任，不敢伪证。[①] 从心理学的角度来分析，法律在证人作证前采用宣誓等仪式有助于从心理上起到预防的作用，"法律期待宣誓具有保证事实真实性的机能"。[②]

在证人、鉴定人和侦查人员作证前予以一定仪式约束和心理抑制是必要的，但是选择何种仪式存在不同的方案。在我国理论界对证人作证之前采用何种形式来表达如实作证的意愿存在分歧。一种意见认为，我国民众普遍缺乏一种虔诚的宗教信仰，且宣誓存留人类蒙昧的痕迹，在我国诉讼中采用这种制度缺乏传统基础。另一种意见认为，我国早期存在过宣誓制度，并且法治发达国家仍然在采用这种制度，宣誓制度与我国传统并不排斥，我国应当

---

① 翟宗泉：《证人有无伪证之权利》，载刁荣华主编《比较刑事证据法各论》，台湾汉林出版社 1984 年版，第 162 页。

② ［日］田口守一：《刑事诉讼法》，刘迪等译，法律出版社 2000 年版，第 232 页。

采用宣誓制度。我们认为，证人宣誓具有浓厚的宗教仪式色彩，是以保证证人的可信性为己任的，现在证人作证的功能已经远远超出了这一范围，且我国诉讼法没有相应的基础与之融合，宣誓方式不宜采纳。同时，基于上述理由，宣誓可以通过无任何宗教色彩的郑重陈述方式所替代，但是郑重陈述作为证人拒绝宣誓的替代品，如何陈述才能称得上"郑重"也存在不同认识，且我国刑事诉讼法没有规定证人、鉴定人和侦查人员作证的宣誓制度。最高人民法院《关于执行〈中华人民共和国刑事诉讼法〉若干问题的解释》第142条规定，"证人作证前，应当在如实作证的保证书上签名"，从我国的传统和司法实践的做法来看，采用保证书的方式更适合我国的国情，在一定程度上也能起到对证人、鉴定人和侦查人员内心威慑的作用。因此，我们没有采用宣誓或者郑重陈述的方式。

我们认为，保证书制度对于促使证人、鉴定人和侦查人员如实作证的功能是不全面的，因为"中国法上之具结，即系以法律之制裁为保证……并未增加预防之作用"。[①] 为了弥补证人、鉴定人和侦查人员签署保证书的不足，我们在证人、鉴定人和侦查人员出庭作证前规定了人民法院告知其如实作证的义务，通过告知证人、鉴定人和侦查人员应当如实提供陈述和有意作虚假陈述或者隐匿罪证要负法律责任，起到警示作用，从而发挥预防伪证的功能。

另外，我们对未成年的证人在保证书上签名作了例外的规定。因为我国刑法第305条规定的伪证罪的犯罪主体为已满16周岁的自然人，而保证书的签署应当以证人能够承担法律责任为前提，未成年的证人不具有承担虚假陈述的责任能力。这也是通行的做法，如《德国刑事诉讼法典》第57、60条规定："询问前应当提醒证人要如实提供证言，并且言明如无法律规定、准许的例外，他们必须对自己的证言宣誓。""对下列人员，不要求宣誓：1.接受询问时还未年满16周岁或者由于理解力欠成熟或者因患精神病或者因智能上或者心理上的障碍不能充分认识到宣誓的本质与意义的人员……"

但是，不能因此免除其如实作证的义务，人民法院仍应当告知其如实作证，促使其如实作证。

（增加）第   条   （法律后果）证人、鉴定人、侦查人员经人民法院依法通知，无正当理由拒绝出庭作证的，其提供的证人证言、鉴定人意见、案

[①] 李学灯：《证据法比较研究》，台湾五南图书出版公司1992年版，第529页。

件侦查过程说明等书面材料不得作为证据。

条文意旨：

本条是对应当出庭作证的证人、鉴定人、侦查人员无正当理由拒绝出庭作证而提供书面材料的法律后果的规定。对案件事实认定和定罪量刑具有关键性作用的证人或者控辩一方对其书面证言、鉴定人意见持有异议的证人、鉴定人以及对侦查活动合法存在重大分歧的侦查人员，应当出庭作证，接受控辩双方的质疑、提问，从而使法庭从中辨别真假、发现真相。无法定理由拒不出庭作证，其提供的书面证言、鉴定意见的真实性和取证的合法性就无法得到证明，法庭不能以此作为定案的根据；同时，因证人、鉴定人、侦查人员不出庭使当事人质证权利变相被剥夺，不仅违反了直接审理原则，程序正义难以实现，而且也难以保证其真实可靠。因此，法庭对其所提供的书面证言、鉴定人意见和办案证明等材料不予认可，通过这种法律后果来保证证人、鉴定人和侦查人员依法履行应当出庭作证的义务或者责任。

论证与论据：

1. 国际刑事司法准则的相关要求

《公民权利和政治权利国际公约》第 14 条第 3 款规定："在判定对他提出的任何刑事指控时，人人完全平等地有资格享受以下最低限度的保证：……（戊）讯问或业已讯问对他不利的证人，并使对他有利的证人在与对他不利的证人相同的条件下出庭和受讯问……"

《欧洲人权公约》第 6 条第 3 款（丁）项规定："任何被告人都有权询问或提请法院询问对其作有罪证词的证人，并且有权获准按照对其作有罪证词的证人相同的条件，传唤与询问对其作无罪证词的证人。"

2. 法治发达国家有借鉴意义的规定

《美国联邦证据规则》第 802 条规定："传闻证据，除本法或联邦最高法院依法定授权制定的其他规则或国会立法另有规定外，不予采纳。"

《德国刑事诉讼法典》第 250 条规定："对事实的证明如果是建立在一个人的感觉之上的时候，要在审判中对他询问。询问不允许以宣读以前的询问笔录或者书面证言而代替。"

《澳大利亚 1995 年证据法》第 59 条规定："不得采纳他人先前陈述的证据，以证明该人陈述所宣称的事实。"

3. 论证意见

我国刑事诉讼法第 47、156 条规定："证人证言必须在法庭上经过公诉人、被害人和被告人、辩护人双方讯问、质证，听取各方证人的证言并且经过查实以后，才能作为定案的根据。""公诉人、当事人和辩护人、诉讼代理人经审判长许可，可以对证人、鉴定人发问。"在第 157 条又规定对未到庭的证人的证言笔录、鉴定人的鉴定结论、勘验笔录和其他作为证据的文书，应当当庭宣读。刑事诉讼法不仅没有规定证人、鉴定人、侦查人员不出庭的所提供的证人证言、鉴定人意见或办案证明材料等法律后果，而且还允许对未到庭的证人的证言笔录、鉴定人的鉴定结论、勘验笔录和其他作为证据的文书当庭宣读，其结果导致应当出庭而不出庭的证人的证言笔录、鉴定人的鉴定结论、勘验笔录被采纳，使言词证据"书证化"，在一定程度上也纵容了违法侦查活动，公正程序发现真相的功能不能得到发挥，导致案件事实的错误认定。因此，刑事诉讼法的修改应当明确应当出庭的证人、鉴定人和侦查人员拒绝出庭，其所提供的证言笔录、鉴定结论、勘验笔录等无证据能力，促使证人、鉴定人和侦查人员出庭作证。

我们认为，刑事诉讼法应当对证人、鉴定人和侦查人员不出庭作证的例外情况作出明确规定，以便实践中有据可依。如《德国刑事诉讼法典》第 251 条规定，有下列情形之一的，允许以宣读笔录代替询问证人、鉴定人或共同被指控人：（1）证人、鉴定人或共同被指控人已经死亡、发生精神病或者居所不明的；（2）因患病、虚弱或者其他不能排除的障碍，证人、鉴定人或共同被指控人在较长时间或者不定时间内不能参加法庭审判的；（3）因路途十分遥远，考虑到其证词意义，认为不能要求证人、鉴定人到庭的；（4）检察官、辩护人和被告人同意宣读的。但是，在我国普遍存在法庭宣读证人证言、鉴定人意见和侦查机关出具办案说明的情况下，刑事诉讼法的再修改首先应当解决的是书面化问题，立法应当旗帜鲜明对应当出庭作证的证人、鉴定人和侦查人员规定不出庭的法律后果，对不到庭而提供的证人证言、鉴定人意见和办案说明等结果予以否定，达到促使其出庭作证的目的。

（增加）第　　条　（法律制裁）证人经人民法院依法通知，无正当理由不到庭作证的，可以警告或者处以一千元以上一万元以下的罚款；必要的时候，可以拘传。

证人出庭后，无正当理由拒绝陈述或者拒绝回答询问的，可以处以一千元以上二万元以下的罚款或者拘留；情节严重的，依法追究刑事责任。

证人对于前款处罚不服的，可以向上一级人民法院申请复议。上一级人民法院收到复议申请后，应当在三日内作出复议决定。

鉴定人、侦查人员经人民法院依法通知，无正当理由拒绝出庭作证的，由有关部门给予相应的纪律处分。

条文意旨：

本条是对证人拒绝出庭作证或者出庭拒绝作证的制裁性规定。证人出庭作证是其法定义务，不履行法定义务就应当承担一定的法律责任，进行相应的法律制裁，以此来督促他们积极履行应当履行的义务。证人经人民法院依法通知不出庭作证的法律制裁主要包括以下内容：一是拒绝出庭的制裁。经人民法院依法通知不出庭作证的罚款责任以及强制出庭的强制性措施。二是出庭后拒绝陈述的制裁。证人出庭后拒绝作证的可处以罚款、拘留；情节严重的，依法追究刑事责任。三是救济程序。证人对自己承担责任或者受到制裁这种不利的法律后果，应当有一定救济程序，以此来约束法院滥用制裁和避免证人的合法利益受到不正当的侵害。

论证与论据：

1. 法治发达国家有借鉴意义的规定

《德国刑事诉讼法典》第51、60条规定："（一）依法传唤而不到场的证人要承担由于应传不到的费用。对他同时还要科处秩序罚款和不能缴纳罚款时易科秩序拘留。对证人也准许强制拘传……（二）证人及时说明不能到庭的正当理由，不承担费用和被科处秩序罚款……""对下列人员，不要求宣誓：1. 接受询问时还未年满16周岁或者由于理解力欠成熟或者因患精神病或者因智能上或者心理上的障碍不能充分认识到宣誓的本质与意义的人员……"

《日本刑事诉讼法》第151条规定："作为证人受到传唤没有正当的理由而不到场的，处以10万元以下的罚金或者拘留。"

《法国刑事诉讼法典》第326条规定："如受到传唤的证人不到庭，法庭得依检察院的要求，或者依职权，命令由公共力量将该证人带至法庭……任何情况下，证人不到庭，或拒绝宣誓，或拒绝作证，均得依检察院的要求，对其科处3750欧元罚金。"

《俄罗斯联邦刑事诉讼法典》第188条规定："证人、被害人的传唤使用传票。……如被传唤接受询问的人无正当理由不到案，则可以对他进行拘传或者对他采取本法典第 111 条规定的其他诉讼强制措施。"

2. 论证意见

证人出庭作证是证人的法定义务，不履行其义务或不完全履行义务，应当对其追究责任，让其承担不利的法律后果，以此来促使证人出庭履行作证义务。法治发达国家对拒不到庭作证的证人规定了罚款、拘留等强制措施或处罚措施，甚至可以逮捕或以蔑视法庭罪给予处罚。对证人不出庭履行法定义务或不完全履行法定义务设计方案不同：

我们认为，证人出庭作证是其法定义务，违背其应当履行的义务除了强制其继续履行外，则因第一性义务没有履行衍生出第二性义务，第二性义务是使得第一性义务得以实现的必要保障。因此，对证人不出庭作证在对其规定强制性措施外，还应规定一定的责任。因为强制到庭作证的措施并没有对证人不到庭的行为进行制裁，仅仅是保证证人履行第一性义务的措施，本身不具有惩罚性。同时，虽然证人履行了到庭的义务，但是到庭不是目的，仅仅是手段，一旦强制证人到庭后不履行作证的义务其目的没有实现，证人仍然没有履行作证的义务，对此因无法通过强制性措施让其作证，只能借助于制裁性措施来促使其作证。

对证人采用强制性措施和制裁措施应当由人民法院决定，其他任何机关无权决定。证人对法院有作证的义务，一般对控辩双方没有作证义务，对他们拒绝作证也不应当受到强制和处罚。因为"在侦查阶段预先解决证人对伪证所负的刑事责任是不可能的。因为这是一个核对一切证据的第一审法院的职权。只有法院才能得出最后的结论，判断证人的证言是否真实，如果不是真实的，那么究竟哪些部分是他故意提出的伪证？如果解决证人伪证的责任问题变成侦查员或监督侦查检察长的特权，那么这就必然会缩小了被告人的辩护权"。①

对我国证人不出庭作证的制裁可分三个层次规定。一是对首次收到人民法院作证通知书而不到庭提供证言的证人，予以警告；二是对经人民法院依法两次传唤无正当理由拒不到庭的证人，可以罚款或拘传，强制其到庭作证。前两项属于强制性措施，以此来督促证人出庭。三是对已被采取罚款、拘传到庭后拒绝陈述或者拒绝回答询问的，除予以较高的罚款外，

---

① ［苏联］P. H. 拉洪诺夫：《苏维埃刑事诉讼中证人的证言》，董镜苹等译，法律出版社 1956 年版，第 63 页。

应当予以拘留；情节严重的，依法追究刑事责任。这一项属于制裁性措施，以让其因不履行作证义务而付出代价，即承担严重的法律制裁后果。对于证人不出庭作证建立了一个完整的强制证人出庭作证的责任体系和制裁措施，其目的是通过强制性的手段和制裁措施来促使证人出庭如实作证。

另外，对于需要出庭作证的证人因客观原因不能作证，不能强制其出庭，也不应强制其出庭作证，并且不应当进行处罚。这种客观原因也被称之为正当的理由。这些正当理由一般包括：（一）未成年人；（二）开庭期间身患严重疾病；（三）其证言对案件的审判不起直接作用的；（四）法律另有规定或者其他客观原因无法出庭的。符合以上条件的证人可以不出庭作证，法律也不应当对其处罚或制裁。

对于鉴定人、侦查人员等特殊证人，经人民法院依法通知，无正当理由拒绝出庭作证的，应当由有关部门给予相应的纪律处分。鉴定人与普通证人不同，他在诉讼中具有可替代性，对其拒绝作证行为的法律制裁方式与普通证人有所区别；侦查人员出庭作证是一种职务行为，其内容主要是就侦查情况进行说明，有别于普通证人就自己所感知的案件事实提供证言，侦查人员拒绝出庭作证，应当依照警察法、检察官法的相关规定进行处理。

（增加）第　　条　　（经济补偿权）证人因出庭作证而支出的交通费、食宿费、误工费等，由人民法院按照国家标准给予补偿。证人补偿费由人民政府财政预算列入人民法院的业务经费，并予以保障。

有工作单位的证人出庭作证期间，所在单位有为其提供便利条件的义务，不得以任何理由进行阻挠，不得克扣或者变相克扣工资、奖金以及其他福利待遇。

条文意旨：

本条是对证人出庭作证的经济补偿的规定。本条设计遵循了证人出庭作证的权利与义务对等原则，证人在履行出庭作证义务后对其因出庭作证所造成的损失、支出的费用应当享有向国家机关要求补偿的权利，无论是控方提供的证人还是辩方申请的证人。为了保障证人经济补偿权的实现，鼓励证人积极履行出庭作证的义务，本条明确了人民法院作为补偿的义务机关，以免提供的证人或者申请的证人一方支付费用存在重金收买证人的嫌疑。同时本条也明确了证人单位的协助义务，从另一层面来保障证人经济利益不受损失，弥补可能带来的不足。

论证与论据：

1. 法治发达国家有借鉴意义的规定

《美利坚合众国法典》第 3495 条（C）规定："在刑事诉讼中，代表合众国利益被传唤的证人所支出的费用及花费，依据本条由合众国支付。"

《美国联邦证据规则》第 17 条（b）规定："在任何时候，根据被告人单方面申请，如果被告人能令法庭满意地说明他经济上无力支付证人的费用，而该证人的出庭作证对于有效地辩护是必要的，法庭应当命令对确定的证人送达传票。如果法庭命令签发传票，送达传票的费用和被传唤人的费用，应当和以政府名义传唤证人同样的标准和方式支付。"

《德国刑事诉讼法典》第 71 条规定："对于证人要依照《证人、鉴定人补偿法》予以补偿。"

《日本刑事诉讼法》第 164 条规定："证人可以请求交通费、日津贴费及住宿费。但没有正当理由而拒绝宣誓或者拒绝提供证言的，不在此限。"

2. 论证意见

我国刑事诉讼法第 48 条仅仅规定了"凡是知道案件情况的人，都有作证的义务"。强制证人出庭作证就应当规定履行义务后享有的权利，依附于证人履行出庭作证义务之上的权利则为经济补偿权。在实践中，证人出庭作证必然要耗费一定的精力、财力和时间，影响正常的生活和工作，也不可避免地使自身利益受到一定的损失，然而我国刑事诉讼法没有规定证人的经济补偿权，刑事诉讼法修改增加此项权利则是应当的。

对于因作证而支付的交通费、住宿费以及所造成的误工费等合理费用，证人有权向传唤作证的人民检察院或人民法院提出补偿申请，交通费可以请求于作证时先行给付。但被拘传或无正当理由拒绝陈述、具结的证人除外。"如果一个人为履行作证义务，还必须自己承担相应的经济开支，那么，他当然不会有太大的作证热情。因此这种忽视证人权利的做法，也在一定程度上，促成了证人作证难的现状。1996 年我国刑事诉讼法修改时，有学者建议证人作证补偿问题。但是囿于当时的社会意识和国民经济状况，该建议并未引起足够重视。近年来，随着社会主义市场经济的不断发展，个人权利意识、经济意识也在不断增强。因此，为了改变我国公民不愿作证的现状，确认证人的经济补偿权已势在必行。"①

　　我们认为，证人无论是控方提供还是辩方申请，均由人民法院决定是否出庭，并由人民法院通知，其出庭作证也并非是为了控辩双方的利益，实质上是在向法庭作证，向国家来履行作证义务。因此，证人出庭的补偿费用由政府财政预算列出，由人民法院统一支付较为恰当。具体理由为：

　　(1) 证人出庭作证是其对于国家的一项义务，通过提供证言，主要价值在于帮助法院行使刑事裁判权，帮助国家实现惩罚犯罪、保障人权的刑事诉讼目的，当然在客观上同时也体现为有利于控方或有利于辩方，从而维护了他们各自的利益，但这不是国家设置证人出庭作证制度的根本目的。因而，对证人的经济补偿费用不应由控辩双方承担，而应由法院统一支付，列入财政预算。关于补偿费用的支付方式，我们认为规定原则上作证后支付，对有支付困难的部分预先垫付是合适的，方案 1 认为只可预先支付交通费，不近情理，没有完全为证人考虑，比如若住宿费交不起呢？难道不能预先支付？显然说不过去。方案 2 认为应预先支付全部费用，虽然国外也有立法例，如《美国联邦刑事诉讼规则》第 17 条规定："执达官在送达执达传票时应当向确定的被送达人移交一张传票，并向被送达人提供法律允许的出庭一天的费用和交通费。"但我们认为我们和美国的国情不同，不问证人经济能力，一律可以全部垫支也没有必要，会造成不同证人离法院远近不同，交通费数额无法确定及证人领取补偿费用后拒不出庭，费用难以追回等麻烦。

　　(2) 参考两大法系法治发达国家的共同立法经验。两大法系法治发达国家对于证人、鉴定人保护、补偿等采取刑事诉讼法中有原则性规定，专门单行法详细规定的立法模式。《美利坚合众国法典》第 3495 条（C）规定："在刑事诉讼中，代表合众国利益被传唤的证人所支出的费用及花费，依据本条由合众国支付。"

　　(3) 可以防止控方威胁证人或者辩方收买证人等不正常现象的发生，造成在实践中控方认为证人改变证言对辩方有利就怀疑证人被收买而当庭抓证人现象的出现。"在苏维埃刑事诉讼中从来没有过也不会有靠当事人出钱，而传唤证人到法院的事情。资产阶级法院所采用的广泛收买证人的现象，是有钱人手里的一个重要工具。因为他们有许多资本，因此可以自己出钱去聘

---

① 参见陈卫东主编：《模范刑事诉讼法典》，中国人民大学出版社 2005 年版，第 253 页。

请证人，无产阶级没有这样的条件，他们也就丧失了保护自己利益的可能性。"① 这种观点虽然有些言过其实，但也是值得思考的。因为美国对此也改变了做法。如《美国联邦证据规则》第 17 条（b）规定："在任何时候，根据被告人单方面申请，如果被告人能令法庭满意地说明他经济上无力支付证人的费用，而该证人的出庭作证对于有效地辩护是必要的，法庭应当命令对确定的证人送达传票。如果法庭命令签发传票，送达传票的费用和被传唤人的费用，应当和以政府名义传唤证人同样的标准和方式支付。"同时，采用人民法院统一支付也与证人因法庭通知出庭作证而无正当理由不出庭予以制裁的国家性相吻合。

对于补偿的范围，我们认为以出庭作证证人实际支出的直接费用和因出庭而减少的收入作为界限，不宜扩大范围，以免失去补偿的性质。

（刑事诉讼法第 49 条之增补）（证人保护）第　条　在办理危害国家安全犯罪、毒品犯罪、黑社会性质的犯罪、恐怖活动犯罪、强奸犯罪、走私犯罪、集团犯罪以及证人、被害人是未成年人的案件或者其他需要特别保护的案件，人民法院、人民检察院、公安机关可以根据需要或者根据证人及其近亲属的申请，决定对证人及其近亲属采取以下保护措施：

（一）不公开证人的真实姓名、住址和工作单位；

（二）派员对证人及其近亲属提供保护；

（三）在证人作证时采取不暴露其外貌、真实声音的措施；

（四）签发出面命令禁止特定人员在一定时期内接触证人及其近亲属；

（五）为证人及其近亲属提供安全的临时住所；

（六）其他必要的保护措施。

保护性措施由公安机关负责实施。

对证人采取保护措施，不得妨碍辩护律师依法行使调查取证权。

条文意旨：

本条是对证人特别保护的规定。本规定是对刑事诉讼法第 49 条的增补，适用于特殊案件的证人和特殊的证人。本规定包含了以下几层含义：一是适用的案件主要是一些重大的案件和涉及个人隐私的案件。为了避免证人在这

---

① ［苏联］P. H. 拉洪诺夫：《苏维埃刑事诉讼中证人的证言》，董镜苹等译，法律出版社 1956 年版，第 57 页。

些特殊的案件中因出庭作证成为被害人或者潜在的被害人，或者因为出庭作证其安全受到威胁，需要人民法院、人民检察院、公安机关予以特别保护。二是对这些证人出庭作证采取的保护措施不同于一般的证人，不再是一种事后的保护，而是一种采取特别手段的全面的保护，其目的是使证人不因自己作证的行为受到威胁，并保证其在安全的环境中如实提供证言。三是这些措施的实施机关为公安机关。

论证与论据：

1. 国际刑事司法准则的相关要求

《联合国模范证人保护法》第 2 条（C）规定，将已经提供证言、将要作证或者同意作证的证人都要纳入保护的范围。

《联合国打击跨国有组织犯罪公约》第 24 条规定："1. 各缔约国均应在其力所能及的范围内采取适当的措施，为刑事诉讼中就本公约所涵盖的犯罪作证的证人并酌情为其亲属及其关系密切者提供有效保护。2. 在不影响被告人权利包括正当程序权的情况下，本条第 1 款所述措施可包括：（1）制订向此种人提供人身保护的程序，例如，在必要和可行的情况下将其转移，并在适当情况下不允许被披露或限制有关其身份和下落的情况；（2）规定允许以确保证人安全的方式作证的证据规则，例如，允许借助于诸如视像连接之类的通信技术或其他适当手段提供证言。3. 缔约国应考虑与其他国家订立有关转移本条第 1 款上述人员的安排。"

《联合国反腐败公约》第 32 条规定："各缔约国均应当根据本国法律制度并在其力所能及的范围内采取适当的措施，为就根据本公约确立的犯罪作证的证人和鉴定人并酌情为其亲属及其他与其关系密切者提供有效的保护，使其免遭可能的报复或者恐吓。"

《联合国为罪行和滥用权利行为受害者取得公理的基本原则宣言》第 6 条 a 款规定："应当采取各种措施，尽可能减少对受害者的不便，必要时保护其隐私，并确保他们及其家属和为他们作证的人安全而不受威吓和报复。"

《联合国预防和控制有组织犯罪准则》第 11 条规定："保护证人免遭暴力和恐吓的办法在刑事侦查和审讯过程中及打击有组织犯罪的执法工作中越来越重要。此办法包括为掩护证人身份以免被告及其律师获悉的方法、提供受保护的住所和人身保护，转移住所和提供资金援助。"

《联合国打击国际恐怖主义的措施》第 25 条规定："各国应采取措施和政策，有效地保护恐怖主义行为的证人。"

2. 法治发达国家有借鉴意义的规定

《美国证人安全法》规定的案件范围：（1）联邦有组织犯罪和敲诈犯罪；（2）联邦毒品交易犯罪；（3）证人因提供证言可能受到暴力或暴力威胁的其他严重的联邦重罪；（4）在性质上与上述犯罪类似的任何州犯罪……

《英国1999年警察与刑事证据法》规定：（1）向被告遮蔽证人；（2）通过现场连线作证；（3）秘密作证……

《日本刑事诉讼法》第157条规定：为减轻证人的人身危险、心理负担可以采取屏风遮蔽、陪同照护、采纳电视双向系统作证。

《意大利刑事诉讼法》第472条规定："……当公众的行为可能干扰庭审的正常进行时，当必须保护证人或被告人的安全时，法官可以决定法庭审理或它的某些活动以不公开的形式进行。"

《德国刑事诉讼法典》第68条第2款规定："如果公开了证人的身份、住所或者居所则对证人或者其他人员的生命、身体或者自由造成危险之虞的，可以许可证人不对个人情况问题作出回答或者只是告诉以前的身份。"

《法国刑事诉讼法典》第706—58条规定："在对重罪或者对至少当处3年监禁刑的轻罪实行的程序中，当听取706—57条所指之人的证词有可能使该人、其家庭成员或近亲属的生命或身体面临严重危险，负责处理释放与拘押事务的法官，经共和国检察官或预审法官提出说明理由的申请，得以说明理由的决定批准在听取该人所做声明时不在诉讼案卷中出现该人的身份。"

《俄罗斯联邦刑事诉讼法典》第11条第3款规定："如果有足够的材料说明被害人、证人或刑事诉讼的其他参加人以及他们的近亲属、亲属或亲近的人有被杀害、被使用暴力、财产遭到毁灭或损害的威胁，或者有受到其他危险的非法行为的威胁，法院、检察长、侦查员采取本法典第166条第9款、第186条第2款、第193条第8款、第241条第2款第4项和第278条第5款规定的安全措施。"

3. 论证意见

我国刑事诉讼法第49条规定："人民法院、人民检察院和公安机关应当保障证人及其近亲属的安全。""对证人及其近亲属进行威胁、侮辱、殴打或者打击报复，构成犯罪的，依法追究刑事责任；尚不够刑事处罚的，依法给予治安管理处罚。"从我国刑事诉讼法规定的内容来看，对于证人的保护仅仅属于一种口号式的宣告，对证人如何保护，谁来保护以及保护的程度、期限等内容缺乏应有的规定，而且这种"微不足道"的保护措施还属于一种事后的救济，证人常常在衡量利弊后宁肯受到处罚而不愿意出庭作证，以免作证受到威胁，最终作出不出庭作证的选择。因为"没有一项法律制度有正当理由能强迫证人作证，而在发现证人作证受到侵害时又拒绝予以救济。采用一切可行的手段来保护证人是法庭的职责。否则，整个法律诉讼就会一钱不值"。① 美国 1982、1990 年分别制定了《被害人和证人保护法》、《证人安全改革法》等，并在《有组织犯罪控制法》中规定了"证人保护计划"。德国 1998 年制定了《证人保护法》。与这些国家对证人保护的规定相比，我国现行立法还存在以下问题：一方面保护的主体范围偏窄，仅限于"证人及其近亲属"；国际公约却扩大到"亲属及其关系密切者"。另一方面缺乏具体的保护措施，证人难以得到行之有效的保护，特别是事前保护的缺失，其事后保护则属于亡羊补牢。因此，我国刑事诉讼法的修改应当完善对于证人特别保护的内容。

（1）证人保护制度是防止证人"被害人化"的现实需要，也是打击一些特殊犯罪的需要。针对我国刑事诉讼法规定的对证人的保护多为事后保护，缺乏对证人的预防性的事先保护，致使在司法实践中证人得不到实质性的安全保障，使证人不愿作证或拒绝作证。刑事诉讼法的修改应当明确特殊案件对证人的特别保护。鉴于国际公约对证人的特别保护主要集中在有组织犯罪、恐怖性犯罪以及腐败犯罪等重大、复杂的犯罪案件的现实，对特殊案件的证人进行特别的保护高于一般证人的保护标准。为此，我们对于证人的特别保护限定在危害国家安全犯罪、毒品犯罪、黑社会性质的犯罪、恐怖活动犯罪、强奸犯罪、走私犯罪、集团犯罪以及证人、被害人是未成年人的案件以及其他需要特别保护的案件。

（2）增加了具体的保护措施，并根据案件情况对不同证人采用了不同的保护措施，对证人规定了事前、事中等动态的保护措施，以免事后保护不力。

（3）确立了具体履行保护的机关，即公安机关。这样做是为了避免人民法院、人民检察院、公安机关在对证人保护方面相互推诿，影响对证人保护的实际效果，同时，公安机关作为我国刑事案件的侦查机关，具有人力、物力和先进技术设备等优势，将其作为保护证人的专门机构，更能获得较好的效果。

证人保护是一项复杂的综合性工作，除了公安机关作为专门保护机关

---

① ［英］丹宁：《法律的正当程序》，李克强译，法律出版社 1999 年版，第 25 页。

外，还需要其他部门和社会各界共同配合和努力，以便切实有效地保护好证人及其亲属的人身和财产安全。

另外，特别保护的其他措施包括屏风遮蔽、陪同照护、采纳电视双向系统作证以及将来我国有能力实施的证人作证后变更姓名和居住地等措施。

第八节　死刑案件二审程序

本部分是关于死刑案件特别程序的立法建议与论证。尽管国内对死刑的适用历来重视，现行刑事诉讼法也有"死刑复核程序"的专章规定，但对死刑案件第二审这一重要的诉讼环节，则一直以来与其他案件适用同样的普通程序，相对于死刑案件基于自身的性质在诉讼程序方面的特殊要求而言，这些规定显得比较粗疏，违背死刑案件的程序法理。司法实践中对于这种情况也有深刻的认识，自 2006 年 9 月 25 日起施行的《最高人民法院、最高人民检察院〈关于死刑第二审案件开庭审理若干问题的规定（试行）〉》（以下简称《开庭规定》）即是实务界的回应。这一专门规定体现了对死刑案件第二审程序特殊的关注，可以说具有重大的导向作用，但一方面受到现行刑事诉讼法的约束，其意义主要体现在加强了死刑案件第二审的可操作性，而并非充分考虑了死刑案件第二审的特殊性，另一方面，与其说是对被宣告死刑的被告人诉讼权利保障的提升，不如说是对既往程序保障缺失的补课。

（增加）第　条　（程序启动）判处死刑的案件，第一审人民法院应当在宣判后十日以内将案件移送上一级人民法院审判。

条文意旨：

本条是关于死刑案件第二审程序启动方式的规定，目的在于保证全部死刑案件都经过第二审审判才能确定。对于宣告死刑的案件，出于对被告人适用生命刑这一最严厉的刑罚的慎重，应当给予充分的程序救济，法院在裁判作出后，不考虑被告人和检察院的意愿，依职权将案件移送第二审法院，从而启动第二审程序。

论证与论据：

1. 法治发达国家有借鉴意义的规定

《法国刑事诉讼法典》典首条文："任何人被判决有罪时，均有权请求另一法院对其受到的有罪判决进行审查。"[①]

《日本刑事诉讼法》第 360 条之 2："判处死刑、无期惩役或无期监禁的判决的上诉，不受前二条规定的限制，不得放弃。"[②]

2. 论证意见

死刑案件第二审程序的启动，目前适用刑事诉讼法的两条规定：一是第180 条第 1 款，被告人、法定代理人、经被告人同意的辩护人和近亲属用书状或者口头提出上诉；二是第 181 条检察院的书面抗诉。这一设置得到了关于死刑第二程序的最新司法规定《最高人民法院、最高人民检察院〈关于死刑第二审案件开庭审理若干问题的规定（试行）〉》（以下简称《开庭规定》）第 3 条的沿用。因此，死刑案件目前进入第二审程序的途径有两种：一是上诉，二是抗诉，均由有权主体自主决定。

学界对于这一问题，目前主要有两种观点：一种赞同沿用上述第二审程序上诉与抗诉自主启动的双通道设计，[③] 另一种主张对死刑案件实行强制上诉。[④]

我国传统的多主体、多途径对于死刑案件进入第二审程序提供了便利，但被告人的上诉权仍有可能因受到主客观条件的限制而难以充分保障。根据广州大学人权研究中心的问卷调查，有近 50％的法官、检察官认为被宣告死刑的被告人基本清楚其所享有的上诉权而能够无障碍地提出上诉，但仅有25％的律师持同样意见。即使上诉权的行使没有障碍，实践中也并非所有的死刑案件都进入第二审，仍然存在一审报核和二审报核的死刑案件在适用标准方面的差异。这些因素都会导致死刑案件审判公正性的欠缺。而根据《公民权利和政治权利国际公约》第 14 条第 5 款的规定，"凡被判定有罪者，应

---

① 引用的《法国刑事诉讼法典》条文，均出自《法国刑事诉讼法典》，罗结珍译，中国法制出版社 2006 年版。

② 引用的《日本刑事诉讼法》条文，均出自《日本刑事诉讼法》，宋英辉译，中国政法大学出版社 2000 年版。

③ 徐静村主持：《中国刑事诉讼法（第二修正案）学者拟制稿及立法理由》第 366 条、第 367条，法律出版社 2005 年版。陈光中主编：《中华人民共和国刑事诉讼法再修改专家建议稿与论证》第 353 条、第 354 条，中国法制出版社 2006 年版。

④ 陈卫东主编：《模范刑事诉讼法典》，中国人民大学出版社 2005 年版，第 497 页。

有权由一个较高级法庭对其定罪及刑罚依法进行复审"，这里所称的"被判定有罪者"是整体概念，因此是没有例外的，既然给予任何被定罪者审级救济已成为国际最低刑事司法准则，死刑作为所有刑罚中最为严厉且一旦执行即无法补救的刑种，满足这一要求实属题中之义。

有鉴于此，本条与刑事诉讼法现有规定不同，将死刑案件的第二审程序设计为由原审法院依职权移送而启动，即通过程序的自动衔接而启动死刑案件第二审，排除任何诉讼主体的意愿，这样使所有的死刑案件都进入第二审程序，以此改变目前相当部分的死刑案件只经过一审即被报请复核的情形，加强其在实体公正与程序公正两方面的保障。这种设置与目前死刑案件在上诉期或抗诉期后自动进入死刑复核程序的情形相似。

当然，全部死刑案件都进入第二审程序会给司法机关带来巨大的审判压力，这由死刑复核权收归最高法院统一行使后的情形可以确信。但一方面，在国际上去死刑化渐成潮流的情况下，我国因坚持较大范围的死刑而承受着巨大的国际压力，既然废除死刑在短期内还不具有现实性，那么死刑适用的充分程序保障就是消解这种压力的有效途径；另一方面，我国既然明确了"慎用死刑"和"以人为本"的政策，死刑程序方面存在的困难应该作为努力的目标，而不是推搪的借口，应当将有条件允许投入的司法资源毫无保留地投入，而同时，这种压力也有助于促进法院慎重审判，真正将"可杀可不杀"的被告人排除在死刑之外，客观上起到控制死刑的作用。

（《开庭规定》第 1 条之修改）第　条　（审理方式）第二审人民法院审理原审判处死刑的案件，应当开庭审理。

条文意旨：

本条是对死刑案件第二审审理方式的规定，目的在于保证所有的死刑案件都开庭审理。死刑案件开庭审理是指在完整的普通程序下的正式审理，既不是简化的开庭程序，更不是不开庭审理。

论证与论据：

1. 法治发达国家有借鉴意义的规定

《法国刑事诉讼法典》第 306 条第 1 款："法庭审理公开进行，但如公开审理对秩序或道德风化有严重危害，不在此限；在此情况下，重罪法庭应以公开开庭作出的裁定作出宣告。"

《德国刑事诉讼法典》第 338 条（绝对上诉理由）第 6 款："判决是在违反了程序公开性原则的言词审理基础上作出的。"

《意大利刑事诉讼法典》第 471 条第 1 款："庭审是公开的，否则无效。"[①]

《俄罗斯联邦刑事诉讼法典》第 241 条第 1 款："除本条规定的情形外，刑事案件在任何情况下均应公开审理。"

2. 论证意见

刑事诉讼法第 187 条第 1 款规定："第二审人民法院对上诉案件，应当组成合议庭，开庭审理。合议庭经过阅卷，讯问被告人、听取其他当事人、辩护人、诉讼代理人的意见，对事实清楚的，可以不开庭审理。对人民检察院抗诉的案件，第二审人民法院应当开庭审理。"由立法的安排看，第二审审理方式的两种规定，当以开庭审理为原则，不开庭审理为例外。但刑事诉讼法对开庭标准的规定很笼统，且法院对是否开庭享有自由裁量权，这使得实践中第二审刑事案件审理方式呈随机状态。由于其审查重点在于第一审认定的事实、证据的真实性，及死刑的恰当性，实践中强制采用开庭审理方式的只是检察院提起抗诉的案件，其余二审死刑案件多数选择不开庭审理的方式，对被告人作简单讯问，辩护人只提供书面的辩护意见，是实质上的书面审，很难发现案件事实的漏洞，即使二审期间查到了新的证据，由于得不到庭审质证，对于被告人改变自己的处境作用有限。死刑案件未经开庭审理即作出裁判的情形，与国际刑事司法准则与我国刑事诉讼法公开审判基本原则的要求都是矛盾的，也难以充分保障死刑被告人行使辩护权。

《开庭规定》第 1 条规定："第二审人民法院审理第一审判处死刑立即执行的被告人上诉、人民检察院抗诉的案件，应当依照法律和有关规定开庭审理。"要求死刑案件第二审一律开庭有巨大的进步意义，学界也一致持死刑第二审案件应当开庭审理的观点。[②] 开庭审理作为审判公开原则的重要表现形式，在现代刑事诉讼制度中的作用举足轻重，对于判处死刑的被告人享有受到正式审理的权利，可以说是最基本的要求了。

本条基本沿用《开庭规定》的这一内容，但把适用范围扩展到了全部第

---

① 第 472 条规定了不公开审理的情形。

② 陈卫东主编：《模范刑事诉讼法典》第 500 条，中国人民大学出版社 2005 年版；徐静村主持：《中国刑事诉讼法（第二修正案）学者拟制稿及立法理由》第 373 条，法律出版社 2005 年版；陈光中主编：《中华人民共和国刑事诉讼法再修改专家建议稿与论证》第 361 条第 2 款，中国法制出版社 2006 年版。

二审死刑案件和死刑缓期二年执行的案件，意图从根本上解决程序保障不足的问题。考虑到《开庭规定》第 1 条中"依照法律和有关规定开庭审理"的内容易于产生歧义，如可以理解为"开庭审理的具体操作由有关法律和有关规定另行规定"，也可以理解为"其他法律根据需要可以限制案件的开庭审理"，本条的规定不考虑例外，明确要求所有死刑案件一律开庭审理。

（刑事诉讼法第 186 条之修改）第　　条　（审理范围）第二审人民法院审理死刑案件，应当就原审判决认定的事实和适用法律进行审查，不接受新的事实或者新证据，不接受重新鉴定或者补充鉴定结论。但被告人提出的或者经被告人同意的除外。

第二审人民法院不得依据新的事实或者新证据，或者重新鉴定、补充鉴定的结论，作出不利于被告人的判决。

条文意旨：

本条是对死刑案件第二审审理范围的规定，目的是避免被告人在第二审程序中受到新的指控。其含义为：（1）死刑案件第二审以第一审认定的事实和适用法律为审理范围，意味着第二审程序中不审理对死刑案件的新的指控；（2）检察院在第二审中主张新的事实或者提出新的证据，重新鉴定或者补充鉴定，都会产生新的指控，因此是不允许的；（3）考虑到检察院在第二审中提出的新内容也有可能对被告人有利，而被告人对自己的利益应该最为清楚，所以被告人认为有利的情况下同意该新内容提交的，允许法庭接受更为妥当；（4）被告人任何时候提出有可能改变自己判决的新内容，都不应进行限制；（5）考虑到起初认为有利而允许进入诉讼的新内容，结果可能不利于被告人，本条通过限制法院以此为依据作出不利变更，排除由此产生的新的指控；（6）死刑案件从"刑"的角度不可能更为不利，故此处应从"罪"的角度理解，新的指控意味着新的可能判处死刑的罪，因此应予排除。

论证与论据：

1. 法治发达国家有借鉴意义的规定

《德国刑事诉讼法典》[①] 第 327 条："法院只能对原判决的被要求撤销、

---

① 引用的《德国刑事诉讼法典》条文，均出自《德国刑事诉讼法典》，李昌珂译，中国政法大学出版社 1995 年版。

变更的那部分进行审查。"第 352 条第 1 款:"上诉法院只是根据所提出的上诉申请进行审查,如果上诉是依据程序上的错误时,只审查提出上诉申请时所说明的事实。"

《意大利刑事诉讼法典》第 597 条第 1 款:"上诉的提出使第二审法官有权就上诉理由所针对的问题对案件进行审理。"①

《日本刑事诉讼法》第 392 条:"控诉法院应当对控诉旨趣书记载的事项进行调查。控诉法院对控诉旨趣书没有记载但与第 377 条至 382 条及第 383 条规定的事由有关的事项,也可以依职权进行调查。"

《俄罗斯联邦刑事诉讼法典》第 360 条第 2 款:"按照第一上诉程序或第二上诉程序审理刑事案件的法院,在检查法院裁判是否合法、是否根据充分和是否公正时,仅针对法院裁判中被提出上诉和抗诉的办法。如果在审理刑事案件时确定了涉及该案中其他被判刑人或被宣告无罪人的利益的情况而对之并未提出上诉或抗诉,则刑事案件也要针对这些人的情况进行审查。在这种情况下,不允许恶化他们的状况。(2003 年 7 月 4 日第 92 号联邦法律修订)"

2. 论证意见

刑事诉讼法第 186 条规定:"第二审人民法院应当就第一审判决认定的事实和适用法律进行全面审查,不受上诉或者抗诉范围的限制。共同犯罪的案件只有部分被告人上诉的,应当对全案进行审查,一并处理。"这是我国刑事第二审全面审查的依据。《最高人民法院关于执行〈中华人民共和国刑事诉讼法〉若干问题的解释》第 246 条、第 247 条、第 248 条和第 249 条对这一内容做了进一步的细化。《开庭规定》第 14 条也明确规定"第二审人民法院应当全面审理死刑上诉、抗诉案件",原则上继承了这一精神,因此其关于"无异议的证据"不重新调查只是优化审判工作的措施,而不是对法院审理范围的限制,不能看作与此前的做法有了本质的区别。刑事诉讼法对第二审程序中的司法机关重新鉴定或者补充鉴定没有规定,实践中参照《最高人民法院关于执行〈中华人民共和国刑事诉讼法〉若干问题的解释》第 59 条"对鉴定结论有疑问的,人民法院可以指派或者聘请有专门知识的人或者鉴定机构,对案件中的某些专门性问题进行补充鉴定或者重新鉴定"和第 60 条"人民法院在开庭审理时,对省级人民政府指定的医院作出的鉴定结

---

① 引用的《意大利刑事诉讼法典》条文,均出自《意大利刑事诉讼法典》,黄凤译,中国政法大学出版社 1994 年版。

论，经质证后，认为有疑问，不能作为定案根据的，可以另行聘请省级人民政府指定的其他医院进行补充鉴定或者重新鉴定"的规定，2006 年 9 月 25 日起执行的《开庭规定》第 12 条第 9 款"人民检察院在审查期间进行重新鉴定或者补充鉴定的，作出的鉴定应当及时提交人民法院，人民法院应当在开庭三日以前将鉴定结论告知当事人及其诉讼代理人、辩护人；被害人及其诉讼代理人或者被告人及其辩护人提出重新鉴定、补充鉴定要求并经第二审人民法院同意的，作出的鉴定应当及时提交人民法院，人民法院应当在开庭三日以前将鉴定结论告知对方当事人及其诉讼代理人、辩护人并通知人民检察院"的规定。由于司法机关这一权力不受限制，实践中普遍存在第二审程序中检察院主张新事实、提交新证据、提出重新鉴定或者补充鉴定而被法院接受，或者法院自己决定重新鉴定推翻原鉴定，进而对被告人作出不利改判的情况。这样，被告人及其辩护人尽管享有《最高人民法院关于执行〈中华人民共和国刑事诉讼法〉若干问题的解释》第 128 条第 2 项规定的权利，"审判长应当告知当事人、法定代理人在法庭审理过程中依法享有下列诉讼权利：……（二）可以提出证据，申请通知新的证人到庭、调取新的证据、重新鉴定或者勘验、检查"，但实际意义并不大。

学界目前对现行刑事诉讼法关于第二审审理范围的规定存在争议：赞同的观点认为"控审分离原则"主要适用于第一审程序，并不完全适用于第二审程序，因其功能在于纠错、救济和监督下级法院，不受上诉抗诉范围限制的全面审查才能满足要求。[①] 反对的观点认为二审范围应限于上诉范围，全面审查存在弊端。[②] 上诉审同样受制于"不告不理原则"，只审查上诉部分才符合救济程序的性质，也符合诉讼经济的要求，并能对控方在此前的诉讼行为形成约束。但出于对被告人权利的保护，对第一审不利于被告人的内容，即使上诉没有提出，法院也可依职权审查。[③]

从司法权与被告人权利的关系来看，法院超越于控辩双方而对上诉案件进行全面审理，其基础主要体现于两个方面，即国家权力主导司法的政策和司法全能论，两者相辅相成，司法权包揽诉讼，同时负责查明全部案件事实。但被告人主体地位已成为现代刑事诉讼制度的基石，因此国家司法权并

---

① 徐静村主持：《中国刑事诉讼法（第二修正案）学者拟制稿及立法理由》第 372 条，法律出版社 2005 年版。

② 陈卫东主编：《模范刑事诉讼法典》第 499 条，中国人民大学出版社 2005 年版。

③ 陈光中主编：《中华人民共和国刑事诉讼法再修改专家建议稿与论证》第 360 条，中国法制出版社 2006 年版。

不天然优于被告人权利，即使司法权真能够探究全部案件事实，但在被告人意愿阙如的情况下越俎代庖仍然难以令人信服；而从事实角度，第二审全面审查获得的案件事实，虽以客观的面貌企图超越于第一审的范围，但事实上并不存在这种超越，司法全能论已被学界证伪，既然个体意义上的人无法把握全部的客观真实，司法权在事实问题上排斥被告人也就不再具有正当性。何况，作为权力一种的司法权也逃不出"绝对的权力绝对地导致腐败"这一铁律，不受限制的裁量权隐含着巨大的危险。从司法权行使的角度，第二审与第一审的结果相比无非对被告人不利和有利两种。前一情况下，法院超出控辩双方的请求对案件进行审查是法院行使了控诉职能，这与现代刑事追诉采用诉讼形式和职能分离的要求相悖，对刑事诉讼的本质和法官的作用在认识上存在偏差。后一情况下，法院的介入弥补了被告人在认识与行为能力方面的欠缺，符合平衡被告人诉讼能力的要求，并可促进控方工作质量的提高。因此，第二审中的司法权应受第一审范围的限制，但有利于被告人的，法院可以依职权进行审查。

本条借鉴国外通行做法，对刑事诉讼法现有规定进行根本性改造，以第二审审理的范围受第一审范围限制为原则，以被告人同意后控方可以提出新事实、新证据、重新鉴定或补充鉴定为例外，向增强被告人权利保障方面倾斜。鉴于现有规定未明文涉及第二审中新证据的问题，为第二审法院自行确定审查范围留下了太大的空间，接受新证据既有顺畅的途径，也有强烈的需求，客观上也为控方在补充证据的基础上重新追诉留下了通道，将使本意在于对第一审形成制约的第二审被架空，成为实质上的又一次第一审，使被告人面临新的不利局面，严重影响了被告人权利保障，所以特别规定，除非有利于被告人，第二审不接受新证据。为解决实质性审查之前无法判断是否对被告人有利的问题，首先推定被告人对新的事实、证据、鉴定是否有利于己有判断能力，程序上只要具备被告人同意这个前提控方即可提出，为了避免提出后的新内容最终产生不利结果，又规定第二审法院不得以这些新内容为依据作不利于被告人的改判。

（增加）第　条　（案卷和证物移送）原审人民法院将案件移送上一级人民法院时，应当同时移送案卷和证物。

条文意旨：

本条是对死刑案件第二审程序中原审法院移送案卷和证物的规定，目的是明确原审法院启动第二审程序的诉讼行为。案卷和证物是案件审理之后的固定方式，其移送标志着程序的流转，也是实现上下级法院之间工作衔接的必要措施。

论证与论据：

1. 法治发达国家有借鉴意义的规定

《德国刑事诉讼法典》第 320 条："及时提起上告的时候，无论是否说明了上告理由，在说明理由期限届满之后书记处应当将案卷移送检察院。是由检察院提起上告的时候，检察院应当对被告人送达提起上告、说明上告理由的文书。"第 321 条："检察院应当将案卷向上告法院那里的检察院移交。该检察院应当在一周内将案件转交法院审判长。"

《意大利刑事诉讼法典》第 590 条："受到上诉的决定、上诉状和有关的诉讼文书立即移送给审理上诉的法官。"

《日本刑事诉讼规则》第 235 条："控诉申请明显是在控诉权消灭以后提出时，第一审法院应当在对公审笔录记载的正确性声明异议的期间经过后，迅速将诉讼记录及证物送交控诉法院。"

2. 论证意见

第二审案件案卷和证据的移送，依照刑事诉讼法第 184 条和第 185 条的规定，分为两种情形：一种是上诉人或检察院通过原审法院提交书状，直接将案卷和证据等移送到第二审法院；另一种是上诉人通过原审法院的上一级法院启动第二审程序，然后由第二审法院将相关材料转回原审法院，再按照与直接向原审法院提起上诉或抗诉的完全相同的程序，将案卷和证据等移送第二审法院。

学界对于这一问题，目前主要有两种观点：一种赞同沿用现行刑事诉讼法的上述规定，[①]另一种认为提起上诉应通过原审法院是世界各国的通例。[②]

两相比较，通过原审法院启动第二审程序的方式是诉讼进程的直接延续，符合诉讼规律，向第二审法院提出再转回原审，增加了司法成本，却没有明显的优越性，因此应当去掉。

---

① 徐静村主持：《中国刑事诉讼法（第二修正案）学者拟制稿及立法理由》第 370 条、第 371 条，法律出版社 2005 年版；陈光中主编：《中华人民共和国刑事诉讼法再修改专家建议稿与论证》第 357 条、第 358 条，中国法制出版社 2006 年版。

② 陈卫东主编：《模范刑事诉讼法典》第 492 条，中国人民大学出版社 2005 年版。

本条作为第二审程序启动的具体操作，与前一条死刑案件第二审由法院依职权启动相一致，由原审法院将第一审案卷和证物直接移送第二审法院。

（增加）第　条　（受理通知）第二审人民法院受理案件后，应当在三日内通知同级人民检察院和被告人。

被告人已委托辩护人的，应当同时通知辩护人。

条文意旨：

本条是第二审法院受理死刑案件后通知控辩双方的规定，目的是使控辩双方开始第二审程序中的诉讼活动。其含义为：（1）法院向被告人送达受理通知书时应确定被告人是否有辩护人，是否要委托辩护人；（2）被告人有辩护人的，应同时送达辩护人；要委托辩护人的，确定后再送达；（3）本条虽然只规定法院应将对案件的受理通知送达辩护律师，但宜作原则性理解，即辩护律师基于辩护的需要应当享有受送达权。

论证与论据：

1. 法治发达国家有借鉴意义的规定

《日本刑事诉讼规则》第236条第1款："控诉法院在收到诉讼记录的送交后，应当迅速指定提出抗诉旨趣书的最后期限，并通知控诉申请人。控诉申请人有辩护人时，也应当通知辩护人。"第237条："控诉法院在进行前条的通知时，应当同时将已经收到诉讼记录送达的意旨通知不是控诉人的检察官或者被告人。被告人有辩护人时，应当通知辩护人。"

《意大利刑事诉讼法典》第584条："发布有关决定的法官的文书室负责将文书通知法官身边的公诉人，并且立即向当事人送达。"

《德国刑事诉讼法典》第145条a："（一）案卷内存有他的全权委任书的选任辩护人、指定辩护人，被视为有权替被告接收送达以及其他通知。（二）只有在存入案卷的全权委托书上明确表明辩护人有权接收传票的时候，才允许对被告人送达传唤被告人的传票。第116条a第3款的规定不受到影响。（三）根据第1款对辩护人送达裁判时，要向被告人通知此事；同时，对被告人不要式地送交裁判书副本。对被告人送达裁判时，应将此事同时通知即使案卷里没有他的全权委托书的辩护人。"

2. 论证意见

刑事诉讼法第184条有"人民法院应当在三日以内将上诉状副本送交同

级人民检察院和对方当事人"的规定，其目的在于通知控辩双方第二审程序已启动，使其开始做相应准备。《最高人民法院关于执行〈中华人民共和国刑事诉讼法〉若干问题的解释》第 236、237 条和《开庭规定》第 3 条沿用了该规定。

该条规定的缺陷是显而易见的，案件已进入第二审但通知对象并不包括作为刑事辩护主力的辩护律师，虽然一般情况下被告人接到通知后迟早会告知其律师，但一来时间的滞后意味着第二审准备空间的压缩，二来这种立法反映出的是对被告人辩护权的轻视，这些都会影响辩护权的有效行使。而死刑案件中诸如执行命令之类的司法文书，如果只送达被告人的，很可能他根本就没有机会告知其律师，这种情况下却并不意味着被告人不需要任何帮助，那么很明显他的权利受到了侵害。

本条借鉴现行规定，增加了第二审法院受理死刑案件应通知辩护人的内容，以便使辩护人在第一时间得到消息，使之有更为充足的准备时间，能够在下一步的诉讼中充分地发挥作用。

（《开庭规定》第 6 条之修改）第　　条　（辩护律师）被告人在第二审程序中委托辩护人的，应当委托律师。

被告人没有委托辩护人的，第二审人民法院应当通知法律援助机构指定承担法律援助义务的律师为其提供辩护。

人民法院指定的辩护人依法拒绝辩护的，[①] 或者被告人拒绝人民法院指定的辩护人为其辩护的，被告人可以委托辩护人。被告人表示不委托的，人民法院应当为其另行指定辩护人。

被告人在符合以下事由时，经人民法院准许，可以再次拒绝指定的辩护人为其辩护：

（一）辩护人有侮辱、歧视等损害被告人尊严的行为的；

（二）辩护人的辩护能力受到限制或者丧失的；

（三）被告人认为辩护人未能充分履行辩护职责的。

更换辩护人的决定应当在法庭辩论结束前作出，同时宣布延期审理。

更换辩护人后，应当给予辩护人不少于二十日的准备时间。

---

① 《律师法》第 32 条第 2 款："律师接受委托后，无正当理由的，不得拒绝辩护或者代理。但是，委托事项违法、委托人利用律师提供的服务从事违法活动或者委托人故意隐瞒与案件有关的重要事实的，律师有权拒绝辩护或者代理。"

条文意旨:

本条是对第二审死刑案件辩护律师的专门规定,目的是明确辩护人、被告人与法院之间的关系。其含义为:(1)律师对于第二审死刑案件有垄断辩护权,被告人不得委托律师以外的人为辩护人;(2)法院确定被告人没有辩护人的,即应为其指定辩护人;(3)拒绝辩护既包括辩护律师拒绝,也包括被告人拒绝,律师拒绝必须符合法律规定,被告人首次拒绝则无需说明;(4)拒绝辩护的情形发生后,被告人可以委托辩护人,不委托的,法院须为其另行指定;(5)被告人再次拒绝指定辩护必须符合法定事由,并得到法院同意;(6)"辩护人的辩护能力受到限制或丧失"是指辩护人因严重疾病、车祸等原因短期内难以恢复或者无恢复可能的情形。

论证与论据:

1.法治发达国家有借鉴意义的规定

《加拿大刑事法典》① 第684条规定:"(1)当上诉法院及其法官认为,从司法利益需要考虑被告人应当获得法律帮助,而被告人缺乏充分的手段获得这种帮助时,上诉法院及其法官可以随时为作为上诉一方当事人、或者作为先前或随后的诉讼一方当事人的被告人指定律师。(2)当律师被依照第(1)款指定、而按照省的法律援助项目该被告人不能享受法律援助的,该律师的费用和支出应当由作为该上诉案中的上诉人或答辩人的总检察长支付。"

《法国刑事诉讼法典》典首条文:"有犯罪嫌疑或者受到追诉的任何人,均有权受告知针对其提出控告的罪名与证据,并有权得到辩护人的救济。"第417条:"出庭的被告人有权得到一名辩护人的协助。如被告人在开庭之前没有选任辩护人但请求得到协助,审判长得依职权委派一名辩护人。辩护人只能从在律师团体登记的律师中挑选或指定(或者从允许出庭辩护的诉讼代理人中挑选或指定)。如被告人患有某种疾病,足以影响其进行辩护时,由辩护人协助具有强制性(1970年7月17日第70—643号法律,取消'在被告人当处刑事监护之刑罚时')。"

《德国刑事诉讼法典》第138条:"(一)准许在德国法院执业的律师以及在德国大学的法学教师,可以被选任为辩护人。(二)对其他人员,只有

---

① 引用的《加拿大刑事法典》条文,均出自《加拿大刑事法典》,卞建林等译,中国政法大学出版社1999年版。

经法院同意，才准许选任为辩护人，在强制辩护情况中，如果被选任人不属于可以成为指定辩护人的那些人员时，他只准许与这样的一个人员共同成为选任辩护人。"第 140 条第 1 款："在下列情形中，必须有辩护人参加诉讼：1. 州高级法院或者州法院第一审审判；2. 被指控人被指控犯有重罪……"第 141 条第 1 款："在第 140 条第 1、2 款情形中，一旦根据第 201 条要求被诉人就起诉书发表意见后，对尚无辩护人的被诉人要指定辩护人。"

《日本刑事诉讼法》第 387 条："在控诉审，不得选任律师以外的人为辩护人。"第 388 条："在控诉审，为被告人利益而辩论，不得由辩护人以外的人进行。"

《俄罗斯联邦刑事诉讼法典》第 52 条："1. 犯罪嫌疑人、刑事被告人有权在刑事案件诉讼的任何时间拒绝辩护人的帮助。这种拒绝只有由犯罪嫌疑人、刑事被告人提出才能允许。拒绝辩护人的申请应以书面形式提出。如果拒绝辩护人的申请在侦查行为实施时提出，则该侦查行为的笔录应该作有关的记载。（2002 年 5 月 29 日修订）……3. 拒绝辩护人不剥夺犯罪嫌疑人、刑事被告人在以后申请辩护人参加刑事案件诉讼的权利。"第 248 条第 3 款："在更换辩护人时，法院应向新介入刑事案件的辩护人提供了解刑事案件材料和准备出庭的时间。"

2. 论证意见

刑事诉讼法既未对第二审辩护人作出规定，也没有涉及死刑案件第二审的辩护人问题，实践中参照刑事诉讼法第 32 条的规定，可以由被告人自行委托其监护人、亲友、律师、人民团体或者被告人所在单位推荐的人作为辩护人，或者依据刑事诉讼法第 34 条第 3 款的规定，因可能被判处死刑而没有委托辩护人，由人民法院指定承担法律援助义务的律师为辩护人。《开庭规定》填补了这一空白，其第 6 条规定"第二审人民法院应当及时查明被判处死刑立即执行的被告人是否委托了辩护人。没有委托辩护人的，应当告知被告人可以自行委托辩护人或者通知法律援助机构指定承担法律援助义务的律师为其提供辩护。被告人拒绝人民法院指定的辩护人为其辩护，有正当理由的，人民法院应当准许，被告人可以另行委托辩护人。被告人没有委托辩护人的，人民法院应当为其另行指定辩护人"。其他涉及更换辩护人的有刑事诉讼法第 39 条："在审判过程中，被告人可以拒绝辩护人继续为他辩护，也可以另行委托辩护人辩护。"《解释》第 38 条："被告人坚持自己行使辩护权，拒绝人民法院指定的辩护人为其辩护的，人民法院应当准许，并记录在案；被告人具有本解释第三十六条规定情形之一，拒绝人民法院指定的辩护人为其辩护,有正当理由的,人民法院应当准许,但被告人需另行委托辩护人,或者人民法院应当为其另行指定辩护人。"第 39 条:"人民法院指定的辩护人,应当是依法承担法律援助义务的律师。"第 164 条:"对于辩护人依照有关规定当庭拒绝继续为被告人进行辩护的,合议庭应当准许。如果被告人要求另行委托辩护人,合议庭应当宣布延期审理,由被告人另行委托辩护人或者由人民法院为其另行指定辩护律师。"第 165 条:"被告人当庭拒绝辩护人为其辩护,要求另行委托辩护人的,应当同意,并宣布延期审理。被告人要求人民法院另行指定辩护律师,合议庭同意的,应当宣布延期审理。重新开庭后,被告人再次当庭拒绝重新委托的辩护人或者人民法院指定的辩护律师为其辩护的,合议庭应当分别情形作出处理:(一)被告人是成年人的,可以准许。但被告人不得再另行委托辩护人,人民法院也不再另行指定辩护律师,被告人可以自行辩护;(二)被告人具有本解释第三十六条规定情形之一的,不予准许。依照本解释第一百六十四条、本条第一、二款规定另行委托、指定辩护人或者辩护律师的,自案件宣布延期审理之日起至第十日止,准备辩护时间不计入审限。"《开庭规定》第 6 条与刑事诉讼法第 34 条第 3 款同样要求强制辩护,但"被告人可以自行委托辩护人或者通知法律援助机构指定承担法律援助义务的律师为其提供辩护"的规定,在表述上并不严谨,确定辩护人的这两种方式是任选的,没有顺序上的差别,这种设置增加了法院的裁量权,与刑事诉讼法第 34 条第 3 款被告人委托辩护人前置的规定相冲突。

可以看出,现行法律对更换辩护律师的规定已相当丰富,但仍然不能完全满足死刑案件第二审程序的需要。本条沿用了刑事诉讼法对这一问题的规定的精神,明确了法律援助和指定辩护的具体要求。此外,最大的不同是增加了律师垄断辩护的规定。目前这种辩护人多元化的格局是我国现实条件制约的产物,源于改革开放以来社会对法律事务的需求急剧增加与律师数量不足之间的矛盾,但刑事诉讼专业性很强,死刑案件更是事关生死,由非专业人士作为辩护人难以充分辩护,这对于保障被告人权利十分不利。全面借鉴国外律师垄断辩护目前还有困难,但在死刑案件中实行则既有必要性,也有可行性。本条在借鉴现有规定合理成分的基础上,针对死刑案件第二审程序的特点,增加了新的内容:第一,更换辩护人的事由,兼顾被告人和辩护律师之间权利义务的平衡,但其侧重点在于对被告人辩护权的保障,故首次拒绝为无因拒绝;第二,只要更换了辩护人,就存在重新进行诉讼准备的问题,如果开庭日期不变,新接手的律师没有充分的时间进行准备,就难以作出有效的辩护，因此延期审理是必要措施；第三，更换的次数，原来未作规定，如不作限制，势必造成诉讼拖延，但只要进行限制，就存在影响辩护效果的可能性，因此更换多少次合适，很难有精确的尺度，本条限定为一次，将这种影响交由律师职业行为的制度加以控制；第四，更换辩护人后，各种诉讼准备要重新开始，因此适用查阅案卷、提交意见书和答辩书等项规定，重新准备的期间，不宜太短，因此规定为不少于 20 日，但也不宜不作限制，包含在为此而延期审理的期间内即可。

需要说明的是，辩护律师拒绝辩护有可能对被告人造成不利影响，因此必须有严格的法律上的限制，避免随意性，一旦发生，有相应的机制进行审查；同时考虑到律师的合法权益，避免任意追究，应当由拥有专门权力的律师自治性机构负责这种审查。

（刑事诉讼法第 36 条第 2 款、《最高人民法院关于执行〈中华人民共和国刑事诉讼法〉若干问题的解释》第 41 条之借鉴）第　条　（会见和通信）在押的被告人有权同辩护人会见和通信。

条文意旨：

本条是会见和通信权等律师辩护权基础内容的规定，目的在于保障被告人与其辩护律师之间的充分交流，以实现有效辩护。其含义为：（1）在押的被告人有权同辩护律师取得联系；（2）在押的被告人与其辩护律师联系的方式为会见和通信；（3）虽然本条中没有写明，但在押被告人与其辩护律师的会见和通信不是没有任何限制，而是必须符合关于会见和通信的法律规定。

论证与论据：

1. 法治发达国家有借鉴意义的规定

《德国刑事诉讼法典》第 148 条第 1 款："被指控人，即使是不能自由选定的，允许与辩护人进行书面、口头往来。"

2. 论证意见

刑事诉讼法对第二审在押被告人与辩护律师会见和通信的权利未作规定，实践中参照第 36 条第 2 款的规定，辩护律师自人民法院对案件审查之日起，可以同在押的犯罪嫌疑人会见和通信。其他辩护人经人民法院许可，也可以同在押的犯罪嫌疑人会见和通信。《解释》第 41 条有类似的规定。

相关规定的模糊，导致实践中被告与辩护律师会见和通信缺乏制度保障，随机性很大，且为辩护律师带来了一定的风险，严重影响到辩护权的有效实现。

本条针对第二审程序中在押被告人与辩护律师会见与通信规定的欠缺，并根据前条对死刑案件律师垄断辩护的设计，吸收刑事诉讼法的相关内容，作出相应规定。但毋庸讳言，这种会见和通信的权利对律师而言，仍然存在风险，需要刑事诉讼法的整体制度支持。

这种规定的另一种风险是被告人有可能借此传递消息，所以在具体设计时必须有书信受到相应审查的措施。

（刑事诉讼法第 36 条第 2 款之借鉴）第　条　（查阅案卷）人民检察院和辩护人从接到受理通知之时起，可以到第二审人民法院查阅案卷，摘抄、复制与本案有关的材料，了解案情。

条文意旨：

本条是对第二审程序中检察院和辩护律师查阅案卷权的规定，目的在于为控辩双方了解案情提供制度保障。其含义为：（1）第二审程序中检察院和辩护律师均有权了解案情；（2）了解案情主要通过行使查阅案卷权实现，具体方式包括查阅案卷，摘抄、复制与本案有关的材料；（3）查阅案卷的时间起点为接到第二审法院的受理通知。

论证与论据：

1. 法治发达国家有借鉴意义的规定

《德国刑事诉讼法典》第 147 条："（一）被害人有权查阅移送法院的，或者在提起公诉情况中应当移送法院的案卷，有权查看官方保管的证据。……（三）在程序的任何一个阶段，都不允许拒绝辩护人查阅对被告人的讯问笔录，查阅准许他或者加入提出要求时必须允许他在场的法院调查活动笔录，查阅鉴定人的鉴定。（四）只要无重要原因与此相抵触的，依申请应当许可辩护人将除证据之外的案卷带回他的办公地点或者住宅查阅。对决定不得要求撤销。被指控人，即使是不能自由选定的，允许与辩护人进行书面、口头往来。"

2. 论证意见

现行刑事诉讼法对于第二审查阅案卷，只有第 188 条第 2 款规定的"第二审人民法院必须在开庭十日以前通知人民检察院查阅案卷",《开庭规定》第 7 条沿用了这一内容。

可以看到，以上规定都没有涉及辩护律师查阅案卷的权利，这是立法上不平等对待控辩双方的明显例证，导致实践中辩护律师查阅案卷的权利无法得到保障，只能乞怜于司法机关，从而严重影响辩护权的有效行使。

本条吸收刑事诉讼法第 36 条第 2 款"辩护律师自人民法院受理案件之日起，可以查阅、摘抄、复制本案所指控的犯罪事实的材料"的内容，在死刑案件第二审程序中明确规定辩护律师的阅卷权，这也是司法实践中应予以重点保障的内容。

（增加）第 条 （意见书和答辩书）自接到受理通知十五日以内，人民检察院应当提出意见书，被告人及其辩护人应当提出答辩书。

第二审人民法院应当在三日以内，将收到的意见书送达被告人及其辩护人，将收到的答辩书送达人民检察院。

人民检察院、被告人及其辩护人没有在以上期间内提出文书的，不影响第二审人民法院的审理。

条文意旨：

本条是对死刑案件进入第二审程序后控辩双方提交各自对案件意见文书的规定，目的在于确定控辩双方在第二审中对案件的观点。其含义为：（1）控辩双方都有权在第二审程序中提出各自对案件所持观点；（2）提出观点的期间为接到法院的受理通知后十五日内；（3）法院保障控辩双方知悉对方观点的权利，在收到一方文书后三日内送达对方；（4）任何一方在文书中未提出的内容，原则上将不进入第二审法院审理的范围，但对被告人有利的不在此限。

论证与论据：

1. 法治发达国家有借鉴意义的规定

《日本刑事诉讼规则》第 242 条："控诉法院收到控诉旨趣书时，应当迅速将该旨趣书副本送达对方。"第 243 条："控诉的对方，应当自收到控诉旨趣书副本的送达之日起 7 日以内，向控诉法院提出答辩书。检察官是对方时，应当对认为重要的控诉理由提出答辩书。法院认为必要时，可以指定一定的期间，命令控诉的对方提出答辩书。答辩书，应当根据对方的人数添附副本。控诉法院收到答辩书时，应当迅速将其副本送达控诉申请人。"

2. 论证意见

刑事诉讼法第 184 条和第 185 条对第二审程序的启动规定了两种不同方式，都有第一审法院向控辩双方送达文书副本的内容。

本条基本沿用了这些规定。

（增加）第　条　（证据申请权①）被告人及其辩护人在答辩期满前有以下权利：

（一）申请第二审人民法院收集、调取证据，应当以书面方式，说明申请的理由，列出需要调查问题的提纲；

（二）申请第二审人民法院传唤证人作证，应当以书面方式，写明证人的姓名、身份、住址；

（三）申请重新鉴定或者补充鉴定，应当以书面方式，说明申请的理由。

第二审人民法院接受被告人及其辩护人的申请收集、调取证据或者传唤证人的期间，被告人及其辩护人经第二审人民法院准许重新鉴定或者补充鉴定的期间，不计入审限。

第二审人民法院根据辩护人的申请收集、调取证据后，或者收到被告人及其辩护人提交的重新鉴定或者补充鉴定结论后，应当在三日内通知辩护人和人民检察院阅卷。

条文意旨：

本条是对辩护律师证据申请权的规定，其目的在于保障更有效的辩护。其含义为：（1）被告人及其辩护人在第二审程序中有证据申请权，其内容包括申请第二审人民法院收集、调取证据，传唤证人作证，申请重新鉴定或者补充鉴定；（2）申请应当在答辩期内向法院提出，但证据申请权并不仅限于答辩期，而是存在于裁判作出前的全部期间；（3）申请为书面形式，要求写明相关内容；（4）法院接受被告人及其辩护人的申请收集、调取证据或者传唤证人，被告人及其辩护人经第二审人民法院准许重新鉴定或者补充鉴定，其期间均不计入审限，不因时间限制而影响效果；（5）法院有义务通知检察院查阅新证据。

---

① 这一术语借用韩国《刑事诉讼法》第 294 条（当事人的证据申请权）的相关概念。

论证与论据：

1. 法治发达国家有借鉴意义的规定

《德国刑事诉讼法典》第219条第1款："被告人要求传唤证人、鉴定人参加法庭审判或者收集其他证据时，应当向法庭审判长提出申请，申请要阐明需要对此收集证据的事实。对申请后法院的安排决定，应当通知被告人。"第244条第3—6款："证据的收集为不准许的时候，要拒绝查证申请。除此之外，只有在因为事实明显，无收集证据的必要；要求查明的事实对于裁判没有意义或者已经查明；证据毫不适当或者不可收集；提出申请是为了拖延诉讼；或者对于应当证明的、对被告人有利的重大主张，可将主张的事实作为真实事实来处理的时候，才允许拒绝查证申请。除另有规定外，如果法庭本身具备有必要的专门知识的，可以拒绝询问鉴定人的查证申请。如果经先前的鉴定已经表明所主张的事实实际上是完全相反时，也可以拒绝对另外的鉴定人听证的查证申请；但是，如果先前鉴定人的专门知识值得怀疑，他的鉴定是从不正确的前提事实出发，鉴定结论含有矛盾，或者新的鉴定人拥有比先前鉴定人更先进的鉴定方法的，不适用前述规定。法院根据按照义务的裁量，认为勘验对于查明事实真相并非必要时，可以拒绝要求勘验的查证申请。在同样的前提条件下，也可以拒绝请求询问要在国外传唤的证人的查证申请。拒绝查证申请时，需有法庭裁定。"

2. 论证意见

对辩护律师取证的规定，见于刑事诉讼法第37条"辩护律师经证人或者其他有关单位和个人同意，可以向他们收集与本案有关的材料，也可以申请人民检察院、人民法院收集、调取证据，或者申请人民法院通知证人出庭作证。辩护律师经人民检察院或者人民法院许可，并且经被害人或者其近亲属、被害人提供的证人同意，可以向他们收集与本案有关的材料"，《解释》第43条"辩护律师申请向被害人及其近亲属、被害人提供的证人收集与本案有关的材料，人民法院认为确有必要的，应当准许，并签发准许调查书"、第44条"辩护律师向证人或者其他有关单位和个人收集、调取与本案有关的材料，因证人、有关单位和个人不同意，申请人民法院收集、调取，人民法院认为有必要的，应当同意"和第45条"辩护律师直接申请人民法院收集、调取证据，人民法院认为辩护律师不宜或者不能向证人或者其他有关单位和个人收集、调取，并确有必要的，应当同意。人民法院根据辩护律师的申请收集、调取证据时，申请人可以在场。人民法院根据辩护律师的申请收集、调取的证据,应当及时复制移送申请人"。

这些规定从文本上看为辩护律师提供了自行取证和申请法院取证两种途径,有助于搜集有利于被告人的证据,但司法实践中自行取证的分寸难于把握,使很多律师陷入被追诉的泥潭,自身难保,更不必说为被告人进行有效辩护了。

有鉴于此,本条规定死刑案件第二审程序中取证一律由法院进行,只要律师有合理的申请,法院即应调取相应证据,除非有充分的理由,不能驳回申请,这样就为辩护律师提供了最基本的权利保障,使之能够尽心竭力地为被告人辩护。而由法院进行取证,也可以有效改善实践中存在的证人怕得罪人而不愿作证的局面。为了避免法院为了赶审限而限制取证,以及申请取证实际所需时间难以把握、重新鉴定或者补充鉴定期间难于预定,而有可能造成辩护律师没有足够时间进行准备的情况,特别规定该类事项实际发生的期间均不计入审限。

(增加)第 条 (控方重新鉴定或者补充鉴定)人民检察院自接到受理通知十五日以内,将被告人同意的书面文件提交第二审人民法院的,可以重新鉴定或补充鉴定。重新鉴定或者补充鉴定的期间,不计入审限。

第二审人民法院收到人民检察院重新鉴定或者补充鉴定的结论后,应当在三日以内通知辩护人阅卷。

条文意旨:

本条是对控方重新鉴定或者补充鉴定的规定,其目的在于为控方实施有利于被告人的诉讼行为提高制度途径。其含义为:(1)控方在第二审程序中可以重新鉴定或者补充鉴定;(2)应当在接到第二审法院受理案件的通知后提出意见书的期间内启动;(3)以被告人同意为前提;(4)须向法院提交被告人签署的书面文件;(5)法院保障被告人及其辩护人知悉控方新证据的权利。

论证与论据:

这一内容在刑事诉讼法和各种司法解释中没有明确规定,实践中被告人及其辩护人提交新证据的,法院一般会知会检察院,但检察院的新证据被告人及其辩护人在开庭前则往往无缘得见。本来在力量对比上占据明显优势的控方,再拥有"证据突袭"的利器,使被告人的处境进一步恶化。

本条明确要求法院通过任何途径得到的新证据都要及时通知辩护人阅卷，可以使其进行有效的辩护准备。

（《开庭规定》第5条之修改）第 条 （开庭前审查）第二审人民法院开庭审理死刑案件，合议庭应当在开庭前对案卷材料进行全面审查，重点审查下列内容：

（一）人民检察院、被告人及其辩护人的理由及是否提出了新的事实和证据；

（二）被告人供述、辩解的情况；

（三）辩护人的意见以及原审人民法院采纳的情况；

（四）原审判决认定的事实是否清楚，证据是否确实、充分；

（五）原审判决适用法律是否正确，量刑是否适当；

（六）在侦查、起诉及审判中，有无违反法律规定的诉讼程序的情形；

（七）原审人民法院合议庭、审判委员会讨论的意见；

（八）其他对定罪量刑有影响的内容。

条文意旨：

本条是对合议庭在开庭前审查案卷的规定，目的在于确定第二审审理的具体对象。在理解上须注意，这种审查只具有形式意义，即确定开庭审理时的目标，而不是在这里得到了确定的结论，到开庭时只走过场。

论证与论据：

《开庭规定》第5条大部分沿用《解释》第251条，其意义主要体现于专门在死刑案件第二审程序中规定了这一内容。第二审庭前审查的目的在于确定原审的审理范围，从而确定第二审开庭审理的范围。这些规定对合议庭在开庭前重点审查的内容列举了八项，可谓十分详细，操作性强，充分注意到了第二审开庭在审理范围和侧重点方面与第一审的区别，为司法实践中合议庭或者主审法官在审查后写审查情况报告或者阅卷笔录提供指南，也为第二审有的放矢打下基础。

本条除了与第1条呼应，不再区分上诉、抗诉，其余完全沿用《开庭规定》第5条的内容。需要注意的是，法官有可能在庭前审查中获得了心证，造成庭审的形式化，为此需要强调被告人辩护权的行使，以对法官裁判形成必要约束。我们建议，裁判必须对被告人及其辩护人的辩护意见详细说明理由。

（《开庭规定》第9条之修改）第　条　（控方出庭）第二审人民法院开庭审理死刑案件，同级人民检察院应当派员出庭。

条文意旨：

本条是对死刑案件第二审程序检察院出庭的规定，目的在于实现开庭审理。其含义为：（1）第二审死刑案件开庭审理时检察院必须派员出庭；（2）检察人员以公诉人的身份出庭。

论证与论据：

1. 法治发达国家有借鉴意义的规定

《俄罗斯联邦刑事诉讼法典》第246条第1款："在公诉案件和自诉—公诉案件中，国家公诉人必须出庭。"

2. 论证意见

刑事诉讼法第188条规定："人民检察院提出抗诉的案件或者第二审人民法院开庭审理的公诉案件，同级人民检察院都应当派员出庭。"《解释》第243条规定："人民法院审理人民检察院提出抗诉的案件，应当通知同级人民检察院派员出庭。对接到开庭通知后人民检察院不派员出庭的抗诉案件，人民法院应当裁定按人民检察院撤回抗诉处理，并通知第一审人民法院和当事人。"

后者区别于前者的，一是开庭审理的范围由抗诉和除此之外的开庭审理的案件缩减到抗诉案件，二是抗诉案件检察院不出庭的，法院按撤诉处理。看上去似乎是法院强调自己的权威，在控方不到场时，取消诉讼，但基于我国刑事诉讼制度中检察院的特殊地位，法院其实没有那样的权威，这一变化反映了检察院、法院在第二审出庭问题上的分歧，抗诉的案件检察院即使不愿出庭，法院也没有可以正面应对的办法，只能回避，其余开庭审理的案件可想而知。从另外一个角度，这也可以理解为第二审案件开庭审理的比率很低，否则出庭问题上检察院、法院矛盾会非常尖锐，使第二审无法维持。不论何者为真，检察院不出庭总会使死刑案件第二审难以充分。这种局面的形成与我国刑事诉讼中检察院的双重身份有关，事实上，检察院是无法同时以法律监督机关和公诉机关的身份出现的，而本章设计的第二审程序是死刑案件审理的正式程序，检察院在其中仍然是控方，所以必须且只能以公诉机关的身份出庭。《开庭规定》第9条的意义就在于明确了第二审死刑案件中检察院应当以公诉机关的身份出庭。

本条沿用《开庭规定》第9条的内容，以消除以往部分死刑案件不开庭、检察院也不出庭的现象。

（《开庭规定》第11条之借鉴）第　条　（合议庭组成）第二审人民法院开庭审理死刑案件，应当由审判员五人组成合议庭，对于疑难、复杂、重大的死刑案件，应当由院长或者庭长担任审判长。

条文意旨：

本条是对死刑案件第二审合议庭组成的规定。

论证与论据：

刑事诉讼法第187条规定，第二审只能由合议庭审理，对此，《解释》第253条加以沿用，《开庭规定》第11条对人员构成和审判长人选作了进一步细化。

本条基本沿用了刑事诉讼法及相关司法解释在这一问题上的规定，唯有合议庭人数，一律采用5人，表明对死刑案件更为慎重的态度。

（《开庭规定》第12条之修改）第　条　（审前准备）合议庭应当在开庭前做好以下准备工作：

（一）必要时应当讯问被告人；

（二）拟定庭审提纲，确定需要开庭审理的内容；

（三）将开庭的时间、地点在开庭三日以前通知人民检察院、被告人及其辩护人；

（四）通知人民检察院、被告人及其辩护人在开庭五日以前提供出庭作证的证人、鉴定人名单；

（五）将传唤当事人和通知辩护人、证人、鉴定人和翻译人员的传票和通知书，在开庭三日以前送达；

（六）公开审判的案件，在开庭三日以前先期公布案由、被告人姓名、开庭时间和地点；

（七）其他准备工作。

合议庭应当在开庭前查明以下有关情况：

（一）在第一审判决宣判后，被告人是否有检举、揭发行为需要查证核实的；

（二）是否存在可能导致延期审理的情形。

上述活动情形应当写入笔录，由审判人员和书记员签名。

条文意旨：

本条是对审前准备的规定，目的在于为开庭创造条件。审前的准备工作包括两部分内容：一是应当进行的程序性事项；二是应当查明的特殊情形。

论证与论据：

刑事诉讼法没有规定第二审程序的审前准备，实践中参照刑事诉讼法第151条的规定："人民法院决定开庭审判后，应当进行下列工作：（一）确定合议庭的组成人员；（二）将人民检察院的起诉书副本至迟在开庭十日以前送达被告人。对于被告人未委托辩护人的，告知被告人可以委托辩护人，或者在必要的时候指定承担法律援助义务的律师为其提供辩护；（三）将开庭的时间、地点在开庭三日以前通知人民检察院；（四）传唤当事人，通知辩护人、诉讼代理人、证人、鉴定人和翻译人员，传票和通知书至迟在开庭三日以前送达；（五）公开审判的案件，在开庭三日以前先期公布案由、被告人姓名、开庭时间和地点。上述活动情形应当写入笔录，由审判人员和书记员签名。"《解释》第119条将其细化："对于决定开庭审理的案件，人民法院应当进行下列工作：（一）适用普通程序审理的案件，由院长或者庭长指定审判长并确定合议庭组成人员；适用简易程序审理的案件，由庭长指定审判员一人独任审理；（二）将人民检察院的起诉书副本至迟在开庭十日以前送达当事人；（三）对于未委托辩护人的被告人，告知其可以委托辩护人；对于符合刑事诉讼法第三十四条第二、三款规定的，应当指定承担法律援助义务的律师为其提供辩护；对于符合刑事诉讼法第三十四条第一款及本解释第三十七条规定的，一般要指定承担法律援助义务的律师为其提供辩护；（四）通知被告人、辩护人于开庭五日前提供出庭作证的身份、住址、通讯处明确的证人、鉴定人名单及不出庭作证的证人、鉴定人名单和拟当庭宣读、出示的证据复印件、照片；（五）将开庭的时间、地点在开庭三日以前通知人民检察院；（六）将传唤当事人和通知辩护人、法定代理人、证人、鉴定人和勘验、检查笔录制作人、翻译人员的传票和通知书，至迟在开庭三日以前送达；（七）公开审判的案件，在开庭三日以前先期公布案由、被告人姓名、开庭时间和地点。人民法院通知公诉机关或者辩护人提供的证人时，如果该证人表示拒绝出庭作证或者按照所提供的证人通讯地址未能通知到该证人的，应当及时告知申请通知该证人的公诉机关或者辩护人。上述工作情况应当制作笔录，并由审判人员和书记员签名。"《开庭规定》第 12 条既吸收了前述规定的有益经验，又增加了死刑案件第二审程序的特殊要求。

本条基本沿用了刑事诉讼法及相关司法解释对这一问题的规定。

（刑事诉讼法第 154 条之修改）第　条　（开庭准备）开庭的时候，审判长查明当事人是否到庭，宣布案由；宣布合议庭的组成人员、书记员、公诉人、辩护人、诉讼代理人、鉴定人和翻译人员的名单；告知当事人有权对合议庭组成人员、书记员、公诉人和翻译人员申请回避；告知被告人享有辩护权利。

条文意旨：

本条是开庭时进行告知的规定，目的在于保障被告人的知悉权。

论证与论据：

刑事诉讼法对第二审程序的开庭准备未作规定，实践中参照刑事诉讼法第 154 条的规定："开庭的时候，审判长查明当事人是否到庭，宣布案由；宣布合议庭的组成人员、书记员、公诉人、辩护人、诉讼代理人、鉴定人和翻译人员的名单；告知当事人有权对合议庭组成人员、书记员、公诉人、鉴定人和翻译人员申请回避；告知被告人享有辩护权利。"《解释》第 124—129 条做了进一步补充和细化。

本条吸收了刑事诉讼法及相关司法解释对这一问题的规定中涉及被告人权利的内容。

（《开庭规定》第 14 条之修改）第　条　（法庭调查）第二审人民法院在开庭时遵循下列程序：

（一）审判长宣布开庭后，可以宣读原审判决书，也可以只宣读案由、主要事实、证据和判决主文等判决书的主要内容。

（二）法庭调查时，先听取检察人员陈述意见，然后听取被告人或者辩护人答辩。

（三）法庭调查的重点是，双方对原审判决提出异议的事实、证据，原审判决未采纳辩护意见的理由，原审驳回被告人及其辩护人申请调取证据的理由，第二审程序中提出的新事实或提交的新证据。

（四）第二审人民法院开庭审理死刑案件，除以下情形外，应当传唤证人、鉴定人出庭作证：

1. 人民检察院、被告人及其辩护人对证人证言、被害人陈述和鉴定结论没有异议的；

2. 人民检察院、被告人及其辩护人对原审判决采纳的证据没有异议的；

3. 被告人所犯数罪中判处其他刑罚的犯罪，事实清楚且人民检察院、被告人及其辩护人没有异议的；

4. 共同犯罪中没有判处死刑且没有提出上诉的被告人，人民检察院和辩护人在开庭前表示不需要进行讯问和质证；

5. 共同犯罪中没有被判处死刑的其他被告人的罪行，事实清楚；

6. 法律规定的其他可以不出庭作证的情形。

（五）检察人员、被告人和辩护人有权申请传唤证人、鉴定人，经审判长许可，可以对证人、鉴定人发问。

条文意旨：

本条是对法院开庭时审查重点的规定，目的在于保障庭审的顺利进行。其含义为：（1）开庭审理按照相对固定的程序进行；（2）第二审人民法院开庭审理死刑案件，以证人出庭作证为原则，以符合法定情形时不出庭为例外；（3）检察人员、被告人和辩护人有申请传唤证人、鉴定人和对证人、鉴定人发问的权利。

论证与论据：

1. 法治发达国家有借鉴意义的规定

《英国1965年刑事诉讼程序（证人出庭）法》[①]第69章第3条第1款："任何人无正当理由不服从要求他出庭的传证人令或证人传票应当被认定藐视法庭罪，可以由此法院对他作出如同当庭藐视法庭罪的即决惩罚。"第4条第1款："如果高等法院法官根据经宣誓的证据，确信有效的传证人令或

---

①　引用的英国刑事诉讼法律条文，均出自《英国刑事诉讼法（节选）》，中国政法大学刑事法律研究中心组织编译，中国政法大学出版社2001年版。

证人传票上的证人可能不遵守传证人令或证人传票，法官可以对他签发逮捕令，并将他带到要求他出庭的法院。"

《法国刑事诉讼法典》第397—5条："（1983年6月10日第83—466号法律）本节所规定的各种情况，且在第550条及随后条款之规定以外，得以任何途径立即传唤证人。在由司法警察警官或公共力量人员对证人进行口头传唤时，证人应到场，否则，处第438条至第441条规定的惩处。"第437条："为听取其意见而作为证人受到传讯的任何人，均有义务出庭，宣誓并作证。"第438条："证人不出庭，或者拒绝宣誓或拒绝作证，应检察院之要求，得由法庭判处（2000年12月30日第2000—1354号法律第10条与第37条，自2001年1月1日起实行）3750欧元罚金。"第439条："如证人不出庭，并且不能就此提出经认定有效的正当理由，法庭得应检察院之请求，或者依职权，命令公共力量将该证人带至法庭，听取其陈述，或者将案件推迟至下次审理。"

《德国刑事诉讼法典》第323条第2款："对于第一审中询问过的证人、鉴定人，只有在对于查明案情认为没有必要再次询问的时候，才不必对他们传唤。"第325条："报告迄今为止的程序的结果和调查证据时，可以宣读文书；再次传唤证人、鉴定人时，或者在审判开始之前被告人及时申请对他们再次传唤的，除去第251条、第253条的情况外，未经检察院同意，不允许宣读第一审的证人、鉴定人询问笔录。"

《俄罗斯联邦刑事诉讼法典》第240条："在法庭审理时，刑事案件的所有证据，除本法典第十编规定的情形外，均应进行直接审查。法庭听取受审人、被害人、证人的陈述，听取鉴定结论，检验物证，宣读笔录和其他文件，进行审查证据的其他行为。只有在本法典第276条和第281条规定情况下，才可以宣读在审前调查进行时提供的陈述。法院的刑事判决只能以经过法庭审查的证据为依据。"第365条第4款："在第一审法庭被询问的证人，如果法庭认为有必要传唤到庭，第一上诉审法庭也要对他们进行询问。"

2. 论证意见

刑事诉讼法对第二审法庭调查的内容未作规定，《解释》的相关内容则非常分散。《开庭规定》第14条对此作了系统化，有助于第二审法庭调查的规范化。但其第13条规定："第二审人民法院开庭审理死刑上诉、抗诉案件，具有下列情形之一的，应当通知证人、鉴定人、被害人出庭作证：（一）人民检察院、被告人及其辩护人对鉴定结论有异议、鉴定程序违反规定或者鉴定结论明显存在疑点的；（二）人民检察院、被告人及其辩护人对证人证言、被害人陈述有异议，该证人证言或者被害人陈述对定罪量刑有重大影响的；（三）合议庭认为其他必要出庭作证的。"证人只在特定的情形下出庭作证，很明显是作为例外的，而且合议庭有裁量权，使证人出庭进一步随机化，必将导致大量书面证言未经质证即作为定案依据的情况，这使得被告人的辩护权难以充分行使，也影响到第二审法院对案件的把握，无法保障案件审理的公正性。

本条借鉴了《开庭规定》第 14 条的大部分内容，着重将证人出庭作为第二审的原则性规定，赋予控辩双方平等的申请法庭传唤证人的权利，而不出庭只能在法律规定的特定情形下，成为例外。并对该规定中无需传唤证人的情况进行了归纳，与增加的其他一些无需证人出庭的情形，集中作了规定。

（《开庭规定》第 14 条之修改）第　条　（法庭辩论、最后陈述）法庭辩论时，由检察人员先发言，然后由被告人、辩护人发言，并依次进行辩论。

审判长在宣布辩论终结后，被告人有最后陈述的权利。

条文意旨：

本条是对法庭辩论和被告人最后陈述权的规定，目的在于保障被告人的辩护权。其含义为：（1）被告人及其辩护人在开庭审理中有发言的权利；（2）被告人有最后陈述、发表自己对案件意见的权利；（3）被告人最后陈述后，法庭即应准备判决，控方不得补充意见。

论证与论据：

1. 法治发达国家有借鉴意义的规定

《德国刑事诉讼法典》第 326 条："证据调查结束之后，由检察院、被告人和他的辩护人作陈述、申请，其中首先由上告人陈述。被告人作最后陈述。"第 351 条第 2 款："接着，检察院、被告人和他的辩护人作陈述、提出申请，其中首先是由上诉人陈述，被告人作最后陈述。"

《意大利刑事诉讼法典》第 602 条第 4 款："在最后陈述时，遵守第 523 条的规定。"第 523 条第 5—6 款："在任何情况下，如果被告人和辩护人要求最后发言，应当得到延续，否则导致行为无效。除非常必要的情况外，不得为调取新证据而打断最后陈述的进行。"

《日本刑事诉讼法》第 211 条："法院应当向被告人或者辩护人提供最后陈述的机会。"

《俄罗斯联邦刑事诉讼法典》第 366 条第 3 款："双方辩论结束后，法官让受审人做最后陈述，之后法官退入评议室进行裁决。"

2. 论证意见

刑事诉讼法对第二审程序中被告人最后陈述权未作规定，实践中参照第 160 条对第一审程序的规定："审判长在宣布辩论终结后，被告人有最后陈述的权利。"《解释》第 167 条、第 168 条对此作了进一步细化。《开庭规定》对死刑案件第二审程序的被告人最后陈述权未作规定，作为专门性的司法解释，即使是无意之失，其负面的导向作用也值得警惕。

本条借鉴刑事诉讼法相关内容，对死刑第二审程序中被告人最后陈述权作出明确规定，是加强被告人权利保障的重要举措。

（《开庭规定》第 15 条之修改）第　　条　（因新证据延期审理）在第二审程序中，检察人员或被告人及其辩护人发现证据出现重大变化，可能影响案件定罪量刑的，可以申请延期审理。

条文意旨：

本条是因出现新证据而导致延期审理的规定，目的在于保障第二审有充裕的审理时间。其含义为：（1）本条的情形应当介于"开庭日确定至审理结束"之间，此前出现类似问题，可以推后确定开庭日期，此后出现类似问题，则只能通过再审程序处理；（2）本条中所称"证据出现重大变化，可能影响定罪量刑"，是指新的证据可能使死罪变成他罪、有罪变成无罪，但不包括一死罪变成他死罪的情形，也不包括产生上述变化的可能性很小的证据变化。

论证与论据：

1. 法治发达国家有借鉴意义的规定

《俄罗斯联邦刑事诉讼法典》第 365 条第 5 款："控辩双方有权申请传唤新的证人、进行司法鉴定、调取第一审法院拒绝审查的物证和文件。对申请依照本法典第 271 条规定的程序进行审理。上诉审法院无权以申请曾被第一审法院驳回为由拒绝满足申请。"

2. 论证意见

刑事诉讼法第 159 条规定："法庭审理过程中，当事人和辩护人、诉讼代理人有权申请通知新的证人到庭，调取新的物证，申请重新鉴定或者勘验。法庭对于上述申请，应当作出是否同意的决定。"《解释》第 155 条、第 156 条分别规定了庭审中检察院提出新证据和被告人提出新证据，并明确了可以延期审理。《开庭规定》第 8 条规定了控辩双方在审前提出新证据后由法院通知对方查阅，第 9 条规定开庭前重新鉴定或者补充鉴定提交的由法院在开庭三日以前告知对方。

可以看出，这些规定是建立在全面审查基础上的，新证据能否进入第二审程序完全取决于法院的裁量，因此其目的在于追求"客观真实"。但真实无法从终极的意义上获得，客观也未必对控辩双方公平，对新证据进入第二审没有实质性约束，最常见的问题是诉讼的拖延和被告人可能面临新的指控。依照《开庭规定》对开庭前提出新证据的处理，辩方难以有充分的时间准备，这必然影响到辩护的效果；而开庭后提出新证据未作规定，则存在程序漏洞。

本条针对上述问题，借鉴现有规定中的合理成分，允许在法庭审理结束之前提出新证据，以延期审理的方式处理，以便使控辩双方能够做好充分的准备。但不同的证据对案件的影响不同，如果任何不同于前的证据都允许作为新证据提出，诉讼程序很可能无法进行下去，所以本条将新证据限定为"证据出现重大变化，可能影响定罪量刑"时才允许提交。而证据对定罪量刑的影响又可以分为新的证据可能使死罪变成他罪、有罪变成无罪等不同情形，这些都是有利于被告人的重大变化，因此应当允许提交该证据，而一死罪变成他死罪的情形，则使被告人面临另一次生命危险，这种危险却没有审级救济，因此法庭不能作为改判（改变原判决依据的事实而维持相同的刑罚）的依据；产生上述变化的可能性很小的证据变化，则因不符合"重大"的要求不属于本条规定的情形。当然，受到前条的限制，控辩双方固然均可提出新证据，但法庭只能接受其中对被告人有利的部分。

（刑事诉讼法第 165 条之借鉴）第　　条　（延期审理的期限）第二审死刑案件每次延期审理的期间不得超过一个月，延期审理的期间不计入审限。

条文意旨：

本条是延期审理期限的规定，目的在于保障第二审有充裕的审理时间。

其含义为：（1）本条的延期审理是指符合本章第 6 条更换辩护律师、第 19 条证据重大变化的情形，以及第 10 条的情形发生于开庭期间的；（2）每次延期审理以一个月为限，但根据实际需要可多次延期审理；（3）每次延期审理的期间均不计入审限。

论证与论据：

刑事诉讼法第 165 条规定的延期审理的范围较宽，涉及提交新证据、检察院建议补充侦查和当事人申请回避等情形。第 166 条规定了因补充侦查而延期审理的案件一个月期限的内容。《解释》第 164 条、第 165 条增加了更换辩护人的延期审理规定，并给予十日不计入审限的期间。《开庭规定》第 15 条规定控辩双方因证据出现重大变化可以建议延期审理，但未规定期限。

本章中涉及延期审理的有更换辩护人、重新鉴定或者补充鉴定和提交新证据几种情形。每次延期审理均为一个月期间，一方面出于给予充分的重新准备时间的考虑，另一方面也是为了避免审理的过度拖延。同时，为了不增加延期审理给第二审法院带来的压力，该段期间不计入审理期限。

（刑事诉讼法第 189 条、第 191 条之修改）第　条　（二审裁定、判决）
第二审人民法院对死刑案件经过审理后，合议庭或者审判委员会应当按照下列情形分别处理：

（一）一致认为原判决认定事实和适用法律正确、量刑适当的，应当裁定维持原判；

（二）认为原判决认定的定罪事实没有错误，但适用法律有错误，或者量刑不当的，应当改判；

（三）认为原判决事实不清楚或者证据不足的，应当在查清事实后改判；定罪事实无法查清的，应当作出无罪判决；

（四）认为有下列违反法律规定的诉讼程序的情形之一的，应当裁定撤销原判，发回原审人民法院重新审判：

1. 违反本法有关公开审判的规定的；

2. 违反回避制度的；

3. 剥夺或者限制了当事人法定诉讼权利的；

4. 审判组织的组成不合法的；

5. 其他违反法律规定的诉讼程序，可能影响公正审判的。

发回重审以一次为限，但有利于被告人的除外。

条文意旨：

本条是对第二审死刑案件进行裁判的规定，目的在于约束第二审法院的裁判权力。其含义为：（1）维持原判须合议庭或审判委员会全体成员一致认为原判认定事实和适用法律正确、量刑适当；（2）改判时则多数成员同意即可作出；（3）有需要调查的，法院应当查清后改判；无法查清的，如果是量刑情节，量刑从轻，如果是定罪情节，根据"疑罪从无"的原则，撤销死刑判决；（4）存在本条规定的程序违法的，发回原审法院重审，但不能以事实不清为由发回重审；（5）发回重审一般以一次为限，但有利于被告人的不受此限。

论证与论据：

1. 法治发达国家有借鉴意义的规定

《英国 1996 年刑事诉讼和侦查法》第 35 条第 3 款："在上诉听证结束时，上诉法院可以维持、推翻或变更被上诉的裁决。"

《加拿大刑事法典》第 680 条："（1）法官根据第 522 条、或者第 524 条（4）款或（5）款作出的决定，或者上诉法院的法官根据第 679 条作出的决定，按照上诉法院院长或代理院长的指示，可以由上诉法院进行复审。如果复审没有确认原决定，法院可以：（a）改变原决定；（b）依照自己的意见代之以其他应为的决定。"

《德国刑事诉讼法典》第 353 条："（一）在认为上诉正当的范围内撤销被声明不服的判决。（二）同时，对原判决所依据的事实认定，只要是通过原判决因此被撤销的违法情形所得出的，也同时撤销。"第 354 条："（一）如果仅是因为在对原判决所依据的事实认定上适用法律有错而撤销原判决的时候，在无需进一步的事实认定讨论，唯一可能的判决是宣告无罪，或者上诉法院与检察院的申请相一致，认为判处的法定最低处罚、免于处罚是适当的时，上诉法院可以自己对案件作出裁判。（二）在其他情形下，应当将案件发回作出原判决法院的另一审判机关或者审判庭，或者发交属于同一个州的另一个同级法院。在由州高级法院作了第一审裁判的程序中，应当将案件发回该法院的另一审判委员会。（三）还可能追加的犯罪行为如果系更低级别法院管辖时，可以将案件发交给该法院。"第 354 条 a："如果上诉法院撤销原判决，是因为在裁判时所适用的法律不是作原裁判时适用的法律，在此情形中上诉法院仍然应当依照第 354 条规定处理。"第 355 条："撤销原判决的原因，是因为原审法院对案件的管辖有误的时候，上诉法院同时将案件发交给有管辖权的法院。"

《意大利刑事诉讼法典》第620条："1. 除法律具体规定的情况外，在下列情况下，最高法院宣告判决，但不发回重审：（1）如果行为不被法律规定为犯罪，如果犯罪已经消灭，如果刑事诉讼不应当提起或者不应当继续进行；（2）如果犯罪不属于普通司法机关的管辖范围；（3）如果受到上诉的裁决包含超越司法权限的规定，但撤销的范围仅以这类规定为限；（4）如果受到上诉的裁决属于不被法律允许的决定；（5）如果就某一竞合犯罪作出的判决依照第522条的规定无效的；（6）如果就某一新犯罪作出的判决依照第522条的规定无效的；（7）如果处罚判决是因人身错误而宣告的；（8）如果受到上诉的判决或裁定与由同一刑事法官或另一刑事法官先前就同一人和同一事所宣告的裁决相互矛盾；（9）如果受到上诉的二审判决所裁决的对象属于不允许向上级法院上诉的问题；（10）最高法院认为不必发回更审或者它可以自己确定刑罚或作出必要处置的其他情况。"第623条："1. 除第620条和第622条规定的情形外，（1）如果一项裁定被撤销，最高法院决定将文书移送给作出该裁定的法官，或者遵循最高法院的判决作出决定；（2）如果在第604条第1款规定的情况下一项判决被撤销，最高法院决定将文书移送给一审法官；（3）如果被撤销的上诉陪审法院、上诉法院、陪审法院或法院的判决，案件分别由同一法院的另一庭更审，或者由最邻近的法院更审；（4）如果被撤销的是独任法官或者负责初期侦查的法官的判决，最高法院决定将文书移送给同一独任法官所或同一法院，但是，应当由其他的独任法官或法官进行更审。"

《日本刑事诉讼法》第397条："在具有第377条至第382条及第383条规定的事由时，应当判决撤销原判决。依照第393条第2款的规定进行调查的结果，认为如果不撤销原判决显然违背正义时，可以以判决撤销原判决。"第398条："以违法宣告管辖错误或者公诉不受理为理由撤销原判决时，应当以判决将案件发回原审法院。"第400条："依据前二条规定的理由以外的理由撤销原判决时，应当以判决将案件发回原审法院，或者移送与原审法院同级的其他法院。但控诉法院根据诉讼记录和原审法院及控诉法院调查的证据，认为可以直接判决时，可以对被告案件重新作出判决。"

《俄罗斯联邦刑事诉讼法典》第360条第3款："在按照第二上诉程序审理刑事案件时，法院有权减轻对被判刑人的刑罚或适用关于较轻犯罪的刑事法律，而无权加重刑罚以及适用关于更重犯罪的刑事法律。"第367条第3款："第一审上诉审法院根据刑事案件的审理结果作出以下裁判之一：（1）维持第一审法院的刑事判决不变，驳回上诉或抗诉。（2）撤销第一审法院的有罪判决，宣告受审人无罪或终止刑事案件。（3）撤销第一审法院的无罪判决并作出有罪判决。（4）变更第一审法院的刑事判决。"

2. 论证意见

第二审的裁判，适用刑事诉讼法第189条和第191条的规定，分为三种情况，本条对此进行了改造。

第一种是第189条第1项规定的"维持原判"，其要求是"原判决认定事实和适用法律正确、量刑适当"。第二审的审判组织有合议庭和审判委员会两种，根据刑事诉讼法第148条的规定，"合议庭进行评议的时候，如果意见分歧，应当按多数人的意见作出决定，但是少数人的意见应当写入笔录"，第149条规定，"对于疑难、复杂、重大的案件，合议庭认为难以作出决定的，由合议庭提请院长决定提交审判委员会讨论决定"，可见，传统上死刑案件的裁判实践中采取的都是"多数决定原则"。但如果合议庭或者审判委员会成员中有人对死刑案件存有疑问，就表明尚有不清楚的事实或不充分的证据，或对法律适用的理解存在分歧，以多数意见作出维持死刑的判决并未与普通刑事案件作出区分，因而是不恰当的。对于死刑案件，裁判者意见不一致时，作出的只能是否定性结论，只有裁判者对判处被告人死刑取得全体一致的意见，才能认为符合了维持原判的要求。因此，死刑案件第二审的维持原判，采用"多数决定原则"不够严谨，本条采用"全体一致原则"，这是与现行立法最大的不同。

第二种是第189条第2项和第3项规定的"改判"，不论因"适用法律有错误"或"量刑不当"而改判，还是因"事实不清"或"证据不足"而改判，都不会加重对被告人的处罚，如果全体同意存在上述问题的，不符合第1项"认定事实和适用法律正确、量刑适当"的条件，不能维持死刑判决，所以不存在只改变事实认定、法律适用而不改变量刑的可能，根据第2项和第3项改判的话，则量刑势必改变，死刑即不能继续适用，所以反而可能较原来有利。因此，"多数决定原则"对于改判的死刑案件而言是有利于被告人的，因而是恰当的，本条沿用这一规定。

第三种是第189条第3项和第191条规定的"发回重审"，前者是以事实原因而发回，后者是以程序原因而发回。这种设置存在着两方面的严重问题：一是发回重审的次数没有限制，[①] 理论上对被告人可以无限期羁押，潜藏的是对有罪事实的无限追诉，是事实上的"有罪推定"；二是允许以事实原因发回重审绕过了"上诉不加刑"原则，给了侦诉机关重新组织有罪证据的机会，使被告人再次面临生命危险，即使最终被告人被判无罪或者被改判其他刑罚，案件久拖不决也是不人道的。因此，死刑案件不宜因"事实不清、证据不足"的事实原因被发回重审。

本条区别对待：对于事实不清的，改为第二审法院查清后改判，由于事实中关乎量刑的并不影响定罪，查不清只要从轻即可，而定罪事实不能查清，则犯罪不能确定，根据无罪推定原则，应即作出无罪判决。对于程序违法的，则适用刑事诉讼法第191条的规定发回重审，但此种情况仍应对发回重审的次数加以限制，可规定为"以一次为限"。重审后再次宣告死刑而进入第二审的，仍有可能出现如果是第一次应当发回重审的情形，其中对被告人有利的，不受一次的限制，但其他情况下则受限。

这里存在的问题是，法院对事实不清的审理后认为原审罪名张冠李戴的，能否改判他罪，如果改判，则有第二审实质为第一审之嫌；重审后上诉的死刑案件，仍然存在如果是第一次上诉应当发回重审的可能，这种情况下不能再次发回，如果由第二审自行进行事实审，则同样有第二审为实质第一审之嫌。这两种情况下，如果法院不自行审理，又不能维持原判，改判他刑则缺乏事实依据，作无罪判决则有放纵犯罪之虞。这是程序设计上的难点，尚未有适当的处置。

（《开庭规定》第16条之借鉴）第　条　（裁判理由）第二审人民法院应当在裁判文书中写明人民检察院的意见，详细写明对被告人的辩解和辩护人的意见是否采纳的理由。

条文意旨：

本条是要求第二审裁判文书说明裁判理由的规定，其目的在于对第二审法院的裁判权进行监督。其含义为：（1）第二审裁判须写明控辩双方的意见；（2）裁判理由的重点是被告人的辩解和辩护人的意见，既要详细写明采

---

① 典型案例如河北陈国清案，河北省高级人民法院四次发回重审。详见孙展：《五次判决十年生死：河北高院四次刀下留人的背后》，http://news.sina.com.cn/c/2004-04-01/16023085319.shtml，2007-3-26。

纳其意见的理由，也要详细写明不采纳其意见的理由；（3）如果是维持原判的，则对维持的理由要详细写明。

论证与论据：

1. 法治发达国家有借鉴意义的规定

《加拿大刑事法典》第 677 条："当上诉被上诉法院驳回，并且上诉法院的法官表示与法院判决的意见不一的，上诉法院的正式判决应当全部或部分地说明不同意的法律依据。"

《法国刑事诉讼法典》第 485 条："所有判决均应包括判决理由和判决主文。（1985 年 12 月 30 日第 85—1407 号法律）判决理由构成裁判决定之依据（基础）。判决主文对被传唤出庭的人被宣告有罪或负有责任的犯罪作出表述，并且写明判处的刑罚以及适用的法条，同时写明民事方面的处罚。"

《日本刑事诉讼规则》第 246 条："判决书，应当记载控诉旨趣和主要答辩的要旨。在此场合，认为适当时，可以引用控诉旨趣书或者答辩书记载的事实。"

《俄罗斯联邦刑事诉讼法典》第 367 条第 2 款："裁判中应指出根据什么认定第一审法院刑事判决合法、根据充分和公正，而上诉或抗诉的理由不足，以及指出完全或部分撤销或变更原刑事判决的根据。"

2. 论证意见

刑事诉讼法对判决的理由未作规定，《开庭规定》第 16 条首次对这一内容加以明确："第二审人民法院应当在裁判文书中写明人民检察院的意见、被告人的辩解和辩护人的意见，以及是否采纳的情况并说明理由。"

传统上刑事判决不重视判决理由，使人无法查知事实认定、法律适用，存在许多弊端：如难以为当事人所理解和接受，导致上诉与申诉比率居高不下；难以为公众所认可，损害司法权威；难以约束法官裁量权，裁判有很大的随意性。判决理由的功能，主要体现在两个方面：一是公开审理的要求，正义当以看得见的方式实现，公开裁判理由使当事人得知自己的意见是否为法庭所采纳，使公众得知法官推理和法律的适用是否具有合法性；二是对法院监督的需要，公开裁判理由使法官不能随意裁判，也有利于上级法院的审查。

本条因此基本沿用《开庭规定》的这一内容。

（《开庭规定》第 17 条之借鉴）第　条　（宣判和送达）第二审人民法

院作出判决、裁定后，当庭宣判的，应当在五日以内将判决书或者裁定书送达当事人、辩护人和同级人民检察院；定期宣判的，应当在宣判后立即送达。

第二审人民法院可以委托第一审人民法院代为宣判，并向当事人及其辩护人送达第二审判决书或者裁定书。

条文意旨：

本条是死刑案件第二审宣判和送达的规定。

论证与论据：

刑事诉讼法对第二审宣判和送达未作规定，实践中参照刑事诉讼法第163条："宣告判决，一律公开进行。当庭宣告判决的，应当在五日以内将判决书送达当事人和提起公诉的人民检察院；定期宣告判决的，应当在宣告后立即将判决书送达当事人和提起公诉的人民检察院"和《解释》第182条："当庭宣告判决的，应当宣布判决结果，并在五日内将判决书送达当事人、法定代理人、诉讼代理人、提起公诉的人民检察院、辩护人和被告人的近亲属。定期宣告判决的，合议庭应当在宣判前，先期公告宣判的时间和地点，传唤当事人并通知公诉人、法定代理人、诉讼代理人和辩护人；判决宣告后应当立即将判决书送达当事人、法定代理人、诉讼代理人、提起公诉的人民检察院、辩护人和被告人的近亲属。判决生效后还应当送达被告人的所在单位或者原户籍所在地的公安派出所。被告人是单位的，应当送达被告人注册登记的工商行政管理机关。"《开庭规定》第17条首次规定死刑案件第二审宣判和送达，规范法院诉讼行为。

本条完全沿用《开庭规定》的这一内容。

（刑事诉讼法第196条之修改）第　　条　（第二审的审限）第二审人民法院受理死刑案件，应当在六个月以内审结。有本法第一百二十六条规定情形之一的，可以延长三个月。但是最高人民法院受理第二审死刑案件的审理期限，由最高人民法院决定。

条文意旨：

本条是死刑案件第二审的审限规定，目的在于保障第二审死刑案件在合理期限内审结。其含义为：（1）第二审死刑案件的一般审理期限为六个月；（2）但属于刑事诉讼法第 126 条规定的四类案件之一的，即交通十分不便的边远地区的重大复杂案件、重大的犯罪集团案件、流窜作案的重大复杂案件、犯罪涉及面广取证困难的重大复杂案件，高级人民法院可以延长三个月；（3）最高人民法院审理第二审死刑案件的审限本条不做限制，由其自由裁量。

论证与论据：

刑事诉讼法第 196 条规定："第二审人民法院受理上诉、抗诉案件，应当在一个月以内审结，至迟不得超过一个半月。有本法第一百二十六条规定情形之一的，经省、自治区、直辖市高级人民法院批准或者是决定，可以再延长一个月，但是最高人民法院受理的上诉、抗诉案件，由最高人民法院决定。"第 126 条规定："下列案件在本法第一百二十四条规定的期限届满不能侦查终结的，经省、自治区、直辖市人民检察院批准或者决定，可以延长二个月：（一）交通十分不便的边远地区的重大复杂案件；（二）重大的犯罪集团案件；（三）流窜作案的重大复杂案件；（四）犯罪涉及面广，取证困难的重大复杂案件。"

本条借鉴了该规定，将原来通常一个月、最长两个半月的期限，统一规定为六个月，使死刑案件第二审有充裕的时间慎重审理。但死刑案件第二审不规定审限可以使法院无须考虑时间的压力，更为细致地审理案件，符合死刑案件慎之又慎的精神，不过由此却可能因久拖不决导致被告人被长期羁押，对于可能的无辜者或者不应判处死刑的被告人又是极为不利的。因此有必要对此作出规定，六个月的审限既不会因太短而使第二审匆忙，也不会因太长导致过度羁押，是比较适当的期限。考虑到复杂案件无法在六个月内审理完毕，在符合法定情形时可以延长三个月。最高法院受理的死刑案件一般具有特殊性，应允许根据实际情况决定，而不宜硬性规定审限。

（刑事诉讼法第 192 条之修改、第 194 条之借鉴）第　条　（发回重审的程序）原审人民法院对于上级人民法院发回重审的死刑案件，应当另行组成合议庭，依照第一审程序进行审判。

原审人民法院重新审判上级人民法院发回的死刑案件，人民检察院未主张新的事实或者提出新的证据的，不得再次判处死刑。

对于重新审判后的判决，可以上诉、抗诉。判处死刑的，适用本章的规定。

原审人民法院从收到上级人民法院发回重审的死刑案件之日起，重新计算审理期限。

条文意旨：

本条是死刑案件发回重审的程序规定，目的在于避免对被告人的反复追诉。其含义为：（1）原审审判人员和符合刑事诉讼法回避对象的人员，都不得参加对发回案件的重审；（2）因案件必然发回原一审法院，所以对案件的重新审理仍然适用第一审程序；（3）只有检察院主张了新事实或者提出了新证据的，原审法院重新审理该案后，如符合适用死刑的法律规定，才可以再次宣告被告人死刑；检察院没有主张新事实或者提出新证据的，原审法院重新审理该案后只能判死刑之外的其他刑罚。（4）因重审适用第一审程序，故其裁判允许上诉、抗诉，如果依据新的事实或新的证据再次宣告被告人死刑的，适用本章的规定，由法院依职权移送其上一级法院而进入二审。

论证与论据：

对发回重审的程序规定，见于刑事诉讼法第192条："原审人民法院对于发回重新审判的案件，应当另行组成合议庭，依照第一审程序进行审判。对于重新审判后的判决，依照本法第一百八十条、第一百八十一条、第一百八十二条的规定可以上诉、抗诉。"其中涉及合议庭组成、判决的效力等内容，可以说比较简单。

本条在吸收以上内容的基础上，在审理范围上作类似于关于第二审的规定，增加了重新审理除非有利于被告人不接受新证据的规定，避免一旦成为被告人即有可能面临无休止的追诉的困境，增强被告人权利保障，平衡控辩双方力量对比。这样规定可能出现放纵罪犯的现象，这就要求检控机关严守法律，将控诉工作做得更为扎实。

本条发回重审的审限规定，完全沿用刑事诉讼法第194条的规定。

（增加）第 条 （再审的适用）最高人民法院和高级人民法院依照审判监督程序重新审判的死刑案件，适用本章的规定。

条文意旨：

本条是死刑案件再审的程序规定，目的在于提供生效死刑案件的救济途径，并避免被告人被反复追诉。

论证与论据：

刑事诉讼法没有对死刑案件的再审作特别规定，实践中根据不同情况适用第一审程序或者第二审程序。从量刑上讲，再审也无法改判比死刑更重的刑罚，但完全可能认定新的事实证据同样判死刑，这种情况下，被告人实质上在原审被判处死刑依据不充分的前提下，再次面临了生命危险，与国际司法准则的基本要求是相冲突的。规定死刑案件再审适用本章规定，意味着被告人经过新的审判将不再被判死刑，体现了程序的稳定性和公正性之间的合理平衡。

（增加）第　　条　（死缓案件的适用）宣告死刑缓期二年执行的案件适用本章规定。

条文意旨：

本条是对死缓案件适用本章内容的规定，目的在于使被宣告死刑缓期二年执行的被告人得到本章对死刑案件被告人的程序保障。

论证与论据：

1. 法治发达国家有借鉴意义的规定

《德国刑事诉讼法典》第 331 条第 1 款："仅由被告人，或者为了他的利益由检察院或者他的法定代理人提出了上告的时候，对于判决在法律对行为的处分种类、刑度方面，不允许作不利于被告人的变更。"

《法国刑事诉讼法典》第 380—3 条："进行公诉审理裁判的上诉审重罪法庭，不得为一因被告人提起上诉而加重对被告人的处罚。"第 520—1 条："（2004 年 3 月 9 日第 2004—204 号法律第 137—2 条，自 2004 年 10 月 1 日起实行）在对依据第 495—11 条之规定作出的刑事裁定提起上诉的情况下，上诉法院提审案件并对实体问题作出审理裁判，但不得宣告比一审法院院长或院长委派的法官宣告的刑罚更重的刑罚；但由检察院提起上诉（抗诉）的情形除外。"

《日本刑事诉讼法》第 402 条："对于由被告人提起控诉或者为被告人的利益而提起控诉的案件，不得宣告重于原判决的刑罚。"

《意大利刑事诉讼法典》第 597 条第 3 款："当提出上诉的人是被告人时，法官不得科处在刑种或刑度上更为严厉的刑罚，不得适用新的或更为严厉的保安。"

2. 论证意见

死缓在我国不是独立的刑罚，只是死刑的执行方法，因此判处死缓的案件应包含在死刑案件的范围内，其第二审适用死刑案件的规定理所当然。但按照刑事诉讼法第190条第2款的规定，不受"上诉不加刑"原则的限制，可以被改判为死刑，由于建议稿将包括死刑缓期二年执行在内的死刑案件设置为自动进入第二审程序，这里所蕴含的风险与修改意旨相悖，不做限制就失去了通过程序限制死刑的目的，故特别规定增加这一规定，使死缓案件也纳入"上诉不加刑"原则的作用范围。

第三部分　调研报告

报告一　关于律师辩护权的问卷调查

广州大学人权研究中心

一、律师辩护权问卷调查的意义

刑事辩护权与刑事审判质量有着密切的关系。刑事诉讼活动在某种意义上说是一场由拥有强大公权力的国家公诉机关与几乎没有任何资源优势的犯罪嫌疑人、被告人之间进行的较量和博弈。因此，若使犯罪嫌疑人、被告人的合法权益得到有效保障，就得让其辩护权得以充分行使。在我国刑事诉讼法所规定的辩护人中，律师是最主要、也是最有能力来实现犯罪嫌疑人、被告人合法权益的一类。因为，一方面，律师是经过严格考试考核取得执业证的职业法律工作者，具有丰富的法律知识和办案经验，熟悉辩护业务；另一方面，法律又赋予了律师较其他辩护人更多的权利，比如律师依法执行职务受保障的权利、查阅案卷权、会见通信权、调查取证权、为犯罪嫌疑人、被告人申请变更强制措施权、司法文书获取权、提出证据权、质询权、辩论权、控告权等。从这个角度讲，只有保障犯罪嫌疑人的辩护律师充分发挥作用，才有可能使控方与辩方形成积极有效的对抗，从而有利于裁判者发现案件事实真相。在刑事诉讼中，尽管辩护律师是帮助被告有效行使辩护权的一方，但其具有独立的地位，其职责在于根据事实和法律，依法提出自己的辩护意见，以保障犯罪嫌疑人、被告人的合法权利。在刑事诉讼中，辩护职能与控诉职能、审判职能共同交织，一起推动刑事诉讼活动的进行。

辩护职能能否在审判中得到有效的实现不仅取决于法律赋予律师的职

权，而且更主要的还依赖于辩护权能否在实践中得到充分的落实。我国刑事诉讼法赋予了律师较为广泛的权利，如依法执行职务受保障的权利、查阅案卷权、会见通信权、调查取证权、为犯罪嫌疑人、被告人申请变更强制措施的权利、司法文书获取权、提出证据权、质询权、辩论权、控告权、拒绝辩护权等。就律师辩护权在实践中的运行状况，我们进行了问卷调查，并得出了一些有意义的研究结论。

二、问卷的设置以及发放、回收情况

围绕律师辩护权的有关问题，本次调查主要针对专业人员（包括法院工作人员、检察院工作人员、警察和律师）、服刑人员、社会普通公众三类人群分别设置了不同问题，采取被调查者所在单位集体组织、被调查者本人匿名填写答卷的方式进行调查。

（一）问卷设置

每套问卷设置了四个问题。其中三套问卷设置了两个共同的问题：对辩护人伪证罪处理的态度和辩护律师的调查权利的问题。

在专业人员卷和服刑人员卷中，我们又设置了一个共同的问题：辩护人伪证罪对于律师行使辩护权的影响。此外，根据专业人员、服刑人员、社会普通公众身份的不同，分别设置了四个不同的问题：刑事案件的审理方式、律师会见被告人的权利、当事人为什么不聘请律师以及律师办理刑事案件的意愿等问题。

（二）问卷发放与回收情况

1. 专业人员问卷

专业人员问卷发放的对象为：法院工作人员、检察院工作人员、警察和律师。

问卷回收情况：法院工作人员 707 份；检察院工作人员 639 份；警察820 份；律师 674 份。

2. 服刑人员

服刑人员问卷发放的对象按刑期分为：3 年以下有期徒刑、3 年以上未满 10 年有期徒刑、10 年以上有期徒刑、无期徒刑或死缓。

问卷回收情况：回收问卷 740 份。

3. 社会普通公众

社会普通公众问卷发放的对象按工作年限分为：工作年限未满三年、工作年限为三年至十年、工作年限十年以上。

问卷回收情况：回收问卷 739 份。

三、问卷分析

(一) 关于"辩护人伪证罪对于律师行使辩护权的影响"

专业人员卷以及服刑人员卷都设置了该问题。

对于该问题，问卷共设置了六个相关选项，旨在从两个方面考察伪证罪对于律师业务的影响程度：一是律师承办刑事案件的数量是否受到该罪名设置的影响；二是律师在承办刑事案件中调查取证的态度及其方式是否受到该罪名设置的影响。

1. 相关背景

我国 1997 年修改后的刑法在第 306 条中规定了辩护人、诉讼代理人毁灭证据、伪造证据罪（为行文方便，以下简称"辩护人伪证罪"）：

"在刑事诉讼中，辩护人、诉讼代理人毁灭、伪造证据，帮助当事人毁灭、伪造证据，威胁、引诱证人违背事实改变证言或者作伪证的，处三年以下有期徒刑或者拘役；情节严重的，处三年以上七年以下有期徒刑。

辩护人、诉讼代理人提供、出示、引用的证人证言或者其他证据失实，不是有意伪造的，不属于伪造证据。"

修改后的刑法刚一出台，上述规定即在学界引起了不同的反响，赞成者有之，反对者有之，众说纷纭，各持其据，至今仍无定论。

2. 问卷分析

(1) 第一个选项"很多律师都因为惧怕辩护人伪证罪而很少从事辩护业务"及其回答情况

法院工作人员 707 人中有 70 人，占被调查总人数的 9.90％；检察院工作人员 639 人中有 82 人，占被调查总人数的 12.83％；律师 674 人中有 224 人，占被调查总人数的 33.23％；警察 820 人中有 116 人，占被调查总人数的 14.15％；服刑人员 740 人中有 72 人，占被调查总人数的 9.73％。

数据表明，尽管其他人群中大多数人认为辩护人伪证罪不至于影响到律师对刑事业务的受理，但三成以上的律师却认为该罪名对刑事辩护业务的影响是很大的。

(2) 第二个选项"一旦案件复杂、敏感，一般就拒绝接受委托"及其回答情况

法院工作人员 707 人中有 100 人，占被调查总人数的 14.14％；检察院工作人员 639 人中有 102 人，占被调查总人数的 15.96％；律师 674 人中有

200 人，占被调查总人数的 29.67%；警察 820 人中有 202 人，占被调查总人数的 24.63%；服刑人员 740 人中有 141 人，占被调查总人数的 19.05%。

以上的数据表明，对于复杂、敏感的案件，相当比例的律师不太愿意接受委托，因为在这类案件中，律师参加刑事辩护调查取证难度增大，涉嫌伪证罪的风险亦随之加大。因此，辩护人伪证罪对于律师是否接受复杂、敏感的刑事案件具有相当的消极影响。

（3）第三个选项"一般辩护律师都因为惧怕辩护人伪证罪而从来不进行任何独立的调查取证"及其回答情况

法院工作人员 707 人中有 82 人，占被调查总人数的 11.60%；检察院工作人员 639 人中有 57 人，占被调查总人数的 8.92%；律师 674 人中有 159 人，占被调查总人数的 23.59%；警察 820 人中有 119 人，占被调查总人数的 14.51%；服刑人员 740 人中有 132 人，占被调查总人数的 17.84%。

尽管对于该选项，不同人群的回答存在较大差距，对于辩护人伪证罪对于律师调查取证的方式途径的影响，认识不一。但上述答卷基本可以表明，相当部分的律师因害怕辩护人伪证罪而宁可不进行独立的调查取证。其实，律师群体的这个数据可能还只是一个较为保守的数字，因为从一般心理上说，很多律师不太愿意承认自己在刑事辩护中没有进行调查取证。

（4）第四个选项"一般仅通过对现有证据的质证履行辩护职责"及其选择情况

法院工作人员 707 人中有 384 人，占被调查总人数的 54.31%；检察院工作人员 639 人中有 247 人，占被调查总人数的 38.65%；律师 674 人中有 285 人，占被调查总人数的 42.28%；警察 820 人中有 251 人，占被调查总人数的 30.61%；服刑人员 740 人中有 323 人，占被调查总人数的 43.65%。

对这一选项的回答，各类人群的肯定回答竟是惊人的高，而且基本较为一致，平均值达 40% 以上，可见辩护律师往往仅凭现有证据的质证来进行辩护是刑事司法实践中一个较为普遍的现象。

（5）第五个选项"关键证据需要取证，则通过嫌疑人或被告人亲属进行调查取证"及其回答情况

法院工作人员 707 人中有 105 人，占被调查总人数的 14.85%；检察院工作人员 639 人中有 129 人，占被调查总人数的 20.19%；律师 674 人中有 161 人，占被调查总人数的 23.89%；警察 820 人中有 224 人，占被调查总人数的 27.32%；服刑人员 740 人中有 181 人，占被调查总人数的 24.46%。

这一组数据平均高达 20% 以上，亦从另一侧面印证了上面第四个选项

的结论，并说明辩护律师为避免涉嫌辩护人伪证罪，对于需要调查的关键证据，宁可让嫌疑人或被告人亲属予以调取而有效实现自保。如所调取的证据万一发生差错，至少可以援引刑法第 306 条第 2 款为出罪理由。

（6）第六个选项"只要辩护需要，就去调查取证，辩护人伪证罪对律师业务基本没有影响"及其回答情况

法院工作人员 707 人中有 168 人，占被调查总人数的 23.76%；检察院工作人员 639 人中有 241 人，占被调查总人数的 37.72%；律师 674 人中有 81 人，占被调查总人数的 12.02%；警察 820 人中有 159 人，占被调查总人数的 19.39%；服刑人员 740 人中有 114 人，占被调查总人数的 15.41%。

这一组数据表明，尽管检察院工作人员中有相当部分对律师调查取证持较为乐观的看法，认为辩护人伪证罪对于律师调取关键证据没有太大影响，但法院工作人员和警察特别是身处其中的律师、服刑人员的看法却大为不同，远远不及检察院工作人员那么乐观。

（7）未选情况

警察 820 人中有 3 人未选，占被调查总人数的 0.37%；服刑人员 740 人中有 5 人未选，占被调查总人数的 0.68%。

综上分析，从律师是否愿意受理刑事案件，到受理刑事案件的种类，以及如何调查取证等问题，反映辩护人伪证罪对于我国律师参加刑事辩护以及刑事辩护权的行使有着很大的影响。

（二）关于"对辩护人伪证罪处理的态度"

对于刑法第 306 条辩护人伪证罪的存废与修改问题，理论界长期以来便颇有争议。对于这个敏感的话题，我们进行了问卷调查。问卷针对专业人员、社会普通公众、服刑人员进行，并下设四个选项：

1. "应当有律师协会的前置听证程序，否则不得追诉"及其回答情况

法院工作人员 707 人中有 96 人，占被调查总人数的 13.58%；检察院工作人员 639 人中有 96 人，占被调查总人数的 15.02%；律师 674 人中有 361 人，占被调查总人数的 53.56%；警察 820 人中有 199 人，占被调查总人数的 24.27%；社会普通公众 739 人中有 122 人，占被调查总人数的 16.51%；服刑人员 740 人中有 148 人，占被调查总人数的 20.00%。

相比较 50% 以上律师赞同应当设立前置听证程序的观点，法院、检察院及社会公众、服刑人员赞同律师协会前置听证程序的比例则低了很多。可见，尽管在我国刑事诉讼中，控辩双方存在着不正常的紧张关系，因而许多律师强烈要求在就律师是否构成辩护人伪证罪之前应由律师协会先行处理，

但是，以上数据表明，除了律师们自己同病相怜外，却没有得到其他人员（且不说法院、检察院工作人员，就连服刑人员都不太赞成律师伪证罪的前置听证程序）的附和。

2. "对辩护人伪证罪不应当有律师协会的前置听证程序"及其回答情况

法院工作人员 707 人中有 161 人，占被调查总人数的 22.77％；检察院工作人员 639 人中有 234 人，占被调查总人数的 36.62％；律师 674 人中有 93 人，占被调查总人数的 13.80％；警察 820 人中有 167 人，占被调查总人数的 20.37％；社会普通公众 739 人中有 320 人，占被调查总人数的 43.30％；服刑人员 740 人中有 229 人，占被调查总人数的 30.95％。

此项调查结果竟与上述第一项结果之和根本没有达到 100％！可能因为以下情况造成：即要么由于调查对象对律师涉嫌犯罪的前置听证程序不甚了解，要么由于调查对象对于是否设立此项制度还没有较多思考，因而心存犹疑。

3. "应当由检察机关侦查"及其回答情况

法院工作人员 707 人中有 412 人，占被调查总人数的 58.27％；检察院工作人员 639 人中有 341 人，占被调查总人数的 53.36％；律师 674 人中有 148 人，占被调查总人数的 21.96％；警察 820 人中有 468 人，占被调查总人数的 57.07％；社会普通公众 739 人中有 238 人，占被调查总人数的 32.21％；服刑人员 740 人中有 324 人，占被调查总人数的 43.78％。

对于这项问题的肯定回答，除律师外，各类人员的比例均较高，这表明人们倾向于辩护人伪证罪应由人民检察院侦查处理的态度。

4. "防止职业报复，不应当由检察机关立案侦查"及其回答情况

法院工作人员 707 人中有 127 人，占被调查总人数的 17.96％；检察院工作人员 639 人中有 69 人，占被调查总人数的 10.80％；律师 674 人中有 271 人，占被调查总人数的 40.21％；警察 820 人中有 103 人，占被调查总人数的 12.56％；社会普通公众 739 人中有 107 人，占被调查总人数的 14.48％；服刑人员 740 人中有 99 人，占被调查总人数的 13.38％。

除律师对检察机关心存顾虑外，其他人员（甚至包括服刑人员）对人民检察院基本有着充分的信任。这也印证了上述第三项问题所证明的结果。

5. 未选情况

检察院工作人员 639 人中有 1 人未选，占被调查总人数的 0.16％；警察 820 人中有 4 人未选，占被调查总人数的 0.49％；社会普通公众 739 人中有 2 人未选，占被调查总人数的 0.27％；服刑人员 740 人中有 5 人未选，

占被调查总人数的 0.68％。

综上所述，对于辩护人伪证罪的意见，社会各界观点不一，有赞成的，有反对的，其中律师界较为普遍的态度是应当设置律师协会的听证程序。

（三）关于"刑事审判中辩护律师的调查权利"

调查取证权是律师行使辩护职责的一项基本权利，是律师进行刑事辩护的基础和前提，也是辩方增加抗辩能力的有效途径。辩护律师通过调查取证，可以提出证明犯罪嫌疑人、被告人无罪、罪轻或者减轻、免除其刑事责任的材料和意见，便于法院"兼听则明"，作出正确的判决。我国《律师法》第 31 条和刑事诉讼法第 37 条明确了辩护律师享有调查取证权，但同时又规定了较多的限制。

问卷对于专业人员、社会普通公众、服刑人员都设置该问题，并下设五个选项：

1. "辩护律师没有调查权"及其回答情况

法院工作人员 707 人中有 38 人，占被调查总人数的 5.37％；检察院工作人员 639 人中有 39 人，占被调查总人数的 6.10％；律师 674 人中有 100 人，占被调查总人数的 14.84％；警察 820 人中有 112 人，占被调查总人数的 13.66％；社会普通公众 739 人中有 83 人，占被调查总人数的 11.23％；服刑人员 740 人中有 91 人，占被调查总人数的 12.30％。

数据表明，只有少数人认为辩护律师根本就没有调查权，其中律师所占比例稍高。

2. "辩护律师有调查权，但一般不行使"及其回答情况

法院工作人员 707 人中有 490 人，占被调查总人数的 69.31％；检察院工作人员 639 人中有 327 人，占被调查总人数的 51.17％；律师 674 人中有 343 人，占被调查总人数的 50.89％；警察 820 人中有 331 人，占被调查总人数的 40.37％；社会普通公众 739 人中有 251 人，占被调查总人数的 33.96％；服刑人员 740 人中有 361 人，占被调查总人数的 48.78％。

数据表明，多数人包括律师在内，均认为律师有调查权，只是一般没有行使而已。

3. "只有在无罪辩护中辩护律师才提交独立调查证据"及其选择情况

法院工作人员 707 人中有 158 人，占被调查总人数的 22.35％；检察院工作人员 639 人中有 121 人，占被调查总人数的 18.94％；律师 674 人中有 86 人，占被调查总人数的 12.76％；警察 820 人中有 235 人，占被调查总人数的 28.66％；社会普通公众 739 人中有 199 人，占被调查总人数的

26.93%；服刑人员 740 人中有 144 人，占被调查总人数的 19.46%。

数据表明，只有较少部分人认为只有在无罪辩护中，辩护律师才提交独立的调查证据。

4. "在所有的刑事审判中辩护律师都提交独立调查证据" 及其回答情况

法院工作人员 707 人中有 170 人，占被调查总人数的 24.05%；检察院工作人员 639 人中有 185 人，占被调查总人数的 28.95%；律师 674 人中有 177 人，占被调查总人数的 26.26%；警察 820 人中有 245 人，占被调查总人数的 29.88%；社会普通公众 739 人中有 221 人，占被调查总人数的 29.91%；服刑人员 740 人中有 195 人，占被调查总人数的 26.35%。

数据表明，只有较少部分人认为辩护律师在刑事审判中提交独立调查证据，因此，律师在行使调查取证的辩护权利上确实存在问题。

5. "即使在无罪辩护中辩护律师都不提交独立调查证据" 及其回答情况

法院工作人员 707 人中有 34 人，占被调查总人数的 4.18%；检察院工作人员 639 人中有 28 人，占被调查总人数的 4.38%；律师 674 人中有 69 人，占被调查总人数的 10.24%；警察 820 人中有 51 人，占被调查总人数的 6.22%；社会普通公众 739 人中有 59 人，占被调查总人数的 7.89%；服刑人员 740 人中有 54 人，占被调查总人数的 7.03%。

数据表明，尽管律师在行使调查取证的辩护权利上确实存在较大问题，但在无罪辩护中，辩护律师一般还是会尽量行使其调查取证的权利。

6. 未选情况

专业人员（包括法院工作人员、检察院工作人员、警察和律师）中有 12 人未选，占被调查总人数的 1.85%；社会普通公众 739 人中有 6 人未选，占被调查总人数的 0.81%。

综上所述，多数人包括律师都承认法律赋予了律师调查取证的权利，但是，律师在行使该项权利上，确实存在较大问题，尽管导致这种现象的原因可能较为复杂。这说明我国辩护律师调查取证制度尚存在不足，有待完善。

（四）关于"刑事案件的审理方式"

这个问题主要针对专业人员，问卷设置以下五个选项：

1. "法官在法庭上主动讯问被告人，主动调查犯罪事实" 及其回答情况

法院工作人员 707 人中有 168 人，占被调查总人数的 23.76%；检察院工作人员 639 人中有 213 人，占被调查总人数的 33.33%；律师 674 人中有 248 人，占被调查总人数的 36.80%；警察 820 人中有 261 人，占被调查总

人数的 31.83%。

2. "法官很少主动调查犯罪事实，一般都是相对中立地审查双方证据"及其回答情况

法院工作人员 707 人中有 432 人，占被调查总人数的 61.10%；检察院工作人员 639 人中有 280 人，占被调查总人数的 43.82%；律师 674 人中有 312 人，占被调查总人数的 46.29%；警察 820 人中有 338 人，占被调查总人数的 41.22%。

3. "遇疑难案件时，经常听取审判委员会的指示"及其回答情况

法院工作人员 707 人中有 229 人，占被调查总人数的 32.39%；检察院工作人员 639 人中 302 人，占被调查总人数的 47.26%；律师 674 人中有 244 人，占被调查总人数的 36.20%；警察 820 人中有 351 人，占被调查总人数的 42.80%。

4. "感觉到外在压力时，经常听取审判委员会的指示"及其回答情况

法院工作人员 707 人中有 128 人，占被调查总人数的 18.10%；检察院工作人员 639 人中有 231 人，占被调查总人数的 36.15%；律师 674 人中有 210 人，占被调查总人数的 31.16%；警察 820 人中有 243 人，占被调查总人数的 29.63%。

5. "一般都不请示审判委员会"及其回答情况

法院工作人员 707 人中有 68 人，占被调查总人数的 9.62%；检察院工作人员 639 人中有 42 人，占被调查总人数的 6.57%；律师 674 人中有 43 人，占被调查总人数的 6.38%；警察 820 人中有 36 人，占被调查总人数的 4.39%。

6. 未选情况

警察 820 人中有 4 人未选，占被调查总人数的 0.49%。

上述数据表明，多数人认为法院在法庭上很少主动调查证据，这说明我国庭审方式逐渐由职权主义向当事人主义转变。但是，较多的人认为审判委员会在法院的审理中仍起着重要的作用。审判委员会是我国诉讼制度中的一大特色，它严格按照少数服从多数的民主集中制原则，对合议庭和独任庭所审理的重大、疑难、复杂案件作出决议。这一制度自设立以来，在我国的审判实践中，一直起着较为重要的作用。但是，随着审判方式改革的深化，合议庭作用的有效发挥，现行审判委员会工作机制的弊端也日益显现。从调查的情况看，审判委员会在审判实践中仍有相当大的影响。审判委员会制度何去何从，是我国刑事诉讼法改革不可回避的问题。

（五）关于"律师会见其被告人的权利"

刑事诉讼法第 96 条规定，受委托的律师在侦查阶段"可以会见在押犯罪嫌疑人"，最高人民法院、最高人民检察院、公安部、国家安全部、司法部、全国人大常委会法制工作委员会《关于刑事诉讼法实施中若干问题的规定》（以下简称"两院三部一委《规定》"）第 11 条规定："对于不涉及国家秘密的案件，律师会见犯罪嫌疑人不需要批准。"但在实践中，律师会见受阻的情况则比比皆是。

针对服刑人员，我们的问卷设置了该问题，并下设五个选项：

1."不需要批准，随时可以会见"及其回答情况

服刑人员 740 人中有 154 人，占被调查总人数的 20.81%。

2."侦查阶段必须要批准，起诉阶段和审判阶段不需要批准"及其回答情况

服刑人员 740 人中有 299 人，占被调查总人数的 40.41%。

3."侦查阶段有时拒绝律师会见"及其回答情况

服刑人员 740 人中有 188 人，占被调查总人数的 25.41%。

4."重大案件的诉讼过程中有时拒绝律师会见"及其回答情况

服刑人员 740 人中有 113 人，占被调查总人数的 15.27%。

5."侦查阶段的律师会见一直被陪同监视，起诉阶段和审判阶段的律师会见不被监视"及其回答情况

服刑人员 740 人中有 213 人，占被调查总人数的 28.78%。

上述数据表明，许多服刑人员认为，侦查阶段会见律师必须获得批准。这表明尽管根据我国法律规定，在侦查阶段，除非涉及国家机密的案件，律师不经批准可以会见犯罪嫌疑人，但是实践中，有相当多的时候律师要会见非涉密案件中的犯罪嫌疑人时，几乎都必须经过批准或变相批准。此外，上述答卷也表明，会见难的问题在司法实践中依旧存在。

（六）关于"当事人为什么不请律师"

针对社会普通公众，问卷设置了该问题，并下设三个选项：

1."律师起不了作用"及其回答情况

社会普通公众 739 人中有 146 人，占被调查总人数的 19.76%。

2."律师不尽责"及其回答情况

社会普通公众 739 人中有 165 人，占被调查总人数的 22.33%。

3."没钱请律师"及其回答情况

社会普通公众 739 人中有 521 人，占被调查总人数的 70.50%。

4. 未选情况

社会普通公众 739 人中有 1 人未选，占被调查总人数的 0.14%。

上述数据表明，绝大多数人认为当事人不请律师，是因为没有钱请律师，这表明，在我国还有相当多的人需要法律援助。而值得注意的是，有关答卷显示，即使聘请了律师，对案件结果也起不了实质性作用，尽管导致这种结果的原因尚不得而知。

（七）关于"律师办理刑事案件的意愿"

针对社会普通公众，问卷设置了该问题，并下设四个选项：

1. "一般律师都不愿意办理刑事辩护业务"及其回答情况

社会普通公众 739 人中有 241 人，占被调查总人数的 32.61%。

2. "一般律师都愿意办理刑事辩护业务"及其回答情况

社会普通公众 739 人中有 153 人，占被调查总人数的 20.70%。

3. "有实力的律师都不愿意办理刑事辩护业务，只有刚起步的年轻律师才办理刑事辩护业务"及其回答情况

社会普通公众 739 人中有 129 人，占被调查总人数的 17.46%。

4. "律师办理刑事案件的意愿取决于律师费的高低"及其回答情况

社会普通公众 739 人中有 240 人，占被调查总人数的 32.48%。

5. 未选情况

社会普通公众 739 人中有 2 人未选，占被调查总人数的 0.27%。

报告二　关于刑事强制措施的问卷调查

广州大学人权研究中心

调查对象：法院工作人员、检察院工作人员、警察、律师、普通社会公众、服刑人员。

收回问卷：总数 4319 份（其中：法院工作人员 707 份、检察院工作人员 639 份、警察 820 份、律师 674 份、普通社会公众 739 份、服刑人员 740 份），加上监狱补充调查的 208 份，共计 4527 份。

调查问卷中与强制措施有关的问题有 7 个，根据统计结果简单分析如下：

1. 你所了解的刑事程序中，犯罪嫌疑人、被告人的程序状况是：

表1

	警察	检察官	法官	律师	普通民众	服刑人员
一般都有拘留的经历	435/53.05%	460/71.99%	448/63.37%	418/62.02%	370/50.07%	447/60.41%
一般都有逮捕的经历	258/31.46%	373/58.37%	390/55.16%	303/44.96%	148/20.03%	272/36.76%
未被拘留或未被逮捕的，一般都取保候审，有时也监视居住	266/32.44%	246/38.50%	256/36.21%	190/28.19%	212/28.69%	117/15.81%
未被拘留或未被逮捕的，一般都监视居住，有时也取保候审	114/13.90%	56/8.76%	153/21.64%	122/18.10%	185/25.03%	112/15.14%
采取上述刑事强制措施以前，一般都拘传	164/20.00%	82/12.83%	84/11.88%	161/23.89%	183/24.76%	117/15.81%
采取上述刑事强制措施以前，不一定拘传	218/26.59%	161/25.20%	180/25.46%	133/19.73%	88/11.91%	122/16.49%

本问题是想了解法律实务人员、普通民众以及服刑人员对强制措施的一般看法或者一般印象。该问题的调查对象覆盖了设计中的6个群体。由于问题的设计选项之间没有排他性，致使每一个群体的回答人数都超过了100%。

在对强制措施的调查中，我们将重点放在审前羁押方面。我国刑事诉讼法中的羁押制度由刑事拘留和逮捕两部分组成。限制人身自由的强制措施中拘留和逮捕直接与羁押相关。拘留和逮捕一旦执行就是羁押开始，犯罪嫌疑人的人身自由即被剥夺，只是拘留和逮捕的适用范围和羁押时间的长短不同。因此，拘留和逮捕的结果就是羁押，羁押是拘留和逮捕的表现形式。从调查的结果来看，超过一半的被调查人回答说，他们所了解的情况是犯罪嫌疑人或者被告人在审前被拘留过（最高为检察官：71.99％，最低为普通民众：50.07％），如果把拘留和逮捕两项相加，我们发现有 3 个群体的回答超过了 100％（检察官 130％，法官 119％，律师 107％）。因为在实践中，被逮捕的犯罪嫌疑人绝大多数有被拘留的经历。

同时，从表 1 的数据我们发现，在司法实践中，审前羁押的替代措施如监视居住和取保候审的使用比例较低。

2. 就您所接触或了解的刑事案件，犯罪嫌疑人、被告人审前羁押的比例是：

表 2

	警察	检察官	法官	律师
100％	128/15.61％	50/7.82％	32/4.53％	69/10.24％
90％以上	317/38.66％	395/61.82％	333/47.10％	283/41.99％
80％以上	175/21.34％	97/15.18％	201/28.43％	155/23.00％
70％以上	104/12.68％	58/9.08％	63/8.91％	99/14.69％
50％以上	75/9.15％	23/3.60％	45/6.36％	51/7.57％
不足 50％	59/7.20％	18/2.82％	23/3.25％	24/3.56％

通过表 2 的数据我们可以发现，公检法工作人员和律师对犯罪嫌疑人采取审前羁押的比例。数据表明，认为 90％以上的犯罪嫌疑人受到审前羁押的群体人数最多。警察、检察官、法官和律师的人数或比例分别为：317/38.66％、395/61.82％、333/47.10％、283/41.99％。这在很大程度上说明犯罪嫌疑人在审前被羁押的普遍性。

为了使数据更加准确，广州大学分别在湖南和广东监狱进行了补充调查：

问：你在法院开庭审理你的案件之前被侦查机关关过吗？

表 2—1

地区	是（Y）	否（N）	未回答 N/A	总人数
湖南（M）	84 人（81.55％）	17 人（16.5％）	2 人（1.94％）	103
广东（F）	61 人（58.10％）	43 人（40.95％）	1 人（0.95％）	105

通过监狱调查显示，犯罪嫌疑人、被告人在审前的羁押率相当高，如湖南的调查显示犯罪嫌疑人的审前羁押率高达 81.55%；相比之下，广东的审前羁押率比湖南的则要低 23.45 个百分点。这组数据当然更有说服力，因为如果说前面针对法律从业人员的调查得出的结论仅仅是他们凭自己的经验与感觉而得出的，但这项调查所针对的对象则都有着自己的亲身感受，其准确性应高于前者。

3. 关于取保候审的决定程序：

表3

	警察	检察官	法官	律师	服刑人员
一般都是证据不足时办案机关才通知当事人或律师办理取保候审	409/49.88%	190/29.73%	191/27.02%	229/33.98%	306/41.35%
取保候审的决定与否，从来不需要听证程序	167/20.37%	251/39.28%	363/51.34%	231/34.27%	189/25.54%
对于当事人或律师的取保候审申请，办案机关有时也进行听证	203/24.76%	101/15.81%	95/13.44%	112/16.62%	196/26.49%
对于不予取保候审的决定，当事人或律师无法通过程序提出有实质影响的异议	198/24.15%	238/37.25%	231/32.67%	314/46.59%	124/16.76%
对于不予取保候审的决定，当事人或律师可以通过程序提出有实质影响的异议	212/25.85%	121/18.94%	153/21.64%	100/14.84%	105/14.19%

刑事诉讼法也称刑事程序法，执法机关或者司法机关必须严格按程序办事。根据刑事诉讼法的规定，对于被采取羁押措施的犯罪嫌疑人、被告人，

其本人及其代理人有申诉的权利。审前羁押涉及对犯罪嫌疑人人身自由的剥夺，犯罪嫌疑人对侦查机关的羁押决定应当有权提出异议或者要求变更强制措施，如申请取保候审等。根据我们的调查发现，在实践中取保候审的比率相对较低，而对于实践中所采取的取保候审，则在一定程度上成为侦查机关对证据不足的案件变相销案的一种方式。对于这项调查，作为履行侦查职能的公安机关和曾经是犯罪嫌疑人的服刑人员的回答比率比较接近（分别为409/49.88％和306/41.35％），颇能说明问题。对于取保候审的决定与否，有大约1/5的警察、40％的检察官和一半以上的法官回答说从来不需要听证程序；1/3以上的律师、1/4以上的服刑人员也是这样回答的。根据调查我们还可以发现，对于侦查机关作出的不予取保候审的决定，当事人或者其律师很难提出有实质影响的异议予以救济。

　　为进一步证实我们从上述调查中得出的初步结论，我们分别又在湖南和广东的监狱做了更加详细的调查。

　　问：你申请过取保候审吗？

表4

地区	申请过被接受	申请过被驳回	没有申请	没有作答	总人数
湖南	1/0.97％	7/6.80％	82/79.61％	13/12.62％	103
广东	4/3.81％	6/5.71％	89/84.76％	6/5.71％	105

　　问：你不申请取保候审的原因是什么？

表5

地区	我不知道可以申请	我知道申请没有用	没有人愿意给我提供担保	我没有钱提供担保	没有回答	总人数
湖南	34/33.01％	40/38.83％	2/1.94％	15/14.56％		103
广东	27/25.71％	51/48.57％	3/2.86％	21/20％		105

　　从表4可以看出，在实践中，申请取保候审的犯罪嫌疑人的比例非常低，而且即使申请，被侦查机关批准的比率也相当低。表5告诉我们，由于实践中申请取保候审的成功率太低，因此犯罪嫌疑人认为申请取保候审没有

用（湖南 40/38.83％、广东 51/48.57％），而干脆不愿提出取保候审申请。

4. 相关审前羁押程序的正当性问题：

表 6

	警察	检察官	法官	律师	普通民众
有少部分的审前羁押被证明是错误的	158/19.27％	162/25.35％	198/28.01％	268/39.76％	149/20.16％
一般拘留前公安司法机关都已经签发了拘留证	313/38.17％	292/45.70％	329/46.53％	179/26.56％	282/38.16％
大部分拘留都是先执行、后补签拘留证	187/22.80％	75/11.74％	92/13.01％	230/34.12％	292/39.51％
一般逮捕前都已经签发了逮捕证	405/49.39％	336/52.58％	362/51.20％	188/27.89％	217/29.36％
与重罪案件不同，轻罪案件当事人被先行羁押的情况较少	101/12.32％	133/20.81％	180/25.46％	91/13.50％	108/14.61％

由于对审前羁押缺乏程序上的控制，有相当一部分羁押后来证明是错误的。约 1/5 的警察和一般民众认为实践中存在错误羁押的情况；检察官和法官认为存在错误羁押的比例达 25％和 28％；律师队伍中则有高达 40％的人认为有错误羁押存在。

5. 在对你所适用的审前关押过程中，有无以下情况：

表 7

问题选项	比例（％）
在审判前我没有被关押	82/11.08％
拘留前公安司法机关都已经向我出示了拘留证	257/34.73％
对我的拘留是先执行、后补签拘留证	327/44.19％
对我逮捕时向我出示了逮捕证	248/33.51％

（对象＝服刑人员）

表 7 的数据显示，服刑人员在审前只有 11.08％的人没有被关押；反过来说，有高达近 89％的罪犯在审前受到了关押。这一数据与表 2 和表 2—1 的数据基本上相互印证。从不同的角度说明了犯罪嫌疑人在审前受到羁押的比例非常高。

6. 你所了解的刑事程序中，侦查机关：

表 8

	服刑人员	普通民众
可以采用刑事强制措施以外的手段羁押嫌疑人	248/33.51％	177/23.95％
采取拘留措施几乎不受任何限制	274/37.03％	262/35.45％
采取刑事强制措施时警察受到检察机关的制约	139/18.78％	278/37.62％
拘留人比较讲证据，一般都很规范	201/27.16％	144/19.49％

刑事强制措施，涉及公民的人身自由，必须严格按照法定程序进行。我们的田野调查发现，在实践中存在使用刑事强制措施以外的手段羁押犯罪嫌疑人的现象，有高达 33.51％（248 人）的服刑人员和 23.95％（177 人）的民众认为侦查机关采用刑事强制措施以外的手段羁押犯罪嫌疑人；更有 37.03％（274 人）的服刑人员和 35.45％（262 人）的民众认为侦查机关采取拘留措施几乎不受任何限制。由此可见，在实践中，刑事强制措施的适用缺乏严格的程序制约。

7. 关于刑事诉讼中的强制措施：

表 9

问题选项	人数/比例
监视居住基本上没有适用	140/18.94％
双规等法外措施在相当的程度上成为法定刑事强制措施的前置或补充	312/42.22％
警察的（行政）留置盘问经常被作为事实上的刑事强制措施适用	334/45.20％
法定羁押期限被严格遵守	164/22.19％
法定羁押期限经常因为案件侦办的需要被任意延长	233/31.53％
未选	4/0.54％

（对象＝普通民众）

问题 7 可以说是问题 6 的继续。调查显示有三组数据特别突出：（1）在普通民众看来，双规等法外措施在相当的程度上成为法定刑事强制措施的前置或者补充（312/42.22％）；（2）警察的（行政）留置盘问经常被作为事实上的刑事强制措施适用（334/45.20％）；（3）法定羁押期限经常因为案件侦办的需要被任意延长（233/31.53％）。这几组数据显示了一般民众对侦查机关适用刑事强制措施的担心和忧虑。

报告三　关于起诉裁量权的问卷调查

广州大学人权研究中心

为了探究刑事诉讼法再修改在起诉裁量权方面进一步完善的社会基础，项目组在 2007 年的问卷调查中安排了起诉裁量权方面的调查内容。此次起诉裁量权问卷主要针对法官、检察官、警察、律师、普通公民、服刑人员六类人员设计了大致相同的四个问题，并在广东、江西、湖南、辽宁四省同时展开调查。其中，法官、检察官、警察、律师四类人员的问卷完全相同，而对普通公民、服刑人员的问卷作了稍微调整，这主要是考虑到后两类人员的非法律专业知识背景。

一、我国现行法律制度中的起诉裁量权包括

A. 提起公诉的权力

B. 不起诉的权力

C. 变更起诉的权力

D. 撤诉的权力

E. 直接撤销案件的权力

F. 退回补充侦查的权力

问卷统计结果如下：

表1

	A	B	C	D	E	F
普通公民	712/96.35％	205/27.74％	315/42.63％	304/41.14％	99/13.40％	135/18.27％
服刑人员	393/53.11％	287/38.78％	149/20.14％	189/25.54％	110/14.86％	310/41.89％

从上表可知，普通公民与服刑人员均认为起诉裁量权包括提起公诉的权力、不起诉的权力、变更起诉的权力、撤诉的权力、直接撤销案件的权力、退回补充侦查的权力。但是，在每一种权力上主张的人数及其比例不尽一致。其中，超过半数的受调查者认为起诉裁量权包括提起公诉的权力，尤其是普通公民，占被调查人数的 96.35%，服刑人员中也有 53.11%。这两类人群的调查数据显示对作为起诉裁量权的具体权力的具体排序见如下两表：

表 2   普通公民

	1	2	3	4	5	6
普通公民	A	C	D	B	F	E

表 3   服刑人员

	1	2	3	4	5	6
服刑人员	A	F	B	D	C	E

这两个排序表表明，尽管对不同权力的起诉裁量权属性的认可度上稍有不同，但基本一致。例如，比例排名的头尾是一致的，即提起公诉的权力排在首位，而直接撤销案件的权力排在末尾，而不起诉的权力基本上居中。这一结论说明非法律专业背景人士对于起诉裁量权的理解比较趋近，大同小异。这一理解与法律专业人士的理解也接近。从法律层面来看，起诉裁量权是检察机关履行公诉职能的一种权力，是法律赋予检察机关在审查起诉时灵活处分某些案件的决定权。据此权力对某些犯罪嫌疑人是否提起公诉，公诉检察官在法律规定的范围内，可以根据案件具体情况，本着公平、正义的理念，或提起公诉或不提起公诉，即对此可自由裁量。值得特别注意的是，受调查者中，与 18.27% 的普通公民的回答相比，41.89% 的服刑人员看重退回补充侦查的权力，认为是一项基本上可以与提起公诉的权力相提并论的起诉裁量权，这一点与普通公民的认识有着显著的差异。

二、关于影响恶劣的疑难案件，你所了解的实际操作方式是

A. 证据不足、难以确证的坚决不起诉

B. 对嫌疑人用足强制措施，证据齐全后再起诉

C. 降格起诉

D. 边强行起诉，边收集证据

E. 公检法相互协调后再行起诉

问卷统计结果如下：

表 4

	A	B	C	D	E
法官	333/47.10％	303/42.86％	64/9.05％	36/5.09％	229/32.39％
检察官	350/54.77％	218/34.12％	47/7.36％	36/5.63％	231/36.15％
警察	240/29.27％	314/38.29％	123/15.00％	134/16.34％	239/29.15％
律师	187/27.74％	318/47.18％	89/13.20％	115/17.06％	211/31.31％
普通公民	154/20.84％	303/41.00％	138/18.67％	214/28.96％	161/21.79％
服刑人员	185/25.00％	361/48.78％	79/10.68％	189/25.54％	198/26.76％

上表表明，在影响恶劣的疑难案件问题上，检察官认为证据不足、难以确证的坚决不起诉，或者公检法协调后再行起诉，或者对嫌疑人用足强制措施、证据齐全后再起诉。对此观点，法官与检察官基本一致，没有实质性的差异。但值得注意的是，持有这些观点的检察官、法官在受调查者中所占的比例并不太高。例如检察官认为证据不足、难以确证的坚决不起诉，也仅占到 54.77％，刚好过半数，这是值得特别注意的。即使在这种窘况下，普通公民、服刑人员、律师，甚至警察也并不认同检察官、法官的这些看法。在受调查的普通公民中，只有 20.84％的人认为证据不足、难以确证的坚决不起诉，这个比例与检察官的看法相差近 34 个百分点，这是一个巨大的反差。有过被诉经历的服刑人员有近 48.78％的人认为在这种疑难案件中，对嫌疑人用足强制措施、证据齐全后再起诉是比较普遍的，而检察官只有 34.12％的人有此看法。另外在"边强行起诉，边收集证据"问题上，检察官、法官与普通公民、服刑人员的看法有较大的不同。例如，持这种看法的法官只占受调查者的 5.09％，占受调查的检察官的 5.63％，而在普通公民、服刑人员那里，分别占到了 28.96％、25.54％。

三、关于存疑不起诉的实践：

A. 一般都需要公诉机关与侦查机关协调

B. 公诉机关独立决定，很少与侦查机关协调

C. 对于重大案件，一般都不会强行起诉

D. 即使重大案件，如果证据不足，公诉机关也会决定不起诉

E. 如果发现新证据，仍然继续起诉

F. 即使发现新证据，也不再起诉

问卷统计结果如下：

表5

	A	B	C	D	E	F
法官	304/43.00%	148/20.93%	95/13.44%	233/32.96%	332/46.96%	2/0.27%
检察官	226/35.37%	153/23.94%	104/16.28%	306/47.89%	345/53.99%	10/1.56%
警察	298/36.34%	205/25.00%	147/17.93%	201/24.51%	320/39.02%	6/0.73%
律师	353/52.37%	117/17.36%	95/14.09%	143/21.22%	312/46.29%	3/0.45%

存疑不起诉，即检察机关认为案件事实不清、证据不足，没有有罪追诉可能时，作出不起诉决定。在这类案件中，认定犯罪嫌疑人构成犯罪有一定根据，但证据不充分，不能在法律上证实犯罪。将这类案件起诉到法院，难以达到公诉的目的。根据无罪推定的精神，对这类案件应当不起诉。但可能时，在作出不起诉决定之前应当进行补充侦查。只有确认在法定期限内无证实可能，才能决定不起诉。因此，存疑不起诉也是可以不起诉，与微罪不起诉在这一点上相同，属相对不起诉，检察机关在适用存疑不起诉时，也拥有一定裁量权。上表表明，在"一般都需要公诉机关与侦查机关协调"问题上，检察官与律师的看法存在较大差异。持这种观点的检察官占受调查者的35.37%，而律师则占到了受调查者的52.37%。在此问题上，检察官的这个比例也低于法官与警察的比例。这表明，在存疑不起诉方面，检察官是否真正实质上与侦查机关协调是值得质疑的。在"即使重大案件，如果证据不足，公诉机关也会决定不起诉"问题上，受调查的47.89%的检察官赞成与

持有此观点，与此不同，律师显得不是很有信心，仅有 21.22％的受调查律师认同此观点。这表明，重大案件，如果证据不足，公诉机关也可能会决定起诉。

四、关于暂缓起诉：

A. 暂缓起诉后，如果当事人不再违法犯罪，一般都不再起诉

B. 暂缓起诉的原因消失后，一般继续起诉

C. 范围很小，一般只限于未成年的犯罪嫌疑人

D. 范围很广，不仅仅限于未成年的犯罪嫌疑人

问卷统计结果如下：

表 6

	A	B	C	D
法官	173/24.47％	368/52.05％	246/34.79％	57/8.06％
检察官	235/36.78％	175/27.39％	300/46.95％	41/6.42％
警察	237/28.90％	318/38.78％	291/35.49％	133/16.22％
律师	180/26.71％	284/42.14％	278/41.25％	81/12.02％
普通公民	159/21.52％	227/30.72％	215/29.09％	138/18.67％
服刑人员	367/49.59％	210/28.38％	149/20.14％	175/23.65％

注：普通公民问卷增设了"不知道情况"选项，该选项统计结果是 170/23.00％。

暂缓起诉制度的概念和制度源于德国、日本一些国家的规定，也称作起诉犹豫制度，是指检察机关对于触犯刑法的犯罪嫌疑人，根据其犯罪性质、年龄、处境、犯罪危害程度及犯罪情节、犯罪后的表现等情况，依法认为没有立即追究其刑事责任的必要而作出的暂时不予提起公诉的制度。它以公诉制度中的起诉便宜主义为基础，主要用于轻罪案件和一些社会危害性不大的案件。关于暂缓起诉，项目组在 2006 年的田野调查中已经涉及。2006 年的统计与数据分析报告结论显示，目前在我国设立暂缓起诉制度不仅具有必要性，而且也具有可行性。2006 年的调查数据也显示，在主张设立暂缓起诉制度的人群之中，服刑人员在受调查者之中比例最高。此次在"暂缓起诉后，如果当事人不再违法犯罪，一般都不再起诉"问题上，服刑人员的支持

率也是最高的，这也反映了服刑人员对暂缓起诉制度内涵的一种固有见解，即暂缓起诉制度的设立对刑事被告人是有潜在好处的，即有免予追究刑事责任的可能。这也许是服刑人员钟情于暂缓起诉制度的原因所在。在"暂缓起诉原因消失后，一般继续起诉"问题上，反映了法官与检察官对于暂缓起诉制度的不同看法与理解，或者说体现了他们在权力行使上的一些利益冲突。显然，法官倾向于通过最终的司法审判来处理问题，而检察官则认为通过起诉裁量权的自主运用完结案件亦不失为一种处理刑事案件的方法。在"范围很小，一般只限于未成年的犯罪嫌疑人"、"范围很广，不仅仅限于未成年的犯罪嫌疑人"这两个问题上，调查数据留给了我们一个很大的困惑。因为这两个问题是一个此消彼长的问题，即一个答案主张的人数较少，则主张另一个答案的人数应较多。但上述数据显示并非如此，尽管在受调查者之中，只有29.09％的普通公民认为范围很小，一般只限于未成年的犯罪嫌疑人，但也只有18.67％的普通公民认为范围很广，不仅仅限于未成年的犯罪嫌疑人；同样，在服刑人员之中，只有20.14％认为范围很小，一般只限于未成年的犯罪嫌疑人，但也只有23.65％认为范围很广，不仅仅限于未成年的犯罪嫌疑人。

五、关于实践中的罪微不起诉：

A. 罪微不起诉范围很小，主要适用于未成年人

B. 罪微不起诉的范围在逐渐扩大

C. 有时从公共利益考虑，即使轻罪也不起诉

D. 罪微不起诉案件很少，因为一般都会退回侦查机关由其自行撤销案件

问卷统计结果如下：

表7

	A	B	C	D
法官	163/23.06％	257/36.35％	105/14.85％	319/45.12％
检察官	195/30.52％	250/39.12％	171/26.76％	213/33.33％
警察	234/28.54％	325/39.63％	217/26.46％	249/30.37％
律师	230/34.12％	252/37.39％	188/27.89％	226/33.53％
服刑人员	269/36.35％	175/23.65％	152/20.54％	271/36.62％

与绝对不起诉相对，罪微不起诉这种情形人民检察院不是"应当"作出不起诉，而是"可以"作出不起诉。因此，罪微不起诉是相对不起诉，表明检察院在起诉程序上拥有一定的自由裁量权，斟酌具体情况来决定是否起诉。上表表明，法官与检察官除了在"罪微不起诉的范围在逐渐扩大"问题上基本一致外，在其他三个问题上都存有一些差异。相对检察官而言，法官更倾向于罪微不起诉的范围要小，从公共利益出发轻罪不起诉的情况要少，罪微不起诉退回侦查机关由其自行撤销案件的要多。这反映了法官与检察官或者说法院与检察院在分配司法资源与司法权力上的一种较量或一种矛盾。这一矛盾也彰显了检察院行使自由裁量权面临的一种现实权力运作状况。

六、关于不起诉的实践：

A. 不起诉决定一般都没有听证程序

B. 不起诉决定前有时也进行听证程序

C. 被害人对不起诉决定有相当的制约力

D. 不起诉的自由裁量权在相当范围内被不正当地使用

问卷统计结果如下：

表8

	A	B	C	D
普通公民	371/50.20%	112/15.16%	191/25.85%	238/32.21%

不起诉是公诉机关依其职权，对侦查终结的刑事案件审查后，确认依法应当不追究刑事责任，或者犯罪情节轻微，依照刑法规定不需要判处刑罚或免除刑罚的，依法作出不予追诉而终止诉讼程序的处分决定。对不起诉制度应把握四个要素：其一、不起诉是检察机关对刑事案件进行起诉审查后所采取的一种法律处置方式；其二、不起诉的根据在于案件不具备起诉条件或根据案件的实际情况不适宜提起诉讼；其三、不起诉决定的法律效力在于不将案件交付法院审判而终止刑事诉讼；其四、检察机关的不起诉决定具有确定效力，如不具备法律要求的条件，不得改变已发生效力的不起诉决定再行提起公诉。从上表可知，关于不起诉的实践的问卷在普通公民问卷中做了一个概括的设计，没有如同法律专业人士作出存疑或罪微进一步细致的区分，这

主要也是考虑普通公民的非法律专业的背景。问卷的结论表明，在过半数的普通公民的视野里，不起诉决定一般都没有经过听证程序，近三分之一的受调查者认为不起诉的自由裁量权在相当范围内被不正当地适用。这一结论集中反映了不起诉实践中存在的问题。

报告四　关于证人出庭作证的问卷调查

广州大学人权研究中心

证人不出庭作证是我国当前审判实践中十分突出的问题，且在三大诉讼中带有一定的共性，特别是在刑事诉讼中证人出庭率极低，已严重影响庭审质量。因为在刑事诉讼中，证人出庭作证在很大程度上关系到案件的最后公正判决。长期以来，我国诉讼活动中证人出庭作证的比例一直非常低，已经成了司法程序中最大的弊端之一。因此，项目组在 2007 年的问卷调查中专门针对这个问题进行了调查。

一、关于证人出庭调查问题及数据统计情况（见下表）

表1

问题	选项	比例					
		警察	法官	检察官	律师	服刑人员	普通公民
您所接触过的刑事审判案件中证人出庭的比例是	80％以下	14.39％	4.81％	8.61％	8.46％	9.73％	9.74％
	50％以下	30.37％	15.42％	13.15％	20.03％	19.46％	20.03％
	30％以下	30.37％	20.51％	17.21％	15.43％	13.51％	18.13％
	10％以下	12.20％	24.75％	17.21％	14.69％	10.41％	21.38％
	5％以下	6.95％	29.99％	34.43％	28.04％	19.46％	18.00％
	从未见过证人出庭	0	4.53％	11.58％	13.35％	36.22％	16.91％
	未选	1.59％		0.16％		0.41％	0.27％

表 2

关于特殊证人出庭作证情况，您了解的情况是	一般刑事警察都出庭作证	11.22%	8.63%	10.64%	7.72%		12.45%
	警察一般是以侦查机关书面证明的形式"集体作证"，基本上不需要以个人名义出庭作证	55.12%	47.38%	58.22%	63.50%		57.92%
	涉及案件关键事实的，鉴定人必须出庭；其他情况鉴定人可以不出庭	32.93%	33.24%	30.52%	28.34%		44.52%
	控辩双方申请的，鉴定人一般都出庭；其他情况鉴定人一般不出庭	29.39%	41.73%	29.58%	27.60%		18.94%
	未选	1.59%					0.27%

表 3

关于证人特免权或者所谓的拒证权，您的态度是	应当承认特殊行业（如律师、医生）人员在其业务范围内有权拒绝作证	17.20%	16.69%	24.41%	30.56%		28.01%
	任何人都有作证的义务，不应当承认证人特免权或者所谓的拒证权	43.29%	57.28%	43.51%	41.54%		36.94%
	作为配偶或者直系亲属之间的证人特免权或者所谓的拒证权应当予以尊重	36.46%	34.37%	33.96%	33.09%		43.84%
	如果作证将导致陷证人自身入罪，则证人有权拒绝作证	18.90%	22.77%	27.54%	22.85%		25.85%
	从公共利益考虑，特殊公务人员有权拒绝作证	22.85%	25.04%	22.54%	16.17%		18.67%
	未选	0.61%		0.47%			0.14%

表4

关于各种案件中证人出庭率的情况	重罪案件证人出庭率相对高，轻罪案件证人出庭率相对低	38.90%	25.74%	32.08%	24.33%	34.46%
	重罪案件证人出庭率相对低，轻罪案件证人出庭率相对高	14.76%	9.76%	7.67%	17.06%	21.89%
	证人出庭率不因案件性质而明显变化	27.93%	44.13%	47.10%	49.70%	29.86%
	自诉案件证人出庭率相对高，公诉案件证人出庭率相对低	35.98%	38.33%	29.58%	28.49%	16.62%
	自诉案件证人出庭率相对低，公诉案件证人出庭率相对高	12.20%	7.92%	4.38%	13.50%	8.24%
	未选	1.46%		1.88%		

表5

关于警察出庭作证情况，你了解的情况是	一般刑事警察都出庭作证					12.84%
	只有特殊案件，警察才出庭作证，此外一般不出庭作证					35.81%
	只有涉及关键事实，警察才出庭作证，此外一般不出庭作证					22.30%
	警察一般是以侦查机关书面证明的形式"集体作证"，基本上不需要以个人名义出庭作证					36.76%
	未选					0.95%

表 6

就你所知，证人不出庭，法院审理中是如何举证的	不采用证人证言					11.22%	
	由公诉人宣读证人证言					63.38%	
	由法官宣读证人证言					25.81%	
	播放证人证言录像					12.97%	
	其他方式					9.32%	

表 7

您所了解到的实践中证人不出庭的原因是	证人为安全担心					56.43%	
	证人的传统心理，不愿意终身得罪人					55.89%	
	证人得不到补偿					31.94%	
	司法机关根本不需要证人亲自出庭					14.48%	
	证人已经在审前阶段出庭了					5.41%	
	未选					0.14%	

二、对调研情况及统计数据的分析

从表中关于证人出庭率的调查数据来看，我国目前刑事诉讼中证人出庭作证的比例确实很低，绝大部分都选择了50%以下，总比例超过了90%。六类调查对象中，法官、检察官、律师和服刑人员四类人员选择5%以下的比例最高，分别为29.99%、34.43%、28.04%、19.46%。应该说，这四类人员的选择基本能够反映真实的情况，因为他们是法庭审理的直接参与者，对此最有发言权。由此可见，我国目前司法程序中证人的出庭率的确很低，严重影响了司法公正，实有通过修改刑事诉讼法促进证人出庭作证之必要，否则不利于保障人权。

对于我国司法程序中证人不愿意出庭作证的原因，从表中的调查结果来看，绝大多数被调查对象都选择了证人为安全担心、不愿意得罪人和证人得不到补偿三个选项，这与我们平时的看法基本一致。其中证人为安全担心是第一位的，选择该项的比例达到了 56.43%；第二是证人的传统心理，不愿意得罪人，占到 55.89%；第三才是证人得不到补偿，占 31.94%。因此，刑事诉讼法修改应着重从这三方面着手。

从立法的角度来说，首先要明确证人出庭作证是公民应尽的义务，但同时，也应该认识到证人出庭作证也是公民应该享有的一项权利。如果只将公民出庭作证当作义务，而不当作一项权利来看待，则公民在这个问题上完全处于被动状态，当司法机关不要求其作证的时候，他就没有积极出庭作证的主观愿望。如果将出庭作证既当作义务，又当作权利来规定，则能够有效地调动公民出庭作证的积极性，并提高公民的法律意识，使他们认识到出庭作证不仅是被动地履行一项法律义务，同时也是在行使自己的权利。况且在司法实践中，司法机关由于种种原因，往往也存在不愿让证人出庭作证的现象。有学者认为：我国司法机关包括法院和检察院对证人出庭问题实际上采取一种说起来重要，但心里不以为然的态度。因为从司法机关的角度来看，如果让证人出庭作证，则很有可能导致证人在法庭上所讲的证言与他们在侦查阶段和审查起诉阶段所收集的证人证言不一致，使他们在诉讼过程中处于被动。从法院方面来看，证人证言的反复给庭审增加了难度。这样一来，公、检、法三部门为了有利于指控和判决，避免证人证言出现反复，都不太喜欢让证人出庭作证。此外，侦查机关和检察机关在办案过程中，使用刑讯逼供等非法手段，取得证人的虚假证言，如果让证人出庭，则极有可能以前的证人证言被证人自己推翻，并且暴露他们的违法行为。在这种情况下，他们也会有意识地阻止证人出庭作证。

我国现行的刑事诉讼法虽然在第 47 条规定：证人证言必须在法庭上经过公诉人、被害人和被告人、辩护人双方讯问、质证，听取各方证人的证言并且经过查实以后，才能作为定案的根据。法庭查明证人有意作伪证或者隐匿罪证的时候，应当依法处理。第 48 条规定：凡是知道案情的人都有作证义务。从这两条的规定来看，证人出庭作证不但是公民的义务，也是法院确定证人证言的证明效力的依据。但在第 157 条又规定：公诉人、辩护人应当向法庭出示物证，让当事人辨认，对未到庭的证人的证言笔录，鉴定人的鉴定结论，勘验笔录和其他作为证据的文书，应当当庭宣读。审判人员应当听取公诉人、当事人和辩护人、诉讼代理人的意见。这一条实际上就是规定证人可以不出庭，等于将第 47 条和第 48 条的规定予以否定。这样前后矛盾的规定为证人不出庭作证和司法机关不要求证人出庭提供了法律上的依据。更有甚者，《最高人民法院关于执行〈中华人民共和国刑事诉讼法〉若干问题的解释》第123条规定：被害人、诉讼代理人、证人、鉴定人经人民法院传唤或通知未到庭，不影响开庭审判的，人民法院可以开庭审理。该解释进一步明确了证人不出庭人民法院照样可以裁判案件，实际上就是告诉法官：证人出不出庭都不影响法院裁判，法官可以依职权主动审理案件。从我们的调查数据来看，证人不出庭，法院的审理主要就是采取由公诉人或法官宣读证人证言，选择公诉人宣读证人证言的比例高达63.38％，选择法官宣读证人证言的，占25.81％。这与目前提倡弱化法官在庭审中的主动性，提高庭审的对抗性趋势完全背道而驰。但是，如果法律赋予证人出庭作证的权利，则证人出于良知或正义感，极有可能主动行使这一权利。这样公、检、法部门就无法阻止证人出庭作证，既可以提高司法判决的公正性，也可以在一定程度上防止侦查和检察机关的非法取证行为。

对于特殊人员（主要是指侦查人员和鉴定人员）出庭作证的问题，我国现行刑事诉讼法没有作出任何特别的规定，实际上是等于赋予了这两类人员免于作证的权利。针对这个问题，我们的调查设了五个选项，其中选择比例最高的是第二个选项，即：警察一般是以侦查机关书面证明的形式"集体作证"，基本上不需要以个人名义出庭作证。这说明在司法实践中，警察出庭作证的比例是很低的。但在许多国家的司法程序中，警察出庭作证已经是十分普遍的事实。因为警察参与了整个案件的侦查过程，他们实际了解的情况是最多的。虽然他们的工作是履行国家赋予的法定权力，但不可否认的是，警察在办案过程中，并不能保证其完全依法正确履行其职责，有时不可避免地存在非法取证的情况，从而导致无法保证其所提供的证据的真实合法性。因此，为了确保司法的公正性，应该规定警察像普通证人一样，有出庭作证的义务，否则就等于赋予了警察一种特权，这对于平衡控辩双方在诉讼过程中的诉讼地位极为不利，等于预设了警察所提供的证据的当然合法性和真实性，而不需要进行任何质证，这对于被告人明显不公平。项目课题组提出的刑事诉讼法修改条文，针对这个问题提出了恰当的修改建议，即如果对侦查人员调查取证活动的合法性有异议，经当事人申请或者人民检察院提出，人民法院有权通知办理案件的侦查人员出庭作证，侦查人员应当按时出庭就其调查取证活动作证。这一修改方案有利于防止侦查人员在侦查过程中滥用职权，非法取证。

针对鉴定人员的出庭作证，有32.93％的警察、33.24％的法官、30.52％的检察官、28.34％的律师和44.52％的普通公民认为涉及案件关键事实的，鉴定人必须出庭，其他情况鉴定人可以不出庭。其次有29.39％的警察、41.73％的法官、29.58％的检察官、27.60％的律师和18.94％的普通公民选择了"控辩双方申请的，鉴定人一般都出庭；其他情况鉴定人一般不出庭"。由于我国现行刑事诉讼法没有对鉴定人员的出庭作证作出明确规定，从而导致鉴定人员无形中享有了出庭作证的豁免权。但鉴定人员实际上不过是司法程序中的辅助人员，其职责无非是帮助确定证据的真实性而已，他们没有任何理由享有这样的豁免权。恰恰相反，他们应当对其鉴定的真实性承担法律责任。如果警察有出庭作证的义务的话，那么他们就更应该负有这样的义务。因为在现实生活中，鉴定人与当事人串通作虚假鉴定的现象时有发生，由于立法上的缺陷，其不法行为往往得不到法律的制裁。即使他们的鉴定行为符合法律的规定，也不能保证其鉴定就百分之百的准确，因为鉴定是一项技术性要求比较高的工作，如果工作失误，也可能导致鉴定结果的失真。因此，鉴定人员出庭作证就显得十分必要。项目课题组提出的刑事诉讼法修改条文，将警察和鉴定人员的出庭作证作出同样的规定，一定程度上弥补了这一缺陷。但对于鉴定人员拒不出庭作证，不适用拘传这样的规定，似乎值得进一步商榷。侦查人员的侦查行为是执行公务，其出庭作证不适用拘传似乎有些道理。但鉴定人员的鉴定行为并非行使公权力，只不过是行使一项社会性职责，而且其鉴定并不是免费的，实际上就是一项有偿服务，因此没有任何理由将其在司法程序中的地位置于普通证人之上。

另外，本次调查还涉及了作证豁免权问题，即在特定情况下具有特定身份的人是否能够享有作证豁免权。该问题设定了五个选项，分别为：1. 应当承认特殊行业（如律师、医生）人员在其业务范围内有权拒绝作证；2. 任何人都有作证的义务，不应当承认证人特免权或者所谓的拒证权；3. 作为配偶或者直系亲属之间的证人特免权或者所谓的拒证权应当予以尊重；4. 如果作证将导致陷证人自身入罪，则证人有权拒绝作证；5. 从公共利益考虑，特殊公务人员有权拒绝作证。其中，选择第二、三项的比例最高。前者分别为 43.29%、57.28%、43.51%、41.54% 和 36.94%；后者分别为 36.46%、34.37%、33.96%、33.09% 和 43.84%。这两个选项在内容上是相互矛盾的，这说明在这个问题上，社会上存在很大的分歧。但是不可否认的是，近亲属的拒证权许多国家已经在法律上得到了确认。例如德国明确规定了与被告人有近亲属关系的人享有免于作证的特权，日本、法国也有类似的规定。英美法系国家则规定夫妻间在婚姻存续期间享有相互拒证权。这些规定体现了国家追诉权与家庭亲属权的平衡，注重了追究犯罪与维系亲情的协调，类似于我国古代的"亲亲得相首匿"。这样的规定是有一定道理的，因为如果近亲属之间相互揭发，势必破坏社会最基本的伦理关系，而伦理关系是维持一个社会正常秩序的前提和基础，当基本的伦理关系与法律发生冲突时，法律应当作适当的让步。我国的司法理念中一向主张所谓的"大义灭亲"，实际上败坏了社会风气，助长了人与人之间的不信任。非近亲属之间由于没有血缘关系，也不生活在一起，他们的作证对社会秩序的影响并不大。但如果家庭成员之间互相证明其犯罪事实，无异于毁坏一个构成社会基本细胞的家庭，其不良影响是十分深远的。

报告五　关于死刑案件二审程序的问卷调查

广州大学人权研究中心

调查对象：法院工作人员、检察院工作人员、警察、律师、普通社会公众、服刑人员。

收回问卷：法院工作人员 707 份、检察院工作人员 639 份、警察 820 份、律师 674 份、普通社会公众 739 份、服刑人员 740 份。

问卷结构：分三部分。第一部分，所有调查对象的问卷；第二部分，法律职业群体的专门问卷；第三部分，普通公民和服刑人员的专门问卷。

一、所有调查对象关于死刑案件审判特殊程序的问卷（任选题，可选一个或多个互不抵触的答案）

1. 就您所了解的死刑案件第二审改判（指直接改判为死缓以下刑罚）或发回重审的比例是：

表1

选项	选项内容	职业	人数	占本类人数的比例
A	20%以下 （不含20%）	法官	386	54.60%
		检察官	347	54.30%
		律师	382	56.68%
		警察	393	47.93%
		服刑人员	363	49.05%
		普通公民	345	46.68%

续表

选项	选项内容	职业	人数	占本类人数的比例
B	20%以上	法官	105	14.85%
		检察官	123	19.25%
		律师	125	18.55%
		警察	105	12.80%
		服刑人员	107	14.46%
		普通公民	117	15.83%
C	30%以上	法官	154	21.78%
		检察官	73	11.42%
		律师	82	12.17%
		警察	140	17.07%
		服刑人员	143	19.32%
		普通公民	106	14.34%
D	40%以上	法官	38	5.37%
		检察官	45	7.04%
		律师	45	6.68%
		警察	87	10.61%
		服刑人员	100	13.51%
		普通公民	96	12.99%
E	50%以上	法官	27	3.82%
		检察官	48	7.51%
		律师	36	5.34%
		警察	86	10.49%
		服刑人员	66	8.92%
		普通公民	93	12.58%
F	未选	法官	5	0.71%
		检察官	19	2.97%
		律师		
		警察	15	1.83%
		服刑人员		
		普通公民	10	1.35%

数据表明，半数左右的调查对象认为死刑案件第二审改判（指直接改判

为死缓以下刑罚）或发回重审的比例未超过 20％，说明我国审判机关，特别是一审法院在死刑的审理和判决上，总体来说是较严格和慎重的，所以二审中的改判率或发回重审率较低，总体上体现了罚当其罪、罪当其责的刑法原则。另两组数据 B 和 C 也大体上反映了这种情况：选择 B 项的法官有 105人，占同类人员的 14.85％；检察官有 123 人，占同类人员的 19.25％；律师有 125 人，占同类人员的 18.55％；警察有 105 人，占同类人员的12.80％；服刑人员有 107 人，占同类人员的 14.46％；普通公民有 117 人，占同类人员的 15.83％。选择 C 项的法官有 154 人，占同类人员的 21.78％；检察官有 73 人，占同类人员的 11.42％；律师有 82 人，占同类人员的12.17％；警察有 140 人，占同类人员的 17.07％；服刑人员有 143 人，占同类人员的 19.32％；普通公民有 106 人，占同类人员的 14.34％。两项相加，法官人数为 259 人，检察官人数为 196 人、律师人数为 207 人、警察人数为 245 人、服刑人员人数为 250 人、普通公民人数为 223 人，分别占同类人员的 38.63％、30.67％、30.72％、29.87％、33.78％、30.17％。三组数据相加，可见在调查对象中，80％左右的人员间接地肯定了我国死刑案件审理和判决总体上的严格性和慎重性。但同时，我们也应该看到，尽管选择A、B、C 选项的人达到 80％左右，仍有 5.37％的法官、7.04％的检察官、6.68％的律师、10.61％的警察、13.51％服刑人员、12.99％的普通公民选择 D 选项，有 3.82％的法官、7.51％的检察官、5.34％的律师、10.49％的警察、8.92％的服刑人员、12.58％的普通公民选择 E 选项，这说明在我国某些地方的中级人民法院较为严重地存在着对死刑案件认定事实不清、适用法律不正确的情况，这些数据同时也反映了我国二审法院在死刑案件的审理和判决中起着至关重要的作用。

2. 关于死刑第二审程序的启动：

表 2

选项	选项内容	职业	人数	占本类人数的比例
A	一般死刑案件都自动上诉	法官	373	52.76％
		检察官	265	41.47％
		律师	173	25.67％
		警察	336	40.98％
		服刑人员	346	46.76％
		普通公民	156	21.11％

续表

选项	选项内容	职业	人数	占本类人数的比例
B	当事人不上诉的一审死刑案件，检察院从来不抗诉	法官	149	21.07%
		检察官	99	15.49%
		律师	200	29.67%
		警察	212	25.85%
		服刑人员	240	32.43%
		普通公民	203	27.47%
C	公诉机关有时为了要求死刑判决而抗诉	法官	207	29.28%
		检察官	194	30.36%
		律师	269	39.91%
		警察	263	32.07%
		服刑人员	219	29.59%
		普通公民	188	25.44%
D	辩护律师没有独立的上诉权	法官	289	40.88%
		检察官	246	38.50%
		律师	302	44.81%
		警察	134	16.34%
		服刑人员	101	13.65%
		普通公民	110	14.88%
E	不了解	法官		
		检察官		
		律师		
		警察		
		服刑人员		
		普通公民	200	27.06%
F	未选	法官		
		检察官	14	2.19%
		律师		
		警察	11	1.34%
		服刑人员		
		普通公民	2	0.27%

数据表明，关于死刑第二审程序的启动方面，半数以上的法官或近半数

的检察官和警察选择 A 选项，说明被调查的法官、检察官、警察三个法律职业群体中的一半左右的人都认为在死刑案件一审中，被告人知道并享有法律赋予的上诉权利，并依法行使了自己的上诉权利，从而引起了二审程序的启动。与此相对应，服刑人员也有近半数的人持这种态度，这说明了这组数据具有较高的可信度，反映了我国死刑案件审判中的真实情况。相反，在律师和普通公民中，选择 A 选项的只占 20％左右，说明他们对一般死刑案件都自动上诉的说法持否定态度，原因在于，普通公民对死刑上诉程序的启动并不清楚，因而只有少数人对 A 选项持肯定态度。而律师则由于自己的职业特点，对死刑案件上诉程序的启动较为了解，知道在大多数情况下，被告人是由于一审法官的告知和辩护律师的帮助才提起上诉的，并不完全是被告人的"自动"上诉，律师的态度之所以与其他法律职业群体的态度差距巨大，其重要原因在于他们之间对"自动"一词含义的不同理解。

在 B 选项中，21.07％的法官、15.49％的检察官、29.67％的律师、25.85％的警察、32.43％的服刑人员、27.47％的普通公民对此作出了选择，说明被调查对象中，绝大多数的人对 B 选项中的说法持否定态度，也间接说明了检察院的法律监督作用得到了绝大多数人的认可。

在 C 选项中，30％左右的法官、检察官、警察和服刑人员，对此作出了选择，说明只有三分之一左右的法官、检察官、警察和服刑人员对此选项中的说法持赞同态度，也就是说，绝大多数的法官、检察官、警察和服刑人员对"公诉机关有时为了要求死刑判决而抗诉"的说法持反对态度，他们的意识中更倾向于公诉机关的抗诉是为了实现司法公正和履行法定的监督职责的说法，这和 B 选项中的数据统计得出的结论相符合。但 39.91％的律师、25.44％的普通公民和 30％左右的法官、检察官、警察和服刑人员对此所作的选择，也从另一侧面反映了公诉机关确实存在单纯为追求死刑判决而抗诉，而未认真履行自己的法定职责的情况，这也进一步说明了，我国近几年不断出现的死刑案件判决中的冤、假、错案的严重情况与个别地方的检察院不认真履行法定职责的关系，也说明了我国最高人民法院收回死刑判决的核准权和刑事诉讼法修改的必要性。

在 D 选项中，选择此项的人数比例的顺序是：44.81％的律师、40.88％的法官、38.50％的检察官、16.34％的警察、14.88％的普通公民、13.65％的服刑人员。这组数据说明律师、法官、检察官三个直接参与庭审的法律职业群体所掌握的有关法律知识比其他被调查对象要高，这符合实际情况，具有可信性。但在此选项的选择中，有 60％左右的律师、法官、检察官未选择此选项，或者对此选项持反对态度，就明显不合情理和客观事实，因为作为法律工作者的律师、法官和检察官不可能有如此高比例的人数不知道"辩护律师没有独立的上诉权"这一法律常识，这只能解释为，要么是未选择此选项的被调查的律师、法官和检察官都是法盲，这显然不可能；要么是未选择此选项的被调查的律师、法官和检察官未认真审阅和填写调查问卷，后一种符合实际情况，因而此选项中律师、法官和检察官的人数比例不具有可信性，因为它跟现实情况存在着明显的矛盾。另外，选择此选项的警察、服刑人员和普通公民的人数比例数据，由于他们的职业特点和社会身份特点，决定了他们在某一方面具体的法律知识欠缺，因而具有可靠性。

二、法律职业群体关于死刑案件审判特殊程序的问卷（任选题，可选一个或多个互不抵触的答案）

3. 就您所了解的死刑审判状况是：

表3

选项	选项内容	职业	人数	占本类人数的比例
A	民愤在死刑判决上作用较大	法官	257	36.35%
		检察官	242	37.87%
		律师	292	43.32%
		警察	271	33.05%
B	审判委员会绝对介入死刑决定	法官	359	50.78%
		检察官	301	47.10%
		律师	226	33.53%
		警察	268	32.68%
C	合议庭实行一票否决制，只要有一个法官反对，则不得判处死刑	法官	65	9.19%
		检察官	50	7.82%
		律师	117	17.36%
		警察	147	17.93%
D	审判委员会实行一票否决制，只要有一个审判委员会委员反对，则不得判处死刑	法官	128	18.10%
		检察官	57	8.92%
		律师	142	21.07%
		警察	207	25.24%

选项	选项内容	职业	人数	占本类人数的比例
E	关于死刑的审判集体都是实行简单多数的判决原则	法官	249	35.22%
		检察官	172	26.92%
		律师	139	20.62%
		警察	157	19.15%
F	未选	法官		
		检察官	19	2.97%
		律师		
		警察	11	1.34%

　　数据表明，在 A 选项中，调查对象，除律师达 43.32% 外，其他均未达到 40% 的人数比例，也就是说，至少有三分之一的人选择 A 选项，这说明，在我国的死刑案件的审理中，民意的倾向对法院的判决起着不容忽视的作用，而不是仅仅根据犯罪事实和法律规定来作出判决，民意的作用在一定程度上影响着死刑案件的公正判决，这不太符合法治国家的精神。

　　在 B 选项中，有 50.78% 的法官、47.10% 的检察官、33.53% 的律师、32.68% 的警察对此作出了选择，其中，法官由于其职业特点，对死刑案件审理中的情况有较为直接和全面的了解，因而其所作的选择数据具有较高的可信度，据此，我们可以认为，在我国的死刑案件的审理中，审判委员会的作用十分重大，反映了法院对死刑案件的判决仍然是相当谨慎的，至少在一般的情况下，死刑案件的判决不能仅仅由主审的合议庭说了算，而必须由审判委员会决定，这种做法符合刑事诉讼法第 149 条"合议庭开庭审理并且评议后，应当作出判决。对于疑难、复杂、重大的案件，合议庭认为难以作出决定的，由合议庭提请院长决定提交审判委员会讨论决定。审判委员会的决定，合议庭应当执行"的规定。

　　在 C 选项中，尽管选择此选项的调查对象只占少数，但它说明了在我国死刑案件的审理中，的确存在着违反刑事诉讼法有关规定的现象，这种现象的存在影响着审判公正的实现。

　　在 D 选项中，选择此选项的人数比例远远高于选择 C 选项的比例，说明在审理死刑案件这样重大的刑事案件中，仍然较为严重地存在违反刑事诉讼法有关规定的现象，这种现象的存在同样影响着审判公正的实现。

　　在 E 选项中，除了法官的人数达到 35.22%，其余人数只达到四分之一

（检察官）或五分之一（律师和警察），这说明，尽管有少数的审判委员会遵守有关法律规定，实行简单多数的判决原则，但绝大多数的审判集体并未很好地遵守这一原则，未达到刑事诉讼法规定的形式正义的要求。

4. 关于死刑案件的证明，您所知道的情况是：

表4

选项	选项内容	职业	人数	占本类人数的比例
A	证明标准与一般刑事案件的证明标准完全一样	法官	115	16.27%
		检察官	117	18.31%
		律师	162	24.04%
		警察	158	19.27%
B	证明标准实际上比一般刑事案件要严格得多	法官	413	58.27%
		检察官	410	64.16%
		律师	345	51.19%
		警察	437	53.29%
C	非暴力的违法证据一般都不排除	法官	142	20.08%
		检察官	87	13.62%
		律师	130	19.29%
		警察	140	17.07%
D	所有的违法证据都排除	法官	120	16.97%
		检察官	155	24.26%
		律师	45	6.68%
		警察	96	11.71%
E	辩护性事实的证明标准远远低于控诉性证明	法官	90	12.73%
		检察官	74	11.58%
		律师	200	29.67%
		警察	114	13.90%
F	未选	法官		
		检察官	9	1.41%
		律师		
		警察	5	0.61%

数据表明，在 A 选项中，选择此选项的调查对象中，除了律师的人数达四分之一外，其余调查对象的人数均未达五分之一，这说明在死刑案件的审判中，只有少数的法院坚持与一般普通刑事案件的证明标准，这本身并未违反刑事诉讼法的规定，符合法治精神。

在 B 选项中，选择此选项的调查对象均达到半数以上，这说明在多数的死刑案件的审理中，审判人员实际上通常坚持比普通刑事案件更为严格的证明标准，这反映了我国审判机关对待死刑案件的谨慎态度，也反映了我国审判机关对生命权的尊重和关怀，这同样符合当代法治精神的要求。

在 C 选项中，尽管调查对象中有人选择此选项，但选择人数的比例非常低，除了法官的人数刚刚达到 20% 以外，其余的人均未达到 20% 的比例，这说明，在死刑案件的审理中，尽管存在采信非暴力的违法证据的情况，但并不普遍，绝大多数的审判机关在绝大多数的情况下，把非暴力的违法证据排除于定案根据之外，不认可它们的证明力，这反映了我国当代法治一定程度的进步。

在 D 选项中，选择此选项的人数比例最低，这说明我国死刑案件的审判中，非法证据排除规则并未成为普遍的法治理念而得到切实的遵守，反映了我国死刑案件审理中的人权保障的不完善性，也反映了当代中国的社会安全保护与人权保障的价值冲突。

在 E 选项中，尽管选择此选项的人数比例非常低，但它说明了在死刑案件的审理中，仍然有一些审判机关更加重视辩护性事实的证明力，这反映了我国审判机关的人权观念和法治理念的一些变化。

三、服刑人员和普通公民关于死刑案件审判特殊程序的问卷（任选题，可选一个或多个互不抵触的答案）

5. 关于死刑当事人，您所了解的情况是：

表 5

选项	选项内容	职业	人数	占本类人数的比例
A	怀孕的妇女绝对不判处死刑	服刑人员	619	83.65%
		普通公民	582	78.76%
B	流产的妇女绝对不判处死刑	服刑人员	89	12.03%
		普通公民	160	21.65%
C	一般死刑当事人都有机会请求特赦	服刑人员	109	14.73%
		普通公民	129	17.46%
D	一般死刑当事人都没有机会请求特赦	服刑人员	143	19.32%
		普通公民	185	25.03%
E	未选	服刑人员		
		普通公民	3	0.41%

数据表明，在 A 选项中，绝大多数的被调查对象均了解 A 选项中的法律规定，说明审判时怀孕的妇女不判死刑已经成为一般的常识而被非法律职业群体所知晓。

在 B 选项中，绝大多数的调查对象均不了解在羁押中流产的妇女绝对不被判死刑的法律规定，说明大多数被调查的非法律工作者对怀孕的妇女不判死刑的规定的了解不全面，有偏差。

在 C 选项中，只有少数调查对象选择此选项，说明绝大多数调查对象所了解的情况符合我国的司法实践，所以他们对 C 选项持否定态度。

在 D 选项中，绝大多数调查对象对 D 选项持否定态度，因为他们了解在我国的死刑案件中，一般被判死刑的人都没有机会请求特赦的客观现实情况。

6. 关于死刑案件的辩护律师状况，您所了解的情况是：

表 6

选项	选项内容	职业	人数	占本类人数的比例
A	大多数律师是法院指定的	服刑人员	198	26.76%
		普通公民	113	15.29%
B	大多数律师是当事人或其家属委托的	服刑人员	389	52.57%
		普通公民	353	47.77%
C	有时法院直接指定律师后，当事人或其家属又委托了律师	服刑人员	158	21.35%
		普通公民	206	27.88%
D	少数情况中被告人拒绝一切律师辩护的，没有律师辩护也审判	服刑人员	117	15.81%
		普通公民	150	20.30%
E	在被告人拒绝一切律师辩护的情况下，法院一定要为其指定律师或另行指定律师	服刑人员	134	18.11%
		普通公民	192	25.98%

数据表明，在 A 选项中，只有少数调查对象选择此项，说明只有少数调查对象接触到某些法院存在大多数律师是法院指定的情况，从而从反面说明了大多数律师是法院指定的情况并不普遍，只是少数现象。

在 B 选项中，半数左右的调查对象选择此选项，说明在我国的死刑案件的审理中，一般情况下辩护律师是由当事人或其家属委托的客观事实。B 与 A 比较，两者形成对应关系，可见 B、A 两组数据均具有较高可信度。

在 C 选项中，选择此选项的调查对象约占四分之一，说明在司法实践中确实存在有时法院直接指定律师后，当事人或其家属又委托了律师的情况，这种情况恰恰说明法院与当事人或其家属均重视死刑案件审理中的人权保障和司法公正的问题。

在 D 选项中，选择此选项的调查对象人数很少，但也说明在我国的死刑案件的判决中，的确存在少数情况下被告人拒绝一切律师辩护，没有律师辩护也审判的事实，这种事实说明了我国刑事诉讼法修改的必要性。

在 E 选项中，选择此选项的调查对象的比例大约在五分之一到四分之一之间，这说明我国法院在死刑判决中，一般能够遵守法定程序，维护被告人的法定权利。但也存在不遵守法定程序的现象，这一点跟 D 选项相对应，说明 D、E 选项的数据具有一定的可信度，但也不能估计太高，因为服刑人员和普通公民所能接触到的死刑案件的审理情况的机会实在是太少，他们的选择往往带有主观臆断性，并不能反映事实的全貌，因而可信度不高。

报告六　取保候审制度的运行现状与改革完善

北京市海淀区人民检察院　刘中发　戚进松　曾静音

取保候审是指在刑事诉讼过程中，公安机关、人民检察院和人民法院要求犯罪嫌疑人或被告人提供担保，以保证犯罪嫌疑人或被告人不逃避或妨碍侦查、起诉和审判，并随传随到的一种非羁押性强制措施。这项制度设计的初衷，是为了保障犯罪嫌疑人和被告人的合法权益，保障刑事诉讼活动的顺利进行。但由于制度设计本身的不完善以及相关配套措施的缺失，该项制度在运行实践中出现了一些问题。本文以北京市海淀区人民检察院（以下简称海淀院）2004—2006 年受理的移送审查起诉案件为调查对象，尝试以区域性的调查结果来透视取保候审制度的运行现状，并对如何改革与完善我国现行的取保候审制度提出建议。

一、取保候审措施适用的基本情况

（一）总体情况

2004—2006 年，海淀院共受理侦查机关移送审查起诉的案件 12396 件 17414 人，取保候审 3550 人。其中，2004 年收案 3823 件 5387 人，取保候审 1261 人，占全年收案人数的 23.4%；2005 年收案 4423 件 6139 人，取保候审 1230 人，占全年收案人数的 20.0%；2006 年收案 4150 件 5888 人，取保候审 1059 人，占全年收案人数的 18.0%。根据统计数据可以看出，2004—2006 年，侦查机关移送审查起诉的各类案件中，犯罪嫌疑人取保候审措施的适用率保持在 20% 左右，总体比例为 20.1%。

表 1

年份 \ 项目	收案情况	取保候审情况	比例
2004	3823 件 5387 人	1261 人	23.4%
2005	4423 件 6139 人	1230 人	20.0%
2006	4150 件 5888 人	1059 人	18.0%

（二）分类情况

1. 普通刑事案件

2004 年，海淀院共受理侦查机关移送审查起诉的普通刑事案件 3441 件 4849 人，取保候审 1107 人，占全年收案人数的 22.8%；2005 年共受理普通刑事案件 4076 件 5638 人，取保候审 1085 人，占全年收案人数的 19.2%；2006 年共受理普通刑事案件 3812 件 5442 人，取保候审 929 人，占全年收案人数的 17.1%。三年间，普通刑事案件犯罪嫌疑人的取保候审平均比率为 19.6%，低于 20.1% 的总体比率。

表 2

项目 年份	收案情况	取保候审情况	比例
2004	3441 件 4849 人	1107 人	22.8%
2005	4076 件 5638 人	1085 人	19.2%
2006	3812 件 5442 人	929 人	17.1%

2. 职务犯罪类案件

2004 年，海淀院自侦部门共立案侦查并移送审查起诉案件 42 件 48 人，取保候审 18 人，占全年收案人数的 37.5%；2005 年立案侦查并移送审查起诉案件 20 件 30 人，取保候审 12 人，占全年收案人数的 43.0%；2006 年立案侦查并移送审查起诉案件 35 件 41 人，取保候审 17 人，占全年收案人数的 41.5%。三年间，职务犯罪类案件嫌疑人的取保候审平均比率为 39.5%，明显高于 20.1% 的总体比率。

表 3

项目 年份	立案并移送审查起诉情况	取保候审情况	比例
2004	42 件 48 人	18 人	37.5%
2005	20 件 30 人	12 人	43.0%
2006	35 件 41 人	17 人	41.5%

3. 未成年人犯罪案件

2004 年，海淀院共受理侦查机关移送审查起诉的未成年人犯罪案件 342 件 490 人，取保候审 136 人，占全年收案人数的 27.8%；2005 年共受理未成年人犯罪案件 327 件 471 人，取保候审 133 人，占全年收案人数的 28.2%；2006 年共受理未成年人犯罪案件 303 件 405 人，取保候审 113 人，占全年收案人数的 27.9%。三年间，未成年犯罪嫌疑人的取保候审平均比率为 28.0%，也高于 20.1% 的总体比率。

表 4

项目 年份	收案情况	取保候审情况	比例
2004	342 件 490 人	136 人	27.8%
2005	327 件 471 人	133 人	28.2%
2006	303 件 405 人	113 人	27.9%

二、呈现出的主要特点

（一）从取保候审的案件类型来看，自侦案件取保候审率最高，未成年人犯罪案件取保候审率次之，普通刑事案件取保候审率最低

调查显示，三年间，自侦案件取保候审率最高，平均比率为 39.5%，每年稳定在 40.0%上下；未成年人犯罪案件取保候审率次之，平均比率为 28.0%，每年接近 30.0%；普通刑事案件取保候审率最低，平均比率为 19.6%，每年保持在 20.0%左右。出现上述情况的主要原因有：自侦案件暴力程度低，犯罪嫌疑人文化程度较高，且均为本地人，对其取保候审的风险性较小，普通刑事案件暴力犯罪的比例高，犯罪嫌疑人素质参差不齐，总体水平较低，且外地人占较大比例，对其取保脱逃的可能性较大，无法保证诉讼程序的顺利进行，而未成年犯罪案件嫌疑人所犯之罪 80%左右为轻罪，且我国对未成年犯罪嫌疑人、被告人这一特殊群体采取了特殊的司法保护措施，尽管从实际运作来看，未成年人犯罪案件取保候审的比例还有大幅度提升的必要。

（二）从取保候审的原因来看，"罪行较轻"是适用取保候审措施的主要原因

调查发现，不论是普通刑事案件还是职务犯罪类案件，"罪行较轻"都是侦查机关决定对犯罪嫌疑人采取取保候审措施的主要原因。但对于"罪行较轻"的界定，自侦部门和公安机关的理解稍有不同：自侦部门认为"罪行较轻"是指犯罪嫌疑人所犯罪行的法定最高刑为五年以下有期徒刑，而公安机关则理解为犯罪嫌疑人可能被判处三年以下有期徒刑。此外，在对普通刑事案件的犯罪嫌疑人采取取保候审措施时，公安机关还会考查犯罪嫌疑人是否属于初犯、是否有过脱保历史、是否与本地有密切联系等因素。对于职务犯罪类案件而言，由于案件性质的特殊性，自侦部门则会更多地考虑犯罪嫌疑人的学历、职务、认罪态度、是否存在翻供串供及妨碍证人作证的可能性以及发案单位的意见等因素。

（三）从取保候审的决定机关来看，侦查机关决定取保候审占到绝大多数

根据对北京市海淀区历年取保候审决定情况的调查了解，公安机关决定取保候审的占到绝大多数，检察机关决定取保候审的比例较小，而法院决定取保候审的则极少。在案件的审查起诉阶段或审判阶段，检察院或法院一般都不会主动变更强制措施，除非是由于案件无法在法定期限内办结，需要继续侦查或是由于犯罪嫌疑人的近亲属或者辩护人申请且确有必要的才会考虑变更。但这样的变更在司法实践中也是很少发生的，主要是因为检法机关为了保证刑事诉讼的顺利进行，防止犯罪嫌疑人脱逃，不愿冒险为在押的犯罪嫌疑人办理取保候审。除了公安机关自行采取取保候审措施以外，检察机关对于公安机关报请批准逮捕的案件不予批捕，也间接促使公安机关作出取保候审决定。据统计，在北京市公安局海淀分局所办理的取保候审案件中，由于证据不足、不符合逮捕条件而被取保候审的平均约占取保候审总人数的16.9%。

（四）从被取保人的特征来看，不同性别、学历、年龄、地域的犯罪嫌疑人在取保候审措施的适用上存在差异

从性别上看，女性犯罪嫌疑人取保候审适用率高于男性犯罪嫌疑人取保候审适用率。据统计，2004—2006年，女性犯罪案件数量分别为530件765人、580件887人和518件795人，而被取保候审人数分别为281人、303人和255人，各占本年女性犯罪人数的36.7%、34.2%和32.1%，高于男性21.2%、17.7%和15.8%的比例。这与女性较少实施暴力性犯罪，社会危害性相对较小有直接关系。

表5

年份 \ 项目	男性犯罪案件			女性犯罪案件		
	收案情况	取保候审情况	比例	收案情况	取保候审情况	比例
2004	3293件4622人	980人	21.2%	530件765人	281人	36.7%
2005	3843件5252人	927人	17.7%	580件887人	303人	34.2%
2006	3632件5093人	804人	15.8%	518件795人	255人	32.1%

从学历上看，犯罪嫌疑人取保候审适用率与学历成正比。根据 2004—2006 年取保候审适用率统计，小学及以下文化程度的平均约为 10%，中学文化程度的平均约为 21%，大专及以上文化程度的平均约为 45%。可见，犯罪嫌疑人取保候审适用率与学历成正比。这是因为学历高的人往往对于其行为的性质和后果认识比较清楚，行为方式也相对比较理性，取保候审的风险比较小。

表 6

项目 年份	小学及以下文化程度			中学文化程度			大专及以上文化程度		
	收案情况	取保候审情况	比例	收案情况	取保候审情况	比例	收案情况	取保候审情况	比例
2004	1015 件 1457 人	177 人	12.1%	2347 件 3370 人	821 人	24.4%	461 件 560 人	263 人	47.0%
2005	1214 件 1678 人	149 人	8.9%	2775 件 3916 人	830 人	21.2%	434 件 545 人	251 人	46.1%
2006	1006 件 1442 人	117 人	8.1%	2679 件 3845 人	695 人	18.1%	465 件 601 人	247 人	41.1%

从年龄上看，未成年犯罪嫌疑人取保候审适用率高于成年犯罪嫌疑人取保候审适用率。造成这种差别的原因，一是未成年人犯罪案件大都属于轻罪（即法定最高刑为 5 年以下有期徒刑），社会危害性较小；二是未成年人没有经济来源，社会关系简单且有家长管教，被采取取保候审措施以后，脱保的可能性不大；三是我国司法机关历来奉行对违法犯罪的未成年人实行"教育、感化、挽救"的方针，保障未成年犯罪嫌疑人受教育权和工作权不被剥夺。但从调查数据看，仍有 70% 以上的未成年犯罪嫌疑人在押，这一方面不利于未成年人权益的保护，另一方面也可能使他们受到同押案犯的交叉感染，加大对他们进行教育、感化、挽救的难度。因此，在现有基础上，进一步提高未成年犯罪嫌疑人取保候审适用率显得十分必要。

从地域上看，北京籍犯罪嫌疑人的取保候审适用率明显高于外地籍犯罪嫌疑人的取保候审适用率。从人数比例上看，外地籍犯罪嫌疑人的取保候审率从 2004 年的 51.8%，到 2005 年的 52.3%，再到 2006 年的 54.3%，均占到了本年取保候审人数的一半以上，且呈现逐年上升的趋势，但由于在犯罪总人数中外地人员占据绝对优势（约为 70%），因而不难推算出，北京籍犯罪嫌疑人取保候审适用率平均约为 40%，明显高于外地籍犯罪嫌疑人 14% 的取保候审适用率。

（五）从取保候审的方式来看，人保成为检察机关办理取保候审的唯一方式

根据刑事诉讼法的规定，取保候审可以采用人保和财保两种方式。但在海淀院自侦部门和审查起诉部门所办理的取保候审中，人保成为唯一适用的保证方式，并且要求保证人必须由具有北京户口，有固定住所，往往具有一定公职的人员担任。之所以出现"一边倒"的情况，一是因为检察机关普遍认为人保方式比财保方式更为可靠；二是因为六部委《关于刑事诉讼法实施中若干问题的规定》第 22 条规定"取保候审保证金由公安机关统一收取和保管"，如果检察院对犯罪嫌疑人适用财保，在保证金的交纳上还需和公安机关进行协调和沟通，程序比较繁琐。

三、运行中存在的主要问题

（一）取保候审适用率偏低，不利于保障当事人的合法权益

从统计数据可以看出，北京市海淀区刑事案件犯罪嫌疑人的取保候审总体比例为 20.1%，每年保持在 20.0% 左右。这在一定程度上反映了我国刑事诉讼过程中取保候审措施适用率偏低的现实。"以羁押为原则，以取保候审为例外"已经成为我国刑事强制措施适用现状的基本规律，这与西方国家"以保释为常态，羁押为例外"的情况形成鲜明的反差。据有关资料显示，在英国，高达 90% 的犯罪嫌疑人或者被告人被保释，而在 1992 年，美国的审前保释率就已经达到了 64%，在其余 36% 未被保释的犯罪嫌疑人中，有 83% 是由于无力交纳保证金而被羁押，也就是说，真正由于未获批准保释而被羁押的犯罪嫌疑人只占罪犯总数的 6%。司法实践表明，不分轻罪重罪、过度适用羁押性强制措施会产生许多负面效应：其一，不利于促进人的全面发展，维护社会和谐稳定。在司法实践中，大部分轻微刑事犯罪的行为人，都是由于一时冲动侵害了他人，犯罪后确实能真诚悔过。如果司法机关对其采取羁押性强制措施，在客观上会在其心灵深处投下阴影，而影响其今后的工作生活，并有可能导致其对被害人产生仇恨情绪，甚至对整个社会都有抵触情绪，而置自己于社会的对立面。从诉讼效果看，一味采取逮捕措施，不仅导致看守所人满为患，增加羁押成本，而且还使犯罪人之间交叉感染，增强其人身危险性，增加改造成

本。其二，不利于保持司法统一，维护社会公平正义。当前，检察机关批捕的案件有不少被法院判处了拘役、缓刑、甚至单处罚金，给人们以"前捕后放"的现象和执法标准不统一的感觉。同时，也在一定程度上损害了司法的公正性。因为，对一个没有犯罪的人实施逮捕是错误的，是损害司法公正的行为；对一个虽然犯了罪，但因其罪过较轻，没有被判处有期徒刑以上刑罚的人予以逮捕，对司法的公正性也是一种损害。此外，轻罪案件"捕"与"不捕"在一定程度上也会影响到其后的诉讼环节中检察机关、审判机关对案件的起诉、判决的态度，即将是否逮捕作为是否起诉、是否轻判的一个理由。这无疑会造成同罪异罚、"刑罚透支"，以及超期羁押的潜在风险。从司法实践看，有很多这样的案件，即同样的犯罪情节和犯罪性质，法院对被取保候审的被告人判处缓刑的比例要远远高于被逮捕的被告人。其三，不利于被害人获得赔偿，妥善化解社会矛盾。有些嫌疑人在押的案件，往往因为被羁押很长时间，认为已经受到惩罚，不愿再出钱赔偿被害人，从而造成被害人的不满，甚至导致双方矛盾的激化。

（二）取保候审多是公检法机关依职权作出，律师在其中所起的作用很小

刑事诉讼法第 50 条规定："人民法院、人民检察院和公安机关根据案件情况，对犯罪嫌疑人、被告人可以拘传、取保候审或者监视居住。"第 52 条规定："被羁押的犯罪嫌疑人、被告人及其法定代理人、近亲属有权申请取保候审"，《人民检察院刑事诉讼规则》第 40 条规定："被羁押的犯罪嫌疑人及其法定代理人、近亲属和委托的律师向人民检察院申请取保候审，人民检察院应当在七日内作出是否同意的答复。经审查符合本规则第三十七条规定情形之一的，对被羁押的犯罪嫌疑人依法办理取保候审手续；经审查不符合取保候审条件的，应当告知申请人，并说明不同意取保候审的理由。"从以上规定可以看出，取保候审的性质是一种强制措施，是公检法三机关在刑事诉讼中行使职权的表现，法律赋予了律师可以为犯罪嫌疑人申请取保候审的权利，但是并未规定律师可以在申请的同时或者申请后的审查决定程序中发表专业意见，而只能听从公检法机关的决定；在得知不批准取保候审的理由时，律师也没有提出不同意见的途径。所以，从立法层面讲，律师在现行刑事司法制度下，在申请取保候审中发挥的作用必然十分有限。从司法层面看，根据调查统计的情况，做出取保候审决定的多是公安机关依职权根据案件情况，在犯罪嫌疑人家属的配合下主动作出，律师申请取保候审获批准的情况很少。

（三）取保候审监管流于形式，被取保人脱保现象严重

我国刑事诉讼法明确了取保候审的执行机关，也规定了执行机关的职责，相关司法解释和规范性文件也对取保候审的执行和监管问题做了一些规定，但从实际运作来看，对被取保候审的犯罪嫌疑人的监管流于形式。由于保证责任没有落到实处，同时缺乏相应的追究机制，被取保人脱保现象比较严重。据统计，2004—2005 年海淀分局决定取保候审的案件中，17.9％的案件没有移送检察机关起诉，除去海淀分局自行撤销案件外，有 15％的案件系犯罪嫌疑人脱保导致案件无法起诉。2004—2006 年，海淀院公诉一处受理的案件中，脱保的犯罪嫌疑人人数分别为 72 人、88 人和 69 人，各占该处当年取保候审人数的 8.1％、11.6％和 8.6％。从脱保的时间上看，一部分犯罪嫌疑人是在检察院刚收案时就无法传唤到案，一部分是在审查起诉的过程中，检察院无法联系到人，另外还有一小部分是在检察院将案件起诉到法院之后，法院传唤不到被告人，将案件退回检察院。从脱保人员的特征上看，文化程度较低、外地户籍、未经报捕程序直接取保以及以财保为取保手段的犯罪嫌疑人脱保率较高。根据 2006 年的统计数据，在海淀院审查起诉阶段脱保的犯罪嫌疑人中，初中及以下文化程度的占 72.5％，外来人员占 94.2％，直接取保的占 89.9％，以财保为取保方式的占 83.6％。鉴于案件被诉至法院后被告人下落不明、不到案接受审判的情况屡屡发生，2007年 3 月海淀区人民法院向海淀区人民检察院发出了一份司法建议函，指出："刑事被告人脱保在逃的行为一再发生，已经到了必须引起我们高度重视的时候。为了维护国家法律的尊严，做到执法必严、违法必究，保障刑事诉讼的顺利进行，我院建议你院加大对取保候审强制措施的监督力度，对于累犯、再犯以及罪行严重的犯罪嫌疑人，依法不予取保候审或及时变更强制措施；同时，督促海淀公安分局对脱保在逃的被告人采取网上追逃等相关措施，尽快将脱保人缉拿归案。"由此可见，司法实践中犯罪嫌疑人、被告人脱保在逃的现象已相当严重，导致很多本来已经移送到法院审判的案件又由法院层层退回公安机关，公安机关重新报请批捕，增加了诉讼环节和诉讼成本，浪费了司法资源，降低了诉讼效率。

（四）被取保人翻供、串供以及影响证人作证的情况时有发生

根据对海淀院 2005 年职务犯罪类案件的调查，在原认罪案件中，犯罪嫌疑人取保候审后翻供以及证人改变证言的约占取保候审人数的 3％，其中部分案件由于证据发生变化，导致公诉失败。例如，在张某挪用公款案中，对于张某是否明知公款被他人挪用而予以默许这一关键情节，张某在到案之

初予以承认，挪用公款行为的实施者王某也证实张某知情。但在张某因身体原因被取保候审以后，其在庭审中推翻了之前的有罪供述，而主要证人王某也当庭作证，证实其挪用公款的行为张某并不知晓。被告人的翻供以及主要证人证言的变化，导致案件的证据链条出现问题，案件公诉最终未获成功。又如王某受贿案。王某系中国建筑总公司第二工程局局长。1996 年 6 月和 2002 年 7 月，被告人王某利用职务便利，分别收受赖某、魏某给予的好处费共计 19 万元。2002 年 4 月，王某被刑事拘留，同年 5 月 14 日被逮捕，同年 8 月 30 日，王某因病被取保候审。在王某被羁押期间，其对自己所犯罪行供认不讳，且与赖某、魏某证言能够相互印证，形成较为完整的证据体系。王某被取保后，遂找到赖某、魏某，要求二人为自己出具证言，以证明当初的行贿款是借款性质，并声称自己有路子，只要二人按照自己所说出具证言，此事就可以完结。后赖某、魏某按照王某所说重新出具证言，完全推翻了此前在检察机关所作证言。因本案主要依靠言辞证据定案，王某的翻供以及赖、魏二人的翻证使本案赖以存在的证据体系被完全打破。为此，侦查人员再次向魏某、赖某调取证言，但因未能找到魏某，故只重新调取了赖某的证言，赖某承认了受王某指使，出具伪证的情况。目前，该案尚未能依法起诉，主要有两点原因，一是主要证据发生变化，使本案难以认定；二是因犯罪嫌疑人取保在外，始终声称自己因病不能到案进行诉讼。

（五）取保候审方式不规范，甚至出现程序违法现象

我国刑事诉讼法第 53 条规定："人民法院、人民检察院和公安机关决定对犯罪嫌疑人、被告人取保候审，应当责令犯罪嫌疑人、被告人提出保证人或者交纳保证金。"对于人保方式，刑事诉讼法第 54 条规定了保证人必须符合的四个条件。对于人保方式，最高人民法院、最高人民检察院、公安部、国家安全部《关于取保候审若干问题的规定》第 5 条也明确规定：采取保证金形式取保候审的，保证金的起点数额为一千元。由于法律所规定的取保候审方式比较单一，因而对于检察院不批准逮捕的案件，犯罪嫌疑人既没有能力交纳保证金又没有能力提交保证人，如果按照法律规定全部决定监视居住又缺乏足够的办案资源，公安机关便陷入了左右为难的尴尬境地。在司法实践中，有的侦查部门为寻求法律手续的合法化，往往采取用办案经费为犯罪嫌疑人垫付保证金或者让毫不相干的人为犯罪嫌疑人提供担保等方式办理取保候审，这样的保证方式显然对于犯罪嫌疑人没有任何约束力；有的侦查部门则干脆以既无人保也无财保的方式办理取保候审，直接造成取保候审程序违法。

四、对产生问题的原因分析

（一）观念上的偏差

一是执法理念的保守。我国的取保候审制度虽然体现了保障犯罪嫌疑人、被告人免受羁押的精神，但由于刑事诉讼法是将其作为保障刑事诉讼顺利进行的一种强制措施加以规定的，司法机关在决定是否对犯罪嫌疑人、被告人适用取保候审时，优先考虑的是侦查的需要和不逃避、妨碍刑事诉讼顺利进行，而不是犯罪嫌疑人、被告人合法权益的保护问题，这就导致在司法实践中不敢轻易对犯罪嫌疑人、被告人决定取保候审。这是问题的一方面。问题的另一方面是，执法人员对逮捕正当性要求认识不足，往往过分强调打击犯罪对于社会公共利益的保护，轻视对犯罪嫌疑人合法权益的保护。司法实践中普遍存在着"以捕代侦"的错误做法和"够罪即捕"的错误认识，有的甚至把逮捕当成一种体现对犯罪分子打击力度的刑事处罚。而在检察环节则存在"求稳怕错"的思想，如果适用"无逮捕必要"作出不批捕决定，一旦发生犯罪嫌疑人逃跑、自杀或再危害社会等情况，则检察机关会承担打击不力的"罪名"，办案人员也会因此而承担相应的风险。

二是社会民众的误解。在老百姓传统的、感性的法律意识中，羁押是与定罪处理联系在一起的，羁押就是一种处罚或者说是一种定罪、科刑的预演。虽然对犯罪嫌疑人适用取保候审是一件极其正常合法的事情，但是很容易引起被害人的非议。有的被害人往往误认为适用取保候审就是放人，甚至误认为办案人员收了当事人的礼物而办人情案、关系案。因此大幅度适用取保候审，犯罪嫌疑人大量回归社会，对被害人及一般公民将可能产生一定的不公正及不安全感。在这样的社会压力下，办案人员宁愿选择羁押而不是取保候审。在某一问卷调查中，关于不希望扩大取保候审适用的原因，65.8％的被调查人选择了可能引起被害人及其他群众的异议，仅次于取保候审逃跑风险的71.9％。①

（二）司法上的无奈

一是外来人口犯罪严重的社会现实。据统计，2005 年北京市检察机关批准逮捕非北京籍犯罪嫌疑人 16008 人，比上一年度的 14743 人多 1265 人，上升了 8.6％，在全年批准逮捕犯罪嫌疑人中所占比例由上年的 72.5％上升

---

① 宋英辉主编：《取保候审适用中的问题与对策研究》，中国人民公安大学出版社 2007 年版，第 9 页。

为 74.9%，增加了 2.4 个百分点。[1] 这些外来人员大多在案发前居无定所，无固定职业，缺乏与之联系紧密的组织或团队，加之我国对流动人口的管理机制不健全，这些因素成为制约对其取保候审的主要原因。

二是取保候审前风险评估机制的缺失。对犯罪嫌疑人、被告人是否适用取保候审，应该进行综合的考量，建立一套风险评估机制。评估风险的常用办法就是综合考察被追诉者的犯罪前科、取保记录、犯罪的性质以及社会关系等因素。只有对犯罪嫌疑人、被告人进行综合的考量，才能评价其社会危险性的高低，以及是否会妨害诉讼的进行等。在司法实践中，并没有这样一套风险评估机制，而且立法上对取保候审条件规定过于抽象和模糊，取保候审往往由办案人员自由裁量。由此导致的结果可能是犯罪情节轻微、人身危险性较小的犯罪嫌疑人被羁押，而那些有较高社会危险性、犯罪性质严重的犯罪嫌疑人反而获得取保候审的权利。

三是决定适用取保候审的内部审批程序过于繁琐。据了解，目前公安机关办理取保候审需要呈请部门领导审批，保证金需要到县（区）级公安机关行政部门开具收取保证金单据，再把保证金交到当地财政局，入财政专门账户，其间需要联系包括公安机关在内的五个相关部门和负责人办理相关手续，案件审判结束后，退还保证金需要再将上述手续重复一遍。这种审批程序一方面有文书上的要求，另一方面也存在程序上的要求。复杂的手续、繁琐的程序，在一定程度上影响了办案人员办理取保候审的积极性。[2] 在对某市公安人员的调查问卷中，有 85.1% 的人认为保证金收取方式繁琐，有 20.3% 的被调查人认为取保候审手续的复杂程度会直接影响取保候审的适用。[3]

四是取保候审与案件的实体处理联系过于紧密。是否取保候审与案件的实体处理联系过于紧密，扭曲了取保候审这一强制措施的程序属性并最终缩小了取保候审的适用范围。一方面，办案机关在决定是否取保候审时主要考虑犯罪嫌疑人是否可能被判处刑罚；另一方面，由于在实践中，法院对于之前被取保候审的犯罪嫌疑人、被告人一般都判处有期徒刑缓刑以下刑罚。因

① 段素英：《2005 年度全市审查逮捕案件情况分析》，北京市检察机关侦查监督工作会议论文，2006 年。

② 何挺、王贞会：《取保候审：亟待完善制度摆脱适用困境——取保候审适用中的问题与对策研讨会综述》，《人民检察》2007 年第 14 期。

③ 宋英辉主编：《取保候审适用中的问题与对策研究》，中国人民公安大学出版社 2007 年版，第 4 页。

此，办理取保候审的机关在考虑是否取保候审时不得不考虑到取保候审将导致判处缓刑而致放纵犯罪这一因素。[①] 在上述情况下，取保候审的程序属性被扭曲，其不但在适用上与实体处理挂钩，而且又反过来影响到案件的实体处理。

五是现有执法办案考核、评价机制不合理。公安机关过于追求批捕率、起诉率，许多公安机关无论是迫于上级机关的压力，还是由于平级单位之间在工作"业绩"上的竞争，往往把刑事立案案件犯罪嫌疑人的批捕率和移送审查案件的起诉率作为衡量工作优劣的标准，有的甚至下达硬性指标，将"捕人"多少作为内部业务考核的一项重要职能。这样，就往往造成公安机关为取得数据上的进步，将具备取保条件不需要逮捕的案件提请逮捕。

六是取保候审所需要的社会控制能力尚无法达到。在体制转轨的特定历史时期，传统的控制机制如基层党政机关、治保委员会、居民委员会、村民委员会等社区防卫功能的削弱，对其管辖范围内的成员不足以发挥充分的制约作用；市场经济体制建立后，各类社会组织职能专业化且大多与政府无隶属关系，社会组织对内部成员的管理仅限于工作；国家社会经济管理方面的制度缺乏，如金融监控、指纹登记、票据适用等，也是造成控制力下降的重要原因。我国地域辽阔，发展不平衡，尚不能像西方发达国家一样通过身份证、信用卡等信息系统达到对人的有力控制。

七是侦查技术的制约和侦查资源的匮乏。与西方法治发达国家相比，我国的侦查技术还非常落后，资源匮乏，缺乏保释所需的保障措施。西方国家普遍采用的指纹库、血液数据库、DNA 数据库等在我国远未普及。而在我国司法实践中许多地方公安机关还是采用传统的摸底、排队等方法进行刑事侦查。在案件数量大幅度增加而司法资源难以同比增长的情况下，仍然采用这些简陋的方法进行侦查，大幅度适用取保候审，万一犯罪嫌疑人脱保，不仅追捕的成本很高，而且必然妨碍诉讼。

（三）立法上的缺陷

一是取保候审的法律规定过于原则。刑事诉讼法第51条规定："人民法院、人民检察院和公安机关对于有下列情形之一的犯罪嫌疑人、被告人可以取保候审或者监视居住：（一）可能判处管制、拘役或者独立适用附加刑的；

---

① 何挺、王贞会：《取保候审：亟待完善制度摆脱适用困境——取保候审适用中的问题与对策研讨会综述》，《人民检察》2007 年第 14 期。

（二）可能判处有期徒刑以上刑罚，采取取保候审、监视居住不致发生社会危险性的。"这一规定过于抽象，在司法实践中难以操作。首先，在法院尚未作出判决之前，要判定犯罪嫌疑人可能判处管制、拘役或者独立适用附加刑有很大难度。其次，"不致发生社会危险性"在实际办案中，更多的是由办案人员进行主观判断，缺乏明确可操作的标准，难于把握。"就潜在的可能性而言，任何一个被刑事指控之人如果面临着被长期监禁或更重的刑罚时，都有逃跑的危险，甚至一些可能被判处较轻刑罚的人，也同样会有逃跑的危险。"[①] 此外，对符合取保候审条件情形的，法律规定中用了"可以"取保候审，而非"应当"。这就意味着犯罪嫌疑人即使符合了法律规定的情形，办案机关也不一定会对其进行取保候审。

二是取保候审的方式过于单一。我国刑事诉讼法规定了取保候审的两种方式：一是保证金保证，二是保证人保证。这两种方式均有其不足之处。保证金担保对于经济困难的犯罪嫌疑人、被告人而言，选用性较差；对于经济较为宽裕的犯罪嫌疑人、被告人而言，难以形成有效的约束。而保证人担保对于流动人口来说又难以在短时间内在当地找到合适的担保人。对于符合取保候审其他条件，却一无钱二无担保人的犯罪嫌疑人，如果按照法律规定全部决定监视居住，实际办案的资源无法承受。有的办案单位，为了寻求法律手续形式上的合法，往往用自己的办案经费为犯罪嫌疑人垫付保证金，从而勉强为犯罪嫌疑人办理取保候审手续。但这种看似形式上合法的手续，自然对犯罪嫌疑人没有任何拘束力。此外，刑事诉讼法第53条只是笼统地规定：人民法院、人民检察院和公安机关决定对犯罪嫌疑人、被告人取保候审，应当责令犯罪嫌疑人、被告人提出保证人或者交纳保证金。但既未规定收取保证金的上限与下限，也未规定保证金的收取方法。尽管最高人民法院、最高人民检察院、公安部、国家安全部《关于取保候审若干问题的规定》第5条规定：采取保证金形式取保候审的，保证金的起点数额为一千元。但由于对保证金数额的上限未作出规定，使得实践中保证金收取数额失控，一些办案机关为了降低取保候审的风险而设定较高数额的保证金，这实际上限制了贫困犯罪嫌疑人、被告人获得取保候审的机会。

三是缺乏有效的取保候审监管机制。刑事诉讼法第51条第2款规定：

---

① 王敏远：《论中国保释制度的完善》，载陈卫东主编：《保释制度与取保候审》，中国检察出版社2003年版，第287页。

"取保候审、监视居住由公安机关执行。"公安部《关于适用刑事强制措施有关问题的规定》第 2 条规定："公安机关收到有关法律文书和材料后，应当立即交由犯罪嫌疑人居住地的县级公安机关执行。负责执行的县级公安机关应当在 24 小时以内核实被取保候审人、保证人的身份及相关材料，并报告县级公安机关负责人后，通知犯罪嫌疑人居住地派出所执行。"第 3 条规定："执行取保候审的派出所应当指定专人负责对被取保候审人进行监督考察，并将取保候审的执行情况报告所属县级公安机关。"由此可知，取保候审的执行机关是公安机关，由犯罪嫌疑人居住地的派出所来具体负责执行。但在实践中，基层派出所的主要工作在于维护社会治安和开展刑事侦查等工作，根本无力对被取保候审人进行有效的监督和管理，由此造成"保而不管"的状态。一方面可能导致犯罪嫌疑人、被告人在取保候审期间脱保或者其他妨碍诉讼情形的发生，例如串供、威胁证人等；另一方面也会使办案人员担心无力监管，而且还要对脱保承担相应的责任而拒绝对犯罪嫌疑人适用取保候审。

四是对违反取保候审义务的制裁措施缺乏可操作性。从司法实践来看，害怕被取保候审人在取保候审期间脱逃是办案人员不敢适用取保候审的重要原因。而对违反取保候审义务制裁上的不力则是导致脱逃等违反取保候审义务行为的重要因素。犯罪嫌疑人被取保候审后，就应当履行刑事诉讼法第 56 条规定的义务。但是，很多被取保候审人为了逃避法律责任，选择逃匿来逃避法律的制裁。尤其在海淀区人口流动十分频繁，有大量的刑事案件都是由流动人口作案，这些人自身文化素养不高，法制观念比较淡薄，对取保候审这一非羁押性强制措施理解不透，认为不被羁押便是没事，往往被取保候审之后一跑了之。因此，被取保候审人违反相应的义务，就要追究相关责任人的责任，其中包括对被取保候审人的惩罚措施和对保证人的惩罚措施。但是在实际工作中，对于外来流动人口，他们往往不具备提供保证人的条件，只能采用交纳保证金的方式取保候审。但由于交纳的保证金数额较低，一些犯罪嫌疑人往往会放弃保证金潜逃。由此可见，交纳保证金并不能对被取保候审人起到很好的制约作用。此外，对保证人罚款的制裁措施因难以执行而无法落实，而追究保证人的刑事责任也因取证较为困难而无法实现。在调查问卷中，当问及是否希望扩大取保候审的适用时，78.1％的办案人员表示不希望扩大取保候审的适用，而其中71.9％的办案人员则将不希望扩大取保候审的适用的原因归结为取保候审有逃跑的风险。[①]

五是当事人缺乏相应的救济途径。现行取保候审决定程序是典型的行政性的单方决定程序，当事人缺乏参与决定是否取保候审的程序的机会，尤其是办案机关不予取保候审时，法律没有为犯罪嫌疑人、被告人设置有效的救济途径，即使申请方对司法机关不同意取保候审决定持有异议，也无法获得程序救济，从而使得被羁押的犯罪嫌疑人、被告人取保候审的权利大多流于虚置。[②]虽然刑事诉讼法规定律师有申请取保候审的权利，但由于律师申请取保候审并没有被赋予比当事人更多的权利，也没有相应的途径向办案机关表达自己的观点，因此，实践中律师参与取保候审申请的情况非常少。

五、改革与完善建议

无论是从世界各国保释制度的发展历史，还是从我国刑事司法制度的发展趋势上看，扩大取保候审的适用、降低羁押率已经成为刑事诉讼程序的发展趋向。在取保候审制度的改革与完善方面，我们所面临的困境是：如何实现保障人权与保障诉讼顺利进行二者之间的平衡，即如何在扩大取保候审适用的同时，避免或减少因扩大取保候审适用带来的负面影响。对此专家学者们提出许多建设性的意见：如与逮捕条件的完善结合考虑，细化取保候审的适用条件并明确不得适用取保候审的情形；建立取保候审之前的全面调查和取保候审风险评估机制；通过拓展具结保证、财产保证、保证人与保证金并用等方式来构建具有灵活性和体系化的取保候审保证方式体系；强化取保候审义务体系和违反义务的制裁；加强取保候审程序的公开性和参与度；针对现阶段犯罪多发、司法资源严重不足的现实，在取保候审制度完善时应特别注意对社会资源的引入；针对目前流动人口适用取保候审难度较大的现实，还应特别探索能够适用于流动人口的取保候审方式，等等。[③]以下，笔者从观念、机制和制度三个层面对如何改革与完善取保候审制度提出建议：

---

①　宋英辉主编：《取保候审适用中的问题与对策研究》，中国人民公安大学出版社 2007 年版，第 7 页。

②　汪建成、杨雄：《从英美保释制度看我国取保候审制度存在的问题及出路》，载陈卫东主编：《保释制度与取保候审》，中国检察出版社 2003 年版，第 326 页。

③　宋英辉：《取保候审困局需要新思路》，《法制日报》2007 年 7 月 9 日。

（一）观念的更新

1. 纠正执法理念的偏差。其一，摒弃"重打击、轻保护"的观念，树立"打击"与"保护"并重的思想。西方国家广泛采用保释制度，实际上潜含着一条法理，即：按照无罪推定原则，既然在法院判决有罪之前应推定（或假定）其无罪，因而他的人身自由原本不应该被剥夺。正是基于这一法理，西方国家在将犯罪嫌疑人逮捕归案后，除非其存在着逃跑、串供、自伤、自残、自杀或继续犯罪的现实危险，一般应允许其在经过讯问后被保释出去，在家中等待审判。这是保障犯罪嫌疑人、被告人人权的题中应有之义。[①]我国的取保候审制度与国外的保释制度在功能上有相似之处，但在执法理念上出现了严重的偏差。司法办案人员"重打击、轻保护"的观念仍居于主导地位，认为取保候审措施的适用在于有效地追究犯罪、惩罚犯罪，忽视对犯罪嫌疑人、被告人的权利保障。实际上，取保候审不仅具有程序保障功能，而且具有人权保障功能。取保候审的人权保障功能在积极方面表现为对被追诉者的权利保障，在消极方面则表现为对国家权力的抑制和约束。因此，司法机关在决定是否适用取保候审时，应当摒弃"重打击、轻保护"的观念，树立"打击"与"保护"并重的思想，努力实现从适用取保候审的单一目的向双重目的的转变，从实现诉讼权力到实现权利保障的转变，从诉讼功利主义向诉讼人本主义的转变。[②] 其二，改变把强制措施作为侦查内容的观念，在理念上把侦查与强制措施区别开来。[③]刑事诉讼法把强制措施纳入侦查概念的内涵，明确"侦查是指公安机关、人民检察院在办理案件过程中依照法律进行的专门调查工作和有关的强制措施"。这一立法表达出来的观念已经成为侦查机关的观念，而这一观念的负面作用之一，便是实践中大量地借助强制措施完成侦查任务，也就是所谓"以拘代侦"情形的存在。因为使犯罪嫌疑人处于羁押状态，客观上有利于侦查活动的进行，有利于提高诉讼的效率。正是由于把强制措施与侦查混为一谈，侦查机关总是倾向于完全根据侦查活动的需要决定是否对犯罪嫌疑人进行羁押，而不再考虑是否"有逮捕的必要"，从而剥夺了犯罪嫌疑人取保候审的权利。事实上，强制措施

① 崔敏：《取保候审制度的缺陷与改革和完善的构想》，载陈卫东主编：《保释制度与取保候审》，中国检察出版社2003年版，第293页。

② 宋英辉主编：《取保候审适用中的问题与对策研究》，中国人民公安大学出版社2007年版，第7页。

③ 李建明：《取保候审法律性质的错位——兼论保释制度代替取保候审不必要性》，载陈卫东主编：《保释制度与取保候审》，中国检察出版社2003年版，第398—399页。

与侦查虽然有联系，但二者毕竟有着不同的功能与任务。侦查的任务是查明犯罪事实，查获犯罪人，收集确实充分的证据证实犯罪，而强制措施的功能之一是保证犯罪嫌疑人、被告人不逃避和妨碍侦查审判。并非每一案件的犯罪嫌疑人、被告人都必然会逃避或妨碍侦查审判，因而侦查并不意味着必然对犯罪嫌疑人采取强制措施，更不意味着必须对其进行逮捕羁押。因此，我们应当转变观念，在决定是否对犯罪嫌疑人、被告人采用羁押措施的时候，不是首先考虑羁押是否有利于侦查，而是首先考虑是否存在采取取保候审等措施不足以防止发生社会危险性的情形。

2. 消除社会民众的误解。除了执法理念的偏差外，目前在观念上制约取保候审制度功能发挥的另一重要因素就是社会民众对取保候审程序属性的不理解，认为取保候审就是不追究犯罪嫌疑人、被告人的刑事责任。如果这种把取保候审的程序属性与案件的实体处理混为一谈的模糊观念不能澄清的话，取保候审的扩大适用就不会有实质性的进展。因此，应当通过宣传教育等措施消除社会民众对于取保候审属性的错误理解，使其正确认识取保候审作为一种非羁押性强制措施的程序属性及其在整个刑事诉讼中的重要作用，从而为司法机关和办案人员扩大适用取保候审等非羁押性强制措施清除思想上的障碍。

（二）机制的建立

1. 建立取保候审的风险评估机制。在司法实践中，办案机关对于可否取保候审的判断，自由裁量权较大。因此，应当在总结司法实践经验的基础上，建立一套风险评估机制，综合考虑犯罪嫌疑人、被告人的犯罪前科、取保记录、犯罪的性质以及社会关系等因素。对被取保候审人进行评价的信息，除了主要由办案人员提供之外，犯罪嫌疑人所在的社区、单位及律师也可以向办案机关提供相关信息，保证风险评估信息的全面性和准确性。在犯罪嫌疑人、被告人取保候审期间应适时再次进行风险评估，以应对被取保候审人不断变化的情况，并根据评估的结果，采取相应的措施。风险评估机制的关键是对于社会危险性的判断。社会危险性是指犯罪嫌疑人、被告人继续危害社会或他人、妨碍刑事诉讼程序正常进行的可能性。它是一种对尚未发生事实的预测，因而判断社会危害性的有无、大小必须依据已存在的客观情况进行综合分析。首先是犯罪嫌疑人、被告人的生理因素，这是判断社会危险性的第一层面的依据。通过对其生理状况的分析，判断犯罪嫌疑人、被告人是否具备继续危害社会、他人或妨碍刑事诉讼进行的生理能力，以及在该生理能力支持下所能达到的程度。其次是犯罪嫌疑人、被告人的心理因素，这是判断社会危险性的第二层面的依据。行为人具备了危害社会的能力，但却并非必然实施危害社会的行为，关键还要看其心理上是否具有实施危害社会的内心起因。这可以从犯罪嫌疑人、被告人所涉嫌犯罪的性质、严重程度、是否累犯或主犯、是否采取自伤自残的手段等方面，来分析其心理上是否具有触发社会危险性的内心起因。①

2. 建立取保候审的监管机制和社会保障机制。鉴于目前情况下公安机关以及负责取保候审具体执行的被取保候审人所在地的派出所难以独立完成取保候审期间的监管工作，应确立其他机构和组织参与的共同监管机制，广泛吸收各种社会力量的参与，以弥补司法资源的严重不足。为建立相关配套措施来保障取保候审的实施，应充分发挥我国街道办事处、居（村）委会等基层群众性自治组织的作用，对被取保人进行监管，并给予相应的帮助。如帮助未成年犯罪嫌疑人重返学校继续接受教育；对一些无家可归者提供居住的地方；帮助犯罪嫌疑人就业以保障其不再犯罪。同时，应建立由教育部门、民政部门、福利机构、社区及妇联等社会团体共同参加的服务和监督机构，构建一个多元化的功能机制，敦促被取保人履行取保义务。决定机关作出是否同意取保的决定时，也应充分考虑社区、教育、医疗、警察等部门的评估意见，从而有效调动社群力量。这样，不但可以使取保候审工作实现专业化、正规化，同时还可以研究执行上述对象的监督考察工作的特点和规律，不断改进执行工作，增强执行效果。② 此外，对于流动人口的取保候审，应当设置更为周密严格的共同监管机制，办案机关应当与犯罪嫌疑人、被告人所在地的基层群众性自治组织建立合作机制，由其协助办案机关监管，并将被取保候审人的情况及时向办案机关反映，以保证诉讼的顺利进行。

3. 建立科学合理的业务工作考评机制。目前的业务考评机制极不利于适用"无逮捕必要"。从组织层面来看，侦查机关以提请逮捕人数与被批捕的人数比例作为考核、评比的指标，而检察机关内部亦将批捕率作为考核的重要内容，不捕率则被要求控制在一定的比例内。从承办人个人层面来看，尽管在无逮捕必要案件上下的精力远远多于直接批捕的案件，不仅得不到相应的认可，还要应对事后各类"烦不胜烦"的执法大检查。面对这种现状，

① 林兆波、王砚图：《取保候审制度存在的缺陷和出路》，载陈卫东主编：《保释制度与取保候审》，中国检察出版社 2003 年版，第 352—353 页。

② 李忠诚：《论取保候审制度的完善》，《中国刑事法杂志》2003 年第 6 期。

无论是侦查机关，还是检察机关，均无足够的激励来认真审查"无逮捕必要"这个重要问题。因此，必须建立起一个对"无逮捕必要"予以充分重视的业务考评机制。

（三）制度的完善

1. 细化取保候审的适用条件。目前我国对于取保候审虽然有很多规定，但却散见于各种司法解释和部门规定之中，没有法律上的明确性和统一性。我们认为有必要在法律上明确细化取保候审的条件，采取"一般与例外相结合"的立法模式。初步想法如下：（1）适用取保候审的一般情形：可能判处 3 年以下有期徒刑、管制、拘役或者独立适用附加刑的，除法律另有规定的以外，应当予以取保候审。可能判处 3 年以上有期徒刑，取保候审不致发生妨碍诉讼、重新犯罪或者其他危害社会的行为的，除法律另有规定的以外，犯罪嫌疑人、被告人有权获得取保候审。对于正在怀孕、哺乳自己婴儿的妇女或者患有严重病症的，除法律另有规定的以外，应当适用取保候审。（2）不得取保候审的例外情形。具有以下情形的，不得取保候审：①共同犯罪的犯罪嫌疑人、被告人在逃，取保候审有碍侦查、起诉、审判的；②以自伤、自残等方法逃避侦查、起诉、审判的；③有脱保，伪造、毁灭证据或者串供，妨碍证人作证，重新犯罪可能的；④有报复、威胁被害人的行为，或者有证据表明有报复、威胁被害人的可能的；⑤没有固定住所或者稳定的社会关系的；⑥具有其他不适宜取保候审的情形的。[①] 取保候审适用条件的完善还应与逮捕条件的完善结合起来加以考虑。2006 年 12 月 28 日通过的最高人民检察院《关于在检察工作中贯彻宽严相济刑事司法政策的若干意见》中指出，审查批捕要严格依据法律规定，在把握事实证据条件、可能判处刑罚条件的同时，注重对"有逮捕必要"条件的把握。具体可以综合考虑以下因素：一是主体是否属于未成年人或者在校学生、老年人、严重疾病患者、盲聋哑人、初犯、从犯或者怀孕、哺乳自己婴儿的妇女等；二是法定刑是否属于较轻的刑罚；三是情节是否具有中止、未遂、自首、立功等法定从轻、减轻或者免除处罚等情形；四是主观方面是否具有过失、受骗、被胁迫等情形；五是犯罪后是否具有认罪、悔罪表现，是否具有重新危害社会或者串供、毁证、妨碍作证等妨害诉讼进行的可能；六是犯罪嫌疑人是否属于流窜作案、有无固定

---

① 宋英辉主编：《取保候审适用中的问题与对策研究》，中国人民公安大学出版社 2007 年版，第 98—99 页。

住址及帮教、管教条件；七是案件基本证据是否已经收集固定、是否有翻供翻证的可能等。对于罪行严重、主观恶性较大、人身危险性大或者有串供、毁证、妨碍作证等妨害诉讼顺利进行可能，符合逮捕条件的，应当批准逮捕。对于不采取强制措施或者采取其他强制措施不至于妨害诉讼顺利进行的，应当不予批捕。对于可捕可不捕的坚决不捕。

2. 建立多元化、体系化的保证方式体系。考察英美法系国家的保释制度，可以发现一些规律，例如，在保释方式上的阶梯性原则，即对被保释人尽量适用较轻的、限制较少的保释方式；建立灵活多样的保释方式，由法官根据个案情况决定对某一被追诉人具体适用的保释方式；与灵活多样的保释方式相适应，将保释义务分为一般的具有普遍性的义务和对个案设定的特殊义务；保释虽然是由司法官决定的，但允许并积极探索各种可能的社会力量参与并发挥作用，等等。① 反观我国取保候审方式的制度设计，保证金保证的形式过于单一、数额确定的任意性较大，保证人保证难以操作。为促进取保候审之适用，未来取保候审的改革应当赋予司法机关更多的处理方式，实现取保候审的方式及其附加义务的可操作性，增强其约束力。具体而言，一是增加财产保证，允许犯罪嫌疑人、被告人以有价证券、房产、汽车等非现金财产作为担保；二是增加具结保证，对于那些具有劳动能力、有固定收入或者其他固定财产的犯罪嫌疑人、被告人，如果其犯罪情节较轻、违反取保候审义务的可能性比较小，可以采取比较简化的具结保证方式，拓宽取保候审的适用范围；三是实现多种保证方式的灵活运用，在特定情况下允许合并适用保证金保证和保证人保证，平衡两者的利弊，增强取保候审的适用效果；四是建立细化的、与实际需要相对应的附加义务体系；五是利用社会机关的力量增加取保候审的适用。②

3. 重构违反取保候审义务的制裁体系。一是对被取保候审人违反不同情形的取保候审义务的行为，分别规定具体的制裁措施。如对违反日常汇报义务的，区分情形分别予以警告、责令具结悔过、部分或者全部没收保证金、变更为监视居住或逮捕；对传讯时不及时到案的，区分是被取保候审人虽没到案但并没有脱逃，还是被取保候审人已经脱逃两种情况，分别予以不同的制裁；对未经执行机关批准离开指定区域的，如果是第一次违反此义务

---

① 宋英辉主编：《取保候审适用中的问题与对策研究》，中国人民公安大学出版社 2007 年版，第 68 页。

② 同上书，第 74—76 页。

且没有造成严重后果，可以没收部分保证金、责令具结悔过、重新交纳保证金或者提出保证人，而无须变更强制措施，如果造成了严重后果，或者两次以上未经执行机关批准离开指定区域，则不仅应对其施以没收保证金、责令具结悔过的制裁，而且应当对其变更强制措施，予以逮捕，等等。[①] 二是对保证人违反保证义务的行为，针对不同情况分别采取相应的制裁措施。如对保证人故意不履行担保义务的，无论是保证人主动与被保证人合谋、串通欺骗司法机关，并积极支持、协助被保证人逃匿或者妨碍取证，还是保证人明知被保证人有可能逃匿或妨害取证，而故意采取放任态度，不履行管束、限制的义务，导致被保证人逃匿或影响司法机关取证的，均应追究其相应的责任；对被保证人抗拒保证管束的，应根据被保证人抗拒保证人的管束、限制行为的轻重程度具体分析。对被保证人严重的抗拒行为，如强行甚至打伤保证人后潜逃的，不宜追究保证人的任何责任。对于被保证人的轻微抗拒行为，如果保证人没有以及时、有效的措施来补救，而造成了担保失败，那么，就应当追究保证人的责任；对保证人在履行管束义务时疏忽大意的，不能追究其刑事责任，但对于这种过失行为不能听之任之，仍应当追究其相应的行政责任或经济责任。[②]

4. 完善取保候审的救济程序。在我国，是否同意取保候审是公检法机关单方面决定的，申请人对不同意取保候审的决定可要求答复，但无权要求听证，更无复议、上诉等救济机制。因此，我国取保候审制度最大的一个欠缺是程序欠缺。从程序公正和诉讼文明的价值观出发，取保候审的程序化应当是我国改革取保候审制度的路径选择。这就要求把有关机关审查、批准取保候审申请的过程纳入公开、透明、双方参与、第三方主持并作出决定的程序之中，且申请人应有权提出救济。具体而言，第一，在取保候审的决定程序中引入司法审查机制，以中立的司法机关来保证犯罪嫌疑人、被告人的人身自由权免受非法限制、剥夺。基于目前公检法三机关流水作业的现状，在审判前阶段，可由检察机关统一决定，审判阶段的决定权在现阶段可赋予法院的立案庭，待我国建立完善的预审制度之后逐步过渡到预审法官审批制。第二，在作出取保候审决定的过程中，应当采用听证的形式，必须聆听被追

---

① 宋英辉主编：《取保候审适用中的问题与对策研究》，中国人民公安大学出版社 2007 年版，第 210—214 页。

② 林兆波、王砚图：《取保候审制度存在的缺陷和出路》，载陈卫东主编：《保释制度与取保候审》，中国检察出版社 2003 年版，第 353—354 页。

诉者的陈述和辩解，同时要保障律师参与到取保候审中来，以使被追诉者有足够的力量影响取保候审决定的作出。第三，法律应当赋予对取保候审决定申请救济的权利，如果取保候审申请方对决定持有异议，可以向上一级法院提出再审申请。①

报告七　对辩护律师涉嫌伪证类犯罪②之分析

北京市海淀区人民检察院　徐梅

一、对我国刑事辩护律师涉嫌伪证类犯罪若干实例分析

近年来，我国刑事辩护律师在执业中涉嫌伪证类犯罪的案件时有发生。全国律师协会的报告显示，1999 年至 2001 年三年中律师协会收到的关于律师涉嫌伪证类犯罪的维权案件为 14 件，占该三年所有上报的律师维权案件的 17％。近年来，刑事辩护律师涉嫌伪证类犯罪的数字仍在上升，有数据表明，1997 年刑法实施以来全国已有 200 多名律师涉嫌此类犯罪，占全部律师维权案件的 80％。③ 在这些案件中律师的行为是否构成伪证类犯罪以及律师执业行为是否应该享有豁免权引起了法律界很大的争议。律师界普遍的观点是要求废除刑法第 306 条关于律师和诉讼代理人伪证类犯罪的规定，认为此法律规定具有描述模糊、犯罪界限不明及违背国际通行做法等基本缺陷，容易成为公安司法机关对刑事辩护律师实施职业报复的法律依据，也已经成为我国刑事辩护律师最高的非正常职业风险——被定罪判刑的实体法根源。④

律师界、学界、其他公众对刑事辩护律师涉嫌伪证类案件和刑法第 306 条规定的质疑，以及当前中国刑事辩护业发展的低潮，激发了我们研究这一问题的兴趣，因为争议的背后无疑存在许多值得研究和探讨的问题。

---

① 汪建成、杨雄：《从英美保释制度看我国取保候审制度存在的问题及出路》，载陈卫东主编：《保释制度与取保候审》，中国检察出版社 2003 年版，第 323 页。

② 此处"伪证类犯罪"是概括性的总称，主要指我国刑法第 306 条规定的辩护人毁灭证据、伪造证据和妨害作证这三个罪名的犯罪。

③ 王幼君、冯莉莉：《浅谈辩护律师的调查取证问题》，《河南司法警官职业学院学报》2005 年第 3 期。

④ 张琳琳：《我国律师刑事辩护非正常职业风险研究》，《山东警察学院学报》2005 年第 3 期。

在这里，笔者选择了三起刑事辩护律师涉嫌伪证类犯罪的实例，希望通过事实和法律分析相结合的方式，探究导致三名律师涉嫌犯罪的事实因素和法律因素。在此基础上，笔者采用与丹麦、美国等国家相应立法和司法经验比较研究的方法，探讨防范律师非正常职业风险的相关制度。

案例一①：2001 年 7 月 3 日，新疆某医院医生田明因涉嫌受贿罪被取保候审，在法庭审理前委托女律师陈亚男为其辩护。陈亚男在法院阅卷，案卷中只有行贿人李某、受贿人田明的讯问笔录。陈亚男随后调查了该医院心血管科的医生、护士贺某、林某、徐某以及已安过起搏器的病人等十余名证人，证实了田明等医务人员是免费为病人作随访服务，科内人员均知道有这笔服务费，且钱也是用于科内发工资、奖金、接待业务单位等开支。法庭审理中，公诉方以心血管科医生、护士贺某、林某、徐某等人的证言证据，指证田明收受陕西某医学仪器公司贿赂 8.5 万元，构成了受贿罪。而陈亚男也出示了贺、林、徐 3 人的证言。庭审中止。庭审后，检察机关再次把相关证人叫到检察院，以反贪局的身份要求证人重新制作笔录，证人在该次证言中证明他们给陈亚男提供的证言是在胁迫和精神压力下违心的行为，因为当时已经取保候审的田明及其妻张某两人或其中一人在场，他们心里有压力，所以顺着律师问话的意思说了，并非真实意思的表达。之后，此案由检察机关开展侦查，陈亚男从乌鲁木齐以拘传名义被带至克拉玛依，后来陈亚男对检察机关是否有权对此类案件自行侦查提出异议后，检察机关将案件交至公安机关。公安机关以"留置盘查"措施，将陈亚男扣留近两天，但根据《人民警察法》及公安部有关规定，陈亚男显然不属于"留置盘查"对象。在该案委托律师要求会见陈亚男时，公安机关一面允许，但此后将案件在半小时以内直接移送至检察院。该案之后仍由田明案件的公诉人贾志英担任陈亚男案件的公诉人。陈亚男于 8 月 9 日向检察机关提出要求公诉人贾志英回避，检察机关于 8 月 11 日通知其回避申请被驳回并告知其在 5 日内申请复议，但检察机关在 8 月 14 日，复议期尚未届满时向人民法院提起公诉，并在陈亚男提交复议申请的同时就向其送达了复议决定。检察机关以律师陈亚男触犯了我国刑法第 306 条的规定，威胁、引诱证人改变证言，涉嫌妨害作证罪提起公诉。2001 年 11 月 27 日，一审法院判陈亚男构成该罪，判处有期徒刑 6 个月。陈亚男表示不服判决，提起上诉。

①　此案例登载于《工人日报》2001 年 12 月 24 日，引用时经过删减和修改。

在这起案件中，我们可以看出导致陈亚男律师遭遇职业风险的主要事实因素发展轨迹如下：①

1. 在法院阅卷时，律师只看见了行贿人李某、受贿人田明的讯问笔录，即被告人供述、一名证人证言，而没有其他相关证人的证言。从案情介绍的上下文来看，这一情况可能是检察机关在提起公诉时没有向法院完全移交"主要证据复印件"。在此情形下，律师产生了或者在被告人建议下产生了向其他能证明案件事实的相关证人取证的想法。

2. 律师决定向该医院心血管科的医生、护士贺某、林某、徐某以及已安过起搏器的病人等十余名证人调查前，应该了解这些证人是否已经在侦查机关、检察机关提供过证言。案件介绍没有论及此关键情节，因此存在律师没有事先了解的可能性。

3. 如果获知上述证人已经在侦查机关、检察机关提供了证言，那么律师合适的做法是向法院提出请求，要求检察机关移送上述证人的证言复印件。案件介绍没有此类细节，我们可以看到的是，律师没有向法院提出请求，而直接前去调查相关证人。

4. 律师在调查相关证人时，让被告人田明和其妻子在场，这成为律师被指控"威胁、引诱证人"，从而构成妨害作证罪的关键事实。证人向控方表明，在向律师陈亚男提供证言时，已经取保候审的田明及其妻张某两人或其中一人在场，是在胁迫和精神压力下违心的行为，顺着律师问话的意思说了，并非真实意思的表达。

5. 在开庭审理时，律师没有要求证人出庭，只是宣读了调取的证人证言，这样就失去了在法官面前直接对证人本人进行质证的机会。简单的书面证人证言，只会凸显证人证言的矛盾性，而无法当场对矛盾之处进行交叉讯问，无法当场辩明双方所主张事实的真伪。

6. 陈亚男被检察机关认定具有妨害作证的事实并被侦查，田明案件的公诉人继续成为陈亚男涉嫌妨害作证案的公诉人。这一事实显然对陈亚男非常不利，因为没有一个中立的机构来对涉嫌犯罪的律师的行为独立进行调查和审查。在这种情形下，该检察机关的公诉人必然具有要认定陈亚男涉嫌妨害作证罪的主观意愿。

在陈亚男案中，从法律因素来分析，以上事实因素涉及的法律原则、法

---

①　据以分析的案例介绍来源于媒体报道，作者没有直接查阅与案件有关的卷宗资料，因此存在事实要素获得不全面和分析不完全的可能性。

律规定、所表现的法律制度的欠缺及导致的法律后果分析如下：

1. 在司法实践中，关于哪些证据为"主要证据"有具体的司法解释，[①]但如果仔细分析，此解释仍旧不够明确，因为证据是"主要"还是"次要"很大程度上依赖行为人的主观判断，每一个执法者对于"主要"的理解不尽相同。在本案中，我们可以看出检察机关在移送证人证言时除了移送行贿人李某的证言外，没有移送贺某、林某、徐某等人的证言，按照司法解释中"主要证据包括多个同种类证据中被确定为主要证据"这一规定，相信有人会认为检察机关没有履行充分移送和全面移送证据的义务，但也会有人认为根据此司法解释，检察机关移送证据的行为并没有明显的瑕疵。这一问题的分歧反映了我国刑事诉讼法和相关法律规定与大多数国家已经实施的"庭前证据交换制度"[②]存在较大的差距。按照我国目前的法律规定，必然会导致证据移送不完全和律师辩护准备不足的现象在实践中大量存在。在本案中，陈亚男律师在法院阅卷时没有看见许多证人的证言，显然会影响其辩护准备工作。

2. 对于"未充分移送证据"，我国法律也没有规定制裁措施和补救措施。[③]如果法院拒绝律师关于证据的请求，或者检察机关不移送有关的证据复印件，那么律师似乎没有法律救济途径，只能等开庭时检察机关示证。

3. 关于控方证人，律师在自行调查前是否需要履行相关的批准手续，我国刑事诉讼法规定得并不十分明确。根据刑事诉讼法第37条[④]的规定，我们能够肯定的是接触被害人或者被害方的证人需要控方的批准，而其他方面的证人可以不需要批准。但是，在这里似乎欠缺一个前提，就是律师如何知道哪些证人是被害方的证人，哪些证人是侦查机关、检察机关自行

---

① 根据《最高人民法院、最高人民检察院、公安部、国家安全部、司法部、全国人大常委会法制工作委员会关于刑事诉讼法实施中若干问题的规定》（1998 年 1 月 19 日），"主要证据"包括（一）起诉书中涉及的各证据种类中的主要证据；（二）多个同种类证据中被确定为"主要证据"的；（三）作为法定量刑情节的自首、立功、累犯、中止、未遂、正当防卫的证据。

② 庭前证据交换制度，含义为控辩双方应该在开庭前充分交换证据，以便双方充分地辩护准备。

③ 《人民检察院刑事诉讼规则》第 342 条。

④ 辩护律师经证人或者其他有关单位和个人的同意，可以向他们收集与本案有关的材料，也可以申请人民检察院、人民法院收集、调查证据，或者申请人民法院通知证人出庭作证。

辩护律师经人民检察院或者人民法院许可，并且经被害人或者其近亲属、被害人提供的证人同意，可以向他们收集与本案有关的材料。

获得的证人？因此，证人的来源等相关信息应该是律师行使自行调查权的前提。在证人信息的获得上，目前，律师只有在法院阅卷时获得，但卷宗中并不标明证人的来源，有时连证人证言也不予复印移送，因此这种情况下律师依据法律规定想要自行调查的话，似乎也存在证人来源不明的困难，无疑又会影响辩护工作的顺利进行。这样又回到了第一个法律因素，那就是在保障庭前控辩双方证据的知悉和辩护的充分性上，我们目前的法律需要更加明确、务实的规定。在本案中，检察机关在庭前没有移送贺某、徐某、林某等证人证言，此外，检察机关是否移送了证人名单，本案的案情介绍没有叙述。但是如果检察机关没有详细列明证人名单并写清证人的来源，那么显然辩护律师无法辨明哪些是控方直接找到的证人，哪些是被害方或者行贿方的证人。显然，证人来源的不明确无疑会降低律师自行调查的可行性和积极性。

4. 关于证人保护制度。在我国，律师提出接触被害人、被害方的证人或者其他控方证据，一般情况下，控方都持限制和不批准的态度，原因在于控方担心律师的调查取证行为会危及证人的人身安全、心理安全或者导致证人证言的变化，从而影响案件的公诉。控方的这一态度可以在目前这一环节证人制度的欠缺上找到解释。我国刑事诉讼法第 49 条规定，人民法院、人民检察院和公安机关应当保障证人及其近亲属的安全，虽然法律规定证人会受到专门机构的保护，但实际上侦查机关、检察机关、人民法院内部都没有设立保护证人的专门机构。每起案件的侦查人员、检察官、法官通常只有两名，在履行调查、检察、审理的日常工作外，无法对手中办理的数百起案件中涉及的重要证人进行专门有效的保护，我国的证人通常处在无保护或者自我保护状态下。因此，控方对律师自行调查证人的防御心态、律师调查证人难、证人不愿出庭的现象就不难理解了。证人保护制度的现实欠缺在陈亚男案件中虽然没有直接反映，但从该案中检察机关只移送少量证据以及几名证人心态不稳定、证言发生很大变化这一现象，我们仍旧可以看出我国缺乏证人保护制度产生的现实后果。

5. 律师在调查相关证人时，让被告人田明和其妻子在场，这成为律师被指控"威胁、引诱证人"，从而构成妨害作证罪的关键事实。在这里我们要讨论律师调查证人时的相关法律规定。刑事诉讼法第 97 条指出，侦查人员询问证人的时候应该个别进行。中华全国律师协会制定的《律师参与刑事诉讼办案规范（试行）》第四章第四节"调查和收集本案的有关材料"中规定了律师调查取证时一些注意事项，包括调查取证两人进行，可以邀请有关单位、居委会或村委会人员、邻居或者其他人在场等，除了上述规定外，法律对于律师询问证人时犯罪嫌疑人及其亲属是否可以在场没有明确禁止。从现有规定和一般的常识，我们可以大致得出这样一个结论，无论侦查人员或者律师询问证人时都应该两人进行，而且询问应该个别进行（每个证人单独被询问），犯罪嫌疑人或者亲属在场不被允许。法律对于这个问题没有规定得很明确，但是也许很多人会认为这是一个常识：为了保证证人作证时的客观和不受外界干扰，犯罪嫌疑人及其亲属不应该在场。虽然稍有从业经验的人会认为这是一个"常识性"问题，但既然实践中出现了这种情况，那么我们就要探讨法律是否应该对此作出明确的规定。

6. 关于法庭采信证据的原则。在本案中，当法庭发现律师调查取证行为有瑕疵时，通常解决的方法是，可以要求证人出庭，接受双方的询问，并让证人解释证言矛盾之处，然后根据具体情况决定采信证据还是排除证据。

在这里又涉及证据采信的相关原则。我国目前没有关于证据采信和排除的系统规则，对于某些非法的证据，只是在相关的司法解释中列条予以规定。1998 年《最高人民法院关于执行〈中华人民共和国刑事诉讼法〉若干问题的解释》第 61 条规定："严禁以非法的手段收集证据，凡经查证确实属于采用刑讯逼供或者威胁、引诱、欺骗等非法方法取得的证人证言、被害人陈述、被告人供述，不能作为定案的根据。"此外，上海市第一中级人民法院制定的《证据规则（试行）》第 42 条规定了非法证据排除规则的内容，[①] 但由于我国刑事诉讼法中没有关于非法证据排除规则的听审程序以及有关非法证据排除规则的证明责任等配套的规定，该院非法证据排除的规定难以在实践中操作。[②] 在本案中，陈亚男调查证人时让被告人及其妻子在场的行为被认为是涉嫌威胁、引诱，那么法院是否可以直接在法庭上对新取得的证人证言予以排除，或者可以像专家认为的那样，在经过听审程序之后再予以确定。如何采取或者排除新取得的证据，似乎也是这里需要讨论的一个问题。

7. 本案中如果法庭认为律师取证行为有瑕疵，那么此瑕疵行为是被法

---

① 具体内容："采用刑讯逼供或者威胁、引诱、欺骗等非法的方法取得的证人证言、被害人陈述、被告人供述，不具有可采性。采用上述非法手段获得的实物证据，若违法情节轻微，证据效力受非法方式影响不大的，具有可采性。以非法证据材料为线索再以合法手段获取的证据材料，具有可采性。"

② 杨宇冠：《非法证据排除规则研究》，中国人民公安大学出版社 2002 年版，第 225 页。

律追究的对象还是属于律师豁免权的范围，这也是关系到陈亚男律师是否构成妨害作证罪的重要法律问题。

8. 如果要确定律师行为是否违法，那么我们应该启动哪个程序进行？由哪个部门进行调查。这些调查处置程序，我国法律也没有具体明确的规定。

案例二①：刘健，男，南京东南律师事务所律师，1998 年 7 月 22 日因涉嫌妨害作证罪被逮捕。法院认为刘健身为刑事案件被告人李政的辩护人，为律师事务所收取李政亲属 1.7 万元的高额辩护费后，在意图通过辩护成功而一举成名的名利思想驱动下，调查证人时明知被告人亲友在场证人可能作出有利于被告人的证言，而不让被告人亲友回避，故意引导证人违背事实改变原有的不利于被告人的证言，或故意改记证人的真实证言，比如在证人田某陈述与李政家没有经济往来时，刘健讲"比如小孩过生日李政出多少钱的"，并将田某陈述的"送钱是为了调动和提拔"，改记成"是给李政买烟酒和衣服的"，使田某作了与李政家"有经济往来"的虚假陈述。被告人刘健将此笔录提交法庭，并据此辩称：被告人与证人之间属正常往来，不是受贿。法院认为被告人刘健引诱证人改变证言，并将明知是虚假的证言，向法庭出示，据此提出被告人无罪的辩护意见，妨害了司法机关的刑事诉讼活动，其行为符合《刑法》第 306 条规定的构成要件，确已构成辩护人妨害作证罪，于 1998 年 12 月 7 日作出刑事判决如下：被告人刘健犯辩护人妨害作证罪，判处有期徒刑一年，缓刑二年。

在刘健案中，从案例阐述的事实来看，导致刘健被追究刑事责任的事实因素主要有两点：

1. 在调查询问证人时，被告人亲友在场，没有回避。

2. 在证人陈述时，引诱证人违背案件事实改变证言内容。

案例三：张建中，男，北京律师。2002 年 5 月张建中在为北京城市合作银行中关村支行原行长霍海音担任辩护人时涉嫌作伪证而被拘留，霍海音涉嫌贪污罪、挪用公款罪、非法出具金融票证罪、用账外客户资金非法发放贷款罪。相关报道②称，讯问霍海音的侦查人员曾某（曾某被认定为徇私枉法罪）向霍海音透露，有人愿意购买霍海音违法发放贷款支持的某金融中心项目，如果交易成功、资金收回，那么霍海音违规贷款一事就

---

① 此案例由最高人民法院/中国应用法学研究所颁布，颁布日期：1999 年 1 月 25 日。

② 吴金勇：《律师，走在尊严的边缘》，《时代潮》2003 年第 2 期（上）。

可以不被认定，从而可以减轻罪行。霍海音听后十分高兴，侦查人员曾某于是让其在几张空白委托书上签字，并让其授权委托张建中律师去办理此事。而张建中的辩解是，其与霍海音在 1998 年就已经认识，当时霍海音就让其帮助找人投资收购该金融中心等项目，以便收回贷款。随后不久，霍海音传真给他手写的委托书草稿，此后还派人将打印好的填有霍海音名字和日期（1998 年 3 月 18 日）的委托书送到他的办公室。法庭最后认定，空白委托书是霍海音在被刑事拘留后签发的，因此认定张建中犯伪造证据罪。

本案的相关报道阐述了案件进程的部分事实经过，但我们无法获知法院认定委托书签发时间所依据的相关证据，因事实获得的不全面，对于此案例，我们主要讨论可能涉及的相关法律问题。张建中律师涉嫌伪造证据一案涉及的法律问题主要包括：

1. 空白委托书签发时间如何确定。在本案中，应该有证人的证言，比如侦查人员曾某的证言、霍海音的供述进行佐证。此外，如果有条件的话，笔迹的签名时间需要加以鉴定。

2. 关于律师犯罪的法律追究程序。如果证据证明张建中律师涉嫌伪造证据罪，那么应该由哪个机构适用哪个程序进行调查、追究？

综上所述，通过典型案例的介绍和分析，我们对于我国目前刑事辩护领域律师涉嫌伪证罪的具体情形和涉及的法律问题有了一个基本的了解，虽然我们没有穷尽所有的案例，但是仅从这三个典型案例出发，我们发现我们已经洞察了目前刑事辩护领域相关法律制度中存在的一些基本问题。

二、立法建议

以下的相关立法建议，除了直接针对如何保护刑事辩护律师的豁免权及正当的追究程序外，还罗列了刑事诉讼活动中其他环节的相关立法建议，希望使刑事诉讼中各相关制度能够形成一个合力，从而真正保障律师充分发挥辩护职能及避免不合理的职业风险。

1. 完善刑事法律援助制度，扩大刑事案件法律援助的范围或者建立国家支持的刑事辩护机构。在犯罪嫌疑人被刑事拘留以后，就提供法律援助律师，至少在被告人不认罪案件中必须提供法律援助。

2. 建立庭前证据知悉制度。侦查机关侦查终结后将案件材料制作两份，分别交给检察机关及辩护律师。这样能保障律师充分了解所有证据材料，知道证人的来源。但是对于这一点也需要规定一些限制。比如，律师不能够将取得的证据材料给犯罪嫌疑人看，比如一些涉密的材料侦查机关可以不交给辩护律师。

3. 律师自行调查权利的规定。建议修改刑事诉讼法第 37 条的规定，取消两个同意、一个许可的规定。修改为："辩护律师有权向证人或其他有关单位和个人收集与案件有关的材料，证人或其他有关单位和个人有义务予以支持。如果证人享有作证豁免权，证人可以拒绝向辩护律师提供案件材料；涉及国家秘密的，应当申请人民检察院、人民法院调查收集证据，人民检察院、人民法院无正当理由拒绝取证申请，可作为辩方主张裁判无效的抗辩理由。"①

4. 建立证人保护制度。侦查机关和检察机关制作专门的证人信息，设立专门人员保护证人。如果律师要求询问证人，或者证人需要帮助，专门人员必须及时提供有效的保护。

5. 被告人不认罪案件证人原则上一律出庭制度。国家应该建立证人出庭补助制度，从而能够使这项制度运行通畅。

6. 明确规定律师刑事豁免权的范围。

1990 年联合国第 8 届预防犯罪和罪犯待遇大会通过了《关于律师作用的基本原则》，我国政府在该文件上签字。该文件第 2 条明确规定："律师对于其书面或口头辩护时发表的有关言论或作为职责任务出现于某一法院、法庭或其他行政当局之前发表的有关言论，应当享有民事和刑事豁免权。"一些专家认为我国应该借鉴联合国《基本原则》的规定，在刑事诉讼法上明确规定："律师对于其书面或口头辩护时发表的有关言论或作为职责任务出现于某一公安、司法机关面前发表的有关言论，应当享有刑事豁免权。对于诋毁法律，攻击社会主义制度，煽动颠覆国家政权，扰乱藐视法庭秩序的，不享有刑事豁免权。"②

7. 进一步完善律师行为准则的相关立法，明确违纪行为、不法行为和犯罪行为的具体情形，并作出不同的处置程序。

与美国相比，我国律师对于律师执业行为守则的重要性还认识不足，律师职业行为守则的体系化工作还有很长的路要走。③

---

① 樊崇义等：《刑事诉讼法修改专题研究报告》，中国人民公安大学出版社 2004 年版，第 202 页。

② 同上书，第 215—216 页。

③ 王进喜：《美国律师职业行为规则理论与实践》，中国人民公安大学出版社 2005 年版，第 16 页。

8. 明确律师涉嫌犯罪的具体情形、调查程序、调查机构。

《中华人民共和国律师法》第 45 条规定律师构成犯罪的，依法追究刑事责任。《律师和律师事务所违法行为处罚办法》第 15 条规定，司法行政机关、律师协会在查处律师、律师事务所违法行为过程中，认为其行为构成犯罪的，应当移送有关机关，依法追究其刑事责任。《律师职业行为规范》第 183 条也有相似的规定。可见，我国律师涉嫌犯罪后，案件的调查程序、调查机构与其他案件没有区别。虽然，司法行政机关与律师协会在其职责范围内有权查处律师违法行为，但在移送司法机关之前，似乎没有专门的调查人员和调查程序。这种情形使有些律师涉嫌不法行为和伪证行为时没有得到司法行政机关或者律师协会的调查程序，就已经进入刑事诉讼程序。

与美国相比较，美国法院很少对律师实施其惩戒权，19 世纪美国律师协会形成，并建立了投诉委员会来处理律师的不当行为，不过当时并没有充分实现其职能。到了 20 世纪早期，律师协会才逐渐在法院的监督下，获得了对律师不当行为进行调查和进行处罚的权力。

美国制定了《美国律师协会律师处罚标准》。从当前的惩戒程序来看，各个州的规定都是不一样的。但是有一点是共同的，它们必须符合宪法的要求。由于这种程序在性质上被认为是"准刑事性"的，这种惩戒程序必须满足正当程序要求。例如，被惩戒者应当有权对证人进行反询问，有权提出自己的证据和观点，有反对被迫自我归罪的特权，有得到不偏不倚的裁判者进行处罚的权利，等等。各个州的律师惩戒活动在人员、资源等方面差别很大。比如加利福尼亚州的惩戒机构有 289 个专职律师。密苏里州的惩戒机构有 10 名专职律师，因此在很大程度上需要得到律师的志愿服务。①

在这个问题上，我们认为鉴于律师执业行为的专业性，由司法行政机关或者律师协会首先进行准司法性质的调查裁判是比较合理的，经过调查，作出内部处罚、行政处罚或者移送司法机关的不同处理决定。避免由天然立场的相对方——侦查机关、检察机关直接进行侦查、追诉，前者的立场相对客观、中立。

---

① 王进喜：《美国律师职业行为规则理论与实践》，中国人民公安大学出版社 2005 年版，第 211—214 页。

报告八　相对不起诉：立法、实践与完善

北京市海淀区人民检察院　侯晓焱

一、相关立法

学界所称的相对不起诉，又称为"微罪不起诉"，其立法渊源是指刑事诉讼法第 142 条第 2 款的规定，犯罪情节轻微，依照刑法不需要判处刑罚或者免除刑罚的，可以不起诉。对于这一条款，界内许多论者认为，其适用面较窄，这种条件设计大大限制了酌定不起诉的适用。应扩大适用到以下案件：涉嫌犯罪的情节较轻，可能判处缓刑、管制或者独立适用附加刑的；所犯罪行可能判处三年以下有期徒刑、拘役，犯罪后悔过，主动赔偿被害人或者积极采取补救措施，被害人谅解的。[①]

那么，这一条款究竟应该作何理解呢？是否的确对于其适用施加了很多限制呢？对此，笔者拟从条文释义和司法实践分别对其加以解读。

分析法条可以看出，该条款涉及了两方面的条件，一是犯罪情节，即需要轻微；二是刑罚结果，即不需要判处刑罚或者可以免除刑罚。由此，我们可以将法条分解为两种情形，"犯罪情节轻微＋依照刑法不需要判处刑罚"和"犯罪情节轻微＋依照刑法免除刑罚"。而这其中涉及了对三个要素的理解，一是何为犯罪情节轻微；二是依照刑法不需要判处刑罚的含义；三是依据刑法免除刑罚的含义。下文予以分别分析。

一是何为犯罪情节轻微。犯罪情节轻微，是 1996 年修改刑事诉讼法、取消免予起诉制度时，为限制相对不起诉适用范围而写入立法。但纵观我国刑法和刑事诉讼法，很难确定"犯罪情节轻微"的具体含义。从理论上讲，在轻微犯罪和严重犯罪中，都存在犯罪情节轻微的情形，实践中，一方面应遵守最高人民检察院将危害国家安全这一类犯罪排除适用相对不起诉的规定，[②] 另一方面，笔者赞同"从一般预防考虑，对较重犯罪的行为人一般应

[①]　宋英辉：《刑事起诉程序中的人权保障》，《人民检察》（湖北版）2007 年第 6 期。

[②]　见最高人民检察院 2001 年下发的《人民检察院不起诉案件质量标准》。转引自莫洪宪、高锋志：《宽严相济刑事政策运用实践考察——以检察机关相对不起诉为切入点》，《人民检察》2007 年第 4 期。

该提起公诉"。① 此外，无明显限制。就犯罪情节而言，可分为具有犯罪构成意义的事实因素和量刑情节，② 这种区分对于正确理解相对不起诉立法具有重要意义。对于前者，指刑法分则有许多条文，规定某种行为只有"情节严重"、"情节恶劣"才成立犯罪。③ 此时，"情节严重"、"情节恶劣"是必备的犯罪构成因素，缺之则不构成犯罪，需符合法定起诉条件这一相对不起诉的适用前提就不存在。在这些罪名中，有关案件事实具备"情节严重"、"情节恶劣"的要素，犯罪成立时，相对不起诉才有机会适用。可见，刑事诉讼法第 142 条第 2 款中的"犯罪情节"更应该与量刑情节联系密切，指检察机关在犯罪确已成立的前提下，通过考量犯罪中量刑情节的轻重来决定是否不起诉。

二是对依照刑法免除刑罚的理解。我国刑法规定可以或者应当免除刑罚的情况包括：又聋又哑的人或者盲人犯罪的、防卫过当、避险过当、犯罪预备、犯罪中止、从犯、胁从犯、自首或立功等。这些量刑的法定情节在轻微和严重犯罪中都可能存在，但拟相对不起诉时，应该以前述的犯罪情节轻微为前提。

三是依据刑法规定不需要判处刑罚的含义。一些主持、参与刑事诉讼法修改的人士指出，"其中'不需要判处处罚'是指刑法第 32 条规定的情形"④（第 32 条是指 1979 年刑法，1997 年修改时已改为第 37 条），即"对于犯罪情节轻微不需要判处刑罚的，可以免予刑事处罚"。刑法理论通说认为，其含义是指虽不具有免予处罚的法定情节，但是由于其他酌定情节的影响，也不需要对犯罪分子实际判刑的。⑤ 所以，该条款赋予人民法院根据酌定情节对犯罪人免予刑事处罚的权力，具体适用情况由法院在审判阶段裁量决定。在审查起诉阶段，检察机关则可以通过预测法院的裁量决定，全面考虑各种量刑情节和因素，作出合理判断，对认为不需要判处

---

① 龙宗智主编：《徘徊于传统与现代之间——中国刑事诉讼法再修改研究》，法律出版社 2005 年版，第 238 页。

② 张明楷：《刑法学》，法律出版社 2007 年版，第 108、433 页。

③ 例如，刑法第 293 条关于寻衅滋事罪的规定为："有下列寻衅滋事行为之一，破坏社会秩序的，处五年以下有期徒刑、拘役或者管制：（一）随意殴打他人，情节恶劣的；（二）追逐、拦截、辱骂他人，情节恶劣的；（三）强拿硬要或者任意毁损、占用公私财物，情节严重的……"此处，情节恶劣和情节严重是寻衅滋事罪的构成要件。当认为某一寻衅滋事案件不宜适用相对不起诉时，不应将这种寓意的"情节严重"作为理由。

④ 胡康生、李福成：《中华人民共和国刑事诉讼法释义》，法律出版社 1996 年版，第 6 页。

⑤ 高铭暄、马克昌：《刑法学》上，中国法制出版社 1999 年版，第 481 页。

处罚的案件直接作出相对不起诉决定。① 在此意义上，检察机关的裁量权较大。

所以，在"犯罪情节轻微＋依照刑法免除刑罚"这一组合性适用公式中，尽管检察机关对于何谓犯罪情节轻微具有裁量权，但却无法突破刑法明确规定的可以或者应该免除刑罚的具体情形之限，在此意义上，可以说其裁量权是非常窄的。而在"犯罪情节轻微＋依照刑法不需要判处刑罚"这一组合性适用公式中，情况则大为不同，因为如前所述，何时不需要判处刑罚是由司法机关自行裁量的，法律没有给予任何明确的限制，虽然司法机关不能对于明显实施重罪和严重犯罪情节的嫌疑人或者被告人不处罚，但在这一范围之外，其裁量权仍然是比较广泛的。

现行刑事诉讼法实施已逾十年。检察机关是怎样通过实践来解读第142条第2款的含义呢？这一问题只能通过实证调查来回答。对此，实证调查可以从两方面展开，一是从案件的角度，对于适用该条款不起诉的案件具体情况进行搜集和分析，加以总结；二是从办案检察官的视角，了解他们在实践中以何种标准为尺度。笔者采用了第二种方法，近日对近百名检察官做了访谈，为考虑地域的多样性，北京和外地的检察官各占一半，外地的检察官也不限于一地，如对中南和西南地区均有涉及。结果表明，70％的被访者表示实践中相对不起诉的适用以案件的法定刑为考量标准，法定刑三年以下的才适用；也有30％的被访者称自己的实践中相对不起诉与否不依据法定刑，而是考虑可能判处的刑期，并以可能判处三年以下有期刑期为限，这也就是说，对于法定刑高于三年而依据具体案情估计犯罪嫌疑人的可能刑期为三年以下的，也有机会被相对不起诉。这一观点从被访者对法定刑视角提问的回答得到了印证，如14％的被访者说在自己的实践中，相对不起诉是以法定刑五年以下为限，如寻衅滋事罪、非法经营罪等法定刑为五年的案件也有相对不起诉的；21％的被访者谈到，本院实践中法定刑三年以上的案件也可有相对不起诉的，如重伤害案、未成年人实施的无严重后果的抢劫案件等。这

---

① 以北京 H 区的司法实践为例，2004—2007 年间法院曾对 3 件犯罪情节轻微的案件未作定罪免除刑罚的判决，而是主动建议检察机关撤回案件做非刑罚性处理，有关案件并不都具备法定免除处罚情节。有关案件涉及的罪名为编造虚假恐怖信息罪、容留卖淫罪和妨害作证罪。这几起案件实际上检验了法院对刑法第 37 条的适用标准，法院观点明确后，告知检察机关，案件最终作了相对不起诉处理。这几起案件也说明了刑事诉讼法第 142 条第 2 款如何与刑法第 37 条结合适用。一般情况下，对于轻微犯罪，可诉可不诉的，若起诉，法院可能会根据刑法第 37 条判处免予刑罚；若尚未起诉，则检察机关预测到这一结果后直接裁量不起诉，这样更符合诉讼经济原则。

些数据表明，相对不起诉在实践中具体适用的案件还是很不一致的，立法规定的"情节轻微"和"不需要判处刑罚或者免除刑罚"似乎并没有把它限制到山穷水尽的境地，倒是实务界根据各地的情况对它进行了本土化，造成了缺乏同一性的司法现状，这事实上损害了司法的权威，由此笔者认为无论是想限制还是扩大相对不起诉范围，都有必要通过修改立法对相对不起诉的适用范围作出更明确的界定。

二、实践情况

据有关方面统计，1997 年不起诉人数占审查起诉案件总人数的 4.2％，1998 年则是 2.5％，其后，一直都在 2％至 3％之间徘徊。[①]

在以笔者所在的北京市某城区基层检察机关为例，近年来，实践中的不起诉率（即不起诉的人数占所有结案人数的百分比）有增长趋势，2004 年为 1.25％，2005 年为 2.15％，2006 年为 3％。较之前一年，不起诉人数的增长在 2004 年为 57％，2005 年为 81.8％，2006 年为 56.2％。而在结案数量方面，较之前一年，增长的比例 2004 年为 10％，2005 年为 15％，2006 年为 4％。在起诉数量方面，较之前一年，增长的比例 2004 年为 10％，2005 年为 20％，2006 年为 12％。可见，不仅是不起诉的绝对人数在随着案件数量的逐年增长增加，而且，不起诉数相邻年度之间增长的百分比也远远高于案件数量的逐年增长比例。

鉴于本文探讨的焦点在于相对不起诉，下面将重点分析相对不起诉的适用特点，具体有两方面：

一是相对不起诉的绝对数字逐年上升，与前一年份相比，上升的比例在 2004 年为 62.5％，2005 年为 92.3％，2006 年为 92％，远远超出结案数量的逐年增长比率。

二是相对不起诉数占各年份不起诉总数中的比例也逐年上升，自 2003 年到 2006 年比例依次为：23.6％、29.6％、31.2％和 38.4％，2007 年更上升至 50％。如前所述，立法对相对不起诉的适用，其实并没有施加明确的限制，其在实践中的适用情况主要受制于刑事政策、上级机关指导性意见的影响。如笔者在西南地区某省会城市调研时了解到，有个基层检察机关相对不起诉适用非常有限，甚至多年来没有一例相对不起

---

① 顾永忠：《确立附条件不起诉制度　实现司法公正高效》，《人民检察》2007 年 12 月上半月刊。

诉，即便对于情节轻微的案件也起诉，由法院做出免刑处罚，其主要原因就是该省检察机关严格控制相对不起诉的适用。又一例证为最高人民检察院 2006 年 12 月 28 日发布的《关于在检察工作中贯彻宽严相济刑事司法政策的若干意见》对不起诉的影响。该意见，在行使起诉裁量权时，检察机关要充分考虑起诉的必要性，可诉可不诉的不诉。具体而言，对于初犯、从犯、预备犯、中止犯、防卫过当、避险过当、未成年人犯罪、老年人犯罪，以及亲友、邻里、同学同事等纠纷引发的案件，符合不起诉条件的，可以依法适用不起诉。在这一背景下，2006 年底至今，相对不起诉适用呈现出较快增长，体现出刑事政策通过上级机关文件对基层司法实践产生的直接和迅速影响。

深入到相对不起诉的具体案件来分析，发现相对不起诉案件在犯罪主体、涉及罪名等方面有几个突出特点：

一是被相对不起诉的犯罪嫌疑人中，取保候审比例较高，65％以上，有的年份达到 76％。这是因为，取保候审作为一种强制措施，虽然在理论上是从程序上保障诉讼的正常进行，只要能防止发生串供、伪造毁灭证据等情况，就可以适用，但在我国，刑事强制措施被实体化，即被逮捕通常等于将来要被起诉和判实刑（即不判处缓刑）；被取保候审的则有更多的可能被不起诉或者被判处缓刑。同时，由于逮捕决定也由检察机关作出，捕后如果不起诉，可能面临国家赔偿的问题。

二是被相对不起诉的犯罪嫌疑人中，本地人居多，北京户籍的占被不起诉人总数的比例平均约为 60％，这一比例比多年来该区整体犯罪人员中北京籍的平均比例（约 30％）高出约 30 个百分点。但这一结论可能源于几个原因：1. 北京籍犯罪嫌疑人涉嫌的罪名大多较轻，可能判处三年以下有期徒刑；2. 被取保候审的多。有调查表明，近年来在海淀区，北京籍犯罪嫌疑人取保候审的适用率约为 40％，而外地人取保候审的适用率约为 14％。3. 家住本地，更容易获得辩护律师、与承办案件的检察官沟通方便，体现出地域便利。而且，北京籍犯罪嫌疑人中，许多有单位出具的请求从轻处理的意见书，这对于检察机关考虑对其决定微罪不起诉有重要影响力。

三是未成年人在相对不起诉中占较大比例。2005 年，共 25 人被相对不起诉，有 6 人是未成年人，占 24％，而同年未成年人在全部犯罪人员中的比例为 8.5％（471/5526 人）；2006 年，共 48 人被相对不起诉，有 24 人是未成年人，占 50％，而同年未成年人在全部犯罪人员中的比例为 7.7％（455/5880 人）。可见，未成年人被相对不起诉的比例远远高于其在整体犯罪人员中的比例。另外，2006 年，所有审结的未成年人犯罪案件中，以相对不起诉方式结案的占 7.43%，加之退回公安机关处理的案件占 4.57%，共计超过 11%，这远远高出检察机关办理的所有案件中低于 3%的不起诉率。其中的原因在于，在我国，对于未成年人犯罪，刑法明确规定，应当从轻、减轻处罚。刑事政策也规定，对于涉嫌犯罪未成年人，以教育、感化、挽救为主，以惩罚为辅。所以，未成年人是做不起诉决定时最经常被考虑的因素。此外，未成年人大多涉嫌轻微犯罪，这也带来对他们较多适用不起诉。

四是适用相对不起诉的案件，绝大部分都是法定刑为三年以下的轻微刑事犯罪。也有法定刑为三年以上的案件，作出了相对不起诉决定，但数量较少，主要适用于未成年犯罪嫌疑人。比如，2006 年 2 月我院未检组先后收到公安机关移送审查起诉的一系列涉嫌抢劫案，涉及未成年人 9 人，且均系犯罪预备。由于 2006 年 1 月 23 日《最高人民法院关于审理未成年人刑事案件具体应用法律若干问题的解释》开始实施，第 17 条规定，"未成年罪犯根据其所犯罪行，可能被判处拘役、三年以下有期徒刑，如果悔罪表现好，并具有下列情形之一的，应当依照刑法第三十七条的规定免予刑事处罚：（一）系又聋又哑的人或者盲人；（二）防卫过当或者避险过当；（三）犯罪预备、中止或者未遂；（四）共同犯罪中从犯、胁从犯；（五）犯罪后自首或者有立功表现；（六）其他犯罪情节轻微不需要判处刑罚的"，我院同事就考虑能否对上述 9 人作出相对不起诉。他们一方面了解了法院对于此类案件的判决情况，在海淀区，对于抢劫预备案件，无论是未成年人还是成年人，一般均以简易程序起诉，法院对成年犯量刑一般为有期徒刑八个月左右，对未成年犯量刑一般为六个月左右，对累犯的量刑在有期徒刑一年到二年之间。司法解释出台后，海淀法院对未成年人犯抢劫（预备）罪均免予刑事处罚。另一方面，经我院检察委员会决定，对于这类案件向北京市人民检察院作出请示，得到答复，说张某等人确已构成犯罪，同时符合《解释》第 17 条规定的免予刑事处罚的三个条件，则不宜起诉至法院，应做相对不起诉处理。在这些前提下，我院对该 9 名犯罪嫌疑人作出相对不起诉决定。同时也明确了今后对于这类案件应该如何办理。

三、现状评析

相对不起诉适用限制多，已是业内共识。前述的问卷调查也显示，88%的被访检察官认为实践中相对不起诉的适用不够充分，有不少应该相对不起诉的案件还是被起诉了。造成这种情况的原因是多方面的（该问题是多项选择，各项之和不是 100%），位列第一的是，认为与提起公诉相比，不起诉的审批手续过于繁杂，影响了承办人员的积极性（占68.3%），位居第二的是，认为积极提议相对不诉容易被猜疑是出于私人关系或者不当交易，他们因为不愿被猜疑而不愿意提请相对不起诉（占56.1%），认为立法设立的限制条件多影响了相对不起诉的充分适用的（占 53.7%），则排名第三。此外，还有 26.8% 和 19.5% 的被访者分别选择了由于担心影响与侦查机关的关系和本院批捕部门的关系而在考虑适用相对不起诉时有顾虑。

与起诉或者其他无罪处理方式相比，不起诉的审批手续究竟怎样复杂呢？笔者对该同一检察机关 2007 年第三季度的办结案件情况做了调查，表明，所有起诉案件的办案天数平均为 58 天，所有以公安机关撤案方式审结的案件，办案天数平均为 111 天，而所有不起诉案件平均 180 天办结。拟提请不起诉的案件需要撰写专门的请示报告，报请处长、主管检察长审批，最主要的是依据刑事诉讼法需要经检察委员会讨论决定，起诉或者其他无罪处理方式办结的案件则无须通过检察委员会讨论决定。在 90% 的月（年）结案率的要求下，不起诉相对复杂的审批手续和相对漫长的等待过程，会严重影响承办人作出提请不起诉的决定。

承办人员担心积极提议相对不起诉会被猜疑是出于私人关系或者不当交易，成为被访者严重影响相对不起诉充分适用的第二大原因。笔者在前述西南某城市基层检察机关调研时，有检察官很无奈地谈到，提议相对不起诉，向检察委员会汇报时，总会感受到与会委员的异样眼光，猜疑之意不言而喻。

此外，也有被访者谈到，相对不起诉主要适用于未成年人，并且，为确保不起诉效果，检察官在作出具体决定之前要采取一系列的社会调查和帮教措施。这一方面大大增加了工作量，间接地限制了其适用，另一方面，也是检察官决定不起诉时承受了较大的压力。一旦被不起诉人在较短时间内再次犯罪，承办人员就易蒙受决定不当的指责。所以，如何恰当评估不起诉决定也是有待深入思考的话题。

四、扩大相对不起诉的理论基础和现实依据

近几年以来，在轻微刑事案件中，不起诉的适用有扩大的趋势。背景原因主要有几个：一是中国经济的快速发展，带来贫富分化加剧、犯罪增多等

问题，司法机关承受越来越重的案件负担，如何实现刑事案件的繁简分流，提高诉讼效率成为司法改革的重要议题。刑事案件的分流主要在侦查和起诉阶段完成，而不起诉就是分流的一个重要途径。二是人权保障意识的增强，带来刑罚观念的转变。2004 年，中国宪法修正案中首次规定"国家尊重和保障人权"，将人权保障写入宪法。学界和司法界都逐步接受刑罚的功能从单纯的报应刑向功利主义转变，非犯罪化、非刑罚化成为一种趋势。三是国家政治局势的新特点对刑事法律的适用也产生重大影响。2006 年 10 月，中共中央通过了《关于构建社会主义和谐社会若干重大问题的决定》，要求司法机关实施宽严相济的刑事司法政策。为贯彻这一决定，2006 年 12 月 28日，最高人民检察院发布《关于在检察工作中贯彻宽严相济刑事司法政策的若干意见》。要求在办理刑事案件时，对犯罪嫌疑人区别对待，注重宽与严的有机统一，对严重犯罪要依法从严打击，对轻微犯罪，要依法从宽处理。根据文件要求，在行使起诉裁量权时，检察机关要充分考虑起诉的必要性，可诉可不诉的不诉。其目的，正如这份文件所说，就是要最大限度地增加和谐因素，最大限度地减少不和谐因素，为构建社会主义和谐社会提供有力的司法保障。在中国，上级检察机关领导下级检察机关的工作，下级检察机关要贯彻和遵守上级检察机关发布的指示和意见。最高人民检察院发布的文件，可以对全国各级检察机关产生直接、迅速的影响。所以，这些刑事政策会对检察机关扩大适用相对不起诉起到很大的推动作用。实践也印证了这一推测。从媒体的报道看，强调对不起诉的运用已经成为中国检察机关贯彻宽严相济政策的宣传重点。如媒体报道：《南京市检察机关宽严相济对 175 人决定不起诉》，具体内容中谈到，南京市检察机关注意正确运用宽严相济刑事政策，对轻微犯罪、未成年人犯罪，依法不起诉，一年来，全市检察机关共作出不起诉决定 175 人，同比上升 76.77％。再比如，另一篇文章的标题为：《广西检察机关宽严相济去年不捕不诉 600 余人》，具体谈到，百色市2006 年共提起公诉 1651 件 2607 人，并对 117 人作出不起诉决定，不起诉与起诉的比例为 1∶23。此外，报纸报道，郑州市人民检察院检察长谈到："能不捕的就不捕，能不诉的就不诉，这是对的，我们不能有求稳怕错的思想。"尤其是对主观恶性较小、犯罪情节轻微的未成年人、初犯、偶犯和过失犯，贯彻教育、感化、挽救方针，慎重逮捕和起诉，可捕可不捕的不捕，可诉可不诉的不诉，做到当宽则宽。

在这些背景因素的影响下，可以预期的是，即便在现行立法不改变的情况下，相对不起诉在实践中的适用也大有增长。但不可否认，现行立法规定的笼统性，致使相对不起诉在实践中很难掌握标准。以盗窃罪为例，一般刑期为三年以下，数额巨大的，判处三年以上有期徒刑。在北京地区，一千元为构成犯罪的起点，一万元为视为数额巨大的起点，即，犯罪数额在一千元至一万元之间的，法定刑期为三年以下有期徒刑。在本院的实践中，不起诉案件数额有的刚过千元，有的超过七千元，平均数额为四千余元。个案之间的情况还是千差万别的。

　　鉴于本项目旨在修改完善刑事诉讼法，笔者认为有必要了解一般检察官对于相对不起诉案件范围限制的观点。前述调查中设计了这一问题：有学者认为依现行立法建议，相对不起诉只适用于刚刚达到犯罪起点的案件，范围过窄，应修改扩大其范围，例如，把立法表述改为，犯罪嫌疑人的罪行可能判处三年以下有期徒刑、拘役、管制的，检察机关都有权裁量酌定不起诉。您是否支持立法扩大范围？对此，61％的被访者表示支持这种修改，另有22％的被访者不但表示立法可以规定对可能判处三年以下有期徒刑、拘役、管制的案件检察机关都有权裁量酌定不起诉，还表示甚至可以把范围扩得更大，以便减少束缚，更好地结合案件事实作出符合现实的处理。27％的被访者对立法扩大相对不起诉表示反对，其中，15％的反对理由是认为相对不起诉案件当前的很少适用不是法定范围不够大而是实践中适用不足；另有12％的被访者由于忧虑不易监督管理和发生权力滥用而反对立法扩大相对不起诉范围。立法者应该在修法时充分考虑到上述观点，特别是其背后的逻辑和理由，对相对不起诉的法律条文做更加科学的设计。

报告九　刑事和解的基层实践及前景展望

——北京市海淀区人民检察院近两年来
刑事和解案件的实证研究

北京市海淀区人民检察院　金轶　张枚　叶衍艳

一、引言

刑事和解理念自20世纪70年代在北美国家被实践以来，已在美洲、欧洲得到迅速发展。刑事和解，也被称为被害人与加害人的和解/调解、当事人调停或是恢复正义会商，其基本含义是指在犯罪发生后，经由调停人的帮助，使被害人与加害人直接商谈、解决刑事纠纷，对于被害人与加害人之间达成的和解协议，由司法机关予以认可并作为对加害人刑事处分的依据。刑事和解的目的是恢复被加害人破坏的国家与社会秩序、弥补被害人所受到的损害以及修复破损的社区关系，并使加害人恢复良知、回归社会。刑事和解是以被害人的利益保护为核心理念，以其对被害人、加害人及公共利益的全面保护为基本内涵，实现以较小的司法资源耗费，获得较理想的实体性目标。

当前，我国把构建社会主义和谐社会，提高构建社会主义和谐社会的能力作为加强党的执政能力建设的重要内容，如何才能有效化解社会矛盾、促进社会和谐，也对检察机关的执法能力提出了更高的要求。而对于刑事和解的研究及适用程度，既能最大限度保护被害人的合法利益、实现加害人的再社会化，进而根本化解矛盾，又能优化配置司法资源、提高刑罚效益，最终达到全面恢复正义、促进社会的和谐。

2003 年，北京市政法委下发了《关于北京市政法机关办理轻伤害案件工作研讨会纪要》，对公检法机关办理轻伤害案件进行规范。2006 年，最高人民检察院下发了《关于在检察工作中贯彻宽严相济实施司法政策的若干意见》，要求各级检察机关在办理案件中要增强化解矛盾、促进和谐的本领，注意做好调解工作。海淀区人民检察院作为基层检察院，早在 2002 年就开始了对轻微刑事案件（主要是轻伤害案件和未成年人、在校大学生犯罪案件）进行刑事调解。但是，如何在办理刑事案件过程中做好和解工作，和解的条件、适用对象和范围、适用阶段以及程序的规范，如何避免出现因贫富不均导致刑罚适用不平等，如何保证和解协议的公正合理性等等问题，却是人们在实践中对刑事和解常见的困惑，要真正通过刑事和解来达到案结事了还是任重而道远。

我们意在通过对海淀区人民检察院近两年来进行刑事和解案件的调查和分析，提出对刑事和解制度管窥之见，以期能为我国建立完善刑事和解制度有所裨益。[①]

---

① 本文调查分析的刑事和解案件是指在公安机关侦查阶段和检察院审查起诉阶段达成和解的案件，不包括法院审判阶段达成和解的案件。

二、刑事和解案件的基本情况

（一）刑事和解案件的数量

两年来我院刑事和解的案件共计 98 件 134 人，[①] 其中 2006 年全年刑事和解案件 39 件 56 人，占全年总收案数的 1.37％；2007 年 1 月至 10 月刑事和解案件 59 件 78 人，占全年同期总收案数的 2.36％，比 2006 年全年和解总数增加 20 件 22 人，增加 51.3％。可见近两年来我院刑事和解的案件数量增幅较大。

（二）刑事和解的案件性质及最终处理方式

在两年来 98 件 134 人的刑事和解案件中，故意伤害案件占 42 件 54 人，占刑事和解案件总数的 42.9％，其中 39 件 51 人的故意伤害均为轻伤害，2 件做相对不起诉处理，其余均退回公安机关处理。此外有 2 件 2 人为故意伤害致人重伤，1 件 1 人为故意伤害致人死亡，均提起公诉。

盗窃案件 22 件 24 人，占刑事和解案件总数的 22.4％，其中 4 件退回公安机关处理，7 件相对不起诉，其余的均提起公诉。

寻衅滋事案件 20 件 42 人，占刑事和解案件总数的 20.4％，其中 8 件 20 人相对不起诉，2 件 2 人退回公安机关处理，其余的 10 件 20 人提起公诉。

交通肇事案件 8 件 8 人，占刑事和解案件总数的 8.2％，其中 3 件 3 人相对不起诉，其余的均提起公诉。

过失致人死亡案件 2 件 2 人，占刑事和解案件总数的 2.0％，均提起公诉。

故意毁坏财物案件 2 件 2 人，占刑事和解案件总数的 2.0％，均相对不起诉。

抢劫案件 1 件 1 人，占刑事和解案件总数的 1％，相对不起诉。

猥亵儿童案件 1 件 1 人，占刑事和解案件总数的 1％，提起公诉。

特别需要指出的是，在上述刑事和解案件中有 36 件案件系未成年犯罪嫌疑人实行的，该 36 件案件性质包括轻伤害、寻衅滋事和盗窃，经过刑事和解最终都作出相对不起诉处理或退回公安机关处理。

（三）刑事和解案件的和解阶段及和解数额

在公安机关侦查阶段达成和解的案件共计 52 件，占刑事和解案件总数

[①]　本文数据统计自 2006 年 1 月至 2007 年 10 月。

的 53.1％。在我院审查起诉阶段达成和解的案件共计 46 件，占刑事和解案件总数的 46.9％，其中由我院公诉人主持的和解案件为 20 件，占刑事和解案件总数的 20.4％，占审查起诉阶段刑事和解案件总数的 43.5％。

刑事和解案件双方当事人的和解一般均以赔偿为重要条件，赔偿数额统计如下：故意伤害案件赔偿数额为 3 千元—6 万元，集中在 1 万元—3 万元。盗窃案件的和解数额大多具有退赃退赔的性质，除了 1 件盗窃价值 2 万余元退赔 3 万元，1 件盗窃数额 3 万余元退赔 2 万 5 千元，其余的盗窃和解案件退赔数额集中在 0—5 千元。[①] 寻衅滋事案件区分两种情形：随意殴打他人致人轻微伤或轻伤的一般赔偿 1 万元—4 万元，但有两件致人轻伤的寻衅滋事案件分别赔偿了 8 万元和 45 万元；任意毁损财物的，一般赔偿 5 千元—1 万元，基本属于被毁损财物本身的价值。交通肇事案件（均致人死亡）赔偿 15 万元—40 万元。过失致人死亡案件（均系驾驶车辆在非公共交通道路中致人死亡）1 件赔偿 15 万元，1 件赔偿 81 万余元。故意毁财案件和解数额，1 件被损坏的财产价值 8 千元赔偿 5 万元，1 件被损坏的财产价值 6 千元赔偿 1 万元。猥亵儿童案件 1 件赔偿 5000 元。抢劫案件 1 件赔偿 1 万 5 千元。[②]

三、刑事和解的实施条件

（一）刑事和解的理论基础

"平衡理论"、"叙说理论"和"恢复正义理论"这三大理论是刑事和解制度的理论基石。"平衡理论"（equity theory）以被害人在任何情况下对何为公平、何为正义的合理期待的相对朴素的观念为前提。当先天的平等和公正的游戏规则被加害人破坏时，被害人倾向于选择成本最小的策略技术来恢复过去的平衡。从被害人本位主义的角度，刑事和解成为一种低风险、高效率的纠纷解决机制。"叙说理论"（narrative theory）将刑事和解当作被害人叙说伤害的过程，并将被害叙说作为一种有效的心理治疗方式。由于刑事和解过程的心理治疗效果，作为刑事和解最重要的价值目标之一的被害人恢复具有了现实的可能。"恢复正义理论"（restorative justice theory）认为，犯

---

① 退赔 0 元是指：（1）部分盗窃案件退还赃物即得到了被害人谅解达成了和解协议。（2）个别盗窃案件即使没有实际退赃退赔，但由于其他特殊情节如未成年人犯罪、盗窃亲属财物等也和被害方达成了和解协议。

② 该起抢劫案件为转化抢劫，盗窃 16.4 元为抗拒抓捕当场使用暴力致人轻微伤。

罪破坏了加害人、被害人和社会之间的正常利益关系，恢复正义的任务就是在三者之间重建这种平衡。恢复正义所追求的利益平衡是一种质的平衡，追求全面的平衡：对被害人而言，修复物质的损害，治疗受到创伤的心理，使财产利益和精神利益恢复旧有的平衡；对加害人而言，向被害人、社会承认过错并承担责任，在确保社会安全价值的前提下交出不当利益从而恢复过去的平衡；对社会而言，受到破坏的社会关系得到了被害人与加害人的共同修复，从而恢复了社会关系的稳定与平衡。

（二）刑事和解的文化基础

在我国，刑事和解有着深厚的传统文化土壤。有学者将中国文化的精髓概括为"和合"文化。和合文化的精髓可以概括为两个方面：第一是人与自然保持"和合"的关系，人要顺应自然，与自然融为一体，即著名的"天人合一"思想，"夫大人者与天地合其德，与日月合其明，与四时合其序，与鬼神合其凶吉"是"天人合一"思想的最好注脚。第二是人与人之间保持"和合"的关系，强调社会关系的和睦融洽，避免纠纷。孔子云"礼之用，和为贵"，"听讼，吾犹人也，必也使无讼乎"。孔子把"无讼"视为审判活动所追求的最终价值目标，积极促成纠纷当事人和解并进行思想教化，使双方相互妥协退让而达成谅解，从而终止诉讼。孟子也说"天时不如地利，地利不如人和"，认为一个国家的强盛，靠天、靠地不如靠人与人之间的和睦团结。墨子则说"兼相爱则治，交相恶则乱"，认为人人彼此相爱，天下即能太平，社会即能和谐。在古代社会，"无讼"、"人和"、"兼爱"思想的社会功能十分明显。试想，一个充满纷乱与矛盾的社会，一个争讼不断、耗费大量社会资源的社会，能够持续和谐地发展吗？因此，封建时代的民间调解与和解受到普遍重视，对一些属于私人之间纠纷的"民间细事"甚至不予受理，让乡里或宗教调和解决。① 我国古代文化对和缓、宽容的纠纷解决方式的推崇，倡导人们化解冲突，和睦友爱相处，是刑事和解丰富坚实的文化基础。

（三）刑事和解的法律基础

我国的刑事法律虽然还没有刑事和解的制度性规定，但我国现行刑事法律法规中在一定意义上也包含着一些与刑事和解相类似的规定。如刑事诉讼法第172条规定的自诉案件可和解处理、《最高人民法院关于执行〈中华人

---

① 陈光中、葛琳：《刑事和解的理论依据与适用构想》，载黄京平、甄贞主编：《和谐社会语境下的刑事和解》，清华大学出版社2007年版，第15页。

民共和国刑事诉讼法〉若干问题的解释》第 200 条中规定的法官调解制度，刑事诉讼法第 142 条第 2 款规定的微罪不起诉制度，公诉案件中存在的相对不起诉制度以及《人民检察院刑事诉讼规则》第 291 条规定的予以训诫、责令悔过、赔礼道歉和赔偿损失等微罪不起诉处分的替代措施，都具有刑事和解的制度特点。

四、刑事和解的重要意义

（一）有利于被害人利益的保障

在我国的刑事司法中，被害人也具有当事人的诉讼地位，但被害人参与诉讼的方式、程序、保障等都没有明确细致的规定，被害人实际上只被赋予了一些虚化的、实际上很难实现的权利，被害人并没有可能在参与诉讼的机会上与犯罪嫌疑人、被告人享有同等的权利。司法实践中，有相当一部分被害人在遭受犯罪侵害后，面临着身体健康遭受损害，经济失去来源，医疗费用没有着落，基本生活难以维持，内心的痛苦无法诉说等困境。对保护被害人的合法权益而言，保证被害人获得及时充分的赔偿是问题的关键所在，而在我国刑法中，经济赔偿责任的承担与履行不是起诉裁量和审判裁量的法定情节，因而被告人在承担了刑事责任的前提下，往往选择拒绝或逃避承担经济赔偿责任。也就是说，现行的刑事法律机制没有很好地解决被告人与被害人之间的纠纷与冲突，使得被害人恢复变得困难。而刑事和解以被害人的利益为中心，以犯罪嫌疑人对其犯罪行为所造成的损害已经进行了及时有效的弥补作为前提，大大提升了被害人的诉讼地位，使其不仅能够参与而且能够对刑事冲突的解决发挥主导作用，被害人真正被置于名副其实的当事人地位，享有充分的诉讼权利。

（二）有利于保护被追诉者的人权及预防犯罪

有观点认为，刑事和解使得刑罚的惩罚功能和预防功能受到一定影响。因为刑事和解可以使犯罪嫌疑人不受到刑罚处罚，从而无法发挥刑罚对犯罪嫌疑人应有的惩罚功能；刑事和解的存在可能使犯罪嫌疑人感觉即使犯罪，还有其他途径可以避免处罚，因此不再担心刑罚的处罚。[①] 我们认为，刑事追诉程序一旦启动，便不可避免地会对被追诉者的人身、财产、名誉等方面造成一定损害，随着诉讼程序的不断推进，这种损害的程度会不断加深。这当然是犯罪嫌疑人实施犯罪行为所付出的代价。然而实际上，有相当一部分

[①]　李洪江：《刑事和解应该缓行》，《中国检察官》2006 年第 5 期。

刑事案件没有必要经历侦查、起诉、审判每一诉讼环节，对那些社会危害性不大、不进行进一步追诉对预防和控制犯罪没有较大影响的案件，完全可以适用刑事和解，而不是一律将犯罪嫌疑人移送审判机关判处刑罚。这样做一方面使那些过失犯、偶犯、初犯、未成年犯早日从刑事追诉程序中解脱出来，避免科处刑罚所带来的"交叉感染"及有前科污名的不良后果，更有利于保护犯罪嫌疑人的人权。另一方面，在适用刑事和解时，结合案件情况往往要求犯罪嫌疑人履行一定的积极行为，如赔偿损失、赔礼道歉等，这有利于达到教育和惩罚、报应和预防犯罪的目的。因此，刑事和解与刑罚的目的并不具有实质性冲突。

对我院两年内刑事和解的案件，通过随机抽取 23 件刑事和解案件，对双方当事人电话访谈，结果显示刑事和解案件最终处理后，双方当事人无一人反悔之前达成的和解，均对案件的最终处理表示满意。

（三）有利于提高诉讼效率，节约司法资源

对于达成刑事和解的案件，我院从受理到作出最终处理决定所用的审理期限最快的为 7 天，最慢的为 4 个多月，一般集中在 20 天至 2 个月，其中相当一部分的轻微刑事案件和解后最终作出了无罪化处理决定，使得这部分案件在法院审理前即得到处理，不必移送法院定罪量刑，从而减少了诉讼环节，节约了人、财、物等司法资源。对此，北京市检察机关的实证分析中曾指出，[①] "通过对 7 个区县院 112 件轻伤害和解案件进行调查的结果表明，当前轻伤害案件办理中适用和解并不能带来诉讼效率的提高，与起诉到法院相比较，反而降低了诉讼效率"。[②] 我们认为，这种对诉讼效率的比较是错误的，我们不应仅计算刑事和解案件在检察机关审查起诉所用的时间，仅考虑检察机关案件办理的效率，而应把整个刑事诉讼阶段作为整体予以考虑，对于刑事和解案件到最终处理所用的时间，应当拿检察机关无罪化处理所用的时间和检察机关提起公诉到法院最终判决所用的时间进行对比。轻伤害案件起诉至法院到法院最终判决一般还需 1 个月左右的时间，将这部分时间计算在内，轻伤害案件刑事和解所用的时间整体上还是少于起诉至法院直到法院判决所用的时间，即刑事诉讼阶段的整体

---

① 见《北京市检察机关适用刑事和解的实证分析》，载黄京平、甄贞主编：《和谐社会语境下的刑事和解》，清华大学出版社 2007 年版，229 页。

② 本文所指的刑事和解是指在案件审理过程中双方当事人达成和解协议，并非仅指和解后检察机关作出无罪化处理的案件。但轻伤害案件由于其特殊性，一旦达成和解除个别案件外我院均作出无罪化处理，即作出相对不起诉或退回公安机关处理。

诉讼效率是提高的。

对刑事和解是否节约司法资源的问题，有人提出这样的疑问：刑事和解的成功与否具有不确定性，如果在一番周折后，当事人双方没有达成和解协议而重新将纠纷付诸司法程序，这是一种司法资源的节约还是司法资源重复的耗费？我们认为对司法资源的节约不应仅仅从个案来考虑，应当从国家宏观的司法资源的角度出发，刑事和解正是在宏观的司法资源的节约上起到了积极的效用。此外，在刑事和解促使犯罪嫌疑人和被害人达成和解，有利于社会冲突的彻底解决，避免在程序终结后出现申诉甚至"缠诉"现象，提高诉讼解决冲突的效率。①

（四）有利于宽严相济刑事政策的贯彻和执行

当前，宽严相济的刑事政策要求司法机关要最大限度地化消极因素为积极因素，对未成年人犯罪、过失犯、偶犯、初犯及主观恶性小、情节轻微的犯罪，加害方和受害方已经和解，或者加害方真诚悔罪、积极赔偿并得到谅解的轻微犯罪案件，区别对待，采取轻缓的刑事政策从宽处理，对能不捕的依法不批捕，能不诉的依法不起诉，能从轻减轻的依法从轻减轻，做到宽严相济，加深轻微犯罪嫌疑人的悔罪心理，减轻其家庭与社会的消极对立情绪，最大限度化解冲突，促进社会和谐。构建和谐社会的大前提以及宽严相济的刑事政策与刑事和解的理念和价值取向互相契合，为刑事和解的推行提供了良好的时机，反过来，刑事和解也必将对化解社会矛盾，构建和谐社会起到积极促进作用。

五、刑事和解的制度建构

（一）明确刑事和解的价值取向，调整刑罚理念

同任何事物一样，刑事和解也具有两面性，一方面体现着多层次的积极价值，呈现势在必行和推而广之的前景；另一方面又含着天生的制度性隐忧，引发实际操作的困难：（1）刑事和解可能产生因贫富不均导致刑罚适用不平等的问题。刑事和解的试行让许多人产生了这样的担心：刑事和解可能成为有钱人逃避法律追究的避风港，有钱人可能因为能够较好地赔偿被害人，因而得到被害人的谅解，从而顺利和解避免刑罚处罚。而穷人因为无法赔偿被害人的损失无法和解，享受不到和解的好处，只能接受应

---

① 冯亚景、蔡杰：《公诉机关起诉替代措施研究》，《中国刑事杂志》2006 年第 1 期。

得的处罚。[①] 司法实践中，广州东莞中级人民法院审理的王兵、赖达军、周文强抢劫并致被害人蔡某死亡一案，被害人蔡某家属提请附带民事诉讼，法官获知被害人是其家中唯一的劳动力，被害人死亡导致被害人家属生活陷入困境后，多次安排调解，由被告人王兵家属先行赔偿被害人家属5万元，被害人家属表示满意，被告人王兵也表示要痛改前非，法官根据双方自主意思，对被告人王兵从轻处罚，一审判处缓刑。该判决引起社会的广泛争论。支持判决的观点认为死刑案件中刑事和解的运用保障了被害人家属的权益，更有利于体现刑罚的安抚功能。反对观点认为刑事和解的运用实际上导致了"赔钱减刑"或"赔钱免刑"的现象，乃至出现"没钱判刑"的误区，显然违反了法律面前人人平等的原则。（2）刑事和解协议的公正合理性问题。对我院两年来刑事和解案件和解数额的调查分析表明，同样是轻伤害案件，赔偿数额从3千元到6万元不等，上下限之间差距20倍；同样是寻衅滋事随意殴打他人致人轻伤的案件，赔偿数额从1万元到45万元不等，上下限之间差距45倍。这种差距表明了在刑事和解过程中存在被害人漫天要价的现实问题，也反映了在一定程度上双方当事人之间所达成的和解协议很难判断是否确系自愿、确系发自内心的和解协商。（3）刑事和解的效力问题。虽然对我院两年来刑事和解案件进行的调查分析尚未发现和解后当事人反悔的情形，但由于现有法律并未规定刑事案件审前双方当事人和解的实际效力，司法实践中难以排除这种情形的客观存在，一旦发生当事人反悔的情形究竟应当如何处理也将成为司法实践中刑事和解执行的难题。

我们认为刑事和解在客观执行上确实可能存在这样或那样的问题，但是我们不能一叶障目，因小失大，刑诉法具体规则的缺陷不应动摇我们对其蕴涵的价值精神的崇尚和信仰。一方面，我们应当及时调整刑罚理念，坚定刑事和解的重要性和必要性。我国传统的刑事观是一种国家本位的价值观，从这种价值观的角度来看，通常认为犯罪是个人与国家的冲突，它侵犯的是国家和社会整体利益。在公诉案件范围内，实行法定主义，强调有罪必诉、有罪必审，不允许和解或调解，这是刑罚报应主义理念，强调刑罚的惩罚功能的体现。刑事和解导致了免除或减轻加害人刑事处罚的结果，表面上看的确是对刑罚惩罚功能的弱化，但是刑罚的目的不单单是惩罚，从刑罚的目的和刑罚的功能关系来看，目的决定功能，功能服务于目

[①] 李洪江：《刑事和解应缓行》，《中国检察官》2006年第5期。

的，所以在刑事和解中，刑罚的惩罚功能居于次要地位，而近现代以罪犯
为中心的监禁矫正政策的失败，[①] 更是说明单纯的刑罚的力量是有限的，
刑事和解制度正是对传统刑事责任追究制度的合理补充，虽然弱化了惩罚
功能，但却收到了一味惩罚所不具备的效果，在被害人的深度参与及其宽
恕，在对被告人的特殊预防等方面起到了积极的作用。另一方面我们应当
通过合理的制度设计避免刑事和解执行过程中的严重不公平现象。例如，
通过规则确定刑事和解对不同性质的案件的实质影响是不同的，我们推崇
刑事和解并不意味着任何犯罪只要达成刑事和解即应作无罪化处理。对于
有些犯罪，刑事和解不影响定罪，只影响量刑；不同案件同样程度的和解
对量刑的影响也是不同的。

（二）刑事和解的基本条件

刑事和解的基本价值在于保护被害人的权益，其主要功能在于强调刑罚
的个别预防。这两点就决定了犯罪嫌疑人的认罪、悔罪及双方当事人的自愿
成为刑事和解的基本条件。（1）加害人的有罪答辩。有罪答辩意味着加害人
承认犯罪行为是自己所为，加害人认罪是刑事和解的先决条件。实践操作
中，有两点需要注意：第一是犯罪嫌疑人除了认罪之外，还应确实表现出真
诚的悔罪态度；第二是犯罪嫌疑人承认犯罪事实但对行为性质进行辩解一般
不影响对其认罪条件的成立。（2）双方当事人自愿。自愿是刑事和解程序的
启动条件之一，包括被害人和加害人双方自愿，即无论是加害人的悔罪、道
歉和赔偿还是被害人放弃对加害人刑事责任的追究，都必须出自真实意愿。
实践操作中，有人对"自愿"也产生各种质疑。有人认为从加害人的角度，
有些加害人或其亲属出于加害人就业、升学等考虑，看似自愿其实并非情愿
地接受了显然过高的赔偿数额；[②] 有人认为被害人在和解的过程中也可能存
在潜在的压迫。即在某些情况下，如果被害人不谅解加害人，不与加害人达
成和解协议，则会被认为是不宽容的、是没有怜悯心的。[③] 我们认为，刑事
和解的自愿主要考察是否出于当事人双方的真实意愿，是否存在被胁迫等情
况，至于当事人双方出于何种动机而自主表示出和解的意愿，接受和解的条

①　刘凌梅：《西方国家刑事和解理论与实践介评》，《现代法学》2001 年第 1 期；马静华、罗
宁：《西方刑事和解制度考略》，《福建公安高等专科学校学报》2006 年第 1 期。

②　黄京平等：《刑事和解的司法现状与制度构建》，载黄京平、甄贞主编：《和谐社会语境下的
刑事和解》，清华大学出版社 2007 年版，第 216 页。

③　黄京平等：《和谐社会构建中的刑事和解探讨》，载黄京平、甄贞主编：《和谐社会语境下的
刑事和解》，清华大学出版社 2007 年版，第 506 页。

件和结果，一般情况并不影响刑事和解自愿条件的成立，不影响刑事和解的效力问题。

（三）刑事和解适用的范围和阶段

我们认为，对于犯罪类型可以分为两类，一类是有具体被害人的犯罪，如盗窃、故意伤害等，这在犯罪中占大多数；一类是没有被害人的犯罪，如贩毒、组织卖淫等，或是针对国家的犯罪，如危害国家安全犯罪等。由于刑事和解的基本价值在于强调对自然人被害人权益的保障，第二类犯罪不存在自然人被害人，因此并不存在刑事和解问题，刑事和解主要针对第一类犯罪。现有不少观点认为刑事和解应当严格限定其适用范围，限定在轻微刑事案件的范畴。我们认为，刑事和解不等于无罪化处理，对上述第一类犯罪的绝大多数案件都应当允许刑事和解，其中轻微刑事犯罪，可以依法作出相对不起诉等无罪化的处理，对于其他犯罪，则在达成刑事和解取得被害人谅解后，可建议人民法院对被告人处以较轻的刑罚。

关于刑事和解的适用阶段，存在多种不同意见。我们认为，刑事和解主要适用于审查起诉阶段和审判阶段。在审查起诉阶段，刑事和解可以让检察机关作出不起诉决定或提出从轻、减轻处罚的量刑建议；在审判阶段，刑事和解可以作为适用缓刑或从轻量刑的条件。有人认为，在犯罪的侦查阶段，刑事和解可以使侦查机关撤销案件或不移送起诉。对此，我们认为，虽然对有些案件如轻伤害案件，刑事和解后确实无太多必要再移送审查起诉，公安机关侦查阶段对此类案件的"自行消化"有利于节约司法资源，但由于刑事和解并非侦查机关撤销案件或不移送审查起诉的法定事由，为保障刑事诉讼流程的合法性，强化对公安机关侦查活动合法性的外在监督，我们认为即使案件在侦查阶段已经达成刑事和解仍应移送检察机关审查起诉，由检察机关对案件进行相应的处理。

（四）刑事和解的适用程序

刑事和解的程序，一般分为和解的提出与受理、和解准备、和解陈述与协商、签订和解协议、审查生效等阶段。（1）和解的提出与受理。刑事和解的提案应由被害人、犯罪嫌疑人及其各自的诉讼代理人或办案机关提出。办案机关在接受提案后，应当从以下方面审查提案是否具备刑事和解的可能性与必要性：犯罪嫌疑人是否认罪悔罪，被害人愿意参与和解的原因，案件的类型和特点等。经过审查，如果认为具备了刑事和解的必要与可能，通过和解能够产生符合各方利益的结果，即可以受理提案并展开和解前的准备工作。[①] （2）和解准备的过程由中立的调停人、加害人、被害人共同完成，调停人的职责是分别与加害人、被害人私下会谈，与各方建立起良好的信任关系，在合法与合理的尺度范围内积极创造和解的条件，直至时机完全成熟。调停人应向双方解释和解步骤的要求，解答有关问题，邀请他们参与，帮助他们准备直接的面谈。调停人还需要就被害人和加害人对刑事和解的期待的合理性及可能性进行评估、计算、分析，对犯罪损失进行计算，对赔偿实现的可能性进行分析。结合这些评估、计算、分析的结果，调停人在进一步的会谈中与被害人和加害人进行讨论。[②] （3）和解陈述与协商是由调停人促成被害人与加害人对话，使他们能够谈论犯罪行为对各自生活的影响，就犯罪事实交换看法；加害人应向被害人承认过错，表达歉意，而被害人可能因此而表示宽恕和谅解；[③] 进而双方对犯罪损失和赔偿的具体数额进行协商并达成一致意见。（4）在双方通过和解陈述与协商达成谅解之后，在调停人的主持下，加害人与被害人之间达成书面赔偿协议，并由调停人将书面协议提交办案机关。办案机关经过对和解协议进行审查，确定协议内容公平合法，且为双方真实意思表示，即可确认和解协议的效力，并在刑事和解的基础上对案件作出相应的处理。

对于刑事和解划分为上述阶段和步骤，一般没有太大争议，问题在于由谁来充当调停人主持和解，理论界有不同观点，司法实践中的做法也不尽相同。理论界的观点主要有：第一，调停人由加害方物色报办案机关审查并征求被害人同意后，履行和解调处职责。调停人的基本条件为：非双方亲属，非案件有关人员或代理人，公道正派有一定威望，有基本法律常识。[④] 第二，在刑事和解实行的初期阶段，调停人由法官、检察官担任，他们既熟悉案情和法律，又具有官方色彩，容易为当事人各方所接受；随着经验的积累和外部条件的成熟，调停人的范围可逐步扩大为社区居委会工作人员、社区服务者、法律志愿者等。[⑤] 第三，以广泛存在的基层人民调解组织为基础，从中培养、吸纳专业的调停人员参与主持刑事和解。[⑥] 从实践中的做法来看，也主要有三种模式：第一，委托人民调解员进行调解，以上海市杨浦区

---

① 向朝阳、马静华：《刑事和解的价值构造及中国模式的构建》，《中国法学》2003 年第 6 期。

② 汤火箭：《我国未成年人刑事和解制度的构建与论证》，《人民检察》2004 年第 10 期。

③ 同上。

④ 刘志成、熊明：《未成年人犯罪案件和解不诉探讨》，《中国刑事杂志》2005 年第 1 期。

⑤ 汤火箭：《我国未成年人刑事和解制度的构建与论证》，《人民检察》2004 年第 10 期。

⑥ 向朝阳、马静华：《刑事和解的价值构造及中国模式的构建》，《中国法学》2003 年第 6 期。

公检法机关为代表。上海市杨浦区公检法司四机关联合制定了《关于轻伤害案件在诉讼阶段委托人民调解的规定（试行）》，规定了轻伤害案件在受理、立案、审查起诉和审判等各个阶段的委托人民调解的做法，通过委托人民调解，促进当事人之间的交流和解，在对民事部分达成一致赔偿结果后，对刑事部分的加害人分别作出不予立案、撤案、不起诉、免予刑事处罚等处理。① 第二，检察机关主持调解。北京市朝阳区检察院主要采取该做法，该院《轻伤害案件处理程序实施规则（试行）》第 6 条规定：犯罪嫌疑人和被害人已经聘请律师的，由双方律师进行协商；犯罪嫌疑人或者被害人有一方没有律师的，应当在检察人员的主持下进行协商。由于在实践中，犯罪嫌疑人和被害人同时聘请律师的情形比较少见，因此，检察人员主持和解应为其主要调解方式。第三，当事人双方自行和解，检察机关主要承担告知和确认工作，我院目前大部分和解案件即采取该做法。对于公安机关移送审查起诉的轻伤害案件，在审查确认案件事实的基础上，告知犯罪嫌疑人和被害人轻伤害案件的法律规定和刑事政策，双方当事人可以本人或委托他人与对方进行和解，并签署和解协议后提交检察机关。检察机关在审查确认和解协议出于双方真实意思表示，赔偿金已实际支付等内容后，作出退回公安机关处理或者相对不起诉的决定。

我们认为，当事人双方自行和解在许多时候存在沟通交流的困难，有的时候甚至难以避免和解过程中存在威逼、利诱等不平等、不自愿的情况。而检察机关作为调停人又由于调停工作量大，面临着公正和效率的矛盾问题。因此，可行的解决途径是引入社会中立力量主持刑事和解，而检察机关则通过间接的调控手段确保刑事和解的正当程序。英、美、法等国普遍吸纳经过专业培训的社区志愿人员作为刑事和解的调停人。我国自 20 世纪 50 年代以来，以居委会和村委会为基本单元的人民调解委员会在基层群众自治方面发挥了很大作用，而且逐渐形成了一套行之有效的解决纠纷机制。因此，刑事和解可以基层人民调解组织为依托，通过检察机关对基层调解人员的间接调控开展工作。这种调控表现在：选择和委托适格的调停人参与和解，对和解协议的真实性、合法性进行审查，对和解协议的履行进行监督等。② 此外，我院目前正在尝试通过和北京市海淀区司法局的配合，从司法局聘任法律援助的

---

① 石先广：《轻伤案件委托人民调解的探索及启示》，载北大法律信息网 http：//www. Chinalawinfo. com。

② 向朝阳、马静华：《刑事和解的价值构造及中国模式的构建》，《中国法学》2003 年第 6 期。

律师担任调停人以及由我院直接聘任具有法律专业等背景知识的社会人士兼职担任调停人。这些方法都有利于充分利用现有社会资源，兼顾正义与效率。

（五）刑事和解后的处理方式

在检察机关审查起诉阶段已达成刑事和解的案件，如果符合法定的相对不起诉条件，则应当依法作出相对不起诉处理。例如，根据最高人民法院《关于审理盗窃案件具体应用法律若干问题的解释》第 6 条第 2 项规定的，虽然达到盗窃数额较大的起点，但是具有未成年人作案、主动退赔退赃、主动投案等情节之一的，可以不作为犯罪处理，针对这类盗窃案刑事和解后应当作出相对不起诉处理。需要强调的是：（1）当前司法实践中相对不起诉的运用范围实际大于法律的明文规定。对此，我们认为不应以牺牲程序公正为代价片面追求个案正义。如果对个案刑事和解后的确有必要超越现有法律规定作出相对不起诉处理的，作为基层人民检察院不应轻易扩大相对不起诉的运用范围，应通过向上级院请示等方式对案件作出最终处理。（2）当前司法实践中刑事和解后有相当部分案件最终退回公安机关处理，代替相对不起诉的处理方式。退处的普遍适用有其实践的客观需要，但从程序规范的角度而言应当在今后的工作中逐步规范。（3）检察机关在作出不起诉决定后，应根据犯罪情节轻重，考虑是否建议对犯罪嫌疑人给予行政处分、社区矫正等，避免"和解等于不处理"的局面出现，同时弥补刑事和解惩戒功能和一般预防功能不强的缺陷。

对于其他不符合相对不起诉法定条件的案件，即使达成刑事和解也应依法提起公诉，但可根据案件实际情况提出相应的从轻处罚的量刑建议。审判阶段对已达成刑事和解的案件一般也应考虑是否有必要从轻处罚。

报告十　宽严相济刑事政策与未成年人案件办案效果

——以我院近三年办理未成年人案件情况为视角

北京市海淀区人民检察院　杨新娥　莫非　程晓璐

在刑事司法活动中，刑事政策的功能是对刑事立法及具体司法实践提供宏观的、指导性的方针和原则、导向，在刑事司法中对法律起到补缺的作用，一定程度上可以弥补法律规则本身的严格性所带来的先天缺陷，更能体现司法人性化的需求。宽严相济刑事政策的提出，与构建社会主义和谐社会的执政理念有着密切的联系。而未成年人刑事案件的审理更容易受到刑事政策导向的影响，本文以我院近三年办理未成年人案件情况的分析为视角，研究宽严相济刑事政策究竟在办理未成年人案件中发挥着怎样的作用，又取得了哪些良好的效果。

一、我院近三年未成年人犯罪案件办理的总体情况

2005—2007年，我院共受理各类刑事案件12599件17804人（三年分别为：4177件5782人，4150件5888人，4272件6134人），其中未成年人犯罪案件936件1298人（三年分别为：348件530人，319件405人，269件363人），约占案件总数的7.4％（件）、7.3％（人）。与全市未成年人案件平均每年约占总案件数8％的比例相比，我区未成年人犯罪率相对较低。从案件总体情况看，我院受理案件数呈连年上升趋势，而未成年人案件却呈连年下降趋势。[①]（见表1）

表1

	犯罪总数（件/人）	未成年人犯罪总数（件/人）	未成年人犯罪比例
2005	4177/5782	348/530	8.3％/9.2％
2006	4150/5888	319/405	7.7％/6.9％
2007	4103/5890	269/363	6.6％/6.2％

从未成年人涉嫌罪名看，2005年未成年人涉嫌罪名有抢劫、盗窃、寻衅滋事、故意伤害、非法经营、强奸、出售非法制造的发票等26个，

---

① 虽然从未成年犯罪人数看，我院连年呈下降趋势，但是从未成年人参与犯罪的案件总数来看，未成年人与成年人结伙作案现象严重，案件总数仍呈上升趋势。这说明我区对未成年人预防犯罪工作做得好，今后的预防重点应该放在未成年人交友方面，预防未成年人跟随社会闲散人员走上犯罪道路。

前四名涉嫌犯罪人数分别为：抢劫 159 人，盗窃 142 人，寻衅滋事 51 人，故意伤害 44 人，共计 396 人，占当年未成年人犯罪总数的 74.7％；2006 年未成年人涉嫌罪名有盗窃、抢劫、寻衅滋事、故意伤害、抢夺等 27 个，前四名涉嫌犯罪人数分别为：盗窃 141 人，抢劫 83 人，寻衅滋事 73 人，故意伤害 29 人，共计 326 人，占当年未成年人犯罪总数的 80.5％；2007 年未成年人涉嫌罪名有盗窃、抢劫、寻衅滋事、故意伤害等 30 个，前四名涉嫌犯罪人数分别为：盗窃 82 人，抢劫 68 人，寻衅滋事 23 人，故意伤害 15 人，共计 188 人，占当年未成年人犯罪总数的 56.1％。从以上数据可以看出，未成年人涉嫌罪名趋于多样化，前四位仍然是盗窃、抢劫、寻衅滋事和故意伤害，且排列顺序基本相同（2005 年和 2006 年盗窃和抢劫顺序略有变化）；2007 年未成年人犯罪人数比前两年大幅度下降，前四位罪名涉及人数所占比例也大幅度下降，说明我区未成年人犯罪呈下降趋势，预防未成年人犯罪卓有成效，但是未成年人罪名多样化表明未成年人参与社会程度增加，未成年人与成年人结伙犯罪现象值得高度重视。（见图 1）

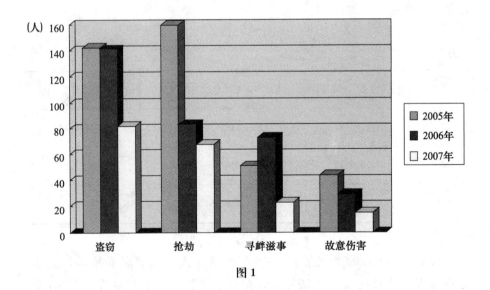

图 1

从处理结果看，2005 年涉嫌犯罪的 5782 人中，作法定不起诉 6 人，相对不起诉 35 人，存疑不起诉 31 人，移送单位撤回 260 人，综上作非起诉处理结果的人数共计 332 人，而因情节轻微作相对不起诉或者移送单位撤回处理的约 295 人，约占当年犯罪总人数的 10.8％；其中未成年人作法定不起诉 1 人，相对不起诉 2 人，存疑不起诉 4 人，移送单位撤回 23 人，对未成年人作非起诉处理结果的人数共计 30 人，而因情节轻微作相对不起诉或者移送单位撤回处理的 25 人，约占当年未成年人犯罪总人数的 4.7％。2006年法定不起诉 7 人，相对不起诉 60 人，存疑不起诉 31 人，移送单位撤回 129 人，综上作非起诉处理结果的人数共计 227 人，而因情节轻微作相对不起诉或者移送单位撤回处理的 189 人，约占当年犯罪总人数的 3.2％；其中未成年人作相对不起诉 25 人，存疑不起诉 2 人，移送单位撤回 14 人，对未成年人作非起诉处理结果的人数共计 41 人，而因情节轻微作相对不起诉或者移送单位撤回处理的 39 人，约占当年未成年人犯罪总人数的 9.7％。2007 年法定不起诉 1 人，相对不起诉 63 人，存疑不起诉 9 人，移送单位撤回 58 人；综上作非起诉处理结果的人数共计 131 人，而因情节轻微作相对不起诉或者移送单位撤回处理的 121 人，约占当年犯罪总人数的 2.1％；其中未成年人作相对不起诉 15 人，移送单位撤回 12 人，对未成年人因情节轻微作相对不起诉或者移送单位撤回处理的 27 人，约占当年未成年人犯罪总人数的 8.1％。从以上数据可以看出，2005 年对未成年人因情节轻微作非起诉处理的比例要低于平均比例，2006 年和 2007 年的相关比例却远远高于平均比例。

表 2 为近三年非起诉处理情况：

表 2

年份	案件总数	非起诉处理数（比例）	相对不起诉数（比例）	撤案数（比例）
2005	5782	332（5.7％）	35（0.6％）	260（4.5％）
2006	5888	227（3.9％）	60（1.0％）	129（2.2％）
2007	5890	131（2.2％）	63（1.1％）	58（1.0％）

从表 2 数据可以看出，近三年来我院收案数连年增加，作非起诉处理的人数连年下降，但是作相对不起诉处理的比例逐年上升，而作移送单位撤回处理的比例逐年下降。

表 3 为近三年未成年人非起诉处理情况：

表 3

年份	案件总数	非起诉处理数（比例）	相对不起诉数（比例）	撤案数（比例）
2005	530	30（5.7%）	2（0.4%）	23（4.3%）
2006	405	41（10.1%）	25（6.2%）	14（3.5%）
2007	335	27（8.1%）	15（4.5%）	12（3.6%）

从表 3 数据可以看出，近三年来我院未成年人犯罪案件数连年下降，作非起诉处理的 2006 年大幅度上升，2007 年又略有下降。需要说明的是，2007 年未成年人作非起诉处理比例比 2006 年下降，与 2007 年统计数据时未成年人案件的结案情况有关，如果按照 2007 年 11 月 23 日前未成年人案件已审结 265 件为基数计算，则未成年人作非起诉的比例为 9.8%，作相对不起诉的比例为 5.7%，作撤案的比例为 4.5%，这样与 2006 年相比，比例则基本持平。

从表 2、表 3 的数据比较，总体上讲，我院对犯罪嫌疑人作相对不起诉的比例在下降，移送单位撤回的比例也在下降。但是在对未成年犯罪嫌疑人的处理方式上，我院作相对不起诉的比例有上升趋势，作移送单位撤回的比例基本持平，对未成年人的处理显然比成年人更宽。

二、宽严相济刑事政策下办理未成年人案件的有益探索和尝试

近三年来，在宽严相济刑事政策影响下，未检组承办人真正贯彻不以惩罚为重心，更注重教育和挽救的宗旨，充分尊重每一个犯罪嫌疑人的个人地位，倾听他们的诉求，既维护未成年犯罪嫌疑人权利，也注重未成年被害人的保护。同时改变传统执法理念，积极创新工作机制，创造性地提出并施行了一系列特色办案制度，[①] 并在实践中取得良好效果。

（一）制作专门告权书

制定了专门针对未成年犯罪嫌疑人的《审查起诉阶段未成年犯罪嫌疑人权利义务告知书》（以下简称《告知书》），同时还针对未成年犯罪嫌疑人的法定代理人专门制定了《未成年犯罪嫌疑人的法定代理人到场旁听讯问相关事项告知书》，两份告权书的制作将《中华人民共和国刑法》和《中华人民共和国刑事诉讼法》中规定的与未成年犯罪嫌疑人有密切相关

---

① 未成年犯罪嫌疑人不起诉的特色制度将放在本报告的第三部分不起诉办理情况中介绍。

的法律规定明确化，其内容不仅具有合法性、针对性、规范性，而且还切实保护了未成年犯罪嫌疑人的法律知情权。《告知书》中明确列举了《中华人民共和国刑法》关于办理未成年人犯罪案件时，对未成年犯罪嫌疑人权利义务保护的原则性规定和《中华人民共和国刑事诉讼法》中关于未成年犯罪嫌疑人特别享有的诉讼权利。《未成年犯罪嫌疑人的法定代理人到场旁听讯问相关事项告知书》中明确列举了《中华人民共和国刑事诉讼法》及《人民检察院办理未成年刑事案件的规定》对未成年犯罪嫌疑人的法定代理人在审理过程中的权利义务的规定。两份告权书的制定和使用，完善了我院对未成年犯罪嫌疑人保护的相关制度，规范了未成年人案件的管理，维护了未成年犯罪嫌疑人的合法权利，使未成年犯罪嫌疑人切实感受到法律的人文关怀，为教育、感化和挽救未成年犯罪嫌疑人起到了积极的推动作用。

（二）尝试心理辅导制度

针对当前整个刑事诉讼体系中对被害人保护缺位的现状，根据宽严相济刑事司法政策中"落实对未成年人的帮教措施"的要求及检察院办理未成年人刑事案件规定中"维护未成年犯罪嫌疑人和被害人的权益"的规定，探索对被取保候审的未成年犯罪嫌疑人、受到人身伤害或者性侵害的未成年被害人，经本人及其家长同意后，邀请心理专家对其进行心理辅导和矫治，重点是拟作不起诉处理的未成年犯罪嫌疑人，或者心理受到严重创伤确实需要辅导的未成年被害人。

我院和北京市青少年法律与心理咨询中心合作，对米某寻衅滋事案的被害人陈某（未成年女学生，多次被多名女同学殴打侮辱要钱，心理受到严重创伤，其父称女儿有精神病）进行了四次辅导，陈某自述接受辅导很有效果，现已到外地上大学；在辅导过程中，我们和陈某的家长进行了有效的沟通，适当矫正了家长的教育方式，原先紧张对立的父女关系得到了很大的缓解；另外我们还对此案犯罪嫌疑人米某（未成年女学生，从小父母离异）进行了一次心理测试和心理辅导，通过和该女学生的沟通，米某能够比较正确地认识自己的行为，并表示要用自己挣来的钱最大限度地赔偿被害人。

心理辅导是一个长期的过程，虽然耗费精力很大，但是我们想通过心理辅导更有成效地挽救失足青少年、给受害的青少年更切实的帮助。我们的这一做法被中央电视台今日说法栏目得知后，认为非常有意义，在十七大召开期间专门做了节目（青涩的青春日记），播出后收到了良好的社会效果。

（三）实行分案起诉

《人民检察院办理未成年人刑事案件的规定》第 23 条规定："人民检察院审查未成年人与成年人共同犯罪案件，一般应当将未成年人与成年人分案起诉。"已和公安机关、法院召开联席会议，确定了分案起诉的方案，按照《北京市人民检察院、北京市公安局关于办理未成年人刑事案件若干问题的意见》的规定执行，公安机关移送时分卷移送，检察院分案起诉，法院按照刑一、二庭管辖进行审理。目前已对 36 案 68 人进行分案起诉。海淀分局移送起诉时也已实行"分卷起诉，一案移送"的方法。

总之，宽严相济刑事政策强调轻重相结合，对严重的罪犯施以更严重的处罚，对轻微的罪犯给予更轻微的处罚。然而，在未成年人犯罪领域，则更应当关注刑法的轻缓化。非犯罪化则是实现刑罚轻缓化的基本途径之一，也就是说，作为检察机关自由裁量权下的不起诉和退回公安机关处理则更为直观地反映出宽严相济刑事政策在司法实践中所起的作用。下面详细介绍一下近三年来未成年人案件退处和不起诉的办理情况和效果。

三、退处案件的办理情况

（一）法律规定

《人民检察院刑事诉讼规则》第 262 条规定人民检察院对于"犯罪嫌疑人没有违法犯罪行为的"或者"犯罪事实并非犯罪嫌疑人所为的"应当将案卷退回公安机关处理。这一司法解释成为实践中检察院"退处"的主要法律依据。

（二）案件特点归类总结及分析[①]

2005 年我院退处案件共 130 件 178 人，其中未成年人退处案件 9 件 15 人，占退处案件总数的 7％、8％。2006 年我院退处案件共 73 件 101 人，其中未成年人退处案件 15 件 21 人，占退处案件总数的 20％、21％。2007 年我院退处案件共 65 件 85 人，其中未成年人退处案件 13 件 13 人，占退处案件总数的 20％、15％。从上述数据可以看出，在退处案件数量整体下降和未成年人案件收案数整体下降的情况下，与 2005 年相比，2006 年、2007 年未成年人退处案件呈增长趋势，其中 2006 年是未成年人退处案件的高峰年，2007 年有所回落。

---

① 鉴于每年未成年人刑事案件处理政策都有所变化，为方便阐述政策对退处案件范围、数量的影响，此处统计的数据与上述"一、我院近三年未成年犯罪案件办理的总体情况"中统计的数据有所不同，为 2005 至 2007 年每年作出退处处理案件的数量和人数，即：若是 2005 年收案但在 2007 年作出退处决定的案件，算作 2007 年退处的案件。

1. 案件类型分析

表4

罪名 ＼ 年份	2005	2006	2007
故意伤害	4件4人	1件1人	
盗窃	1件1人	7件7人	10件10人
抢劫	1件4人	6件12人	1件1人
寻衅滋事	3件6人		1件1人
销售赃物		1件1人	
敲诈勒索			1件1人

　　纵观三年来未成年人退处案件涉及的罪名，绝大部分集中在盗窃、抢劫、故意伤害，但每种罪名所占比重却随年份不同有所改变。2005年故意伤害是退处案件中涉及最多的罪名，为4件4人，2006年减少为1件1人，2007年没有。2005年盗窃退处案件1件1人，2006年、2007年大幅度上升为7件7人、10件10人；2005年抢劫退处案件1件4人，2006年大幅度上升为6件12人。另外，2006年、2007年退处案件罪名除"老四样"盗窃、抢劫、故意伤害、寻衅滋事外，还增加了销售赃物1人1件，敲诈勒索1人1件。盗窃、抢劫退处案件的增加及其他罪名退处案件的出现与2006年1月施行的《最高人民法院关于审理未成年人刑事案件具体应用法律若干问题的解释》不无关系。该解释第7条、① 第9条、② 第17条③分别就未成年人

---

　　① 已满十四周岁不满十六周岁的人使用轻微暴力或者威胁，强行索要其他未成年人随身携带的生活、学习用品或者钱财数量不大，且未造成被害人轻微伤以上或者不敢正常到校学习、生活等危害后果的，不认为是犯罪。已满十六周岁不满十八周岁的人具有前款规定情形的，一般也不认为是犯罪。

　　② 已满十六周岁不满十八周岁的人实施盗窃行为未超过三次，盗窃数额虽已达到"数额较大"标准，但案发后能如实供述全部盗窃事实并积极退赃，且具有下列情形之一的，可以认定为"情节显著轻微危害不大"，不认为是犯罪：（一）系又聋又哑的人或者盲人；（二）在共同盗窃中起次要或者辅助作用，或者被胁迫；（三）具有其他轻微情节的。已满十六周岁不满十八周岁的人盗窃未遂或者中止的，可不认为是犯罪。已满十六周岁不满十八周岁的人盗窃自己家庭或者近亲属财物，或者盗窃其他亲属财物但其他亲属要求不予追究的，可不按犯罪处理。

　　③ 未成年罪犯根据其所犯罪行，可能被判处拘役、三年以下有期徒刑，如果悔罪表现好，并具有下列情形之一的，应当依照刑法第三十七条的规定免予刑事处罚：（一）系又聋又哑的人或者盲人；（二）防卫过当或者避险过当；（三）犯罪预备、中止或者未遂；（四）共同犯罪中从犯、胁从犯；（五）犯罪后自首或者有立功表现；（六）其他犯罪情节轻微不需要判处刑罚的。

具有何种轻微行为不认为是抢劫罪、具有何种轻微情节不认为是盗窃罪、具有何种情形可免予刑事处罚作出了相应规定。为进一步贯彻对未成年人"教育为主，惩罚为辅"的原则、扩大对未成年人非刑事化处理增加了合法依据。故意伤害退处案件的减少则与当前大力贯彻宽严相济刑事政策、公安机关重视刑事和解、积极在侦查阶段化解社会矛盾，不向检察机关移送已和解的轻伤害案件有关。

2. 主体情况分析

表5

身份＼年份	2005	2006	2007
学生	7件13人	3件6人	3件3人
无业（农民）	1件1人	9件11人	5件5人
务工人员	1件1人	3件4人	5件5人

纵观三年来未成年人退处案件的主体身份，2005年学生占绝对主导地位，2006年、2007年无业人员和务工人员则不断攀升，占据了相当的比例。这个现象无疑是可喜的，说明司法机关曾经持有的"身份差别"观念已逐渐淡化，在退处的案件中，"身份"不再是影响案件处理的必要考虑因素。①

3. 强制措施分析

表6

强制措施＼年份	2005	2006	2007
逮捕	无	5件5人	3件3人
取保候审	9件15人	10件16人	10件10人

纵观三年来被退处未成年犯罪嫌疑人的强制措施情况，2005年无一被采取逮捕措施的未成年犯罪嫌疑人被退处处理，2006年、2007年，则分别

---

①　这和不起诉有所不同，在校学生已经成为不起诉的主要人群，具体分析见不起诉办理情况部分。

有 5 件 5 人、3 件 3 人逮捕后被退回公安机关处理。上述变化进一步印证了 2006 年以来"两高"在工作报告中指出贯彻宽严相济的刑事政策后，我院在处理对大多数未成年人刑事案件时依法遵循、体现了轻缓、从宽的政策精神，退处的主体范围在扩大。但另一方面也说明公安机关、我院批捕部门与我院公诉部门在理解如何对未成年人适用宽严相济刑事政策上还存在一定分歧和偏差。另外，对逮捕后的犯罪嫌疑人作出不起诉处理会影响对批捕部门的考核，也是造成一定数量被羁押的犯罪嫌疑人最终被退处处理的一个不可忽视的原因。

4. 退处后处理方式分析

2005 年、2006 年，我院对退处案件采取的是"一退了之"的处理方式，将退函和相关案卷退回公安机关后，便不再过问公安机关何时处理、如何处理被退处人。2007 年我院开始实行退处回函制，要求公安机关将对被退处人的处理情况以回函的形式及时反馈给承办人。这一举措一是可以督促公安机关尽快对被退处人作出处置，二是可以避免公安机关对本不构成犯罪、应释放的被退处人作出如劳动教养等不适宜的变相处理决定。

5. 退处理由及依据分析

2005 年大多数退处案件由于被退处人与被害人达成和解协议、情节轻微或情节显著轻微而被退回公安机关处理。① 2006 年退处的 6 件 7 人盗窃案件中，1 件 1 人在审查起诉期间查明盗窃时未满 16 周岁，因未达到刑事责任年龄依据刑事诉讼法第 15 条第 6 项退回公安机关处理；另外 5 件 6 人均为盗窃数额较大且案发后全部退赃、退赔，其中 1 件 1 人还有自首情节，1 件 1 人系又聋又哑的人。依据《最高人民法院关于审理盗窃案件具体应用法律若干问题的解释》第 6 条第（二）项、②《最高人民法院关于审理未成年人刑事案件具体应用法律若干问题的解释》第 9 条退回公安机关处理。退处的 6 件 12 人抢劫案件中，2 件 5 人为犯罪预备，依据《最高人民法院关于审理未成年人刑事案件具体应用法律若干问题的解释》第 17 条退回公安机关处理。1 件 3 人因行为轻微不认为是犯罪，依据《最高人民法院关于审理未成年人刑事案件具体应用法律若干问题的解释》第 7 条退回公安机关处

---

①　因部分材料归档，而无法就每个案件进行具体详细的说明。

②　盗窃公私财物虽已达到数额较大的起点，但情节轻微，并具有下列情形之一的，可不作为犯罪处理：1. 已满十六周岁不满十八周岁的未成年人作案的；2. 全部退赃、退赔的；3. 主动投案的；4. 被胁迫参加盗窃活动，没有分赃或者获赃较少的；5. 其他情节轻微、危害不大的。

理。1 件 2 人由抢劫改变定性为敲诈勒索后，因不够刑事责任年龄依据刑事诉讼法第 15 条第（六）项退回公安机关处理。2 件 2 人不构成犯罪，依据刑事诉讼法第 15 条第（一）项退回公安机关处理。退处的 1 件 1 人销售赃物案件因犯罪情节显著轻微、危害不大，不认为是犯罪，依据刑事诉讼法第 15 条第（一）项退回公安机关处理。退处的 1 件 1 人故意伤害案件因犯罪嫌疑人与被害人达成和解协议，依据北京市政法委制定的《关于北京市政法机关办理轻伤害案件工作研讨会纪要》第 3 条退回公安机关处理。

2007 年退处的 1 件 1 人寻衅滋事案件因改变定性为故意伤害后犯罪嫌疑人与被害人达成和解协议，依据北京市政法委制定的《关于北京市政法机关办理轻伤害案件工作研讨会纪要》第 3 条①退回公安机关处理。退处的 1 件 1 人敲诈勒索案件因行为人的行为不构成犯罪，依据刑事诉讼法第 15 条第（一）项退回公安机关处理。退处的 10 件 10 人盗窃案件中，1 件 1 人在审查起诉期间查明盗窃时未满 16 周岁，因未达到刑事责任年龄依据刑事诉讼法第 15 条第（六）项退回公安机关处理；5 件 5 人为盗窃数额较大且案发后全部退赃、退赔，其中 2 件 2 人还有自首情节，依据《最高人民法院关于审理盗窃案件具体应用法律若干问题的解释》第 6 条第（二）项、《最高人民法院关于审理未成年人刑事案件具体应用法律若干问题的解释》第 9 条退回公安机关处理。4 件 4 人因情节显著轻微、危害不大，不宜作犯罪处理，依据刑事诉讼法第 15 条第（一）项退回公安机关处理。退处的 1 件 1 人抢劫因情节显著轻微、危害不大，不宜作犯罪处理，依据刑事诉讼法第 15 条第（一）项退回公安机关处理。

纵观三年来未成年人案件退处的理由，主要集中在三点：1. 被退处人的犯罪情节显著轻微、危害不大，不认为是犯罪。2. 被退处人未达到刑事责任年龄，不予追究刑事责任。3. 被退处人的犯罪情节轻微，依照刑法规定不需要判处刑罚或者免除刑罚。其中，因第 1、3 点（即情节轻微、显著轻微）而被退处的案件，2006 年为 13 件 18 人，占未成年人总退处案件（15 件 21 人）的 87%、86%，2007 年为 12 件 12 人，占未成年人总退处案件（13 件 13 人）的 92%、92%。与我处 2000—2002 年（包括未成年人与

---

① 对确因民间纠纷造成的轻伤害案件，犯罪嫌疑人的犯罪情节轻微，有悔罪表现……被害人不要求追究其刑事责任，在被害人向政法机关出具书面请求后，可以按照规定做出撤销案件、不起诉等从宽处罚。

成年人）60.2％的退处案件依据第 1、3 点理由①这一数据相比，显然相对成年人，未成年人更多的是由于自身的行为表现而得到退处的宽大处理。因此可以说，只要未成年人主观恶性不大，社会危害不严重，因为心智不成熟而初次、偶然犯了轻罪，不被处以刑罚的可能性是很大的。

纵观三年来未成年人案件退处的依据，2005 年主要集中在刑事诉讼法第 15、142 条，以及《最高人民法院关于审理盗窃案件具体应用法律若干问题的解释》第 6 条。随着 2006 年《最高人民法院关于审理未成年人刑事案件具体应用法律若干问题的解释》的施行、2007 年《最高人民检察院关于在检察工作中贯彻宽严相济刑事司法政策的若干意见》等政策、规定的出台，未成年人案件可非刑事化处理的范围越来越广，依据越来越充分。尤其是《最高人民法院关于审理未成年人刑事案件具体应用法律若干问题的解释》，不仅将抢劫等传统意义上的重罪纳入有可能不起诉的案件行列当中，充分体现了对未成年人案件不能一概而论，应个别分析、深入分析的特殊司法保护理念。而且扩大了个罪的适用范围，如盗窃。与 1998 年施行的《最高人民法院关于审理盗窃案件具体应用法律若干问题的解释》（以下简称《盗窃案件解释》）第 6 条第（二）项相比，《最高人民法院关于审理未成年人刑事案件具体应用法律若干问题的解释》（以下简称《未成年人案件解释》）第 9 条似乎更加严格，以"达到数额较大标准"和"积极退赃"两个要件为适用基础，而《盗窃案件解释》只以"达到数额较大的起点"一个要件为适用基础。但是仔细看可以发现，《盗窃案件解释》要求达到数额较大起点，司法实践中一般掌握在人民币 3000 元以下，《未成年人案件解释》却没有强调"起点"，因此数额就有了浮动的余地。无疑，这是顺应经济发展趋势的合理变化。而要求必须"积极退赃"也是符合宽严相济刑事政策中"注重效果，保护犯罪嫌疑人的合法权利与保护被害人的合法权益的有机统一"这一理念的。而且从 2006、2007 两年盗窃退处案件的实际情况来看，100％的案件都履行了退赔、退赃，因此"积极退赃"并不是阻碍未成年人盗窃案件退处的障碍。《未成年人案件解释》为那些因一念之差盗窃较大数额财物，但悔罪表现好、没有造成重大损失的未成年人提供了一个改过自新

---

① 引自叶衍艳：《"退处"的"正当程序"危机及其改革出路——对海淀检察院近三年"退处"案件的实证研究》。退处案件的理由有：（1）犯罪嫌疑人的行为不构成犯罪。此类案件共 43 件 55 人，占退处案件总数的 14.8％。（2）犯罪情节轻微，依照刑法规定不需要判处刑罚或者免除刑罚。此类案件共 132 件 163 人，占退处案件总数的 45.4％。其他理由还有：证据不足，不符合起诉条件，犯罪嫌疑人取保候审，屡传不到等。

的机会。

需要指出的是，2007 年退处案件的依据除了上述列举的《未成年人案件解释》和《最高人民检察院关于在检察工作中贯彻宽严相济刑事司法政策的若干意见》外，大部分案件还引用了 2006 年 12 月 19 日通过的《北京市人民检察院关于公安机关撤回移送审查起诉案件若干问题的规定（试行）》第 4 条。① 该《规定》明确了可以适用公安机关撤回处理案件的范围，即适用法定不起诉、存疑不起诉和犯罪嫌疑人无法到案的案件；同时也间接明确了不适用公安机关撤回处理案件的范围，即适用相对不起诉的案件。

（三）存在的问题

1. 逾越现有法律、司法解释的规定

我国刑事诉讼法没有规定检察机关在审查起诉阶段可以将案件退回公安机关自行处理。因此，《人民检察院刑事诉讼规则》第 262 条对"退处"的规定实际上逾越了刑事诉讼法的规定。而实践中对"退处"的应用，尤其是对未成年人案件退处的应用也逾越了《人民检察院刑事诉讼规则》的规定，退处理由完全突破了"犯罪嫌疑人没有违法犯罪行为"或者"犯罪事实并非犯罪嫌疑人所为"两种情况，绝大多数是因为犯罪情节轻微或显著轻微而退处，而这两个理由按照刑事诉讼法的规定应适用相对不起诉和法定不起诉。新近出台的《北京市人民检察院关于公安机关撤回移送审查起诉案件若干问题的规定（试行）》拓宽了《人民检察院刑事诉讼规则》规定的退处理由，将适用法定不起诉、存疑不起诉和犯罪嫌疑人无法到案的案件纳入到可以退处案件的范围。它的出台表明了司法实践对不起诉之外的案件处理方式的需要，但是该规定的法律效力是否能大于刑事诉讼法和《人民检察院刑事诉讼规则》则令人怀疑。因此，可以说，实践中的"退处"还是对法律、司法解释的双重逾越。

2. 不起诉、退处没有严格的界限

相对于不起诉来说，退处的处理方式不会给未成年犯罪嫌疑人留下"犯罪污点"，更有利于他们回归社会、改过自新。因此在未成年犯罪嫌疑人符合不起诉的情况下，我院更倾向于采取退处的方式。通常情况下，我们会将

---

① 人民检察院对于受理的公安机关移送审查起诉的案件，发现犯罪嫌疑人具有下列情形之一的，可以建议或同意公安机关将该犯罪嫌疑人撤回移送审查起诉：（一）根据刑法规定不负刑事责任的；（二）具有《中华人民共和国刑事诉讼法》第十五条规定情形之一的；（三）认定犯罪嫌疑人犯罪的主要证据明显不足，且客观上不能通过补充侦查弥补的案件；（四）犯罪嫌疑人被取保候审后脱逃，长期无法到案的；（五）其他由公安机关处理更为适宜的案件。

退处的理由告知公安机关，建议公安机关撤回案件。公安机关有权采纳建议也有权拒绝采纳。被拒绝的案件则会提交检察委员会作相应的不起诉处理。在这种情况下，一个案子是被"退处"还是被不起诉主要取决于公安机关的意见，而他们的意见一般并没有标准可循。如在一段时间内，检察机关作出的不起诉决定多了，影响到公安机关对侦查工作的评价考核，此时公安机关就乐于接收退处这种不影响评价考核的结案方式，反之则情况相反。例如吴某故意伤害案和李某故意伤害案，两案的犯罪嫌疑人均是因私人恩怨持工具将被害人殴打后造成轻伤，后由父母赔偿被害人损失，被害人与犯罪嫌疑人达成和解协议表示不再追究犯罪嫌疑人民事及刑事责任。但吴某一案处理时是在春季，公安机关不起诉的指标还很"充裕"，因此吴某最终被相对不起诉；而李某一案处理时是在冬季，不起诉数的增加将直接影响公安机关年底考核，因此公安机关接受了对李某退处的处理方式。这种犯罪情节、犯罪后表现均基本相同但处理方式不同的案件在实践中并不少见，可以说不起诉标准和退处标准没有严格界限的状况势必会导致案件处理结果的不公。

3. 非程序化的处理方式

退处是一种非程序化的处理方式，它并未明确规定具体操作模式和相应监督制约机制。如前所述，相应监督制约机制的缺失容易导致公安机关处理被退处人时间的延迟和处理方式的不当。而具体操作模式的不确定，尤其是和不起诉的模式相比，一是缺少了宣读不起诉决定书这一环节，使被退处人尤其是未成年被退处人损失了一次被教育的机会，弱化了教育、感化他们的效果；二是使被退处人通常在一种对案件一无所知的情况下被处理，丧失了本应拥有的"知情权"；三是案件的"草草收场"使法律显得不再那么庄重和严肃，会影响民众对法律的信任和敬仰。因此可以说，程序、形式的作用不可小觑，笔者认为，检察机关承办人可以在公安机关撤销案件或取保被退处人时会同公安机关共同对被退处人讲明退处的理由、依据，并做好教育工作。

四、不起诉案件的办理情况

（一）我院近三年未成年人不起诉案件总体情况及变化特征

我院近三年对未成年犯罪嫌疑人作出不起诉的人数[①]总共 49 人，占未

---

① 从 2004 年 12 月 1 日收案至 2007 年 11 月 20 日收案之间的对未成年犯罪嫌疑人作出不起诉的数据统计。

成年犯罪嫌疑人总人数（1283 人）的 3.8％，其中 2005 年 7 人，占当年未成年犯罪嫌疑人总人数（530 人）的 1.3％；2006 年 27 人，占当年未成年犯罪嫌疑人总人数（405 人）的 6.7％；2007 年（截止到 12 月 1 日结案）9 件 15 人，占当年未成年犯罪嫌疑人总人数（348 人）的 4.3％。不起诉后又重新犯罪的有 2 人，[①] 占不起诉总人数的 4.1％。公安机关对不起诉提请复议的有 2 件，复议后均维持原来的不起诉决定。作出不起诉的罪名主要还是集中在抢劫（19 人）、盗窃（13 人）、寻衅滋事（12 人）三种罪名上。此外，还有故意伤害（1 人）、抢夺（1 人）、窝藏、转移、收购、销售赃物（1 人）、假冒注册商标（1 人）、交通肇事（1 人）。

考察近三年未成年人不起诉情况，主要有以下变化：

变化一：不起诉人数不是直线上升，而是有所波动。（见图 2）

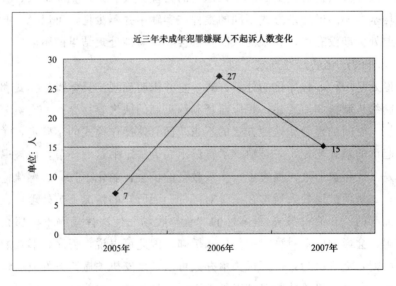

图 2

变化二：相对不起诉比重大幅度上升，占据绝对地位。（见图 3）

虽然不起诉总人数有所波动，但相对不起诉占不起诉的比重却大幅度上升，并占据绝对地位。2005 年未成年人相对不起诉人数（2 人）占当年不起

---

① 其中一名为未成年聋哑人盗窃，因被当场抓获，被害人没受到损失，又因盗窃数额不大，而作出相对不起诉，现又因盗窃重新犯罪。另外一名是新疆人盗窃，因为年龄问题犯罪时是否达到 16 周岁无法查实而作出存疑不起诉，现又因盗窃重新犯罪。

诉总人数（7 人）的 28.6％；2006 年相对不起诉（25 人）人数占当年不起诉总人数（27 人）的 92.6％；2007 年相对不起诉人数（15 人）占当年不起诉总人数（15 人）的 100％。

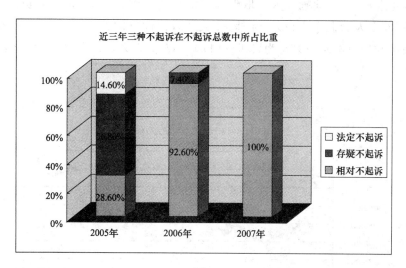

图 3

变化三：相对不起诉扩大到抢劫、寻衅滋事等较为严重的罪名。（见图4）

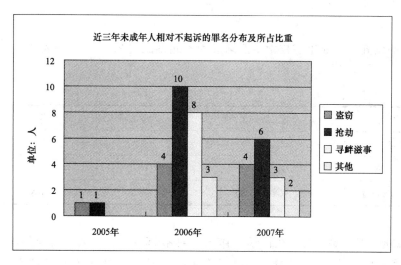

图 4

变化四：不起诉的未成年犯罪嫌疑人中，取保候审比例逐年上升。（见图5）

在作出不起诉的未成年犯罪嫌疑人中，2005年取保候审3人（只有1人为北京户口），逮捕4人，取保候审的比例占42.8%；2006年取保候审15人（12人为北京户口），逮捕12人，取保候审的比例占55.6%；2007年取保候审12人（9人为北京户口），逮捕3人，取保候审的比例占80%。

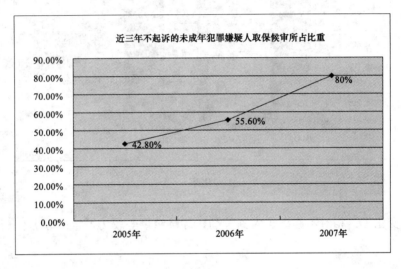

图5

变化五：未成年在校学生逐渐成为不起诉的主要人群。（见表7）

表7

年份	学生（所占比例）	无业人员	其他
2005	1人（14.3%）	4人	2人
2006	9人（33.3%）	15人	3人
2007	9人（60%）	4人	2人

2005年，对未成年在校学生作出相对不起诉的有1人，占当年不起诉总人数的14.3%；2006年，对未成年在校学生作出相对不起诉的有9人，占33.3%；2007年对未成年在校学生作出相对不起诉的有9人，占60%。

上述作出不起诉的在校学生均为北京户口,无业人员和其他人员则多为外来人口。这也说明实践中宽严相济刑事政策中的宽缓政策主要适用于在校学生,主要考虑在校学生有比较良好的帮教条件。

(二) 宽严相济刑事政策的提出对办理未成年人不起诉案件的影响

沿着宽严相济刑事政策的提出和发展的轨迹,以近三年未成年人不起诉案件为视角,深刻地剖析一下它究竟如何在实践中发挥重大的作用,又如何决定了上述变化的产生。

1. 对 2005 年未成年人不起诉办案效果的影响

2004 年 12 月中共中央政治局常委、中央政法委书记罗干在全国政法工作会议上提出:"正确运用宽严相济的刑事政策,对严重危害社会治安的犯罪活动严厉打击,绝不手软,同时要坚持惩办与宽大相结合,才能取得更好的法律和社会效果。"2005 年 3 月,最高人民法院的工作报告在介绍 2004 年的工作时说:"坚持'严打'方针和宽严相济的刑事政策,加强司法领域的人权保障。"可见,在 2005 年的时候,宽严相济刑事政策仍然还是侧重于严厉打击即"严"的方面,也没有明确提出在未成年人案件中如何贯彻该政策的问题。正是依然受到"严打"政策的影响,以及受到不起诉考核指标的严格限制,加之当时并没有出台如何办理未成年人案件的相关司法解释,因此,2006 年 1 月《最高人民法院关于审理未成年人刑事案件具体应用法律若干问题的解释》颁布之前审结的 2005 年未成年人案件中,无一人因情节轻微被作出相对不起诉处理。[①]

2. 对 2006 年未成年人不起诉办案效果的影响

2005 年 12 月,罗干在全国政法工作会议上明确指出宽严相济是"指对刑事犯罪区别对待,做到既要有力打击和震慑犯罪,维护法制的严肃性,又要尽可能减少社会对抗,化消极因素为积极因素,实现法律效果与社会效果的统一"。与该政策相适应的是,最高人民法院于 2006 年 1 月颁布施行的《关于审理未成年人刑事案件具体应用法律若干问题的解释》(以下简称《解释》) 就未成年人的年龄认定问题、罪与非罪、情节轻微的理解、适用缓刑、免予刑事处罚的情形等问题做了较为详细的阐释。随后,2006 年 3 月,两

---

① 我们对案件的统计是以当年收案时间为标准,比如 2005 年收的案件 2006 年审结的,案件编号是 2005 年那就作为 2005 年的案件来统计。因为 2005 年收的未成年人案件中,只有 2 人因情节轻微作出相对不起诉处理,但是这 2 人都是在 2006 年审结的案件,都是受到最高人民法院 2006 年 1 月颁布的《关于审理未成年人刑事案件具体应用法律若干问题的解释》的影响。

高的工作报告中指出贯彻宽严相济的刑事政策，而最高人民检察院的工作报告首次将该政策与未成年人犯罪联系在一起，明确指出：坚持区别对待，对严重刑事犯罪坚决严厉打击，依法快捕快诉，做到该严则严；对主观恶性较小、犯罪情节轻微的未成年人、初犯、偶犯和过失犯，贯彻教育、感化、挽救方针，慎重逮捕和起诉，可捕可不捕的不捕，可诉可不诉的不诉，做到当宽则宽。该司法解释的出台和工作报告使得办理未成年人案件有了更为明确的法律依据和政策指导，同时也使得未检组承办人敢于对更多的未成年犯罪嫌疑人提请相对不起诉并全部得到检察委员会的支持。在司法解释和政策指引下，我院在办理未成年人不起诉方面主要有三点突破：

（1）9 名涉嫌抢劫（预备）少年被不起诉

最高人民法院《解释》出台后，海淀法院对未成年人犯抢劫（预备）的均免予刑事处罚。根据《解释》的规定和精神，考虑海淀法院对此类案件的判决情况，本着对未成年犯罪嫌疑人"教育为主，惩罚为辅"的原则，我院就 2006 年初收案的张某等 8 人抢劫（预备）案向北京市人民检察院请示，北京市人民检察院批复认为，对未成人犯抢劫（预备）罪的，如果符合《解释》第 17 条规定的免予刑事处罚的三个条件，则不宜起诉至法院，而应作相对不起诉处理。根据该批复，2006 年我院对此类案件（9 人）均作了相对不起诉处理。此后，海淀分局没有再就未成年人犯抢劫（预备）的案件移送至我院，意味着未成年人犯抢劫（预备）的案件从刑事诉讼程序中分流出去，缓解了未成年人犯罪案件的办案压力，节约了司法资源。这也是为什么 2007 年作出相对不起诉的人数（15 人）大大低于 2006 年作出相对不诉的人数（25 人）的原因之一。

（2）开始尝试将相对不起诉适用于抢劫（既遂）较为严重的罪名

如杨某（犯罪时 15 岁，在校学生）涉嫌抢劫案。2005 年 9 月某日凌晨零时许，杨某伙同他人，在海淀区知春路地铁站北侧便道，采用暴力威胁手段，拦路抢劫被害人朱某人民币 900 元。2006 年 3 月，杨某在其母亲的带领下到北太平庄派出所投案。考虑其犯罪时尚未成年，系从犯，有自首情节，且赃款已全部退赔，因此对其作出相对不起诉决定。这也是 2006 年唯一一起未成年犯罪嫌疑人抢劫（既遂）被作出相对不起诉的案件。由此也引发了像抢劫（既遂）这样的重罪能否适用于犯罪情节轻微从而作出相对不起诉决定的争论。

（3）尝试对在校学生随意殴打他人的寻衅滋事案件作相对不起诉

寻衅滋事罪是从原来的流氓罪中分解出来的一个罪名，1997 年新刑法将它归为妨害社会管理秩序罪一章中，最高刑为五年。如果将轻罪界定为三年以下有期徒刑，那么寻衅滋事罪介于轻罪与重罪之间。实践中，存在着对寻衅滋事罪扩大理解和适用的倾向，导致随意殴打他人的寻衅滋事行为和故意伤害很难区分。如刘某（在校生）等人寻衅滋事案。刘某平时素和罗某（在校生）不和，又因罗某瞥其女朋友（在校生）一眼，遂纠集多人在男厕所对罗某拳打脚踢，致罗某轻伤。不可否认，刘某等人的殴打行为确实带有逞强斗狠、无事生非的动机，然而也不可排除其同样具有伤害罗某的故意，而后进行了纠集多人商量、策划并殴打的行为，也很难将这种行为上升为扰乱社会秩序，在笔者看来定故意伤害更为适宜。然而多年的司法实践似乎已经习惯于将该行为定性为寻衅滋事，而对于那些被纠集而来但只是在旁边站脚助威的人也认定为寻衅滋事，笔者认为这是对"随意殴打"的任意扩大理解，忽略了寻衅滋事罪需要"情节恶劣"的条件限制，其实也不符合宽严相济刑事政策。从而导致实践中，公安机关为成功移送起诉，将仅仅造成轻微伤的故意伤害案件改定性为寻衅滋事（按司法惯例，随意殴打他人造成轻微伤就可构成寻衅滋事罪），实则违背了刑法立法时的初衷，同时也违背了宽严相济刑事政策，形成该严不严、该宽不宽的局面。这也是造成大量的寻衅滋事案件被认为是情节轻微而作出相对不起诉的原因。2006 年 25 名被不起诉未成年人中，就有 8 人（均为在校学生）因寻衅滋事被作出相对不起诉处理。

上述突破从总体上说，是对宽严相济刑事政策的有效回应，但同时凸显了 2006 年未成年人不起诉工作的不足，过于注重作出相对不起诉的人数和结果，一定程度上忽视了对被不起诉人的社会调查和帮教工作。当然，一方面是因为最高人民法院的司法解释和关于未成年人的宽严相济刑事政策刚刚出台尚需探索，另一方面也是因为 2006 年的宽严相济刑事政策尚没有提出做好帮教工作之类的指示。

3. 对 2007 年未成年人不起诉办案效果的影响

2006 年 10 月召开的十六届六中全会通过了《中共中央关于构建社会主义和谐社会若干重大问题的决定》，其中明确要求："实施宽严相济的刑事司法政策，改革未成年人司法制度，积极推行社区矫正。"将改革未成年人司法制度作为构建社会主义和谐社会的若干重大问题之一意味着我国对未成年犯罪嫌疑人、被告人的权利保护上升到一个新的高度。为此，2006 年 12 月，最高人民检察院在《关于在检察工作中贯彻宽严相济刑事司法政策的若干意见》中规定办理未成年人犯罪案件，要对未成年犯罪嫌疑人的情况进行调查，了解未成年人的性格特点、家庭情况、社会交往、成长经历以及有无帮教条件等情况，除主观恶性大、社会危害严重的以外，根据案件具体情况，可捕可不捕的不捕，可诉可不诉的不诉。对确需提起公诉的未成年被告人，应当根据情况依法向人民法院提出从宽处理、适用缓刑等量刑方面的意见。并随即通过了新修订的《人民检察院办理未成年人刑事案件的规定》，增加、完善了办理未成年人刑事案件的九项制度，并就"可诉可不诉"原则进一步具体化。这就意味着从 2006 年底开始，宽严相济刑事政策对未成年人保护的侧重点不光是对更多的犯罪情节较轻的未成年人作出相对不起诉决定，而是对被不起诉人做好社会调查和帮教工作。因此，直到目前为止，2006 年、2007 年作出不起诉决定的 42 名未成年犯罪嫌疑人无一人重新犯罪。2007 年最高人民检察院下发的《人民检察院办理不起诉案件质量标准（试行）》（2007 年）明确规定了不起诉的五种情形，[①] 更是对可诉不诉的标准进一步细化，标志着不起诉工作成为检察院贯彻宽严相济刑事政策的一面旗帜，为更多的犯罪情节轻微、主观恶性不大的未成年犯罪嫌疑人作出相对不起诉提供明确的依据。

在这样的大背景下，2007 年在总结 2006 年的未成年人工作基础上，对未成年人不起诉案件又有了如下亮点：

（1）耐心释法，促成和解，对盗窃亲属财物的未成年人作出相对不起诉

2005 年 7 月至 2006 年 5 月间，张某趁在表舅妈家照看小孩之机，多次窃取叶某放在家中的人民币共计 33400 元。因遭叶某怀疑，张某承认了所有盗窃事实并分两次退还人民币 8400 元。由于张某没有继续退赔，被害人报警，张某被抓获。收到案卷，承办人认真审查了本案事实和证据，按照一般的司法实践，张某多次盗窃且数额达 3 万余元，应当提起公诉并在三年以上十年以下量刑，而依照最高人民法院《关于审理未成年人刑事案件具体应用法律若干问题的解释》第 9 条第 3 款规定，已满十六周岁不满十八周岁的人盗窃其亲属财物但其亲属要求不予追究的，可不按犯罪处理。这就意味着被害人的态度一定程度上决定着犯罪嫌疑人的命运。而新颁布的《人民检察院

---

① 对于符合犯罪情节轻微，依照刑法规定不需要判处刑罚或者免除刑罚的案件，同时具有下列五种情形之一的，依法决定不起诉：未成年犯罪嫌疑人、老年犯罪嫌疑人，主观恶性较小、社会危害不大的；因亲友、邻里及同学同事之间纠纷引发的轻微犯罪中的犯罪嫌疑人，认罪悔过、赔礼道歉、积极赔偿损失并得到被害人谅解或双方达成和解并切实履行，社会危害不大的；初次实施轻微犯罪的犯罪嫌疑人，主观恶性较小的；因生活无着偶然实施盗窃等轻微犯罪的犯罪嫌疑人，人身危险性不大的；群体性事件引发的刑事犯罪中的犯罪嫌疑人，属于一般参与者的。

办理未成年人刑事案件的规定》第 3 条第 2 款也明确指出，应当告知被害人及犯罪嫌疑人家属案件进展情况，并对有关情况予以说明。于是承办人在向被害人告权时，改变以往"填鸭式的告权模式"[①]后，主动向被害人询问对这个案件和犯罪嫌疑人张某的看法，耐心倾听她的诉求，并详细阐明了关于未成年人亲属盗窃的司法解释，叶某表示只要张某真心悔过，积极赔偿，便不再追究。承办人的细致工作收到了良好的效果，犯罪嫌疑人和被害人共同的长辈亲属来电，希望能努力做双方的工作，挽救尚未成年的张某。经过一段时间的共同努力，张某父母将赃款全部退赔，取得被害人的谅解。此案经检察委员会研究并向上级检察院请示，最终决定对张某作相对不起诉。如今，双方早就尽释前嫌，曾一度被破坏的亲属关系也变得比原来更为融洽。张某也从这件事中吸取教训，目前在一所职业技术学校就读。该案的成功办理标志着在告权方式上真正实现由告权向析权的转变，真正做到人性化执法。

（2）开始注重对未成年人的不起诉帮教考察，推行"三部曲"工作机制

在办理贺某等三人（均系某重点中学高三学生）抢劫案的过程中，承办人通过审查案卷、讯问犯罪嫌疑人，充分了解到三名犯罪嫌疑人是因刚刚遭人抢劫钱财，身上的几百块钱被抢劫，心里非常不平衡，遂临时起意商量抢劫他人以弥补损失，后因形迹可疑被巡逻民警盘问，三人均主动交代了抢劫事实。承办人在办理此案过程中创造性地提出社会调查、个别谈话和考察、召开不起诉帮教座谈会的"三部曲"帮教机制。经社会调查了解到三名学生在校期间表现良好，并多次获奖，考虑到三名学生还具有自首情节并获得被害人的谅解、一贯表现良好，对犯罪嫌疑人作出相对不起诉处理。此后，承办人又邀请家长、老师、专家通过帮教座谈会的形式，对三名未成年人做心理辅导和矫治。不起诉帮教对涉案的三名未成年犯罪嫌疑人触动很深，目前两名学生考上大学，一名在校复读。此后，三部曲的工作机制贯彻到了每一名不起诉的未成年犯罪嫌疑人中，形成"海检未检组工作特色"，收到非常良好的法律效果和社会效果。

---

① 这是笔者对传统告权方式的一个形象称谓，传统告权模式是指收案后 3 天内打电话告诉被害人："这个案件公安机关已经侦查总结，移送检察院审查起诉，你有权委托诉讼代理人，如果你因嫌疑人的犯罪行为而使身体受到伤害，有权提起刑事附带民事诉讼，如果你仅是财产损失，那么法院会在判决时要求被告人赔偿。如果你还有什么问题，可以打电话与我们联系。"在传统告权模式中，检察官处于主导地位，被害人一般只是应声作答，在这一番程式化的告知后便算是走完了告权程序。

（3）重视不起诉决定之后的后续帮教工作机制

2007 年，未检组在不起诉工作方面最显著的特点就是重视不起诉决定作出之后的后续帮教工作，定期（一般为每月）让被不起诉人提交思想汇报，同时让家长提交有关监督帮教情况说明。同时未检组还联合我院预防处开展帮教工作，真正让孩子提高法律意识，让家长重视法制教育，防止再犯，重塑未来。此外，我们邀请未成年人心理、生理、教育、法律等方面的专家参与，针对被我院决定不起诉的未成年人的家长，尝试开办"家长课堂"，通过与未成年人本人及家长的沟通交流，向家长和未成年人讲授有关亲子关系的知识，通过个别咨询和集体讨论的形式，使我院和家长一起形成对未成年人的联动帮教模式，达到有针对性地可持续地进行未成年人的帮教工作。目前已尝试对四名涉嫌寻衅滋事、三名涉嫌抢劫，均被我院不起诉的未成年人的家长进行了沟通活动，家长反映很好。

（三）宽严相济刑事政策下办理未成年人不起诉案件凸显的问题及解决途径

宽严相济刑事政策的提出强化了干警的人权保障意识，促进人性化执法，激励工作机制的创新，然而在寻求未成年犯罪嫌疑人轻缓化的处理上，如何准确把握"宽"的度，将检察官的不起诉裁量权恰如其分地运用于未成年人犯罪案件中，仍是我们面临的问题。

1. 相对不起诉的适用更易受到承办人个人因素的影响

近两年，在宽严相济刑事政策的影响下，未成年人犯罪案件几乎不存在对相对不起诉率进行控制的问题，只要承办人提请相对不起诉，检察委员会几乎无一例外作出相对不起诉的决定。这一方面充分发挥了检察官的自由裁量权，但同时由于受承办人个人因素的影响较大，如承办人的性格特征、其对刑事政策和司法解释的把握和理解、对犯罪嫌疑人个人印象好坏、一段时间的办案压力大小等，使得相对不起诉的适用具有随意性和不确定性。容易出现同样的犯罪行为由于不同的承办人可能作出诉与不诉的不同处理，或者同一承办人对同样的犯罪行为可能因犯罪嫌疑人身份、地域差异、犯罪嫌疑人是否逮捕及该段时间办案压力大小等情况得到不同的处理。这种处理并不具有真正的判例的性质，也很难说可以一直延续，从而减弱了法律的公信力和权威性。比如同样盗窃价值 2000 多元的手机，同样在案发后起获了赃物，同样得到被害人的谅解，同样被取保候审。而杨某（北京人，在校学生，17岁）采用溜进他人宿舍趁人不备的方式秘密窃取，曹某（外地来京务工人员，17岁）则采用趁外出给客户送货之机拿走客人放在沙发上的手机，两种犯罪情节都很轻，犯罪嫌疑人认罪态度也比较好，主观恶性都不大，但是承办人对前者杨某提请相对不起诉，从而得到检察委员会的支持。后者曹某却被诉至法院，问及原因，是因为赶上年底结案，提请不起诉的程序繁琐、后续备案工作麻烦，再加之犯罪嫌疑人本人及父母没有提出相对不起诉的请求，因此承办人为快速结案更倾向于以简易程序诉至法院，法院最终判决拘役三个月，缓刑四个月，罚金人民币五百元。尽管不起诉决定对于犯罪嫌疑人来说更为有利，但是不能因此就认定起诉不正确或不适当，因为法院同样作出了有罪判决。

目前，《人民检察院办理未成年人刑事案件的规定》、《人民检察院办理不起诉案件质量标准（试行）》中的相应条文虽然一定程度上细化了"可诉可不诉"的标准，但对于"可诉可不诉的诉了"却缺乏相应的监督和制约机制，这种情形又不属于起诉质量不高。因此，诉与不诉受承办人个人因素影响过大，导致法律适用不统一、犯罪嫌疑人受到不平等待遇的现象。

2. 相对不起诉中犯罪情节轻微的界限难以把握

刑事诉讼法第142条第2款规定，对于犯罪情节轻微，依照刑法规定不需要判处刑罚或免除刑罚的，人民检察院可以作出不起诉决定。然而，如何理解犯罪情节轻微，是否包括犯罪行为较为严重的重罪，比如抢劫、故意杀人等严重的暴力犯罪？[①] 我们认为，判断案件是否属于犯罪情节轻微，必须在查清犯罪事实的基础之上，全面考察、综合衡量犯罪的性质、动机、对象、手段、时间、地点、社会危害程度和犯罪嫌疑人的一贯表现、犯罪后的态度，从而确定是否属于"犯罪情节轻微"，不能笼统地将重罪排除在相对不起诉之外，该观点几乎在实务界达成共识。因为在很多情况下犯罪嫌疑人涉嫌罪名虽重，但犯罪动机、手段并不恶劣，同样可以理解为犯罪情节轻微，只是对重罪适用相对不起诉须更为慎重。

从近几年未成年犯罪嫌疑人抢劫适用相对不起诉的发展来看，预备犯→自首、从犯（语言威胁手段的抢劫）[②] →自首（语言威胁手段的抢劫）[③] →

---

① 笔者最近参加一个学术研讨会，会上有少部分领导、专家就提出犯罪情节轻微原则上不应包括犯罪性质较为严重的重罪，并对当前实践中广泛存在的对未成年人抢劫动辄适用相对不起诉提出批评。

② 如前文关于"对2006年未成年人不起诉办案效果的影响"部分提到的杨某抢劫案。

③ 如前文关于"对2007年未成年人不起诉办案效果的影响"部分提到的贺某等三人抢劫案。

未遂、从犯（暴力手段的抢劫）[①]，由此可以看出相对不起诉的条件越来越宽松，以至于对持刀抢劫的未成年犯罪嫌疑人也适用情节轻微的条件从而作出相对不起诉。可见，对犯罪情节轻微的解释有日益扩张的趋势，容易造成不起诉裁量权的滥用。

3. 与犯罪情节无关的案外因素决定着相对不起诉的作出

实践中的一种倾向是，犯罪嫌疑人是否和被害人和解、犯罪嫌疑人是否具备良好的帮教条件、是否有利于不起诉工作机制创新等越来越多的案外因素逐渐成为承办人是否提请不起诉的重要条件，甚至一定程度上决定着不起诉的作出。比如说，未成年人盗窃价值2000元的手机，在已经退赃的情况下，只要没有被害人出具的原谅犯罪嫌疑人的明确书面说明，承办人就不提请作相对不起诉；此外，犯罪嫌疑人是否有良好的帮教条件也成为影响不起诉决定作出的重要因素，因此在犯罪情节类似的情况下，城镇未成年犯罪嫌疑人比农村出身的未成年犯罪嫌疑人，北京人比外地人，在校学生比务工或无业人员更多地适用不起诉决定。而在校学生往往还考虑是否学校继续愿意接收、是否仍然保留学籍、他的一贯表现如何等等。这也是未成年在校学生为什么逐渐成为不起诉的主要人群的原因，就在于他们家住北京有比较良好的帮教条件。对在校学生不起诉更容易进行工作机制的创新，比如我们正在施行的四部曲帮教机制、心理辅导、家长课堂等2007年的多项创新工作均是以对在校生作出不起诉为切入点，更容易取得好的社会效果。

总之，赔钱、取得谅解、有帮教条件、是否有利于工作创新等案外因素主宰着不起诉决定的作出，这似乎成为一种潜规则，无形中为相对不起诉增加限制条件，同时剥夺了一些犯罪情节轻微的外地的、非在校学生的未成年犯罪嫌疑人作出相对不起诉的正当权利，使相对不起诉带上贫富差异、地域差异、身份差异的烙印。

4. 不起诉程序繁琐，案外工作多，容易导致"能诉则诉"的局面

与起诉相比，不起诉工作不仅仅是多写两个文书（案件请示报告、提请上会报告）那么简单，还要逐级找领导审批，之后将上会报告送至本院研究

---

①　如孙某等三人（在校学生）抢劫案，孙某在朴某（起诉）的授意下买刀作抢劫时用，后孙某等三人在朴某的带领下来到某中学门口实施抢劫，因被害人（男，17岁）反抗，未抢到任何财物，但朴某持刀将被害人划成轻微伤。后来孙某等三人的家长与被害人家长多次沟通，积极赔偿损失，最终双方达成谅解备忘录。因孙某等三人具有未遂、从犯情节，因此作出相对不起诉决定。

室，等待上会，检察委员会通过后还要有繁琐的不起诉备案程序，最后还要向被不起诉人当面宣读不起诉书，还要送达给被害人。不光是程序上的繁琐，承办人还需承担大量的案外工作，要对未成年犯罪嫌疑人进行社会调查，了解其个人情况、家庭背景、学习情况、学校意见、同学关系等等，不起诉决定作出后还要继续进行至少为期一年的跟踪帮教等等，在办案压力大的情况下，承办人根本无暇顾及，为了加快办案速度，对可诉可不诉的案件可能更倾向于诉至法院，从而转移一部分办案压力。这其实也是为什么在2007年比2006年不起诉人数会下降的原因之一，因为2007年未检组案件量猛增，比2006年多出200多名犯罪嫌疑人，且多为复杂的团伙犯罪，承办人承办案件量增多、压力增大、单位组织的活动频繁，导致工作时间非常有限，承办人往往不堪重负，并不乐意在不起诉上花费太多的时间。因此，尽管宽严相济刑事政策仍然在未成年人案件中发挥导向作用，然而政策毕竟没有相应的约束力，在受到上述因素的影响下，"可诉可不诉"的原则并没有得到很好的贯彻。

对于上述存在的问题，可以考虑从以下几点尝试性解决：

一是增加办案人手，充实办案力量，使未检组承办人有时间有精力应对繁琐的不起诉程序。

二是通过对实践中的不起诉常见罪名（如盗窃、抢劫、寻衅滋事、故意伤害等）及相应的犯罪情节进行分析对比，制定不起诉标准，尽量避免出现同样犯罪情节作出诉与不诉不同处理的情况，保证处理方式的一致性、延续性。

三是对于犯罪性质较为严重，但具有法定从轻、减轻情节，仍然可能判处三年以下有期徒刑的未成年犯罪嫌疑人作出相对不起诉决定，除了认罪态度较好，还应具备良好的帮教条件、赔偿被害人、取得被害人的谅解等条件，而对于罪名、性质本来就较轻，依法不需要判处刑罚或免除刑罚的犯罪，不得以没有帮教条件、没有明确的被害人意见为由限制不起诉。

四是通过加强与其他机构的合作，使检察机关从过多的案外工作中解脱出来，共同承担教育挽救未成年人的社会责任。检察机关毕竟不是教育机构，还是应以办案为主，如果为了搞工作创新，就自己承揽太多的社会工作，在办案压力日益增大的形势下，势必造成承办人不堪重负而对过多的案外工作产生不耐烦心理，反而不利于对未成年人的教育挽救。比如，我们目前正在和司法局法律援助中心协商，由他们主持犯罪嫌疑人和被害人的和解工作。此外，应当考虑其他专门机构对未成年犯罪嫌疑人进行社会调查，及时将情况反馈给检察院，作为不起诉决定的重要参考依据。在作出不起诉决定后，应当交由妇联、团委、居委会、青少年心理咨询中心等机构做好被不起诉人的帮教工作。

报告十一 取保候审制度实证调查

北京市京鼎律师事务所 刘焱焱

取保候审，是指在刑事诉讼过程中，公安机关、人民检察院、人民法院责令犯罪嫌疑人、被告人提出保证人或者交纳保证金，保证犯罪嫌疑人、被告人不逃避或者妨碍侦查、起诉、审判，并随传随到的一种强制方式。作为现行刑事诉讼法规定的非羁押性强制措施的一种，取保候审的适用，一方面可以保证被取保的犯罪嫌疑人、被告人在人身自由的前提下，进行法律规定内的正常生活、工作和学习；另一方面，也可以减少政府用于羁押所支出的各项管理费用和管理压力，防止羁押人群的心理和生理性交叉感染。从某种意义上讲，取保候审的适用状况直接关系到刑事诉讼中惩罚犯罪与保障人权之间的有效平衡问题。

遗憾的是，在中国司法实践中，取保候审的比例普遍较低，应该取保的被羁押，而应该羁押的却被取保，整体上表现为"羁押为常态，取保为特例"之状况。各地看守所人满为患，大量司法资源被耗费。很多人，包括具体办案的司法人员，在观念上仍然把犯罪嫌疑人、被告人的羁押本身当作是一种有罪推定的惩罚措施。当然，我们也不能忽视处于转型期的中国，犯罪数量激增、人口流动性较大、破案仍过分依赖口供、被害人施加的压力、司法机关内部考评制度等一系列现实司法状况以及现行司法体制的相关制约，这些制约在客观上造成了目前取保候审制度的尴尬境地。

一、中国取保候审制度的现状

严格意义上讲，现行刑事诉讼法第51条关于取保候审条件的规定，从法理上讲是十分宽宥的。换句话讲，任何一个犯罪嫌疑人或者被告人都有可能因司法机关认定其"不致发生社会危险性"而被取保候审。遗憾的是，司法实践的结果正好相反，被取保候审的比例非常低，从我们调查的结果看平均不到20％。事实上，刑事诉讼法第51条关于取保候审条件的弹性模糊规定，是导致目前各地取保候审随意性现状的一个重要原因。

1. 取保候审率较低

海淀区公安分局的一组统计数据是我们本次调查中关于取保候审比例最多的一组，2004 年的取保候审比例为 20.5％，2005 年的比例略有上升，达到了 24.2％。而北京某刑事辩护律师 2007 年经手办理的案件中，取保候审比例仅为 6％左右，其中因证据不足被取保候审的占到了 80％。北京市某区级人民检察院检察官告诉我们的数据是：2006 年他办理了 130 多件案件，只有 20 多件案件的犯罪嫌疑人被公安机关取保候审，比例不足 20％。而浙江宁波某区人民法院 2005 年上半年办理的公诉案件中，被告人共计 998 人，其中取保候审的为 123 人，取保候审的比例为 12.32％。

由此可见，虽然现行刑事诉讼法给予了各司法机关关于决定取保候审极大的自由裁量权，但在具体操作过程中，取保候审普遍走向了过于严苛的极端。承办人员或为讯问取证方便或为惩罚犯罪心理或为规避取保后各种潜在风险，大多倾向于采取最为安全、方便又可趋利避害的羁押方式，而非取保候审。

2. 户籍成为取保候审的重要参考指标

调查中我们发现，户籍不在本地的犯罪嫌疑人、被告人，即便符合取保候审条件，即便犯罪情节、社会危险性比本地犯罪嫌疑人更为轻微，也很难被取保候审，实践中，外地人取保候审的比例大大低于本地人。以上面提到的浙江宁波某区法院为例，在 12.32％的取保候审案件中，其中80.21％为本地人。而北京海淀分局 2004 年到 2005 年的一个统计数据表明：北京籍犯罪嫌疑人取保候审比例为 41.4％，外地籍犯罪嫌疑人取保候审比例仅为 18.3％。即使是未成年人，户籍也成为其是否可取保候审的重要考核指标。

在本项目调研过程中，作为律师的笔者就有过亲身经历。案件的犯罪嫌疑人是一个不满 16 周岁的未成年人，涉嫌强奸罪。其家人与被害人达成了谅解赔偿协议，被害人也表示不希望司法机关追究犯罪嫌疑人的刑事责任。犯罪嫌疑人在看守所中也对所犯罪行进行了如实供述并多次表示懊悔。根据最高人民检察院宽严相济刑事政策下对未成年人案件办理若干规定的精神，这个犯罪嫌疑人实际上已经具备了不予逮捕的可能性。在此背景下，笔者曾试图为其申请取保候审，未果。通过内部渠道获知，被拒绝的主要原因就是，该犯罪嫌疑人户籍地在河南。但是，此前半年左右，就在同一个区检察院，一个抢劫团伙案件中，几个未成年在校学生就被司法机关主动取保候审了，原因之一是他们都为北京籍。

事实上，随着大量流动人口的增加，一些大中城市的绝大部分犯罪嫌疑人、被告人都为外地人员。而对外地人员监控措施的缺乏，使各地司法机关对外地人的取保候审都达成了一种默契——能不取保就不取保，虽然现行刑事诉讼法并未有户籍条件的限制性规定。但在各地的司法实践中，外地犯罪嫌疑人、被告人在取保候审中无法与本地人一样享受"同城待遇"已然成为一种惯例。

对此，北京某区看守所警察的观点具有典型性："本地人取保后的风险明显低于外地人，原因不言则明，被取保人跑了，他家还在，追起来容易得多。而且，因为本地各种社会关系的牵扯，他们一般很少选择脱保。但外地人却没有类似制约，他们给你留个手机号码就走了，有些家庭住址还是假的，他们跑了后我们到哪儿去找？网上追逃的成本难道不比羁押更大吗？"而北京市某区检察官则告诉我们："实际上部分外地人犯罪都是些小偷小摸的盗窃行为或者其他一些轻罪，依法确实应对其采取取保候审措施。作为检察官，我们也尝试着对外地人增加一些取保比例，但实践中情况并不乐观。举一个简单的例子，某个案件审查后发现犯罪嫌疑人符合没有逮捕必要的条件，在这种情况下，公安机关就应该对其取保候审。但公安人员知道我们的决定后，第一时间打来电话说：这个人我们调查了，一没钱财保，二在本地没有保证人，你们不予逮捕，我们以什么方式取保候审？取保后人跑了谁来负责？最后，我们不得不批准逮捕。"另外一个检察官则告诉了笔者一组数据：2004 年度其所在检察院起诉部门的统计数据表明，被取保候审人脱保的比例为 8.1%，其中外地人占到了 95.8%。他随即解释说，这样的数据实际上已经切合了实际办案人员的担忧，所以在决定是否取保候审时我们一定会对外地人"另眼相看"，这也是没有办法的事情。当然，前提是，我们这么做并没有违法，因为现行取保候审条件可严可宽。

事实上，在一些大中城市，因为大部分犯罪嫌疑人、被告人的外地籍身份以及由此带来的取保难度，也正成为中国整体取保候审率低的原因之一。

3. 取保候审在一定程度上演变成了某种特权

取保候审本来是对犯罪嫌疑人、被告人适用的一种强制措施。但在一些地区，却正演变成某种特权，即有人有钱的犯罪嫌疑人、被告人就能取保。比如安徽某区级法院法官告诉我们："我在基层法院做了 16 年刑事法官，作为一个经济相对不发达的地区，我们那里的案件大多为本地人犯案，且多为邻里纠纷、轻伤害案件类型。这种情况下，就看谁有关系，当然，这还不够，你还要有钱。所以，在我们那里，只要你符合上述两个条件，可以肯定地说，你就可以被取保候审。说白了，现在取保候审制度在一定程度上正成为司法腐败的一个重要缺口。"

事实上，即便在北京这样的直辖市，每家看守所周边每天都游动着一个特殊人群，他们追逐着当事人家属，承诺可帮其"捞人"。正如某律师告诉我们的：目前律师从合法程序上很难帮助当事人成功办理取保候审，但一些和侦查机关有特殊关系的人却能轻易做到律师无法做到的事情。当然，这里面也滋生了很多欺诈行为，笔者的一些当事人就是听了这些人的游说后交了很多钱却没有下文后才又找到律师的。

而多个被访检察官还向笔者透露了这样一种情形：在一些共同犯罪案件中，我们经常发现一些犯罪情节轻微的犯罪嫌疑人被诉到检察院，而情节更为严重的主犯却没了踪影。问到具体办案人员，他们的回答通常是：不清楚，需要问一下领导，但最后却不了了之。实际上我们很明白，这个人通常是以取保候审的名义放了。如果继续追究下去，侦查机关就会告诉你，这个人被取保候审了，现在无法找到人了。笔者前不久经手的一个案件，与此类似。仅从给辩护律师提供的案卷和当庭审理中就能发现，案件的幕后主使，也是本案的主犯为本地人，之前通过某种关系"逍遥法外"，于是在起诉书中他就变成了"另案处理"的字样。

"取保候审这种强制措施制度，它的作用已经远远超过本来设置的目的了"，北京市某区级检察院检察官说。

4. 取保候审成为无罪释放的替代品

本该无罪释放的犯罪嫌疑人，被以取保候审的名义永远挂在那里，带着有罪之身，这种现象看似荒唐，却在司法实践中成为某种惯例。大部分被访检察官都告诉笔者这样一种情形：经过审查后，我们认为犯罪嫌疑人不构成犯罪，不批准逮捕后，侦查机关本该放人，但他们却将此人取保候审，名义上是为了继续侦查方便，但最后却不见将其诉到检察院来，就将人一直以有罪之身挂在那里。对此，某被访警察的解释是：我们内部有很多考核指标，拘了一个人后谁都不愿意放人，某种程度上会影响到办案人员的业绩，所以，我们主观上是希望对所有人都批捕。对那些退捕应该直接放人的，我们有时候会对其采取取保候审强制措施，反正客观上是把人放了，而且这样做就不会影响到我们的一些衡量指标了。而北京市某区级法院法官也谈到了这个问题：现在羁押率高不仅仅是取保候审率低造成的，从我经手的案件看，很多案件从一开始就不应该立案。但蹊跷的是，不但立案了，而且还正常批捕、起诉到法院了。凡是已经到了法院的案件，即便我们审理后认为不构成犯罪的，最后不管哪种刑罚也都要判其有罪，否则，就会影响到其他司法部门和办案人员的业绩。而且据我了解，有些派出所为了完成案件指标，年底时竟跨区协商伸手要案来达标。这种情况下，怎么可能会轻易对犯罪嫌疑人取保呢？而被访的北京某著名刑事辩护律师则给笔者讲了几个黑社会性质案件的情况，这些案件的一个共同特点是：先期拘押的人数众多，比如河南某案件多达 280 人。其后，绝大多数犯罪嫌疑人交纳上万元甚至几十万元的取保金后以取保候审的名义被无罪释放。

5. 辩护律师在取保候审程序中形同虚设

现行刑事诉讼法第 52 条规定：被羁押的犯罪嫌疑人、被告人及其法定代理人、近亲属有权申请取保候审。第 96 条第 1 款规定：犯罪嫌疑人被逮捕的，聘请的律师可以为其申请取保候审。从上述规定可以看出，在犯罪嫌疑人被逮捕前的刑事拘留期间，律师是没有权利为其申请取保候审的。实际上，这一阶段，律师会见犯罪嫌疑人并了解案件基本情况都非常艰难。而一旦犯罪嫌疑人被批捕，再申请取保候审几乎不可能成功。"一般情况下，我很少主动提议当事人申请取保候审，因为难度太大，很少获批。有些案件你明明知道犯罪嫌疑人符合取保候审条件，也不愿意多此一举，最后除了浪费自己时间和精力外，什么结果都没有。碰到那些不明事理的当事人，他们还会因为你没有帮他们办理成功而胡搅蛮缠，严重干扰正常办案"，北京某律师说。而湖南某律师的做法则完全相反：我每个案件都会帮助当事人申请取保候审，反正社会危险性的解释是开放性的，理论上都具有取保候审的可能性。但遗憾的是，截至目前，我主动申请的案件中获批的比例几乎为零。司法机关通常的做法是不予理会，追问下来顶多是一种口头上的回绝。被拒绝后，辩护律师和当事人也没有任何救济程序。另外一个北京执业律师则告诉笔者：同一个案件，在侦查机关申请取保候审的难度很大，这种情况下，我通常会在审查起诉阶段再帮其申请取保候审，当然，结果也不容乐观，但确有成功案例。因为现在大部分检察官愿意听取辩护律师的一些合理合法建议。对此，北京市某区检察院检察官表示赞同："我们实际上是欢迎辩护律师更多更早地介入到案件中，协助我们一起更清楚地审查案件。比如取保候审，一些当事人的情况，特别是其人身属性方面的信息，辩护律师就可能比我们了解得更多更详细，这样当他们通过正常渠道提供证据申请取保的，符合条件的话我们就会考虑为其变更强制措施。当然，实事求是地讲，现在这种沟通渠道非常不畅，特别在批捕阶段，我们更无法律依据接收任何来自辩护律师的材料。""在实际司法实践中，我们很少会主动变更强制措施，侦查机关更多地掌握着是否取保候审的主动权，即便我们发现不该羁押的，一般也不会帮其变更，除非遇到突发重大疾病的情况，会建议本人或者家属提出取保候审申请。这里面有一个责任分担问题，你变更了强制措施，人恰好跑掉了，那责任就是你的。所以，辩护律师试图在检察机关申请取保候审获批的理论可能性也很低"，北京另外一个区检察院检察官告诉笔者。

6. 保证金成为部分司法机关的福利来源

我们从被访的警察处了解到，目前财保在取保候审方式上仍占主流，特别是一些中小城市。保证金通常由犯罪嫌疑人或其家属直接划拨到当地县级公安局指定的银行专用账号内，也可交纳现金。保证金数额没有上线规定，最低为 1000 元。我们了解到，一些不发达地区的保证金平均达到了 2 万元甚至更高。而两高两部《关于取保候审若干问题的规定》中，对违反刑事诉讼法第 56 条没收保证金也做了程序上的详细规定。但遗憾的是，我们调查发现，各地都有非法没收保证金的情况，而在一些中小城市，保证金甚至成为当地司法机关的福利来源之一。

"这里面有一个潜规则。虽然保证金采取了专户管理政策，但各地都有按比例返还的惯例。你收取的保证金越多，返还的数额越大，这部分资金届时就会转变成为办案人员的具体福利。因此，在我们那里，公、检、法各机关在取保候审问题上竞争非常激烈，有时候公安机关取保了，检察院再取保一次，让当事人反复交纳保证金"，安徽某区法院法官透露说。对此，被访的警察都三缄其口，不愿明确表态。他们只承认，确实了解此类现象的存在，但否认自己享受过类似"福利待遇"。对于笔者关于如何向被取保人解释保证金没收的问题，北京市某区公安分局警察解释说：技术上讲这个很容易操作。理论上我只要传你一次不到，就可以认定你违反了取保候审的规定，从而将保证金没收，而无论你是否有合理理由。实际上，有哪个被取保候审的人能随传随到？浙江某区法院法官则告诉笔者：我们那里被取保候审后很少有再来要回保证金的，因为当初被取保候审靠的就是关系，你被取保了就等于是对你的一种优待，谁也不会再傻到去追究这个保证金下落的。所以，大部分保证金最后都返还到了作出取保决定机关的小金库中了。

事实上，还有一些特殊案件的保证金落入了个别办案人员的口袋中。比如上面提到的河南某黑社会性质案件，第一被告的辩护律师告诉我们：整个案件中大概有上千万的取保候审保证金以及其他财产非法落入了专案组组长及其下属手中。目前，该专案组组长通缉在逃，很多无罪释放的人员到当地公安局索要取保候审保证金都无果而返，他们被答复说"那些钱当初都由专案组组长一人控制，现在该人在逃，钱也下落不明，只能等其落案后才能解决发还"。

7. 保证人诺而不保

调查显示，保证人保证的方式在取保候审中所占比例正在加大。"我们现在更愿意采用人保方式，因为很多人现在都不在乎财保那点儿钱了，所以理论上讲，人保对脱保更有制约性"，北京市某区检察院检察官告诉笔者，但他同时强调说："实践中保证人真正尽责的很少。遇到被取保候审人脱保的情况，我们同样没有办法。虽然法律规定了保证人应该承担类似罚款、承担连带赔偿以及刑事责任等方面的规定，但又缺少具体执行细则，实际上我个人还没有看到一例对保证人处罚的案例。"对此，北京市某派出所警察认为：目前绝大部分保证人是被取保候审人的亲属，这种特殊身份属性，一方面使其更为容易掌握和控制被取保候审人的人身自由，但在另一方面，从情感因素上讲，他们也不愿意控制被取保候审人的自由。另外，很多保证人其实和被取保候审人一样都缺乏基本的法律常识和观念，对自己的保证人资格、能力特别是法律责任缺少基本了解，认为人一旦被放出来就等于无罪了，客观上便会对被取保候审人放任自流。当然，缺少行之有效的处罚制度也是造成保证人签字承诺后不尽保证责任的主要原因。

8. 实际脱保、翻供、串供现象不多

无论是被访警察、检察官还是法官，对于不愿意为犯罪嫌疑人、被告人办理取保候审的主要原因几乎众口一词：防止其脱保、翻供、串供影响正常诉讼活动。但我们的调查结果表明，实际脱保比例并不高。"我们那里很少出现脱保的，其中一个原因是被取保候审的本地人居多，另外一个是他们非常清楚，一般被取保候审了最后大多被判处缓刑，所以，根本没有逃跑的必要"，安徽某法官说。"我没有具体统计过，但估计不会超过10%。而且还应注意厘清一个概念，这些人是脱保还是暂时联系不上？"北京市某区检察院检察官告诉笔者："据我个人了解，很多人其实是后一种情况。他们要养家糊口，所以大多会在取保候审期间外出打工，一旦联系电话改变，就可能无法顺利找到此人。但我觉得不能认为他是故意脱保了。"对此，另外一个区检察院检察官表示认同：我也遇到过找不到人的情况。一方面是侦查机关办理取保候审时告知不明，很多人以为取保候审等于无罪释放，所以根本不遵守取保候审期间的规定；另一方面是这些人大多被生活所困，仍需到处打工养家，导致联络方式多变，无法联系上。当然，也有很少一部分人是故意

拖延甚至脱保，即便通知到了，仍不按时参与讯问和诉讼活动。更有一些未成年人家长将被取保候审的子女送出国躲避审判的个案发生。

对于取保候审期间的翻供、串供问题，所有被访对象都未表示担忧，正如北京某区检察院检察官所说：现在能被取保候审的犯罪嫌疑人前提是认罪的，而且各种证据都已经固定下来，你再去翻供、串供没有任何意义。实际上，以现在的取保候审条件，凡是侦查机关、检察机关批准你取保候审的，就不怕你翻供、串供了。事实上，我们也很少发现被取保候审人因为取保候审而翻供、串供的案件。

当然，我们不能忽视这样一个现实背景，即脱保、翻供、串供的"例外"情形是建立在目前严苛的取保候审条件基础之上的。对此，几乎所有被访警察和检察官都提醒笔者：目前这个看似乐观的现状，实际上是用严格限制取保候审条件换来的。未来一旦大幅度提高取保候审率的话，脱保率也会成正比增长。如果再放宽取保候审的时间点，那么翻供、串供所带来的对侦查、起诉、审判活动的不利影响也将无法避免。届时，我们今天反复强调的脱保带来的一系列社会和法律问题就会成为焦点和难点。因此，一个新的取保候审制度，必须要在保障人权和维护诉讼活动安全之间达成平衡。

二、取保候审现状之原因分析

一个基于在保障人身自由和诉讼安全之间达成适度平衡的制度，在实际司法博弈中几乎出现了一边倒的倾向。而在落实、监管取保候审制度过程中，又出现了诸如钱权交易、执法黑洞等系列问题。具体原因包括：

1. 取保候审法律设计上的缺陷

刑事诉讼法第51条规定了取保候审的条件：可能判处管制、拘役或者独立适用附加刑的；可能判处有期徒刑以上刑罚，采取取保候审、监视居住不致发生社会危险性的。而我国对取保候审的适用，采用的是核准主义，即在申请取保候审时，除了上述法律规定的条件外，还必须经过司法机关的批准。这一理念表现在立法上，便是采用授权性规范而非义务性规范。即司法机关在适用取保候审问题上享有极大的自由裁量权。而我们看到，在上述取保候审的两种情形中，都要依赖于最终的量刑结果。但是，我们又知道，对同一个案件，按照法官的自由心证，不同的法官可能会作出不同的判决。这种情况下，侦查、检察人员又该如何依据犯罪嫌疑人最后的量刑而决定是否取保候审？同样，对于第二种情形中的有期徒刑是否包括上线？以及"不致发生社会危险性"的判定等，法律也没有给出一个具体的参考阈值，这便再次给办案人员的自由心证留下极大的发挥空间，使取保候审在法理上走向过宽或者过严两个极端。

"其实依据目前的取保候审条件，取保候审的预留空间很大，至少不会是目前的这个比例。但遗憾的是，因为任何情形下都为'可以'取保，而理论上任何一个犯罪嫌疑人又都可视为'会发生社会危险性'，所以，大部分应该被取保候审的犯罪嫌疑人被剥夺了这个法定权利而被羁押。结果是，一个弹性很大的法律设计带来了实践中的畸严结果，导致目前取保候审率较低的现状。与此同时，因为司法机关在行使自由裁量权时又缺乏有效的必要的监督机制，具有不透明性，所以便有滥用权力的现象发生，部分地区部分办案人员会利用这种极大的自由裁量权而使取保候审摇身成为某些人的特权，甚至司法腐败的滋生地"，北京市某区检察院检察官说。事实上，除了第51条，刑事诉讼法第60、65、74条规定的几种特殊情形的取保候审适用条件中，采用的仍是授权性规范，均为"可以"取保候审，即在所有取保候审适用选择上，最终决定权都在司法机关。这种立法设计直接导致取保候审随意性增加，而任何一个面临刑罚处罚的犯罪嫌疑人、被告人理论上又都具有社会危险性，所以，司法机关大多会以犯罪嫌疑人、被告人的自由丧失为代价而采用"能不保便不保"的安全羁押做法，导致目前不足20％的取保候审率。

另外，目前刑事诉讼法关于取保候审的适用规定中，公、检、法三机关都可以决定适用，但刑事诉讼法并没有明确规定由哪家机关进行监督、如何监督以及违法后果等条款，导致权利滥用，出现保而不诉、不审，一旦取保终身候审、以罚代审、有钱则保、非法没收保证金等一系列问题。另外，因为公、检、法三机关都有取保候审决定权，但在立法中又缺少程序上的相互协调、配合机制，导致取保候审政出多门，各家司法机关各行其是。比如刑事诉讼法第58条规定的取保候审期限最长不得超过12个月的规定，案件在三个机关交接时，是否需要"继续取保候审"、"如何重新办理取保候审"以及续保后的期限如何计算等都缺少明确规定，从而在司法实践中存在理解上的巨大分歧，有些犯罪嫌疑人、被告人先后被公、检、法三机关取保3次，长达36个月之久。笔者的一个当事人，在侦查阶段被取保候审，后案件移送检察院起诉，此时取保候审已经达到最长的12个月，却没有人通知其办理任何变更手续。过了一个多月后，检察院电话通知其去办理续保手续，时间仍为12个月，当事人据理力争，认为自己如此简单的案件长达一年都未侦查完毕，就应以证据不足结案处理。但检察院的态度也很明确，你不来续保，那么我就变更强制措施将你重新羁押。不得已之下，当事人只能再去办理了长达一年的续保手续。

除此之外，刑事诉讼法以及两高两部《关于取保候审若干问题的规定》中关于保证金、保证人条款的规定，因实际操作性不强以及缺乏可执行的法律责任条款，导致在司法实践中，无论财保还是人保都出现了弃保脱逃现象，且犯罪嫌疑人、被告人一旦脱保，除了没收保证金外，对保证人的处罚方面却没有任何可借鉴的案例操作。

另外，关于取保候审申请、审批、答复以及救济程序，在现行刑事诉讼法中也是业界广为诟病的立法漏洞。正如本文前述所载，当事人及其辩护律师、近亲属申请取保候审成功的比例极低，而司法机关通常的答复方式或为口头拒绝或置之不理。而且无论哪种方式，均不给予任何理由告知。而被拒绝后，当事人再无任何申诉或者复议等救济渠道。"事实上，这种不透明、不规范的程序瑕疵，也给司法机关滥用权力提供了土壤。通俗点讲就是，他们想让谁取保就给谁取保，我们和当事人其实没有任何主动权。这也是大部分律师很少主动帮助当事人办理取保申请的重要原因"，河南某刑事辩护律师告诉笔者。

2. 有罪推定、惩罚犯罪观念根深蒂固

取保候审是针对尚未定罪的犯罪嫌疑人采取的不予关押、保障其人身自由的一种积极措施，是无罪推定和罪刑法定原则的必然要求，也是现代法治社会保障人权的重要举措。因此，从某种意义上讲，取保候审适用率的高低，反映出一个国家法治程度的高低。遗憾的是，我国的取保候审率却长期处于较低状态。除了上面提到的立法设计上的瑕疵外，另外一个重要原因是司法机关特别是具体办案人员的观念陈旧，他们大部分人仍然把对犯罪嫌疑人的羁押本身当作是对坏人的一种处罚，审前入罪观念根深蒂固，与刑事诉讼法体现的无罪推定原则相违背。有罪推定观念在办案人员脑中转化成"假定犯罪嫌疑人有罪——羁押——证明犯罪嫌疑人有罪"的思维定势，从而导致侦查人员千方百计去搜集有罪证据而忽视那些无罪和罪轻证据，避免错误羁押造成的一系列后果。

"实话实说，我们无法做到对所有犯罪嫌疑人一碗水端平，有些人看上去就有危险，或者其所涉及罪名、情节等让你根本不想给其取保，主观上就想关着他给予惩罚。虽然，我们知道法理上这些人还不是罪犯"，北京市某区检察院检察官这样告诉笔者。他同时不赞成过快地提高取保候审率，因为不符合中国国情，不具有实际操作性，相反会带来一系列问题。正如北京市某公安分局警察所说:"其实不仅司法人员认为羁押等于惩罚,普通公众也有类似的观念。很多犯罪嫌疑人我们不敢取保,就是怕被害人过来闹,或者到处告状。"的确,在中国,作为封建正统的儒家思想曾长期占据统治地位,表现在刑事司法程序中就是"轻权利"以及"有罪推定"观念。整个社会对自身和他人权利普遍漠视,对于任何基本权利被剥夺和践踏的事实,很少去关注,即便是涉及自身的错误关押,大多也会放弃追偿权利或者根本就无视这种权利的被剥夺。而作为案件的被害人,更希望犯罪嫌疑人被关押被定罪服刑,从而满足被伤害后的一种心理平衡。他们认为,关押本身就是一种惩罚,而取保候审就是放纵犯罪。为此,笔者询问了12名普通公众,他们给出的回答几乎一致:人还是关着好。取保放出来,最后肯定判得轻。而且,他们背后都有关系才能被取保,一定涉及司法腐败。更有多起案件的被害人一方曾咨询笔者同样的问题:如果他们有人被取保候审放出来,这个人是否就不会受到惩处了?那么我们该怎么办?可见,无论是社会公众还是专业司法人员,羁押等于惩罚犯罪的观念根深蒂固,直接导致目前低取保候审率的现状。

3. 羁押是保证侦查质量的手段

当前,大量刑事犯罪发生,但由于经济条件以及科技水平、侦查手段所限,侦查机关破案仍以口供为主,以"物证"为主的证明体系无法有效建立和应用。在这种背景下,羁押可以方便侦查人员随时对犯罪嫌疑人提讯,寻找突破口。而取保候审因存在犯罪嫌疑人逃跑的危险,不利于搜集证据、有效破案而多遭弃用。对此,所有被访警察都表达了同样的观点:把嫌犯关在看守所中,我们想什么时候提讯都可以,而且羁押本身也能给其一定的压力,让其早日认罪。一旦放出去,不要说会出现毁灭证据、串供这些问题,加大侦查难度,即便是一些基本侦查也可能受到影响。而侦查无法突破,办案人员就要承担巨大的心理和指标压力。目前,犯罪嫌疑人的口供在侦查手段中占据了重要位置,他一旦认罪了,其他证据也就好固定了。所以,从侦查效率和质量上讲,羁押方式对我们更有保障。原则上,侦查终结前,我们希望犯罪嫌疑人最好都关在里面。

4. 监管措施乏力,被取保候审人处于失控状态

现行刑事诉讼法以及两高两部《关于取保候审若干问题的规定》中都规定了取保候审的执行机关为公安机关,具体执行机构是各地派出所。但调查结果表明,基层派出机构根本没有足够的警力物力应对这些被取保候审人员的监管工作,大部分被取保候审人实际上处于无人管理的失控状态。"现在

处理日常纠纷、治安事件就占据了我们大量的警力和时间，哪还有人员分配到对取保人员的监管上？而且，监管本身需要大量成本，这部分资金如何解决和分配也是现实问题"，北京某派出所警察说。而几乎所有被访的检察官、法官和律师也注意到了这个问题所在，他们普遍认为：一部分被取保候审人员脱逃或者找不到的原因就是基层公安机关监管上的疏漏造成。目前的监管力度明显不足甚至根本没有监管，导致被取保候审人无视法律规定，到处游离或者索性躲匿逃避，影响正常诉讼进行。一旦找不到人，派出所其实也没有任何线索，最后能做的就是等待或者案件退回重新网上追逃。笔者 2007 年接触过一个被取保候审犯罪嫌疑人，他以保证人方式被公安机关取保候审，随后便因工作需要到处出差，几乎很少在京候查候审。案件到了检察院后，某天办案检察官通过电话找到他后，他却理直气壮地告诉检察官自己正在外地办事，几天后才能回京。可见，一些被取保候审人根本不了解关于取保候审的相关法律规定，或者知法违法。正像此人所为，他第一次离京后根本无人对其阻止或者训诫或者处罚，然后便更加随性而为。"处于无人监管状态的被取保候审人，我们很少能一次就联系上，即使联系上了，也无法保证立刻到案。特别遇到节假日，外地人会回家度假，本地人会出门旅游，这期间找人更难。我们就只能等他们回来，又不能让公安机关去抓人，大部分人毕竟不是故意脱逃"，北京某区检察院检察官告诉笔者。

三、完善取保候审制度的设计构想

我们知道，强制措施中羁押与非羁押的适用，很大程度上关系到犯罪嫌疑人、被告人的自由与诉讼活动安全的平衡问题。目前，关于取保候审制度完善方面的讨论似乎陷入了僵局，一旦有人以羁押弊端和人权保障为由讨伐低取保候审率，呼吁扩大取保候审的适用时，司法实务部门便会以国情和现实困难为由否定提高取保候审率的现实可行性。我们的调查结果也充分体现了上述两种力量的博弈。作为律师群体，他们无一不欢迎扩大取保候审的适用，并希望完善目前的申请和救济程序。而被访警察、检察官、法官的心理更为矛盾、复杂，作为专业法律人员，他们关注人权保障，并亲身感受到羁押带来的种种弊端，但从实际工作角度，他们又几乎全部反对过快提高取保候审率。他们担心，以目前较高的流动人口犯罪比例看，如果一下子过快放宽取保候审的适用条件，其他配套机制跟不上的话，未来脱逃的比例会大幅度上升，诉讼成本也会成比例提高，从而极大地影响正常诉讼活动的进行，在一定程度上也是对被害人人权的侵犯。当然，他们也承认，目前我国的取保候审率以及司法实践现状确实与先进的国际刑事司法制度不相吻合，在一定程度上扩大取保候审适用，降低羁押率是大势所趋。问题的关键仍是，如何在扩大取保候审适用的同时，避免或者降低由此带来的一系列问题，实现人权保障和诉讼顺利进行的双赢。

1. 取保候审的适用条件

（1）应当取保候审的情形

①正在怀孕、哺乳未满一周岁婴儿的妇女：在目前的司法实践中，正在怀孕或者哺乳未满一周岁婴儿的妇女的犯罪嫌疑人、被告人，都是被取保候审的，因此建议将此情形归入到应当取保候审适用中，且不受最终量刑幅度、户籍等条件的限制。

②对可能判处三年以下有期徒刑，且在本辖区有固定住处或者在当地连续工作、居住一年以上的犯罪嫌疑人、被告人：本条款设计首先界定了三年有期徒刑以下的轻刑犯罪，同时限定了辖区、职业等条件，以使监管更为方便可行。调查显示，在目前的司法实践中，三年以下有期徒刑是办案人员普遍考虑的一个量刑分界线，同时兼顾其日常表现、是否初犯、认罪态度、户籍所在地等情节，决定是否给予其取保候审。当然，正如前述所载，这方面存在一个最大的争论焦点，即外地人的取保候审问题。为了给予外地人同样公正的待遇，部分检察官、律师和法官提出了"在本地有固定职业或者固定住所"的建议，从而将更多的外地犯罪嫌疑人、被告人纳入到取保候审的可行性考量中。值得一提的是，就在我们提出这样的初步调查结果时，浙江省人民检察院出台了意见，提出了相似观点，这份意见中规定"在当地有相对固定的工作单位或者住所或者在当地连续工作、居住一年以上的外来人员，涉嫌轻微犯罪，符合取保候审、监视居住条件的，一般不予批准逮捕"。

③未满18周岁未成年人以及已满70周岁的老年人：调查显示，相对成年人，各地对未成人的取保候审比例都较高，适用条件较为宽松。"未成年人的生理、心理特点，原则上不适合羁押，取保候审更符合'教育、感化、挽救'的刑事政策，有利于诉讼活动的正常进行。因此，在面对未成年人犯罪嫌疑人时，我们会综合考虑其犯罪情节、个人情况、家庭状况、帮教条件、是否就读等情况，为其办理取保候审。特别随着宽严相济刑事政策的实施，我们院不予批捕的未成年人比例上升了很多。当然，外地未成年人大多享受不到此类待遇"，北京市某区检察院检察官告诉笔者。另外，从调查中我们获知，犯罪嫌疑人、被告人的心智、身体状况、职业身份等正成为是否取保的重要参考因素，比如老年人、精神病人、正在上学的未成年人、在重

要岗位担任关键职位的人等，都有可能被取保候审。"这样做，是综合考虑社会效果和经济效果，而不仅从法律效果出发。比如一些在校学生，羁押就会造成其被开除从而失去受教育的机会，这样就失去了挽救的根本意义，所以，一般我们会考虑对其取保候审"，北京市某预审警察介绍说。关于未成年人、老年人的其他限制条件，争论比较大，主要集中在量刑幅度上。有人建议他们同样适用 3 年以下有期徒刑，有人则建议适度放宽，比如 5 年甚至 10 年有期徒刑以下犯罪。

（2）可以取保候审的情形

①患有严重疾病的：调查显示，对患有严重疾病的犯罪嫌疑人、被告人，司法实践中的做法分为两类，病情特别严重不适合羁押的，可被取保候审；患有严重疾病的轻刑犯罪，也可被取保候审；而患有严重疾病的重刑犯罪、累犯等则不适用取保候审，选择控制就医方式。因此，我们将患有严重疾病的，纳入到"可以"取保候审的选择性条款中。

②因邻里纠纷、亲属纠纷犯罪的，犯罪后积极赔偿并得到被害人谅解的：随着宽严相济刑事政策的推行，刑事和解案件比例呈上升态势。调查显示，对于上述案件，检察机关能不捕的一般做不予逮捕处理。以此推论，这类犯罪嫌疑人、被告人应属"可以"被取保候审之列。可综合考虑其犯罪情节、主观恶性、犯罪动机、赔偿数额以及可能的量刑幅度等，决定对其是否取保候审。

③被拘留、逮捕的犯罪嫌疑人、被告人，在法定期限内未办理完结，需要继续查证的：调查结果显示，关于此类情形，实际操作中一般分为两种，一种是取保候审继续查证，一种是直接无罪释放。从这个角度上讲，将此类犯罪嫌疑人、被告人纳入到"可以"取保候审中，逻辑上容易产生歧义，会出现"可以"取保和"继续羁押"两种理解。

（3）不得取保候审的情形

①累犯；

②可能判处死刑、无期徒刑的犯罪；

③违反取保候审的规定的或者在取保候审期间重新犯罪的；

④有证据表明可能逃避、妨碍诉讼活动正常进行的；

⑤危害国家安全的犯罪；

⑥重大暴力犯罪；

⑦犯罪集团的主犯。

为了更加明确取保候审的适用条件，被访对象均赞同列入"不得取保候审情形"条款。上述情形，均为目前司法实践中的通行做法，实际上是办案人员对犯罪嫌疑人、被告人涉嫌罪名、量刑幅度、犯罪情节、犯罪地位、犯罪动机、犯罪情节、社会危害程度以及社会危险性等因素的综合考虑结果。但在具体法律用语的表述上，也存在一定程度的争议，比如暴力犯罪一项，故意伤害其实也为暴力案件，那么一般的轻微伤害犯罪仍应可取保候审，所以在此界定"重大"定语，但何为重大，又会产生不同理解。又比如危害国家安全的犯罪，何为国家安全也应明确界定，否则会成为取保候审的保底条款。

2. （增加）申诉或复议救济程序条款

现行刑事诉讼法中只有关于取保候审申请权的模糊性规定。正如我们的调查结果表明，决定权仍在公、检、法三机关，当事人、家属或者辩护律师主动申请取保候审获批的比例极低，难度很大。而且被拒绝大多为口头方式，没有任何正式书面法律文书。其后，申请人也无其他救济渠道进一步主张自己的权利。因此，几乎所有被访律师都建议增加一项申诉或者复议救济程序条款，这样做也可在一定程度上增强对取保候审制度的监督，增加取保候审程序的透明度，减少部分违法现象的发生。具体到本条款的设计，是采用申诉机制还是复议机制，是向本级决定机关申诉还是向上一级机关申诉或者统一向检察机关申诉，因缺少实证调查数据而无法提出准确描述。

3. （增加）财保和保证人方式的细化条款

在我们的调查中，取保候审方式带来的问题非常复杂和集中，因此，几乎所有被访对象都谈到，应在新的取保候审制度中将取保方式做进一步的细化规定。比如有些检察官提出，应根据犯罪嫌疑人、被告人所涉罪名、标的金额等对保证金金额作出弹性规定，比如一些经济犯罪、涉案金额较大的犯罪，保证金金额应适当提高，甚至可按涉案标的的一定比例收取。还有人提出保证人资格问题，希望在新的取保候审制度中，对担任保证人的资格认定条件、审核程序等做进一步规定，以使保证人起到应有的保证作用。当然，遗憾的是，因为缺少详细而具体的实证研究数据和建议，如何涉及此项条款，仍需进一步的补充调研。

4. （修改）取保候审决定主体条款

调查结果显示，关于公、检、法三机关独立的取保候审决定权带来的一系列问题，所有被访对象都表示了不同程度的异议。比如，三机关各行其是、续保手续不统一、续保期限计算标准混乱等。而且，因各机关拥有独立的取保候审权，所以缺少必要的相互监督、制衡机制，取保候审程序相互屏蔽，导致"金钱换自由"等暗箱操作事件频发。因此，有超过一半的被访对象建议将取保候审决定权归入一个机关，从而改变目前政出多门的状况。此条款因与审前羁押司法审查制度有重叠之处，在此不作进一步赘述。

四、其他建议

1. 以案件快速办理机制作为提高取保候审率的过渡

如前述提到的，在谈到提高取保候审率从而减少羁押的必要性时，公、检、法三机关被访对象均表示出了一定程度的抗拒和担忧。同时，他们却给笔者提供了这样的信息，即增加快速办理案件的数量，从而通过减少对犯罪嫌疑人、被告人的羁押期限以及成本，而实现保障人权的目的。"案件快速办理机制更具实际操作性，比一味追求取保候审率的提高风险更小，至少不会对正常诉讼带来不利影响。而缩短案件办理期限，客观上缩短了犯罪嫌疑人、被告人的审前羁押期限，也达到了人权保障的根本目的"，北京市某区检察院检察官这样解释。而另外一个区检察院检察官和区法院法官同时向我们披露了公、检、法三机关刚刚联合下发的文件，即本区公、检、法三机关针对符合条件的轻微案件开通联合快速办理通道，从侦查机关到检察机关，最长办案时间不得超过 40 天，起诉到法院后，法院必须在 10 天内审结。"案件快速办理不会增加我们的工作强度，相反，客观上能帮助我们提高办案效率。更为重要的是，保证了这些轻微案件的犯罪嫌疑人、被告人审前被羁押的期限最短。当然，相比非羁押的取保候审措施，他们仍然失去了人身自由。但从中国国情角度考虑，大范围提高取保候审率为时过早，配套机制尚未健全，所以，快速办理机制的普遍实行可以视为是一种有效过渡"，该区法院法官说。

2. 设立社区或其他组织的联合监管机制

针对目前基层派出机构的警力不足、资金缺口较大的现实，部分被访警察和检察官提出了社区联合监管建议。"监管力度较弱已经是一个不争的事实，如果提高取保候审率，以目前的监管措施看，脱保的可能性会增加很多。我个人认为，仅靠公安机关一方的监管肯定不现实，未来应建立社区或者其他第三方组织的综合监管体系"，北京市某区检察院检察官建议说。他的这个观点得到了几乎所有被访警察的认可和赞同。正如某派出所警察所言：一个基层派出所就那么几个人，日常治安维护的警力都缺乏，再让我们负责监管辖区内的取保候审人员，根本不现实。所以，应该把社区、街道这样的组织纳入到监管体系中，协助公安机关联合执法。况且，他们对被取保候审人员的监督更为方便和直接。

3. 建议在刑法中设置脱逃罪以及保证人不履行保证义务罪

因为缺少行之有效的刑罚措施，被取保候审人员脱逃后，除了被没收保证金、具结悔过、网上追逃、重新被羁押外，很少承担任何实体上的法律责任，导致法律的震慑力和权威性受到极大挑战。同样，保证人因消极履行保证义务导致被取保候审人脱逃的，实践中也没有任何可操作的刑罚措施。因此，我们建议在完善取保候审制度的同时，在实体刑法中增加取保候审人员脱逃罪以及保证人不履行保证义务罪等罪名，从而增强取保候审人员以及保证人积极履行法律义务的主动意识，避免并有效减少脱逃现象的发生。

第四部分 内容简介与条文设计英文版

Recommendations on the Revision of CPL and Justifications (Executive Summary)

Revision of China's Criminal Procedure Law touches upon a wide range of issues. *Recommendations on the Revision of CPL and Justifications* has selected eight topics for its research, which are closely related to the protection of the rights of criminal suspects and defendants: notification of rights; right to counsel; prohibition of extortion of confession through torture; bail conditions and legitimacy of detention; prosecutorial discretion; deferred prosecution in cases involving minors; witnesses' appearance in court; and procedure of second instance in death penalty cases. These eight topics are relatively more urgent in finding a resolution in China's criminal legislation and judicial practice of the present day.

Recommendations on the Revision of CPL and Justifications was prepared by five partners collaborating in a project called "Platform for the Revision of China's Criminal Procedure Law". The five partners include the Institute of Law of the Chinese Academy of Social Sciences, the Human Rights Research Center of Guangzhou University, the People's Procuratorate of Haidian District of Beijing, Kingdom Law Firm from Beijing, and the Danish Institute for Human Rights. The Institute of Law of CASS is responsible for drafting up the recommended articles and the justifications, whereas the Human Rights Research Center of Guangzhou University, the People's Procuratorate of Haidian District of Beijing and Kingdom Law Firm from Beijing have conducted empirical studies from different perspectives to support the recommendations. The Danish Institute for Human Rights has provided opinions to supplement and to improve the recommendations from the perspective of international criminal justice standards of the United Nations. These *Recommendations on the Revision of CPL and Justifications* have undergone several rounds of discussions and ensuing revisions before they were finally completed.

The *Recommendations on the Revision of CPL and Justifications* are structured into two main sections: recommended articles and justifications. In the recommended articles, there are two kinds. One is direct provisions on the procedural rights of the suspect or defendant; that is, the codification of the rights themselves; the other is provisions to safeguard the procedural rights of the suspect or defendant. In the justifications there are three kinds of contents. One is relevant requirements pursuant to international criminal justice rules. These include UN human rights conventions and rules of criminal justice from other normative documents. The second is provisions for reference from countries more developed in the rule of law. From the perspective of comparative law, these are included to extract some common practices from the more developed countries so that the revision of China's CPL can make reference to them. The third is argumentations, in which problems that have been caused by flaws in the current CPL are analyzed; the need to make improvements is argued in terms of legal theory; and detailed explanationis offered on the recommended articles in light of the empirical data provided by the other parties of the platform project.

In view of the fact that the basis of the establishment of the criminal procedural rights and provisions for guaranteeing these rights is the principle of presumption of innocence, the taskforce of this project therefore believes that this principle should be prescribed expressly in the CPL, even though *Recommendations on the Revision of CPL and Justifications* makes no specific legislative recommendation on this principle. Besides, the principles of no coercion to procure self-incriminating statements, prohibition of double jeopardy and right of remedy are primary principles in modern criminal justice and should also be included in the general principle part of the CPL. These guiding principles permeate all the recommended articles therein. Opinions for improvements and argumentation on the aforementioned eight topics mainly include the following:

Regarding Notification of Rights, investigators should give such notice before the first interrogation or starting from the day when coercive measures are taken against a criminal suspect (when his or her personal freedom is restricted); for a People's Procuratorate, notification should be within three days upon receiving the transferred case file for its review and to initiate a prosecution. When a People's Court has decided to hold a court trial, a criminal suspect or defendant should be notified of a certain number of important rights that he or she is entitled to, in a language understandable to him or her and in a timely manner. The right to be notified includes being told of all the charges of which you are accused, remaining silent, access to defense counsel, and so on. The investigative organ, the People's Procuratorate and the People's Court should also notify a victim and his or her legal representative or close relative of the rights they are entitled to within a certain time limit. Written form shall be adopted for the notification of rights while oral reading and explanation shall be offered. In cases where the investigators, procurators, and adjudicators fail to meet the obligation of notification of rights, they shall be dealt with in the following ways according to different circumstances: immediate measures to fulfill the obligation of notification should be taken; the litigation conducted shall be deemed as invalid; or the proceedings deferred. Articlesintroduced in this part emphasize timely notification, sufficient notification, and safeguarded notification.

In the part on Right to Counsel, articles have been designed with a view to the access of the defense counsel and other defenders to the case file; their right to be present at interrogations; to meet a suspect or defendant in detention; to collect evidence; and their immunity for their statements. This part has been illuminated by relevant provisions from the newly revised Law on Lawyers (revised in October, 2007) and provides supplements and reinforcements to those provisions, which are embodied in the addition of the provision of a lawyer's presence at interrogations; the enlarged scope of legal aid; the right of a defense lawyer and his or her client to confer in private and to complete confidentiality with no interception or checking of the contents and no limitation on the number of times; arrangement of a meeting within 24 hours upon request from the defending party; for major, complicated joint offence cases, arrangement of a meeting within 3 days; a defense counsel's right to request the police, the People's Procuratorate and the People's Court to collect and obtain evidence or to request the People's Court to notify a witness of the duty to appear in court to testify; immunity for a defense counsel's statements not being limited to his or her pleadings in court, but also covering all his or her statements in written or oral pleadings in their professional appearances before the police, the People's Procuratorate and the People's Court; and the defending party's right to lodge a complaint or indictment when there are infringements of the right to legal counsel by any member of the judicial personnel. It is the belief of the project's taskforce that the procedural rights of the defense counsel prescribed in the Law on Lawyers should be implemented. The Criminal Procedure Law should further strengthen protection of the right to defense counsel so that a criminal suspect or defendant shall be able to get a defense lawyer's assistance in an equitable, timely and effective way.

In the part dealing with Prohibition of Extortion of Confession through Torture, recommendations for improvements on the current CPL are made regarding no coercion to procure self-incriminating statements; limitations on the time and duration of interrogation; audio and video taping of the entire interrogation process; non-admissibility of evidence obtained through torture; and handling inconsistency between the statements and exculpations in court and from the pre-trial proceedings. The taskforce refers to the UN Convention against Torture and Other Cruel, Inhuman or Degrading Treatment or Punishment and adds, first of all, the provision on the principle of no coercion to procure self-incriminating statements. Moreover, it suggests the abolishment of Article 93 of the current CPL, "the criminal suspect shall answer the investigators' questions truthfully". It further suggests provisions prohibiting different kinds of torture, requiring interrogations to take place during the day, lasting no longer than 4 hours, the intermittent time between two interrogations lasting not less than 4 hours. In an ordinary criminal case, when the investigators deem this necessary, or when the criminal suspect makes the request, the whole interrogation process may be audio or video taped. There shall be audio or video taping throughout the process of each interrogation when concerning a criminal offence endangering national security; a criminal offence utilizing one's official position; an offence that seriously affects the personal rights of others or threatens public safety; an offence where the criminal suspect might be sentenced to more than 10 years of imprisonment; a juvenile delinquency case; or a joint offence. A People's Procuratorate has the burden of proof concerning the legality of pre-trial interrogations.

In the part concerning Bail Conditions and Legitimacy of Detention, bail conditions and exceptions are prescribed. At the same time, it is prescribed that suspects and defendants under detention or arrest, their legal representative, close relative or defense counsel all have the right to apply for bail. With regard to legitimacy of detention, two options have been designed for the approval power for a formal arrest: one option is that a formal arrest of a criminal suspect or a defendant has to be decided by the People's Court; the other is that when a case is placed on file and investigated by the police, a formal arrest of a criminal suspect or a defendant has to be decided by the People's Procuratorate; and when a case is investigated by the People's Procuratorate, a formal arrest of a criminal suspect or a defendant has to be decided by the People's Court. Option 1 follows international practice, whereas Option 2 accommodates the reality of China. The provision that "a detainee is allowed to inform his family or the organization he works for of the reasons for detention and the place of custody if he so chooses" is added in our recommendations. Our recommendations also include time limits in approving an arrest; the longest period of detention; and remedial measures for detainees, their close relatives and their legal representatives if they disagree with the decision of formal arrest.

In the part concerning Prosecutorial Discretion, prosecutorial discretion in non-prosecution has been moderately expanded. In three scenarios a procuratorate may come up with a non-prosecution decision: (1) when criminal punishment is not required according to the Criminal Law; (2) when the offender may be exempted from criminal punishment; (3) when some offenders have committed several crimes (one or several of which have already been sentenced to more than 10 years' fixed-term imprisonment, and the sentencing has already been enforced, while the rest might be sentenced to imprisonment of not more than three years). With respect to criminal suspects that may be sentenced to fixed-term imprisonment of not more than three years, criminal detention, public surveillance or punished with fines exclusively, if the victims and suspects voluntarily reconcile, the People's Procuratorate may decide not to prosecute.

In the part concerning Deferred Prosecution in Cases Involving Minors, with respect to criminal cases involving minors sentenced to less than three years of imprisonment, custody, public surveillance, or punished with fines exclusively, in which facts are clear and evidence is found to be admissible and sufficient, and in which the criminal suspect after committing the crime shows repentance, the People's Procuratorate may decide to defer the prosecution. A decision on deferred prosecution requires the consent of the criminal suspect. Opinions of the victim (s) and their legal representatives, defense counsel and litigious agents should also be solicited. The test period for deferred prosecution is between 3 and 6 months. It can be extended by 3 months when necessary. A suspect under this deferral should fulfill specific obligations. If the suspect on deferral has fulfilled his obligations prescribed in the deferral order in full, the decision-making authorities shall render a non-prosecution decision when the test period terminates. During the test period, if there is serious omission in the fulfillment of the obligations by the suspect on deferral, or if there is recidivism or a new discovery of another offence which occurred before the deferred prosecution, the deferred prosecution order shall be revoked and public prosecution shall be initiated.

In the part concerning Witnesses' Appearance in Court, the number of scenarios where witnesses have to testify in court has been increased. Not only do ordinary witnesses have this obligation. Expert examiners and investigators also have the obligation to testify in court in certain situations. An ordinary witness should appear in court when there is contention concerning the testimony; when the testimony has undergone major alterations; or when the oral evidence will have significant impact on the conviction or sentencing. When there is contention regarding the opinion of expert examiners or regarding the legality of the investigator's activities, expert examiners and investigators should come to testify in court. Notification for witnesses to testify in court shall be in writing. Our recommendations also include sanctions for witnesses who refuse to come to court without a justifiable reason (fines, summoning by force, detention, and disciplinary sanctions); financial compensation for their fulfillment of the obligation to testify in court; as well as protection of their personal safety.

In the part concerning Second Instance Procedures for Death Penalty, in preparing recommended articles, we mainly referred to *Provisions on Some Issues Concerning the Court Trial Procedures for the Second Instance of the Cases Involving Death Penalty (Test Edition)*, promulgated jointly by the Supreme People's Court and the Supreme People's Procuratorate in 2006. Operability of the second instance in death penalty cases has been strengthened, and the constraints of the current CPL have been surmounted. In view of the unique nature of the second instance in death penalty cases, we designed a procedure more stringent than the aforementioned provisions by the two "Supremes". Our recommendations mainly include: automatic appeal to a People's Court of the next higher level when a case has resulted in death penalty in the first instance;

when a People's Court of the second instance adjudicates a case which resulted in the death penalty in the first instance, it shall open a court session for the second instance; hearing of a death penalty case by a People's Court of second instance shall be conducted by a collegial panel comprising 5 judges; and the presiding judge for difficult, complicated and major death penalty cases shall be the court's president or the division's chief judge.

Recommended Articles

Part I   Notification of Rights

(Addition) Art. Upon the first interrogation or starting from the day when compulsory measures are taken against a criminal suspect (when his personal freedom is restricted by compusory measures), investigators have to first notify the suspect of the following procedural rights:

(1) to be told of all the accused charges;

(2) not to be forcefully compelled to make self-incriminating statements;

(3) to make self-defense, to appoint a defender, or to apply for an designated defender;

(4) to have the presence of the appointed or designated lawyers when interrogated by investigators, and to request audio or video recording all through the process;

(5) to apply for the withdrawal of certain investigators, the clerk, expert witnesses, or translators;

(6) to have the court proceedings conducted in his native language;

(7) to file complaints, or indictments against acts in violation of his procedural rights and acts of personal humiliation by investigators to the same level of People's Procuratorate, or court;[1]

---

[1] Notes on this article: 1. In this article, "upon the first interrogation", implies that at the beginning of the first interrogation, the suspect should be notified of the procedural rights that a suspect is entitled to. Only after that can the interrogation begin. 2. "Not to be forcefully compelled to make self-incriminating statements" is both a right for an ordinary citizen, and a right for a defendant. Here it refers to the right that a defendant is entitled to in criminal procedure. It has two implications: one is that a criminal suspect or defendant is not to be forcefully compelled to admit his guilt; the other is that a criminal suspect or defendant is not to be forcefully compelled to prove his guilt. 3. Paragraph (7) of this suggested article is for better channels for filing complaints and making indictment. We believe remedy channels should be designed in view of the different investigative organs. Misconducts by investigators from the police should be complained against or indicted with the People's Procuratorate of the same level; and misconducts by investigators from the People's Procuratorate should be complained against or indicted with the People's Court of the same level.

(8) to ask the investigators to collect and obtain evidence;

(9) for suspects held in custody, to apply for bail pending trial;

(10) to check and acknowledge the written record of the interrogation.

(Addition) Art. Within three days after the identity of the victim has been ascertained, the investigators shall notify the victim and his legal representative, or his close relative that the victim has the right to entrust a litigious agent.

The People's Procuratorate, within three days upon receiving the transferred case file for its review and to initiate a prosecution, shall notify the victim and his legal representative, or close relative, and the litigants in an incidental civil action and their legal representatives that they have the right to entrust their litigious agents.

Within three days upon accepting a case of private prosecution, the People's Court shall notify the private prosecutor and his legal repreentative, litigants in an incidental civil action and their legal representatives that they have the right to entrust their litigious agents.

(Supplement to Article 33 of the current CPL) Art. The People's Procuratorate, within three days upon receiving the transferred case file for it to review and to initiate a prosecution, shall notify the criminal suspect of the following rights that he is entitled to:

(1) to make self-defense, to appoint a defender, or to apply for an designated defender;

(2) to apply for the withdrawal of prosecutors, the clerk, expert witnesses, or translators;

(3) to have the court proceedings conducted in his or her native language;

(4) to file complaints or make indictment against acts in violation of his procedural rights and acts of personal humiliation by procurators with the People's Court of the same level;

(5) to request the procuratorate to collect and obtain evidence;

(6) for suspects held in custody, to apply for bail pending trial.

(Supplement to Article 151 of the current CPL) Art. When a People's Court decides to hold a court trial, it shall notify the defendant of the following rights that he is entitled to:

(1) to make self-defense, to appoint a defender, or to apply for an designated defender;

(2) to apply for the withdrawal of members of the collegial panel, the clerk, public prosecutors, expert witnesses, or translators;

(3) to have the court proceedings conducted in his or her native language;

(4) to request the adjudication organ to collect and obtain evidence;

(5) to cross-examine the testimonies of the witnesses;

(6) to file complaints or make indictments against acts in violation of his procedural rights and acts of personal humiliation by adjudicators with the People's Court at the next higher level;

(7) for suspects held in custody, to apply for bail pending trial.

(Supplement to Article 151 of the current CPL) Art. When a People's Court decides to hold a court trial, it shall notify the victim and the litigants in an incidental civil action of the following rights that they are entitled to:

(1) to appoint or apply for a designated litigious agent;

(2) to apply for the withdrawal of members of the collegial panel, the clerk, public prosecutors, expert witnesses, or translators;

(3) to have the court proceedings conducted in his or her native language;

(4) to file complaints or make indictments against the misconducts of adjudicators with the People's Court at the next higher level.

(Amendment to Article 151 of the current CPL) When the People's Court decides to hold a court hearing, it shall do the following:

(1) to decide upon judges on the collegial panel;

(2) to service a duplicate of the bill of indictment of the People's Procuratorate to the defendant 10 days at the latest before the opening of the court session;

(3) to service the time and venue of the court hearing to the People's Procuratorate three days prior to the date of hearing;

(4) to summon the litigant parties, and to notify the defender, litigious

agent, witnesses, expert witnesses, and translators; the summons and notifications have to be serviced three days prior to the date of hearing;

(5) The cause of action, name (s) of the accused, and the date, time and venue of the hearing for cases of open trial shall be announced 3 days in advance of the date of hearing.

The aforesaid activities shall be transcribed, and the judges and the clerk shall sign on the transcription.

(Supplement to Article 33 of the current CPL) Art. Within three days upon accepting a case of private prosecution, the People's Court shall notify the defendant of the following rights that he is entitled to: :

(1) to make self-defense, to appoint a defender, or to apply for an designated defender;

(2) to apply for the withdrawal of members of the collegial panel, the clerk, public prosecutors, expert witnesses, or translators;

(3) to have the court proceedings conducted in his or her native language;

(4) to file complaints or make indictment against acts in violation of his procedural rights and acts of personal humiliation by adjudicators with the People's Court of the next higher level.

(Addition) Art. Legal representatives of the criminal suspect, the defendant, the victim, and litigant parties in an incidental civil action are entitled to the same notification of rights.

(Addition) Art. Written form shall be adopted for the notification of rights while oral reading and explanation shall be offered for the litigant parties to learn the content of the rights notified.

In cases where the investigators, procurators, and adjudicators fail to exercise the obligation of notification of the rights, they shall be dealt with in the following ways according to different circumstances:

(1) When the failure has no major impact on the proceedings, they shall be asked to take immediate measures to exercise the obligation of notification;

(2) When the failure has serious impact on the correct handling of the

case, the litigation conducted shall be deemed as invalid. ①

In cases where the investigators, procurators, and adjudicators fail to exercise the obligation of notification of the rights, the litigant parties and their legal representatives, defenders and litigant agents have the right to ask for a deferral of the proceedings so that related litigant activities can be completed.

Part II   Right to Counsel

(Amendment to Article 96 of the current CPL) Art. In criminal proceedings, the criminal suspects and the defendants have the right to appoint their defender. The police, the People's Procuratorate, and the People's Court shall ensure that the right to counsel of the criminal suspects and the defendants are exercised in accordance with law.

(Amendment to Article 36 of the current CPL) Art. During the period of investigation, the defense counsel has the right to learn of the suspected charges from the investigative organ. Except in cases of state secrecy, the defense counsel may refer to, extract, and copy the interrogation records, documents of technical assessment, and other documents related to the prosecution. The investigative organ shall provide convenient conditions for the defense counsel.

Since the case file has been transferred to the People's Procuratorate for examination and prosecution, the defense counsel has the right to refer to, extract, and copy the relevant litigation documents and case file. Other defenders, with the approval the People's Procuratorate, can also refer to, extract, and copy the relevant litigation documents and case file.

Since the date when a case has been accepted by the People's Court, the defense counsel shall be given the right to refer to, extract, and copy all the documents related to the case. Other defenders, with the approval of the People's Procuratorate, may also refer to, extract, and copy all the documents related to the case.

---

①   In paragraph (2) of this article, the so-called "the litigation conducted shall be deemed as invalid" shall nullify the litigation itself and the judgment.

(Amendment to Article 34 of the current CPL) Art. For criminal suspects and defendants that have not appointed a defender, the police, the People's Procuratorate, or the People's Court shall designate a lawyer with legal aid obligations to defend for them if they meet one of the following conditions:

(1) if they are blind, deaf, or mute, or if they have limited disposing capacity;

(2) if they are not quite 18 years of age at the time of the first interrogation or when compulsory measures are taken against them;

(3) if a life imprisonment (non-determinant imprisonment) or capital punishment is possible.

For criminal suspects or defendants that have not appointed a defender, the police, the People's Procuratorate, or the People's Court MAY designate for them a lawyer with legal aid obligations if they meet one of the following conditions:

(1) having financial difficulties;

(2) having suspicion or being charged with a joint offence, where other suspects or defendants have already appointed defenders;

(3) having a foreign nationality or no nationality;

(4) other circumstances where doing so is in the judicial interest.

(Addition) Art. When the criminal suspect or defendant has a defense counsel, the defense counsel shall be notified to be present at the interrogation; when the criminal suspect or defendant has no defense counsel, the attorney on duty shall be notified to come to the interrogation.

Upon the completion of the interrogation, the interrogator, the interrogated, and the lawyer at present shall sign their names to the written record of the interrogation.

In case of refusal to sign the name, a reason shall be given, and the reason (s) shall be included in the written record.

(Amendment to Paragraph 2 of Article 96 of the current CPL) Art.. Since the first interrogation by the investigative organ or since the first day of the compulsory measure, a defense counsel has the right to meet the criminal suspect or defendant to learn about circumstances of the case. The criminal suspect or defendant under the compulsory measure has the right to meet his defense counsel in private, without limitations on the number of times. The meetings are completely confidential. There shall be no interception or checking of the contents of meetings between the defense counsel and the suspect or defendant.

When a criminal suspect or defendant under compulsory measures (in custody) requests a meeting with its defense counsel, a meeting shall be arranged to take place within 24 hours. For major, complicated joint offence cases, when the suspect, defendant, or defense counsel has a request of a meeting, the meeting shall be arranged to take place within 3 days.

Other defenders, with the approval of the police, the People's Procuratorate, or the People's Court, may also meet their clients. (Please refer to Article 8 of "Basic Principles on the Roles of Lawyers")①

(Amendment to Article 37 of the current CPL) Art. In criminal proceedings, a defense counsel has the right to conduct investigation on organizations or individuals concerning circumstances related to the defense.

A defense counsel has the right to request the police, the People's Procuratorate, and the People's Court to collect and obtain evidence, or request the People's Court to notify a witness to make appearance at court to testify. Upon this kind of the request, the police, the People's Procuratorate, or the People's Court shall come up with a decision within 3 days. In emergent cases, an immediate decision shall be made with no deferral.

In cases where the request is approved, the defense counsel shall be notified to be present when the evidence is being collected and obtained. He has the right to ask for the assistance of a technical consultant when necessary.

(Addition) Art. A defense counsel shall enjoy civil and penal immunity for relevant statements in written or oral pleadings or in their professional appearances before the police, the People's Procuratorate or the People's

---

① The suggested "meeting in private" in paragraph 1 of this article does not only mean the absence of investigators, procurators, and adjudicators involved in the case, but also the personnel of the detention house, and procurators stationed in prisons and detention houses. Furthermore, there should be no interception or checking of the content of the meeting. The content of the meeting should be kept in total confidentiality.

Court. (in line with Article 20 of Basic Principles on the Role of Lawyers)

(Addition) Art. A defense counsel shall keep to himself state secret and trade secret that he has learned in the process of his practice. He shall not disclose privacies of his clients. He shall also keep secret of circumstances and information that he has gained knowledge of in the process of defensive activities, which the criminal suspects or defendant do not want to disclose to others. This, however, does not include criminal activities or information thereof that the criminal suspect or defendant is implementing, which are endangering the national security or public safety, or seriously threatening other people's personal or property safety. (Please refer to Article 38 of "the Law on Lawyers ".)

(Addition) Art. When there are infringements of the right to legal counsel by any investigators, procurators, or adjudicators, a criminal suspect, defendant, or defender has the right to lodge a complaint or indictment.

Part III Prohibition of Extortion of Confession through Torture

(Addition) Principle of No Coercion to get Self-Incriminating Statements.

Art. Nobody is to be compelled to testify against himself or to confess guilt. (Please refer to Item G in Paragraph 3, Article 14 of ICCPR. In light of this principle, Article 93 of the current CPL, "the criminal suspect shall answer the investigators' questions truthfully" shall be abolished.)

(Addition) Art. Interrogation of the criminal suspect shall take place during the day, except in emergencies.

When investigators conduct interrogation on the criminal suspect, the duration for each interrogation shall not be longer than 4 hours; the interval time between two interrogations shall not be less than 4 hours.

Each interrogation shall be recorded in a form prescribed by law, and the record shall be signed in acknowledgement by the criminal suspect and the defense counsel at present.

Statements obtained in violation of the three preceding paragraphs shall not be admitted as evidence in convicting the criminal suspect or defendant.

(Addition) Art. When the investigators deem necessary, or when the criminal suspect makes the request, the whole process of the interrogation may be audio- or video taped.

In one of the following cases, there shall have audio- or video taping all through the process of each interrogation:

1) A criminal offence endangering the national security;

2) A criminal offence utilizing one's official position;

3) Offences that seriously affect the personal rights of others or threaten public safety, such as manslaughter, robbery, rape, arson, detonation, and poisoning;

4) Other cases where the criminal suspect might get a sentence of more than 10 years of imprisonment;

5) A juvenile delinquency case;

6) A joint offence.

In cases where the audio or video recording is incomplete, it shall not be used as evidence to prove the legality of the interrogation.

When the suspect, defendant, his legal representative or defender raises an objection concerning the completeness of the audio or video recording, the burden of proof shall be borne by the People's Procuratorate.

(Addition) Art. In collecting confessions of the criminal suspect or defendant, the following means are prohibited[①]:

(1) Torture or any act by which severe pain or suffering, whether physical or mental, is intentionally inflicted;

(2) Intimidation or inveiglement;

(3) Infliction of exhaustion, starvation, or thirst;

(4) Medication, or hypnosis;

(5) Other cruel, inhumane or degrading means.

Evidence obtained through the illegal means as prescribed in this article shall not be admitted as incriminating evidence.

Where the criminal suspect, defendant and his legal representative, or

---

① Please refer to Article 1 of Convention against Torture and Other Cruel, Inhuman or Degrading Treatment or Punishment.

the defender claim that the evidence has been obtained through the aforesaid illegal means, whereas the prosecution denies, the People's Procuratorate shall prove the truth with firm and sufficient evidence. A denial with an explanation by the investigative organ shall not be admitted as evidence.

(Addition) Art. When there is inconsistency between the statement and exculpation made by the defendant during the court proceedings and at the public security organs (the police) or at the People's Procuratorate, the People's Procuratorate has the obligation to prove the legality of the pre-trial interrogation. If the procuratorate fails to prove the legality of the pre-trial interrogation, the pre-trial statements shall not be used as incriminating evidence.

Part IV Bail Conditions and Legitimacy of Detention

(Amendment to Article 51 of the current CPL) Art. (Bail Conditions) When a possible sentence shall be fixed-term imprisonment of not more than three years, the People's Courts, the People's Procuratorates and the public security organs shall allow criminal suspects or defendants, those with a fixed place of residence within the local area, or those with a stable employment, or criminal suspects or defendants whose offense concerns disputes between neighbors or relatives where forgiveness has already been obtained from the victim, to obtain bail, under any of the following conditions:

(1) first offense;

(2) negligent crime;

(3) those below eighteen years of age or those already over seventy years of age when the offense occurs;

(4) those who are seriously ill.

When the criminal suspects or defendants are pregnant women or women breast-feeding her own baby, under one year of age, the public security organs, the People's Procuratorates, and the People's Courts shall put them on bail.

In a case where, though the criminal suspect or defendant has been detained or arrested, it will not be concluded within the statutory limit of time and require further investigation and verification, the People's Court, the

People's Procuratorate, or the police MAY put the criminal suspect or defendant on bail.

However, if the People's Courts, the People's Procuratorates and the public security organs have evidence against the criminal suspects or defendants, in any of the following circumstances they shall not permit bail:

(1) crimes endangering national security;

(2) violent crimes which may get a sentence of three years of imprisonment or more;

(3) recidivism;

(4) major criminal of a crime organization;

(5) intentionally committing a new crime in the period of bail or violating the provisions that those who have obtained bail must abide by in Article 56 of the Criminal Procedure Law;

(6) serious suspicion of flight; hindering the investigation, prosecution, or trial.

(Amendment to Article 64 Paragraph 2 of the current CPL) Art. (Family Notification)

Within four hours after a person has been detained, his family or the organization he works for shall be notified of the reasons for detention and the place of custody, except in circumstances where such notification would hinder the investigation or there is no way of notifying them.

(Amendment to Article 52 of the current CPL) Application for bail can be made by a suspect or defendant under detention or arrest, their legal representatives, a close relative, or a defender.

Upon receiving an application for bail, the People's Court, the People's Procuratorate, or the police shall come up with a decision within 7 days. If the application for bail is denied, the applicant has to be notified in written form, together with the reasons. If the applicant is disaffected with the decision, he may lodge a complaint with the People's Procuratorate or People's Court.

Decision for putting a detained criminal suspect or defendant on bail shall be made by the People's Court or People's Procuratorate, whichever made the decision of arrest.

When reasons given by the People's Court, the People's Procuratorate, or the police for not conceding to the application no longer exist, or when new circumstances show that bail should be given, the criminal suspect, defendant, their legal representatives, and close relatives may reapply for bail.

(Amendment to Article 65 of the current CPL) Art. (Interrogating Detainees)

A public security organ shall interrogate a detainee within 4 hours after detention. If it is found that the person should not have been detained, he must be immediately released and issued a release certificate. If the public security organ finds it necessary to arrest a detainee when sufficient evidence is still lacking, it may allow the detainee to obtain bail or place him under residential surveillance.

(Amendment to Article 59 of the current CPL) Option 1: Art. (Decision of Arrest) A formal arrest of a criminal suspect or a defendant has to be decided by the People's Court, and enforced by the police. (Note by the translator: As a result of a telephone conversation between the translator and Professor Xiong, the translator was instructed by Professor Xiong to keep this option because the deletion will affect another ensuing article.)

Option 2: When a case is placed on file and investigated by the police, a formal arrest of a criminal suspect or a defendant has to be decided by the People's Procuratorate, and enforced by the police; when a case is investigated by the People's Procuratorate, a formal arrest of a criminal suspect or a defendant has to be decided by the People's Court, and enforced by the police. If the suspect or defendant is disaffected with the decision of formal arrest by the People's Procuratorate, he may lodge an objection with a People's Court of the same level.

(Amendment and Supplement to Article 69 of the current CPL) Art. (Procedures for Public Security Organs Arrest Proposal)

If the public security organ deems it necessary to formally arrest a detainee, it shall, within 48 hours after the detention, submit a request to the People's Court for examination and approval. Under special circumstances, the time limit for submitting a request for examination and approval may be extended to 72 hours.

As to the arrest of a major suspect involved in crimes committed from one place to another, repeatedly, or in a gang, the time limit for submitting a request for examination and approval may be extended to 96 hours.

Before the People's Court approves the arrest, it shall call the investigators, criminal suspects, defendants and their defenders to court. The investigators, criminal suspects, defendant and their defense shall have the right to provide, cross-examine and dispute evidence.

The People's Court shall decide either to approve or disapprove the arrest within forty-eight hours from the time of receiving the written request for approval of arrest submitted by a public security organ. Under special circumstances, a decision to approve or disapprove the arrest may be made within 96 hours. Each time the People's Court shall approve an arrest of the duration of one month at most.

In the process of the investigation, prosecution and trial, limits on the length of continuing detention may vary in relation to the characteristics of the case and shall be dealt with according to the following conditions:

(1) In ordinary criminal cases, the longest period of detention shall be three months;

(2) In crimes committed by offenders on the run, gang crime cases and cases in which the criminal suspect or defendant may be sentenced to life imprisonment, the longest period of detention shall be six months;

(3) In capital cases, the longest period of detention shall be one year.

If public security organs consider an extension necessary, they shall request a re-examination by the People's Court. An application with the People's Court for an arrest term extension should be implemented in accordance with procedures in the preceding paragraph. If the People's Court disapproves the arrest, the public security organs shall, upon receiving notification, immediately release the detainee and inform the People's Court of the result without delay. If further investigation is necessary, and if the released person meets the conditions for obtaining bail or for residential surveillance, he shall be allowed to obtain bail or subjected to residential surveillance according to law.

(Amendment and Supplement to Article 134 of the current CPL) Art.

(Procedures for Procuratorate Arrest Proposal) If a People's Procuratorate deems it necessary to formally arrest a detainee in a case directly accepted by it, it shall submit a request to the People's Court for examination and approval within 48 hours after the detention. Under special circumstances, the time limit for requesting an arrest may be extended to 72 hours.

Before the People's Court approves the arrest, it shall call the procurators, criminal suspects, defendants and their defenders to court. The procurators, criminal suspects, defendant and their defense shall have the right to provide, cross-examine and dispute evidence.

The People's Court shall decide either to approve or disapprove the arrest within twenty-four hours of receiving the written request for approval of arrest submitted by the People's Procuratorate. Each time the People's Court shall approve an arrest of the duration of one month at most. From the case filing, limits on the length of continuing detention may vary in relation to the characteristics of the case and shall be dealt with according to the following conditions:

(1) In ordinary criminal cases, the longest period of detention shall be three months;

(2) In crimes committed by offenders on the run, gang crime cases and cases in which the criminal suspect or defendant may be sentenced to life imprisonment, the longest period of detention shall be six months;

(3) In capital cases, the longest period of detention shall be one year.

If the People's Procuratorate considers an extension necessary, they shall request a re-examination by the People's Court. A re-examination by the People's Court shall be conducted in accordance with procedures in the preceding provision. If the People's Court disapproves the arrest, the People's Procuratorate shall, upon receiving notification, immediately release the detainee and inform the People's Court of the result without delay. If further investigation is necessary, and if the released person meets the conditions for obtaining bail or for residential surveillance, he shall be allowed to obtain bail or subjected to residential surveillance according to law.

(Addition) Art. (Arrest Remedial Measures for Detainees, their Close Relatives and their Legal Representatives)

If detainees, their relatives or their legal representatives disagree with the arrest approval by the (People's Procuratorate or) People's Court, they have the right to file a complaint with a (People's Procuratorate of the same level or) a People's Court of a higher level. The higher level People's Court shall heed the opinions of the People's Procuratorate, the detainees, their legal representatives and defenders. When necessary, they may notify the witnesses to appear in court and they shall handle the decision within ten days.

Part V Proposed Revisions on Prosecutorial Discretion

(Amendment to Article 142 of the current CPL) Art. (Prosecutorial Discretion) Under one of the following circumstances, the People's Procuratorate may make a decision not to initiate a prosecution:

(1) When a criminal punishment is not required according to the Criminal Law;

(2) When the offender needs to be exempted from criminal punishment according to the Criminal Law;

(3) When the offender has committed several crimes, one or several of which have already been given more than 10 years' fixed-term imprisonment sentencing, and the sentencing has already been enforced, and if the People's Procuratorate believes that it shall not affect the punishment that should be enforced whether to prosecute or not on other offences that might be rendered an imprisonment of not more than three years, criminal detention, public surveillance or punished with fines exclusively, and to have combined sentencing on several offences.

When a People's Procuratorate has made a non-prosecution decision in accordance with the preceding paragraph, it shall not revoke the non-prosecution decision and initiate a public prosecution unless it is found that the conditions in the preceding paragraph have not been met.

(Addition) Art. (Criminal Reconciliation) With respect to criminal suspects that may be sentenced to fixed-term imprisonment of not more than three years, criminal detention, public surveillance or punished with fines exclusively, if the victims and suspects voluntarily reconcile and with a review by the People's Procuratorate, a non-prosecution decision may be made.

Part VI Deferred Prosecution in Cases Involving Minors

(Addition) Art. With respect to criminal cases involving minors sentenced to may be less than three years of imprisonment, custody, public surveillance, or punished with fines exclusively, which facts are clear and evidence is found to be admissible and sufficient, and in which the criminal suspect after committing the crime shows regret, if the People's Procuratorate estimates through examination that it is not necessary to immediately proceed to prosecution, it can decide to defer the prosecution. (Refer to 4th Paragraph, Article 14 of ICCPR, and Article 19 of *Guidelines on the Role of Prosecutors*)

(Addition) Art. A decision on deferred prosecution shall need the consent of the criminal suspect. Opinions of the victim (s) and their legal representatives, defenders, and litigious agents need also to be solicited.

(Addition) Art. Test period for deferred prosecution is between 3 months and 6 months. It can be extended by 3 months when necessary. It starts from the day when the decision on deferred prosecution is made.

(Addition) Art. During the test period, a special assessment organization shall be responsible for help and education of the suspect serving the deferral. It also conducts assessments on the suspect's exercise of obligations prescribed in the deferral order.

(Addition) Art. In the test period, a suspect serving the deferral shall perform the following obligations:

(1) Receiving help, education, and assessment;

(2) Making regular reports on one's activities to the decision-making authorities of the deferral;

(3) Performing the agreement reached with the victim (s);

(4) Having the assessment organization to ask for approval from the decision-making authorities when he has to leave the city or county where he is serving the deferral, or when he wants to relocate to another place;

(5) Other obligations that might be prescribed in the deferral order.

(Addition) Art. If the People's Procuratorate decides to defer the prosecution of a criminal suspect, it shall finalise a deferred prosecution order and deliver it to the person whose prosecution has been deferred, and to the victim and his legal representative, the defender, the litigious agent, and the assessment organization, within three days after issuing the decision.

Shall the criminal suspect or victim (s) refuse the deferred prosecution order, the People's Procuratorate shall come up with a new decision.

In a case of joint offence, when the People's Procuratorate decides to defer the prosecution on some of the suspects, an examination and approval procedure shall be needed from a People's Court of the same level.

(Addition) Art. If it is the conclusion of the assessment organization that the suspect on deferral has performed his obligations prescribed in the deferral order, it shall apply for reviewing by the decision-making authorities. When the decision-making authorities deems that statutory conditions have been met for ending the deferred prosecution, it shall come up with a non-prosecution decision to replace the deferral.

(Addition) Art. During the test period, if the suspect on deferral meets one of the following conditions, the deferred prosecution order shall be revoked and public prosecution shall be initiated:

(1) There is recidivism;

(2) There is new discovery of another offence which occurred before the deferred prosecution, which offence needs to be criminally sanctioned. ;

(3) Serious omission in the performance of the obligations prescribed in the deferred prosecution order.

Part VII   Witness's Appearance in Court

(Addition) Art. (Obligation) Witnesses have the obligation to testify in court to ensure a fair trial.

In one of the following situations, the People's Court shall notify the witnesses to testify in court:

(1) The public prosecutor or one of the litigant parties has doubts about oral evidence which will affect the conviction and sentencing;

(2) when the oral evidence will have significant impact on the conviction and sentencing;

(3) When the testimony of a witness has undergone major alterations;

(4) Other situations when attestation in court is necessary.

Notification for witnesses to testify in court shall be in writing. Legal consequences for nonfeasance shall be noted in the notification.

(Addition) Art. (Obligations for expert witnesses) When there is contention on the opinion of expert examiners, a litigant party may make an application, the procuratorate may propose, or the court may deem it necessary to have the experts to come to court. Upon receiving a notice from the court, they have to be at court on time.

For the expert witnesses notified by the court to make appearance in court, no coercive measures such as summoning by force shall be adopted to ensure their appearance.

(Addition) Art. (Obligations for investigators to testify in court) When there is contention on the legality of the investigator's investigative activities, upon the application of the litigants or proposal by the procuratorate, or when the court deems it necessary, the court shall notify the investigators to come to testify in court.

Provisions regarding expert witnesses are also applicable to investigators.

(Addition) Art. (Obligation to testify truthfully) When witnesses, expert examiners, and investigators come to court to testify, the court shall inform them of the obligation to testify truthfully, and have them sign their names on the affidavit.

The part in the proceeding paragraph regarding signing the affidavit is not applicable to witnesses who are minors.

(Addition) Art. (Legal Consequences) When witnesses, expert examiners, and investigators refuse to come to court without a justifiable reason after being notified by court, their testimonies, opinions, investigation notes in the written form will not be admissible as evidence.

(Addition) Art. (Legal sanctions for nonfeasance) After being notified by the court, if the witnesses fail to make appearance before the court without a justifiable reason, they shall be warned or a fine between one thousand yuan and ten thousand yuan will be imposed on them. When necessary, they shall be summoned by force.

When standing before the court, if the witnesses refuse to make representations or answer questions without a justifiable reason, a fine between one thousand and twenty thousand yuan or a detention penalty may be imposed on them. When the circumstances are serious, they shall be prosecuted for criminal responsibilities.

When witnesses are disaffected by the sanctions prescribed in the foregoing paragraph, they can make an application to the court at a higher level for reconsideration. Within three days of receiving the application the higher-level court has to come up with a conclusion.

When expert examiners, or investigators refuse to come to court without a justifiable reason after being notified by court, they shall be subjected to disciplinary sanctions by relevant departments.

(Addition) Art. (Right to Financial Compensation) The People's Court shall compensate the witnesses for their transportation, food and accommodation, working hours lost, and so on according to the state criteria. The compensation will be allotted from the public finance of the people's government to the budget of the People's Court, and it will be guaranteed by the public finance.

Employed witnesses, for their attestation in court, should be provided with conveniences by their employers. The employers should never obstruct under any pretext their coming to court. They should never deduct explicitly or implicitly wages, bonuses, or other fringe benefits of the witnesses.

(Amendment to Article 49 of the current CPL) Art. (Protection on Witnesses) In handling cases which involve national security, drugs, mafia, terrorism, raping, smuggling, organized offences, or cases in which witnesses or victims are minors, or other cases where the witnesses need special protection, the police, the People's Procuratorate, and the court shall consider the following protection measures for the witnesses and their close relatives:

(1) The real identity, residential address, and place of work of the witness should be kept confidential;

(2) Deployment of staff members to protect the witnesses and their

close relatives;

(3) Measures for disguising the appearance and/or voice of the witness during attestation;

(4) Prohibition against certain groups of people to approach the witness or his or her close relatives for a certain period of time;

(5) Provisional domicile for the witnesses and their close relatives;

(6) Other necessary protective measures.

Implementation of the protective measures is the duty of the police.

The foregoing protective measures on witnesses are not to impede defense lawyers in their exercise of their right of investigation and obtaining of evidence.

Part VIII　Second Instance Procedures for Death Penalty Cases

(Addition) Art. (Initiation of Procedure) When a case has been rendered death penalty in the first instance, the People's Court of the first instance shall refer the same case within 10 days upon rendition of the judgment to a People's Court of the next higher level for review.

(Amendment to Article 1 of *Provisions on Some Issues Concerning the Court Trial Procedures for the Second Instance of the Cases Involving Death Penalty*) Art. (Ways of Hearing) When a People's Court of the second instance adjudicates a case for which a death penalty has been rendered in the first instance, it shall open a court session for the second instance.

(Amendment to Article 186 of the current *CPL*) Art. (Scope of Hearing) Except where proposed or agreed by the accused, the People's Court of second instance shall, when hearing a death penalty case, review such case based on the facts determined at the original decision and the applicable laws, and shall not admit new facts or new evidence, or conclusions obtained from new or supplementary expert assessments.

The People's Court of second instance shall not rule against the accused based on new facts or new evidence or conclusions obtained from new or supplementary expert assessments.

(Addition) Art. (Transfer of Case Files and Exhibits) The People's Court of first instance shall, when referring a case to the People's Court of the next higher level, transfer the case files and exhibits simultaneously.

(Addition) Art. (Notification for Accepting a Case) A People's Court of the second instance shall notify the People's Procuratorate of the same level and the defendant within three days upon accepting a case.

Where a defender has already been entrusted by a defendant, the defender shall also be notified at the same time.

(Amendment to Article 6 of *Provisions on Some Issues Concerning the Court Trial Procedures for the Second Instance of the Cases Involving Death Penalty*) Art. (Defense Counsel) Where the accused intends to appoint a defender in the second-instance procedure, a counsel shall be appointed.

Where the accused has not appointed a defender, the People's Court of second instance shall inform the legal aid organization to assign a counsel undertaking legal aid duty to defend the accused.

The accused may appoint a defender if the defender designated by the People's Court lawfully declines to provide defence, or if the accused refuses to accept defence provided by the defender assigned by the People's Court. Where the accused indicates that no such appointment shall be made, the People's Court shall assign another defender for the accused.

The accused may, upon the occurrence of one of the following instances and upon obtaining permission from the People's Court, reject again defense provided by the court-appointed attorney:

(1) The defender has acted in a way that is injurious to the dignity of the accused, such as by way of insult or discrimination;

(2) The defender's has limited ability or has lost the ability to defend;

(3) The accused is of the opinion that the defender has not fully discharged his duty as a defender.

The decision to change a defender shall be made prior to the completion of oral arguments, and the delay of trial shall be announced at the same time.

After the change of defender, the defender shall be given at least 20 days to prepare.

(Reference to Paragraph 2 of Article 36 of CPL, and Article 41 of the

Judicial Interpretation) Art. (Meeting and Communications) A detained defendant has the right to meet and to communicate with his defender.

(Reference to Paragraph 2 of Article 36 of CPL) Art. (Access to Case File) Upon notification by the second instance court, the People's Procuratorate and the defender may go to the second instance court to refer to, extract, and duplicate the case file, and to learn about the circumstances of the case.

(Addition) Art. (Written opinion and written plea) The People's Procuratorate shall put up a written opinion within 15 days upon receiving the notice of case acceptance, and the accused and his defender shall put up their answer.

The People's Court of the second instance shall, within 3 days, serve the written opinion received on the accused and his defender, and the written plea received on the People's Procuratorate.

Hearing of the case by the People's Court of second instance shall not be affected if the People's Procuratorate, and the accused and his defender have not provided any documents within each of the foregoing periods.

(Addition) Art. (Right of application for evidence) The accused and his defender shall be entitled to the following rights within the time limit for defense:

(1) Apply to the People's Court of second instance to collect and obtain evidence. Application shall be in writing, stating the reasons for such application and listing the outline of issues to be investigated.

(2) Apply to the People's Court of second instance to summon a witness to testify. Application shall be in writing, stating the name, identity and address of the witness.

(3) Apply for expert reassessment or supplementary assessment. Application shall be in writing, stating the reasons for such application.

The period during which the People's Court of second instance has accepted application by the accused and his defender to collect and obtain evidence, or summon witnesses, and the period during which the People's Court of second instance has approved expert reassessment or supplementary assessment shall not be counted as part of the adjudication period.

The People's Court of second instance shall inform the defender and the People's Procuratorate to review the file within 3 days upon its collection and obtainment of evidence based on the defender's application, or upon its receipt of the conclusions of expert reassessment or supplementary assessment resubmitted by the accused and his defender.

(Addition) Art. (Prosecution's reassessment or supplementary assessment by expert witness)

The People's Procuratorate shall, within 15 days of receiving the notice of acceptance, submit written documents as agreed by the accused to the People's Court of second instance. Reassessment or supplementary assessment may be carried out, the duration of which shall not be counted as part of the adjudication period.

The People's Court of second instance shall inform the defender to review the files within 3 days upon its receipt of the conclusions of expert reassessment or supplementary assessment from the People's Procuratorate.

(Amendment to Article 5 of the *Provisions on Some Issues Concerning the Court Trial Procedures for the Second Instance of the Cases Involving Death Penalty*) Art. (Pre-Trial Review) The collegial panel shall, prior to hearing of a death penalty case at the People's Court of second instance, conduct a thorough review of the case file, with special focus on the following:

(1) The grounds of the People's Procuratorate, and the accused and his defender, and if any new fact or new evidence has been presented;

(2) Statements and defense of the accused;

(3) The defender's opinion and the level of acceptance by the People's Court of first instance;

(4) If the facts determined at the original decision were clear, and if the evidence was true and adequate;

(5) If laws in the original decision were correctly applied, and if sentencing was appropriate;

(6) If there was any violation of the provisions for litigation procedures during investigation, prosecution and adjudication;

(7) The opinions of the collegial panel and the judicial committee of the People's Court of first instance;

(8) Other details which may affect conviction and sentencing.

(Amendment to Article 9 of the *Provisions on Some Issues Concerning the Court Trial Procedures for the Second Instance of the Cases Involving Death Penalty*) Art. (Appearance of Prosecution in Court) Where a People's Court of second instance conducts hearing of a death penalty case, the People's Procuratorate of the same level shall deploy personnel to attend such hearing.

(Reference to Article 11 of the *Provisions on Some Issues Concerning the Court Trial Procedures for the Second Instance of the Cases Involving Death Penalty*) Art. (Formation of a Collegial Panel) Hearing of a death penalty case by a People's Court of second instance shall be conducted by a collegial panel comprising of 5 judges. The presiding judge for difficult, complicated and major death penalty cases shall be assumed by the court's president or the division's chief judge.

(Amendment to Article 12 of the *Provisions on Some Issues Concerning the Court Trial Procedures for the Second Instance of the Cases Involving Death Penalty*) Art. (Pre-Trial Preparation) Prior to hearing, the collegial panel shall complete the following preparations:

(1) Examine the accused where necessary;

(2) Draft the trial outline, and determine the details of the hearing;

(3) Inform the People's Procuratorate, and the accused and his defender of the date, time and place of hearing 3 days prior to the date of hearing;

(4) Notify the People's Procuratorate, and the accused and his defender to provide the list of witnesses and expert witnesses testifying in court 5 days prior to the date of hearing;

(5) Complete service of summons and notifications summoning defenders, witnesses, expert witnesses and interpreters to court 3 days prior to the date of hearing;

(6) The cause of action, name (s) of the accused, and the date, time and venue of the hearing for cases of open trial shall be announced 3 days in advance of the date of hearing;

(7) Other preparation work

The collegial panel shall ascertain the following prior to hearing:

①If there is any impeachment or indictment by the accused which requires investigation and verification after rendition of judgment of the first instance;

②If there is any circumstance that may delay hearing;

The aforesaid activities shall be transcribed, and the judges and the clerk shall sign on the transcription.

(Amendment of Article 154 of the *Criminal Procedure Law*) Art. (Trial Preparation) At the start of the hearing, the presiding judge shall ascertain if the parties are present at the court, announce the course of action and the names of the members of the collegial panel, the clerk, the prosecution, the defender, the agents *ad litem* and the translators, and shall inform the parties of their right to demand the withdrawal of the members of the collegial panel, the clerk, prosecution and translators, as well as the accused of his right to defense.

(Amendment to Article 14 of the *Provisions on Some Issues Concerning the Court Trial Procedures for the Second Instance of the Cases Involving Death Penalty*) Art. (Courtroom Investigation) The People's Court of the second instance shall comply with the following procedures:

(1) The presiding judge may, after announcing the commencement of hearing, read the written judgment of the original decision, or read only the key details in the written judgment such as the course of action, key facts, evidence and the main body text of the judgment.

(2) During courtroom investigation, the prosecution's statement of opinion shall first be heard, followed by the hearing of the defense of the accused or of the defender.

(3) Courtroom investigation shall focus on the facts and evidence objected by either party in the original decision, the grounds on which the original decision did not admit the defense opinion, the grounds on which the original trial dismissed the application by the accused and his defender to obtain evidence, and the new facts and new evidence presented during the second instance proceedings.

(4) Except under the following circumstances, the People's Court of second instance hearing a death penalty case shall summon witnesses and ex-

pert witnesses to testify in court:

①Where the People's Procuratorate, and the accused and his defender have no objection to the testimonies of witnesses, the victim's statement and the expert assessment's conclusion;

②Where the People's Procuratorate, and the accused and his defender have no objection to the evidence admitted in the original decision;

③Where the facts of the various crimes for which the accused have been sentenced to other penalties are clear, and to which People's Procuratorate, and the accused and his defender have no objection;

④Where there is no accused in the complicity who has been sentenced to death or who has appealed, and the People's Procuratorate and the defender have indicated that there is no necessity to interrogate or cross-examine before the hearing;

⑤The facts of crimes of other accused who have not been sentenced to death are clear;

⑥Other circumstances which the law has provided that court testimony may be waived.

(5) The prosecutorial personnel, and the accused and his defender have the right to apply to summon witnesses and expert witnesses, and may, upon approval by the presiding judge, question the witnesses and expert witnesses.

(Amendments to Article 14 of the *Provisions on Some Issues Concerning the Court Trial Procedures for the Second Instance of the Cases Involving Death Penalty*) Art. (Oral arguments and closing statement)

During oral argument, the prosecution shall first speak, followed by the accused and the defender. Oral argument shall be in the same order. After the presiding judge has announced the conclusion of arguments, the accused shall have the right to present his closing statement.

(Amendment to Article 15 of the *Provisions on Some Issues Concerning the Court Trial Procedures for the Second Instance of the Cases Involving Death Penalty*) Art. (Delayed Trial due to Discovery of New Evidence) The prosecutorial personnel or the accused and his defender may apply to delay hearing if, during the second instance proceedings, material changes to the evidence are discovered, and that such changes may affect conviction and sentencing.

(Reference to Article 165 of the *Criminal Procedure Law*) Art. (Limitation for Delay in Adjudication) Each delay in adjudication of second instance death penalty case may not be more than 1 month; such period of delay shall not be counted as part of the adjudication period.

(Amendment to Article 189 and Article 191 of the *Criminal Procedure Law*) Art. (Ruling and Judgment of Second Instance) After the death penalty case has been heard by the People's Court of second instance, the collegial panel or the judicial committee shall apply the following criteria accordingly:

(1) Where there is unanimous agreement on the correctness in fact determination and application of laws, and on the appropriateness of sentencing, the original judgment shall be upheld;

(2) Where there is reason to believe that there is no mistake in fact determination in the original judgment, but where there is mistake in the application of laws or where sentencing is inappropriate, the original judgment shall be revised;

(3) Where there is reason to believe that the facts are unclear or that evidence is insufficient in the original judgment, judgment shall be revised after the facts are ascertained; where the facts for conviction cannot be ascertained, a sentence of "not guilty" shall be passed;

(4) Where there is reason to believe that any of the following instances that are in violation of the litigation procedures provided by the law has occurred, the original judgment shall be reversed and the case remanded for retrial at the People's Court of first instance:

①Where the provisions herein concerning open trial are violated;

②Where the challenge system is violated;

③Where the statutory litigation rights of the parties have been deprived or restricted;

④Where the judicial organisation is illegally formed;

⑤Where other procedures have violated the provisions of the law, and may affect fair trial.

Except where it is *pro defendente*, only one remanding for retrial is permitted.

(Reference to Article 16 of *Provisions on Some Issues Concerning the Court Trial Procedures for the Second Instance of the Cases Involving Death Penalty*) Art. (Grounds of Judgment) The People's Court of second instance shall indicate clearly the opinion of the People's Procuratorate in its written ruling, detailing the reasons for admitting or not admitting the plea of the accused and the opinion of the defender.

(Reference to Article 17 of *Provisions on Some Issues Concerning the Court Trial Procedures for the Second Instance of the Cases Involving Death Penalty*) Art. (Pronouncement of Judgment and Service) The People's Court of second instance shall, after ruling and judgment and within 5 days after it has rendered judgment in court, serve the written judgment or ruling on the parties, defender and the People's Procuratorate of the same level. Where rendering of judgment is fixed at a later date, service must be made immediately after rendition of judgment.

The People's Court of second instance may appoint the People's Court of first instance to pronounce judgment, and serve the written judgment or ruling on the parties and their defenders.

(Amendment to Article 196 of the current *CPL*) Art. (Limitation Period for Second Instance Trial) Trial of cases accepted by the People's Court of second instance shall be completed within 6 months. Where circumstances under the provisions of Article 126 herein occur, an extension of 3 months is allowed. However, the Supreme People's Court shall decide the limitation period for second instance death penalty cases tried by the Supreme People's Court.

(Amendment to Article 192 of the *Criminal Procedure Law*, reference to Article 194 of the *Criminal Procedure Law*) Art. (Procedures to Remand for Retrial) The People's Court of first instance shall organize a separate collegial panel to retry death penalty cases remanded by the People's Court of the next higher level based on the procedures of the first instance.

During the People's Court of first instance's retrial of a death penalty case remanded by the People's Court of the next higher level, where the People's Procuratorate has not proffered any new fact or evidence, a death sentence shall not be passed.

An appeal or protest may be lodged against retrial decisions, and the provisions under this Chapter shall apply. The adjudication period shall be recalculated, commencing from the date that the People's Court of first instance receives from the People's Court of the next higher level the death penalty case remanded for retrial.

(Addition) Art. (Applicability for Retrials) The provisions under this Chapter shall apply to death penalty cases retried in accordance with the *Trial Supervision Procedures* by the Supreme People's Court and the Superior People's Court.

Art. (Applicability to Death-with-Reprieve Cases) The provisions under this Chapter shall apply to cases involving a death penalty with a two-year reprieve.